ÉTAT DE DROIT
ET MINORITÉS EN AFRIQUE

Actes du colloque international, *État de Droit et minorités en Afrique*, organisé à Dakar, les 8 et 9 juillet 2021.

Sous la direction de :
Abdou Aziz Daba Kébé
Sidy Alpha Ndiaye
Boubacar Ba

ÉTAT DE DROIT ET MINORITÉS EN AFRIQUE

Actes du colloque international, *État de Droit et minorités en Afrique*, organisé à Dakar, les 8 et 9 juillet 2021.

L'Harmattan
Sénégal

10 VDN, Sicap Amitié 3, Lotissement Cité Police, DAKAR

http ://www.harmattansenegal.com
senharmattan@gmail.com
senlibrairie@gmail.com

ISBN : 978-2-14-020463-0
EAN : 9782140204630

HOMMAGE

À LA MÉMOIRE DE CYRILLE MONEMBOU

Que son âme repose en paix

SOMMAIRE

Mot de l'Association sénégalaise de Droit constitutionnel

- Monsieur le ministre d'État auprès du Président de la République,
- Monsieur le Directeur des Droits humains du ministère de la Justice,
- Monsieur l'Assesseur, Représentant de Monsieur le Doyen de la Faculté des Sciences juridiques et politiques,
- Messieurs les Chefs de Départements et Directeurs d'Instituts,
- Monsieur le Directeur du Programme pour la Promotion de l'État de droit en Afrique Subsaharienne de la Fondation Konrad Adenauer,
- Mesdames et messieurs les Professeurs,
- Mesdames et Messieurs, Chers invités, en vos titres, grades et qualités,
- Mesdames et Messieurs les doctorants,
- Chers étudiants,
- Chers participants,

Ce colloque international s'inscrit dans le cadre des activités d'animation scientifique de l'Association sénégalaise de Droit constitutionnel (ASDC) qui a été instituée le 11 janvier 2020, lors d'une assemblée générale qui a eu la particularité d'avoir réuni plusieurs générations de juristes et de professionnels du droit constitutionnel.

Après la parution des *Textes fondamentaux de la République du Sénégal* (mai 2021), cette deuxième publication est aussi en parfaite cohérence avec la vision stratégique de l'ASDC. L'association a pour rôle de favoriser la production scientifique en droit constitutionnel et d'intensifier les échanges d'expérience par la tenue de colloques, de rencontres ponctuelles, d'auditions de professeurs et de praticiens du droit constitutionnel.

Mesdames et Messieurs,

Je voudrais, à l'entame de mon propos, témoigner toute la gratitude de l'ASDC à l'endroit des participants. J'adresse, au nom de l'ASDC, un mot de bienvenue à toutes les personnalités qui ont bien voulu faire le déplacement physique ou intellectuel pour participer au colloque international intitulé **État de Droit et minorités en Afrique** organisé par l'Association sénégalaise de droit constitutionnel (ASDC) et la Fondation Konrad Adenauer à Dakar, les 8 et 9 juillet 2021.

Chers Professeurs,

Votre présence parmi nous est pleine de sens, de vertu et de valeur. Elle illustre tout l'intérêt que vous portez au droit constitutionnel, à l'enseignement de la matière et à sa vulgarisation.

Nous vous souhaitons un très bon séjour au Pays de la *Teranga* ou de l'hospitalité.

Il s'agit de Messieurs,

– Abdoulaye Soma, Professeur titulaire, université Thomas Sankara (Ex-Ouaga 2), Burkina Faso,
– Frédéric Bouhon, Professeur à l'université de Liège (Belgique),
– Arsène-Joël Adeloui, Agrégé de Droit public, université Abomey Calavi de Cotonou, (Bénin),
– Robert Mballa Owona, Agrégé de Droit public, université de Yaoundé II (Cameroun),
– Cyrile Monembou, Agrégé de Droit public, université de Yaoundé II (Cameroun),
– Henri Martin Martial Ntah A Matsah, Maître assistant CAMES, université de Yaoundé II (Cameroun).

Chers participants,

« À bien des points de vue, la constitution sociale d'un pays est plus importante que sa constitution politique »[1] avait déjà écrit Maurice Hauriou. La protection des droits des personnes, appartenant aux minorités ou groupes vulnérables, traduit parfaitement la version démotique de la constitution empreinte d'identité et de spécificités culturelles.

Le concept de minorité est au cœur de tous les débats publics parce qu'il recouvre plusieurs réalités. On peut toutefois conférer à la notion deux significations.

Dans un premier sens, selon la définition connue du Rapporteur de la Sous-commission de la lutte contre les mesures discriminatoires et de la protection des minorités, Francesco Capotorti[2], une minorité constitue « un groupe numériquement inférieur au reste de la population d'un État, dans une position non dominante, dont les membres ressortissants de cet État possédant des caractéristiques ethniques ou linguistiques différentes de celles du reste de la population et manifestent, ne serait-ce qu'implicitement, un esprit de solidarité et une volonté de préserver leur culture, leurs traditions, leur religion ou leur langue »[3].

[1] *Précis de droit constitutionnel,* Sirey, 2e édition, 1929, p. 611.
[2] Rapporteur de la Sous-commission de la lutte contre les mesures discriminatoires et de la protection des minorités.
[3] CAPOTORTI (F.), « Study on the Rights of Persons Belonging to Ethnic, Religious and Linguistic Minorities », Rapport du Rapporteur spécial de la Sous-Commission pour la prévention de la discrimination et la protection des minorités, New York, Nations unies, 1979, E/CN.4/Sub.2/384/Rev.1, para. 568.

Cette approche implique plusieurs commentaires. Les minorités sont caractérisées par leur infériorité numérique ou de taille par rapport au groupe majoritaire ou la société dans son ensemble (cas des pygmées en Afrique centrale)[4]. Il est à signaler que la notion de minorité ne traduit pas toujours l'idée du moins nombreux. Le critère numérique n'est pas un critère décisif pour qu'une population puisse être qualifiée toujours de minorité. En effet, on peut avoir des groupes numériquement majoritaires mais socialement, économiquement ou politiquement défavorisés et « minorisés ». Pendant longtemps, en Afrique du Sud, les gens de couleur (notamment les Noirs) étaient dans la même situation de « majorité minorisée »[5].On peut ranger dans ce cadre les peuples colonisés (majoritaires) dans leurs relations avec la communauté de colonisateurs (minoritaires)[6]. Les groupes supérieurs en nombre peuvent être donc des minorités.

Ensuite, les minorités reflètent une position non dominante. Elles subissent des discriminations dans les domaines politique et socio-économique en raison de leur appartenance à un même groupe ethnique, linguistique ou religieux, comme les Afro-Américains aux États-Unis. Enfin, les minorités manifestent une volonté commune de solidarité (définition subjective) et de préservation de leur culture[7].

Dans un second sens plus contemporain, « les minorités sont des groupes défavorisés au plan économique, social ou politique, quel que soit leur rapport numérique à l'ensemble de la société, bien qu'il s'agisse presque toujours d'un rapport d'infériorité »[8]. Il s'agit d'une infériorité socio-économique, politique, juridique qui frappe certains groupes dans les relations sociales. Le concept de minorité répond à celui de « groupe vulnérable » c'est à dire, « les personnes handicapées (sur le plan physique ou mental), les jeunes, les personnes âgées, les chômeurs, les personnes homosexuelles, les malades, les

---

[4] BAHUCHET (S.), « Les Pygmées d'aujourd'hui en Afrique centrale » , *Journal des Africanistes,* Année 1991 61-1 : 5-35.

[5] GUILLAUMIN (C.), « Sur la notion de minorité. Réflexions à propos d'une recherche sur le racisme », in www.persee.fr/doc/homso_0018-4306_1985_num_77_1_2224 : 101-109, *L'Homme et la société*, n° 77-78 1985.

[6] *Ibid*, 101.

[7] FALL (M.), *La protection constitutionnelle des minorités en Afrique : les exemples de l'Afrique du Sud, du Burundi et du Cameroun. Contribution à l'étude du droit constitutionnel des minorités*), UCAD 2020, p.10 et s ; V. SALL (I.), *Capacitation juridique et fabrique de l'État de droit. Étude sur le droit du développement*, Thèse, Université de Poitiers, 2019, p. 437.

[8] WOEHRLING (J.), « Les trois dimensions de la protection des minorités en droit constitutionnel comparé » *in* Rapport général présenté aux *Journées mexicaines de l'Association Henri Capitant* à Mexico et Oaxaca du 18 au 25 mai 2002 in https://www.usherbrooke.ca/droit/fileadmin/sites/droit/documents/RDUS/volume_34/34-12-woehrling.pdf : 96-9.

minorités de couleur, les femmes, les étrangers, les assistés sociaux, les sans domicile fixe, et l'on pourrait ajouter longtemps à la liste »[9].

La minorité évoque l'état de moindre capacité [10] au « sens de groupe doté de moindre pouvoir »[11] subissant des inégalités dans la répartition des ressources publiques.

Ces précisions sémantiques montrent que la prise en compte des minorités par les normes constitutionnelles et les sciences sociales en général devient une question qui interpelle le système de l'État de droit dominé encore par une approche institutionnelle. En effet, l'État de droit a toujours été abordé sous l'angle de la séparation des pouvoirs, de la hiérarchie des normes, de la légitimité démocratique par l'élection, de la limitation des mandats, de la décentralisation des compétences, de la protection des droits par des recours juridictionnels, de l'indépendance des juridictions, du suffrage universel, du pluralisme politique, de la primauté du droit international ou de l'indépendance du pouvoir judiciaire. Il est même considéré que cette approche de l'État de droit n'intègre pas les nouvelles problématiques émergentes. On pense au droit constitutionnel des minorités, des peuples autochtones, des femmes, des groupes vulnérables ou au droit constitutionnel de la gouvernance en raison d'une certaine « financiarisation » de la constitution.

L'ASDC tente de vulgariser, à travers cette manifestation scientifique, des thèmes de droit constitutionnels qui ne se sont pas suffisamment débattus. Suivant les termes de références du colloque nous liant à la Fondation Konrad Adenauer, l'idée est de « susciter la mobilisation de la doctrine vers un nouveau de champ de réflexion » et « de faire un partage d'expériences sur le droit constitutionnel démotique ».

À ce titre, il faut indiquer les sujets qui seront abordés comme prétexte de discussions et de tables rondes :

- existence et reconnaissance des minorités (thème 1) ;
- minorité et droit public (thème 2) ;
- minorité et exercice du pouvoir (thème 3) ;
- minorité et élections (thème 4) ;
- la protection des minorités (thème 5) ;

[9] *Ibid*, p. 97.

[10] GUILLAUMIN (C.), « Sur la notion de minorité. Réflexions à propos d'une recherche sur le racisme », *op. cit.* : 101-109.

[11] *Idem*, p. 101.

Avant de clore mon propos, je voudrais, au nom de l'ASDC, remercier :

– la Faculté des Sciences juridiques et politiques à travers le Doyen, Monsieur le Professeur Alassane Kanté, de son appui constant et spontané pour le rayonnement scientifique de l'ASDC ;
– le partenaire stratégique, la Fondation Konrad Adenauer par l'intermédiaire de son Directeur ,M. Ingo Badoreck, Directeur du Programme pour la Promotion de l'État de droit en Afrique subsaharienne ;
– les collègues qui ont fait le déplacement physique depuis le Cameroun, le Bénin et le Burkina Faso ;
– les collègues de droit public, de droit privé, d'histoire du Droit et de science politique qui ont bien voulu apporter leurs contributions scientifiques à cette manifestation ;
– les organisations de la société civiles et les leaders d'opinion ;
– les doctorants et étudiants des universités.

Je remercie l'équipe de l'ASDC très dynamique et très engagée.

Mesdames et Messieurs,

Honorables invités en vos titres, grades et qualité,

Je souhaite un bon colloque à tous les participants,

Je vous remercie de votre attention.

Abdou Aziz Daba Kébé
Agrégé des Facultés de Droit
Président de l'ASDC

Mot du Programme pour la Promotion de l'État de droit en Afrique subsaharienne de la Fondation Konrad Adenauer

Dans un contexte africain marqué par des conflits, la fréquence et les caractéristiques de ceux-ci justifient, à juste titre, l'urgence de s'interroger sur des mesures fortes et durables.

La diversité ethnique voire culturelle qui était auparavant un grand atout pour le continent, voire une richesse, tend de plus en plus vers la division, la disparité et la dissension.

On se rappelle que la carte coloniale de l'Afrique avait été dessinée sans tenir compte des liens entre les différents groupes ethniques et linguistiques, et des bases de pouvoirs régionaux.

Nombreuses sont les communautés qui se sentent aujourd'hui minoritaires à cause d'un manque de considération que certains États attachent à leur patrimoine, à leur histoire ou encore à leurs droits. Et justement, dans la composition de l'Afrique, il y a beaucoup plus de peuples décrits comme minoritaires ou groupes ethniques qu'il n'y a d'État.

À ce stade, l'idéal d'État-nation se fondant foncièrement sur l'unicité, l'indivisibilité, l'entente et la cohésion est menacé, voire vicié. Le défi est alors de parvenir à un équilibre afin que dans ce processus de construction de la nation, chaque couche sociale puisse s'y retrouver dans l'intégralité de la réalisation de ses droits.

À cet égard, le cadre actuel de protection des droits de l'homme donne à tous les individus, y compris les plus défavorisés, minoritaires ou marginalisés, les moyens de revendiquer leurs droits et de demander réparation en cas de violation de ces derniers.

La Charte africaine des droits de l'homme et des peuples adoptée en 1981 donnera ainsi au concept de « peuples' » une dimension incontournable, en lui attachant des valeurs de reconnaissance, de paix, de solidarité, d'épanouissement et de développement. Ce qui fera par la suite du droit des peuples un élément désormais crucial dans le catalogue des obligations des États, excluant par voie de fait et de droit toute idée ou sentiment de « minorité ».

Ce texte aura apporté dans les années 1980 un sens signifiant littéralement la reconnaissance, le droit des peuples à l'existence, à la paix, à l'égalité, à l'autodétermination et à la libre disposition de leurs richesses et ressources naturelles.

Si ce cadre existe, il apparaît toutefois que la crise minoritaire a atteint un seuil critique sur tout le continent. D'où l'intérêt de ce colloque « État de droit et minorités en Afrique » organisé à Dakar les 8 et 9 juillet 2021, convoquant le monde universitaire hors des amphis, autour de cinq thèmes d'une brûlante actualité :

- existence et reconnaissance des minorités : approche pluridisciplinaire ;
- minorités et droit public ;
- minorités et exercice du pouvoir ;
- minorités et élections ;
- La protection des minorités.

Les réflexions qui en sont ressorties seront désormais inscrites dans l'ordre des contributions pérennes, et soumises à l'attention des lecteurs, puisque les paroles s'en vont et les écrits demeurent.

La Fondation Konrad Adenauer, par cette démarche de compilation et de vulgarisation, aspire ainsi à ce que les contributions et conclusions de ce colloque permettent de mieux saisir la portée des questions soulevées sous leurs différents aspects et enjeux en cause, qu'elles soient comprises et prises en compte par les responsables sociaux et décideurs politiques, et qu'elles aient ainsi un impact positif sur les communautés.

Soutenir le projet de colloque sur « État de droit et minorités en Afrique », porté par notre partenaire l'Association sénégalaise de Droit constitutionnel, était pour le Programme pour la Promotion de l'État de droit en Afrique subsaharienne, que j'ai le plaisir coordonner, une opportunité importante pour notre plan d'action en faveur de la promotion de la démocratie et du renforcement de l'État de droit en Afrique.

Ainsi, ce colloque pourrait non seulement être un tournant décisif pour les démocraties contemporaines face aux enjeux liés aux conflits en Afrique, mais aussi un grand pas, suivi par d'autres, nous l'espérons, en direction d'une meilleure compréhension de tous ces problèmes d'autant plus difficiles à résoudre qu'ils affectent souvent l'individu dans ses convictions les plus intimes.

Notre Programme, en s'associant à un tel projet, s'est senti au cœur de sa mission.

Cette mission passe par l'appui et le renforcement de projets ponctuels allant dans le sens de faire de l'État de droit une réalité dans les pays d'Afrique subsaharienne francophone.

Nous nous activons dans la promotion de l'État de droit tant au niveau régional que continental en coopération avec l'ensemble des acteurs notamment les institutions, la société civile, les praticiens du droit ou encore les universitaires dans des domaines tels que le constitutionnalisme, les droits humains, la justice, la gouvernance démocratique, la paix et la sécurité. C'est dans ce cadre que rentrent cette publication et ce colloque.

Je ne pourrais clore ce mot sans revenir sur le dynamisme dont fait montre l'Association sénégalaise de Droit constitutionnel, qui est à l'origine de tout ceci.

Cher partenaire, au nom de la Fondation Konrad Adenauer, je vous remercie et tiens à magnifier cette excellente idée que vous avez transformée en projet communautaire, témoignant ainsi de votre engagement et dévouement à l'émergence d'un constitutionnalisme démotique en Afrique.

Je ne saurais également terminer ce mot sans rendre un hommage mérité au Professeur Cyrile Monembou, l'un des pionniers de ce projet, dont la disparition constitue une lourde perte pour les juristes, intellectuels et amis que nous sommes.

Ces actes, lui rendent hommage, et démontrent, aussi nécessaire soit-il, l'attachement de l'ASDC, aux côtés de notre Programme, à la production scientifique en droit constitutionnel, mais aussi et surtout sa contribution à l'enrichissement intellectuel et au développement en faveur de l'humain.

Margaux Wipf
Coordonnatrice principale du Programme
pour la Promotion de l'État de droit en Afrique subsaharienne
de la Fondation Konrad Adenauer

THÈME 1

EXISTENCE ET RECONNAISSANCE DES MINORITÉS : APPROCHE PLURIDISCIPLINAIRE

Repenser la démocratie représentative[1] : l'intégration politique des minorités en contexte plural africain comme fabrique du bon gouvernement[2]

Abdou Rahmane THIAM

Maître de Conférences Agrégé de Science politique
Chef du Département de Science politique
FSJP/UCAD

> « Les États démocratiques et libéraux hébergent une diversité en constant complexification, et les minorités de toutes sortes luttent de plus en plus pour des formes quelconques de reconnaissance de leur spécificité au sein de la société dans laquelle elles évoluent[3] »
>
> Félix MATHIEU

Introduction

Sans préjuger de la question éminemment politique des antécédents historiques de la revendication des groupes minoritaires dans le monde actuel, cet article est un regard qui s'inscrit dans la perspective de la thématique générale du Colloque international « État de droit et minorités en Afrique » co-organisé les 8 et 9 juillet 2021 à Dakar (Sénégal) par l'Association sénégalaise de Droit constitutionnel (ASDC) et la Fondation Konrad Adenauer Stiftung (FKAS).

L'écroulement du fédéralisme éthiopien avec la question du Tigré, la question jurassienne (Suisse), celle des Touaregs (Mali), le problème des Rohingyas (Birmanie) et la minorité linguistique en Belgique ou au Canada, la situation des musulmans peuplant majoritairement le nord de la Centrafrique, sont autant d'exemples parmi d'autres qui nourrissent des débats au plan doctrinal, tout en montrant la dimension de la problématique de l'intégration politique des minorités dans les nouveaux États-nation.

Mais selon Bernard Voutat et René Knuesel, la question des minorités constitue un objet relativement délaissé en Science politique. Dans ce cadre, ils précisent « qu'elle a principalement été abordée au travers des divers mécanismes institutionnels destinés à permettre aux groupes désignés et

---

[1] GAXIE (D.) *La démocratie représentative*, 4e édition, Montchestien, 2003.

[2] Nous empruntons cette expression à Nadine MACHIKOU préfigurant le titre de son article intitulé « La fabrique du « bon gouvernement » : scènes constituantes et instituantes au Cameroun (1972-2002), *Afrilex*, 2016.

[3] MATHIEU (F.), *Les défis du pluralisme à l'ère des sociétés complexes*, Presses de l'Université du Québec, 2017.

reconnus comme minoritaires de s'exprimer sur la scène publique, voire d'être représentés dans les différentes instances du pouvoir étatique. C'est ainsi que les politologues – dans le prolongement d'une réflexion menée par les juristes – portent leur attention sur les modalités susceptibles d'assurer la présence des minorités dans les institutions, que ce soit au niveau des systèmes électoraux (représentation proportionnelle versus majoritaire ; découpage des circonscriptions) ou de l'existence de divers mécanismes de démocratie directe (initiative ou référendum)[4] ».

En effet, la démocratie représentative est un régime dans lequel le pouvoir est attribué par le peuple à des représentants élus qui l'exercent en son nom[5]. Toutefois, Bernard Manin précise que le régime représentatif comporte, à la fois, des traits démocratiques et des traits non démocratiques qu'il qualifie d'oligarchiques (Manin 1995). Pour lui, le gouvernement représentatif[6] a évolué en trois étapes depuis sa création : la période du parlementarisme dominant le 19e siècle ; l'ère de la démocratie des partis se développant concomitamment avec le suffrage universel[7] et la démocratie du public, forme actuelle de la représentation, appelée aussi la démocratie d'opinion, qui consacre la personnalisation[8] du choix de l'électeur.

Malgré cette évolution, deux théoriciens éminents du 20e siècle, nés tous les deux dans l'empire austro-hongrois, Joseph Alois Schumpeter[9] (1883-1950) et Karl Raimund Popper[10] (1902-1994), ont, à peu près en même temps (dans les années 1940), soumis à une critique incisive la « doctrine de la démocratie » avant de proposer une autre théorie (an other theory), une théorie alternative, qu'ils croyaient plus modeste mais beaucoup plus conforme à la réalité, nettement plus réaliste.

---

[4] VOUTAT (B.) et KNUESEL (R.), « La question des minorités. Une perspective de sociologie politique », *Politix*, vol. 10, n° 38, Deuxième trimestre 1997. *L'institution des rôles politiques* : 136-149.

[5] GOUJON (Al.), *Les démocraties. Institutions, fonctionnement et défis*, Armand Colin, 2015, p. 23.

[6] MANIN (B.), *Principes du gouvernement représentatif*, Champs Flammarion, 1995.

[7] Dans son ouvrage intitulé *Le Savant et le politique*, M. WEBER propose une définition des partis politiques pour montrer leur émergence et leur rôle dans la démocratie. Selon Weber, « les *partis* politiques *sont les enfants de la démocratie, du suffrage universel, de la nécessité de recruter et d'organiser les masses* ».

[8] On peut ici se référer aux travaux de M. OFFERLE sur l'histoire du vote dans son ouvrage intitulé *Un homme, une voix ? Histoire du suffrage universel*, Gallimard, 2002.

[9] SCHUMPETER (J. A.), *Capitalisme, socialisme et démocratie (1942),* Paris, Payot, 1967.

[10] POPPER (K. R.), *La société ouverte et ses ennemis*, Editions Seuil, 1945.

En effet, la question de la représentation politique[11] dans les démocraties modernes suscite un débat si l'on se réfère à Pierre Bourdieu qui précise que « Dans la lutte qui se déroule sur la scène politique, les professionnels ont un poids politique proportionné à leur pouvoir de mobilisation, c'est-à-dire au crédit et à la croyance qu'ils reçoivent soit directement de leurs mandants, soit des appareils qui les investissent dans la mesure où ils investissent en eux ». Cette idée soulève le problème de la distribution sociale de la représentation politique, notamment dans les sociétés plurales comme le démontre Mor FALL dans une perspective d'analyse institutionnelle. FALL étudie la constitutionnalisation de la protection des minorités dans les sociétés plurales africaines en contexte de démocratisation, en faisant usage du concept de constitutionnalisme démotique[12].

C'est pourquoi l'instabilité politique et sociale qui caractérise beaucoup d'États d'Afrique subsaharienne, apparaît comme un facteur de légitimation de toute entreprise de renouvellement des travaux recentrés sur la pratique de la démocratie représentative dans les sociétés à pluralisme culturel. En d'autres termes, le contexte plural dans lequel s'insèrent surtout les États-nation africains, suppose une logique de reconfiguration des principes de la représentation politique.

Ainsi, la question centrale de cette réflexion est de montrer les conditions à partir desquelles un régime représentatif peut fournir, dans un contexte plural, un cadre politique et institutionnel inclusif à ses différentes composantes sociologiques. En d'autres termes, il s'agit de mettre en œuvre une « représentation miroir[13] » qui reflète mieux la composition sociologique de l'État dans ses différentes sphères, et dont l'absence remettrait en question la légitimité des dirigeants. Dès lors, la fabrique du bon gouvernement[14] s'inscrit dans ce qu'André Cabanis appelle le constitutionnalisme de la troisième vague considéré comme l'une des principales sources de la consolidation démocratique[15] en Afrique.

En raison des différentes expériences de gestion du fait minoritaire (Amérique latine, Amérique du Nord, Europe), la problématique des minorités

---

[11] BOURDIEU (P.), « La représentation politique », *Actes de la recherche en sciences sociales*, Vol. 36-37, février/mars 1981. *La représentation politique*-1 : 3-24.

[12] FALL (M.), *La protection constitutionnelle des minorités en Afrique : les exemples de l'Afrique du Sud, du Burundi et du Cameroun. Contribution à l'étude du Droit constitutionnel des minorités*, Thèse de Doctorat de Droit public, FSJP-UCAD, 2020, 509 p.

[13] La notion de « représentation miroir » signifie que l'assemblée doit être à l'image de la société qui l'a élue.

[14] MACHIKOU (N.), « La fabrique du "bon gouvernement" : scènes constituantes et instituantes au Cameroun (1972-2002) », *Afrilex*, 2016.

[15] CABANIS (A.) et MARTIN (M.-L.), *Le constitutionnalisme de la troisième vague en Afrique francophone*, PUR, 2012, 228 p.

exige des précautions d'ordre méthodologique parmi lesquelles la rigueur définitionnelle (Quel entendement ?), la neutralité et la vigilance épistémologiques, le comparatisme qui permet de relativiser. De surcroît, les sciences sociales sont iconoclastes d'où l'importance pour le chercheur de préciser les termes qu'il utilise pour ne pas prêter à des confusions.

Aussi dans *Ce que parler veut dire*[16], Pierre Bourdieu précise : « La science sociale a affaire à des réalités déjà nommées, déjà classées, porteuses de noms propres et de noms communs, de titres, de signes. Sous peine de reprendre à son compte sans le savoir des actes de constitution dont elle ignore la logique et la nécessité, il lui faut prendre pour objet les opérations sociales de nomination et les rites d'institution à travers lesquels elles s'accomplissent. Mais, plus profondément, il lui faut examiner la part qui revient aux mots dans la construction des choses sociales ; et la contribution que la lutte des classements, dimension de toute lutte des classes, apporte à la constitution des classes sociales, mais aussi des clans, tribus, ethnies ou nations. »

Par conséquent, certaines clarifications conceptuelles sont ici nécessaires quant à l'emploi de mots clefs de notre sujet : démocratie représentative, intégration politique, minorités, contexte plural, fabrique du bon gouvernement. Cette démarche est d'autant plus importante qu'aujourd'hui, la pluralité des expériences démocratiques semble justifier l'intitulé de l'ouvrage d'Alexandra Goujon, *Les démocraties. Institutions, fonctionnement et défis*[17].

Dans cette perspective, George Orwell attire d'ailleurs l'attention sur le fait que « Dans le cas d'un mot tel que démocratie, il n'est pas de définition sur laquelle l'accord se fasse ; de plus, toute tentative d'en élaborer une rencontre de toutes parts des résistances [...]. Ceux qui défendent un régime, quel qu'il soit, le proclament démocratique et craignent de devoir cesser d'employer le mot démocratique dès lors qu'il n'admettrait qu'une seule signification[18]».

Pris dans son sens étymologique, le terme se compose de deux racines grecques accolées : demos et kratos qui signifient littéralement le pouvoir du peuple. Ainsi, on relève deux principes, quant à la source et à la légitimité du pouvoir, supposant que dans une démocratie, le pouvoir n'est légitime que s'il résulte de la volonté populaire. Mais dans une approche plus politique, la démocratie se présente comme une référence mobilisatrice au sens où sa vertu est plutôt de nourrir une vision légitimatrice d'attentes, d'exigences et d'espérances.

Sa plus célèbre définition reste celle du Président américain, Abraham Lincoln, qui, le 19 novembre 1863, sur le champ de bataille de Gettysburg,

---

[16] BOURDIEU (P.), *Ce que parler veut dire*, Fayard, 1982, p. 99.

[17] GOUJON (Al.), *Les démocraties. Institutions, fonctionnement et défis*, Armand Colin, 2015.

[18] ORWELL (G.), *Politics and the English language, Selected essays*, Baltimore, 1957, p. 149.

déclarait que « la démocratie, c'est le gouvernement du peuple, par le peuple et pour le peuple ». Cette formulation a beaucoup inspiré les rédacteurs de la Ve République française (Constitution du 4 octobre 1958) et ses anciennes colonies.

Au regard de l'observation empirique, la démocratie désigne, d'une part, un type de régime représentatif doté présentement du monopole de la légitimité politique dans la plus grande partie du monde et, d'autre part, une sorte d'idéal, de valeur, de principe ou, encore, de finalité quelque peu téléologique[19]. Le déphasage entre les deux acceptions, empirique et idéale de la démocratie, montre le manque de satisfaction de ses définitions, si bien que Giovanni Sartori la caractérise « comme le nom pompeux de quelque chose qui n'existe pas » (Sartori 1973 : 3).

Critiquée par Jean-Jacques Rousseau comme aliéante et inique, la représentation apparaît chez Abbé Sieyes, comme créatrice de la volonté générale et devient par conséquent indivisible ; le corps des représentants devenant constitutif de la nation, voire leur Assemblée nationale. De ce point de vue, la représentation politique désigne le processus par lequel des gouvernants se considèrent comme légitimés à parler au nom d'un ensemble plus large et autorisés à décider en son nom[20].

Dans le débat qui s'est déroulé lors de l'indépendance des États-Unis, les anti-fédéralistes argumentaient pour la proximité et la similarité des élus et des électeurs[21]. Cette idée a continué d'exister dans la tradition politique sous le nom de « représentation-miroir ». D'ailleurs, les débats actuels sur la supposée « crise de la représentation » montrent que le lien représentatif moderne est fondamentalement un lien de séparation et que c'est une illusion de penser que la représentation soit susceptible de figurer de manière adéquate la réalité[22].

Ainsi, s'ouvrent de nouvelles perspectives à la représentation dans l'espace du politique, mais il s'agit d'une représentation placée sous le signe de la re-configuration et non celui de l'impossible figuration. L'aménagement de mécanismes consolidants[23] de la démocratie représentative dans les constitutions

---

[19] HERMET (G.), BADIE (B.), BIRNBAUM (P.) et BRAUD (Ph.), *Dictionnaire de la Science politique et des institutions politiques*, Armand Colin, 2008, p. 81.

[20] HERMET (G.), et autres, *Dictionnaire de la Science politique et des institutions politiques*, *op. cit*, p. 271.

[21] SCHNAPPER (D.), « La fin de l'idée de représentation ? » in A. BLONDIAUX, J.-M. HELVIG *et alii.*, *Où va la démocratie ?*, Éditions de la Bibliothèque publique d'information, 2017, p.49.

[22] REVAULT d'ALLONNES (M.), *Le miroir et la scène. Ce que peut la représentation politique*, EAN, 2016, 196 p.

[23] Nous nous référons aux travaux d'Ismaïla Madior FALL sur *Les revisions consolidantes et déconsolidantes de la Constitution*. Pour nous, il s'agit des mécanismes formalisés

constitue un moyen de transformation inclusif de la délégation politique qui met en évidence la force du droit[24] dans la pratique de l'ingénierie constitutionnelle. Une telle perspective met en relief un double intérêt à la fois théorique et pratique.

Au plan théorique, la question des minorités constitue un objet pertinent de science politique si elle est envisagée sous l'angle des conditions d'approfondissement de l'État de droit dans les sociétés plurales où la transposition de la démocratie libérale a fait l'objet d'importants débats[25]. Au plan pratique, elle occupe de nos jours une place centrale dans les grandes rencontres internationales, en raison d'un contexte de plus en plus marqué par le problème de la protection des droits de l'homme.

Aujourd'hui, la crise minoritaire a atteint un seuil critique sur le continent africain comme en attestent les tragédies qui émaillent la quasi-totalité des régions africaines. Par un effet de contagion, elle a débordé les frontières nationales au début des années 1990, en alimentant de véritables conflits régionaux, notamment dans la région des Grands Lacs[26].

En réalité, l'étude de la composition sociologique des sociétés africaines révèle une certaine difficulté dans la gestion du pluralisme ethnique, linguistique voire religieux, même si cette réalité ne soit pas un phénomène typiquement africain. Cependant, en Afrique, les dirigeants ont une philosophie négationniste[27] qui encourage la stigmatisation du phénomène minoritaire au lieu de réfléchir sur la recherche de solutions institutionnelles adéquates[28].

Par ailleurs, le concept de « minorité ethnique » s'inscrit dans un contexte étatique dans lequel il fait face par définition à un groupe ethnique majoritaire ou dominant. Ce qui veut dire que la définition du concept de minorité doive se faire en référence à celle de domination[29]. Si le terme de minorité est

---

par la Constitution dans le but de consacrer une intégration effective des différentes catégories sociales constitutives de la population nationale.

[24] ISRAEL (L.), BOURDIEU (P.), *La force du droit. Éléments pour une sociologie du champ juridique*, Éditions de la Sorbonne, Collection Tirés à part, 2017.

[25] SINDJOUN (L.), « La démocratie libérale est-elle soluble dans le pluralisme culturel : éléments pour une discussion politiste de la démocratie dans les sociétés plurales ».

[26] FALL (M.), *La protection constitutionnelle des minorités en Afrique : les exemples de l'Afrique du Sud, du Burundi et du Cameroun. Contribution à l'étude du Droit constitutionnel des minorités*, Thèse de Doctorat de Droit public, FSJP-UCAD, 2020, p. 14.

[27] CHRÉTIEN (J.-P.), Le *défi de l'ethnisme : Rwanda et Burundi*. Paris, Karthala Éditions, 2012, 252 p.

[28] FALL (M.), *op. cit.*, p. 9.

[29] Dans le chapitre de son ouvrage *Économie et société* intitulé "Les types de domination", Max Weber définit le concept de domination comme « la chance de faire triompher au sein d'une relation, et peu importe les résistances, sa propre volonté ».

aujourd'hui d'usage commun, voire galvaudé, il englobe une réalité qui a longtemps été ignorée, c'est-à-dire le modèle d'État-nation privilégiait la quête de l'unité nationale, tout en négligeant l'existence de communautés différentes du groupe majoritaire.

Aujourd'hui, force est de constater la difficulté de donner une définition consensuelle du mot minorité, qu'elle émane des juristes ou des politologues, en raison des réalités différentes que peut recouvrir le terme. Néanmoins, on tend à s'accorder sur un socle commun, un ensemble de traits permettant de distinguer une minorité dans un macrocosme social. C'est en Droit international que la première définition de minorité proposée par Francesco Capotorti en 1971 va servir de référence par la suite.

Selon l'ancien rapporteur spécial des Nations-unies, une minorité nationale est « un groupe numériquement inférieur au reste de la population d'un État, en position non dominante, dont les membres – ressortissants de l'État – possèdent du point de vue ethnique, religieux ou linguistique, des caractéristiques qui diffèrent de celles du reste de la population et manifestent même de façon implicite un sentiment de solidarité, à l'effet de préserver leur culture, leurs traditions, leur religion ou leur langue »[30]. Cette définition du concept de minorité repose principalement sur des critères ethno-culturels, des rapports quantitatifs et l'idée d'un sentiment d'appartenance.

Mais cette définition de Capotorti sera revisitée par Jules Deschênes en 1985 à la demande de la Sous-Commission. Selon Deschênes, le terme minorité désigne : « Un groupe de citoyens d'un État, en minorité numérique et en position non dominante dans cet État, dotés de caractéristiques ethniques, religieuses ou linguistiques différents de celles de la majorité de la population, solidaires les uns des autres, animés fût-ce implicitement, d'une volonté de survie et visant à l'égalité en fait et en droit avec la majorité [31] ».

Au cours de ces dernières années, le Conseil de l'Europe a contribué à préciser la définition du concept de minorité[32]. Une minorité est définie à travers certains critères : le lieu de résidence, l'enracinement des liens avec l'État, la présentation de caractéristiques ethniques, culturelles, religieuses ou

---

Il propose une typologie de domination : domination traditionnelle, domination légale-rationnelle et la domination charismatique.

[30] CAPOTORTI (F.), *Étude des droits des personnes appartenant aux minorités ethniques, religieuses et linguistiques*, New York, ONU, doc. E/CN.4/Sub.2/1979/384/Rev.1, 1979, p. 102.

[31] Résolution 1984/62 dans E/1984/14-E/CN.4/1984/77.Voir aussi Proposition concernant une définition du terme « minorités », UN Doc. E/CN.4/Sub.2/1985/31 ; DESCHÊNES (J.), « Qu'est-ce qu'une minorité ? » *Les Cahiers de droit*, 27 (1), 1986 : 291.

[32] Recommandation 1201, adoptée le 1er février 1993 par l'Assemblée parlementaire du Conseil de l'Europe, y ajoute les critères de la résidence permanente, le caractère historique du lien avec l'État, les spécificités et la représentativité du groupe minoritaire.

linguistiques spécifiques ; la bonne représentativité, la faiblesse du caractère numérique, la volonté de préserver ensemble leur identité. Malgré le nombre important de travaux réalisés sous l'égide des Nations-unies, la définition du concept de minorité en droit international reste générale.

Si l'on se réfère au régionalisme africain, c'est plutôt une approche collective qui sous-tend la protection des droits des minorités, reconnaissant le groupe minoritaire en tant qu'entité juridiquement protégée. En ce sens, la Charte africaine des droits de l'homme et des peuples[33] constitue le premier texte régional au monde qui consacre des droits aux « peuples » en tant que tels. Le principe de non-discrimination est énoncé à l'article 2 de la Charte, là où il n'est consacré qu'à l'article 14 de la Convention européenne des droits de l'homme. Ce qui témoigne de la valeur absolument fondamentale qu'il revêt pour le continent africain, car la Charte prend en considération la réalité sociologique de l'Afrique telle qu'elle existe encore aujourd'hui, et notamment le « fait ethnique » qui caractérise le continent[34].

Dans un rapport de 2003, la Commission africaine a affirmé sur ce point que « l'Afrique a passé le temps de la lutte contre la colonisation. La Charte africaine doit donc être comprise et interprétée à la lumière des réalités du moment, dont la grande caractéristique est ce besoin pressant de promotion et de protection des droits humains des groupes et des peuples vulnérables au sein des États. »

Au-delà de la contextualisation de la notion de minorité, il convient de noter et d'analyser la récurrente question de la crise du gouvernement représentatif **(I)** dans les sociétés plurales africaines. Il s'agit de montrer les limites de la démocratie représentative en contexte plural. Effectivement, Arend Lijphart[35] précise qu'il n'y a pas d'incompatibilité entre démocratie et sociétés plurales, mais plutôt entre sociétés plurales et démocratie majoritaire. Cette portée limitative de la démocratie représentative nourrit son modèle consociatif ou démocratie consociative qui repose sur la représentation proportionnelle, l'autonomie des groupes minoritaires et le partage du pouvoir. C'est pourquoi le deuxième axe de notre réflexion portera sur le bon gouvernement comme reconfiguration du gouvernement représentatif **(II)** en contexte plural.

---

[33] Cf. *La Charte africaine des droits de l'homme et des peuples*.

[34] BEDJAOUI (M.) et OUGUERGOUZ (F.), « Commentaire de l'article 19 », in *La Charte africaine des droits de l'homme et des peuples et le protocole y relatif portant création de la Cour africaine des droits de l'homme, Commentaire article par article*, in M. KAMTO (dir.), Bruxelles, Bruylant, 2011, p. 447.

[35] LIJPHART (A.), *Patterns of democracy: government forms and performance in thirty-six countries*, New Haven, Yale University Press, 2012.

I. La portée limitative du gouvernement représentatif en contexte plural africain

Les sociétés démocratiques tirent leur légitimité de l'élection de leur personnel politique[36] par les citoyens. En ce sens, ces derniers délèguent selon les principes de la représentation politique tributaire de la démocratie représentative, leur pouvoir à un président de la République, des députés, des maires, etc. Mais depuis plusieurs années, la plupart des démocraties contemporaines sont traversées par des crises de confiance aux manifestations très diverses : mise en cause des élites politiques, violences physiques et verbales entre élus dans les assemblées, une classe politique professionnalisée qui se renouvelle difficilement, transhumance politique[37], taux d'abstention élevé aux élections, etc.

Or, selon Anne Muxel, la participation électorale est considérée comme l'un des traits les plus caractéristiques de la bonne santé d'un régime démocratique[38]. Ainsi, il est plus facile aujourd'hui de protester et de se positionner contre, que d'adhérer à un système ou une ligne politiques. En Afrique, cette situation reste observable dans les États fortement marqués par le pluralisme culturel et où certaines minorités sont écartées de la représentation politique. Ce qui constitue un facteur explicatif de certains comportements politiques dont la défiance vis-à-vis des élus (**A**). Celle-ci est tributaire d'un effet « miroir » contrasté entre représentation politique et réalités sociologiques (**B**).

A. Une défiance vis-à-vis de la représentation politique

La « démocratie d'élection » s'est quelque peu érodée, et si l'on est passé, selon les mots de Pierre Rosanvallon, « d'une démocratie politique « polarisée » à des formes de « démocratie civile » plus disséminées », d'autres formes de l'activité politique se sont quant à elles raffermies, telles que la « démocratie d'expression », la « démocratie d'implication » ou encore la « démocratie d'intervention[39] ».

---

[36] Selon le *Dictionnaire de la Science politique et des institutions politiques*, « le personnel politique constitue une élite spécifique en charge du pouvoir politique ; si l'on s'en tient au personnel politique national, il se compose des ministres, des députés ou encore des sénateurs détenteurs, les uns et les autres, le plus souvent de mandats électifs locaux », p. 233.

[37] La transhumance politique est un terme inspiré du pastoralisme pour expliquer le nomadisme politique, autrement dit le changement de parti d'un homme politique. Il s'agit d'une forme de comportement politique caractéristique de beaucoup de démocraties modernes, mais qui doit aussi être lue comme une stratégie d'accès ou de conservation de position de pouvoir.

[38] MUXEL (A.), « Abstention : défaillance citoyenne ou expression démocratique ? », *Cahiers du Conseil constitutionnel,* n° 23 *(Dossier sur La Citoyenneté),* février 2008.

[39] ROSANVALLON (P.), « Le mythe du citoyen passif », *Le Monde*, 20-21 juin 2004.

En effet, la victoire du « NON » lors du référendum sur le Traité constitutionnel européen en 2005 en France, le vote en faveur du Brexit au Royaume-Uni au mois de juin 2016 et l'élection de Donald Trump à la présidence américaine en novembre 2016 ont été interprétés comme un mouvement de « révolte » contre les élites[40]. Il est ici important de préciser que les théories élitistes[41] sont apparues au tournant du XXe siècle, en réaction contre les fondements de la démocratie représentative reposant sur le principe majoritaire.

En réalité, ces théories élitistes sont dirigées contre la démocratie et le marxisme, au sens où elles soutiennent que dans toutes les sociétés, les pouvoirs sont accaparés et exercés par une minorité que les masses sont condamnées à leur obéir. Ce paradigme élitiste remet en question les postulats fondamentaux de la démocratie représentative. De ce point de vue, il ne peut y avoir d'égalité entre les citoyens et le pouvoir du people. Dès lors, la prétention d'un régime à revendiquer l'existence d'un tel pouvoir doit s'analyser comme une mystification idéologique qui occulte et légitime le pouvoir d'une élite.

Cette question élitaire est d'autant plus importante que se pose le problème de la représentation dans les sociétés à pluralisme culturel dont les sociétés africaines en sont une parfaite illustration. Beaucoup de crises politiques en Afrique naissent de questions d'ordre identitaire. Jean-Pierre Chrétien[42] met en évidence la dialectique du pouvoir, de la violence et de la crispation identitaire. Les crises sanglantes qui ont émaillé l'histoire du Burundi et du Rwanda depuis trente ans (de 1964-1965, de 1972-1973 et de 1993-1994) illustrent particulièrement la dimension politique de ces conflits dits ethniques. Les anciennes identités héréditaires hutu et tutsi, malgré l'absence de véritables différences culturelles, ont été considérées comme les véritables facteurs de ces deux crises politiques.

Si dans la région des Grands Lacs, les leaders hutus invoquent le principe du « peuple majoritaire », selon le modèle de la Révolution rwandaise de 1959-1961, ceux Tutsi avancent l'argument sécuritaire, en raison de la position minoritaire que leur groupe occupe dans l'armature sociale. Parmi les éléments explicatifs généralement avancés pour comprendre ces crises, le

---

[40] GAXIE (D.), « Les élites et la démocratie », *Revue Pouvoirs*, 2017.

[41] Le paradigme élitiste est forgé par l'Ecole italienne des élites constituées par Gaetano Mosca, Wilfredo Pareto et Robert Michels qui fondent le postulat selon lequel, dans toutes les sociétés, même les plus archaïques, c'est une minorité qui dirige. Ce qui remet en question les principes de la démocratie représentative.

[42] CHRETIEN (J.-P.), « Ethnicité et Politique : les crises du Rwanda et du Burundi depuis l'indépendance », *Guerres mondiales et conflits contemporains*, n° 181, Janvier 1996 : 111-124.

facteur ethnopolitique reste déterminant. Julien NIMUBONA[43] précise qu'à Arusha, les parties en négociation ont convenu de qualifier ces crises de « conflits fondamentalement politiques avec des dimensions ethniques extrêmement importantes[44] ».

Par ailleurs, la composition sociologique du Mali renseigne sur la représentation politique qui est un des facteurs générateurs d'un sentiment de frustration relative du groupe des Touaregs. En 2012, le Mouvement national de Libération de l'Azawad (MNLA) a pris les armes contre le pouvoir en place pour dénoncer la marginalisation, le refus de dialogue, sans compter les exactions que l'État pratique sur cette minorité dans leur localité. Il faut rappeler que l'Azawad est un vaste espace qui couvre les régions administratives de Kidal, Tombouctou et Gao au nord du Mali[45]. En ce sens, l'identité de « peuple de l'Azawad » est un marqueur identitaire qui présente cet espace comme un ensemble pluricommunautaire constitué par des Songhays, des Arabes, des Peuls et des Touaregs.

En effet, la manière dont les peuples autochtones sont représentés au Parlement reflète le symbole de la mesure dans laquelle l'État reconnaît leurs intérêts, besoins et droits. Car pour qu'il y ait représentation politique, il faut que les peuples autochtones soient reconnus en tant qu'entité distincte et classés dans une catégorie juridique à part dans chaque pays[46]. En réalité, les peuples autochtones sont trop souvent assimilés aux minorités et aux autres groupes vulnérables de la société.

Or, contrairement aux autres groupes, ils ont des droits qui s'enracinent dans le principe de l'autodétermination dont découle le droit de s'administrer eux-mêmes pour tout ce qui touche à leurs affaires intérieures et locales, ainsi que de disposer des moyens de financer leurs activités autonomes (DDPA[47], art. 4). C'est pratiquement la même situation qui se présente au Polisario (Maroc).

---

[43] Julien NIMUBONA est Docteur et Enseignant-chercheur en Science politique à l'université du Burundi. Il a produit un Rapport final sur « La Perception de l'Identité ethnique dans le Processus électoral au Burundi » pour le compte de la Ligue des Droits de la Personne dans la Région des Grands Lacs (LDGL).

[44] République du Burundi, Accord d'Arusha pour la paix et la réconciliation au Burundi, Arusha, 28 août 2000, Article 4, al.a.

[45] Hélène CLAUDOT-HAWAD, « " Libérer l'Azawad ". La reformulation des luttes politiques touarègues », *Studi Magrebini, Centro di Studi Magrebini - Università degli studi du Napoli, L'Orientale*, 2017, Emerging Actors in Post-Revolutionnary North Africa : 155-178.

[46] Union interparlementaire pour la Démocratie pour tous, « Au-delà des chiffres : la représentation des peuples autochtones au parlement », Rapport d'enquête, 2014.

[47] La Déclaration des Nations unies sur les droits des peuples autochtones (DDPA) insiste sur l'importance d'assurer la participation effective des peuples autochtones à la prise de décisions, et ce à tous les niveaux.

Pourtant la représentation autochtone au Parlement peut aider à réguler des conflits dans la société, en raison de leurs pratiques et connaissances sur des problèmes complexes comme les questions environnementales, de développement et de gouvernance et auxquels toutes les sociétés contemporaines sont confrontées.

La crise de la représentation politique peut également s'analyser à l'aune du degré de circulation des élites au sens parétien (Pareto) du terme. En effet, la question du renouvellement interne des élites demeure sensible d'un point de vue normative et fait que le phénomène élitiste soit un défi pour les démocraties modernes. Ce défi normatif est surtout accentué lorsque les élites sont héréditaires. Ainsi, le phénomène de professionnalisation politique[48] accentue les logiques de conservation des positions de pouvoir. Ce qui exclut les minorités de tout accès à des postes de responsabilité dans l'État.

Par ailleurs, le comportement actuel des élites parlementaires dans les assemblées constitue un autre facteur explicatif de la crise de confiance entre représentants du peuple et ceux qui les ont mandatés. Ces situations sont révélatrices des dysfonctionnements des systèmes politiques africains. Généralement, ces comportements se manifestent sous forme de violences (bagarres entre parlementaires au Sénégal, en République démocratique du Congo, en Afrique du Sud…).

Par conséquent, le phénomène de l'abstentionnisme électoral illustre bien la défiance des électeurs envers les élites politiques, même si le droit de vote est une prérogative essentielle des citoyens dans un régime démocratique. De nombreuses études ont montré que l'abstentionnisme électoral est lié à une pluralité de facteurs différents. Mais l'analyse politique permet de rendre compte de la plupart des variations du phénomène d'abstention. Du point de vue sociologique, l'intégration sociale de l'individu dans la société devient un facteur explicatif qui permet de comprendre la situation des minorités dans les sociétés plurales.

En Afrique, l'abstention s'explique, souvent, par des situations de grave crise économique, politique et sociale sans précédente. Au Mali par exemple, la situation post-conflit s'est répercutée sur la participation électorale des citoyens. En 2013, le Mali a enregistré à l'échelle nationale lors des élections législatives, un faible taux de participation de 38,49 % au moment où la Guinée enregistrait, à la suite de son élection présidentielle controversée de 2003, un taux avéré d'abstention avoisinant 90%.

---

48 Selon M. OFFERLE, (*La profession politique XIX*e*-XX*e *siècles)*. La professionnalisation est le long processus par lequel l'individu quitte sa fonction principale pour se consacrer à temps plein à la fonction politique. La professionnalisation politique a aussi fait l'objet de développements par Max WEBER (*Le savant et le politique*) et D. GAXIE (*Les professionnels de la politique*).

Aujourd'hui, la démocratie représentative souffre d'une crise des partis. L'hypothèse de différenciation structurelle[49] des sociétés contemporaines a été élaborée contre la thèse marxiste qui voit dans les partis et les acteurs politiques, des représentants des intérêts des classes, notamment celles dominantes. Or, selon Joseph Alois Schumpeter, lorsqu'on soutient qu'un parti représente les intérêts des groupes sociaux, on ignore souvent certains facteurs susceptibles d'influencer sur les comportements politiques. Car il existe toujours des intérêts propres à chaque groupe social.

Ainsi, cette crise de la représentation entraîne l'émergence de mouvements sociaux dans beaucoup d'États en Afrique dont le Sénégal, la RDC, le Burkina Faso, le Mali, etc. C'est pourquoi la représentation politique doit être en phase avec la composition sociologique de chaque État plurinational ou plurilinguistique.

Un effet miroir contrasté entre représentation politique et réalité sociologique

La composition sociologique des sociétés modernes montre une certaine difficulté de la gestion du fait minoritaire. Par conséquent, se posent la question de la légitimité et celle de la représentation politique qui sont liées à des enjeux de pouvoir. En d'autres termes, la pratique des principes de la démocratie représentative[50] souffre de sérieux problèmes de ségrégation politique[51] dans les sociétés plurales africaines. De nos jours, beaucoup de conflits en Afrique restent liés au manque d'intégration[52] des minorités dans les sphères de pouvoir étatique.

Cela signifie qu'il y a un déphasage entre représentation politique et composantes sociologiques des États africains. Il faut rappeler que les États-nation africains sont issus d'un phénomène de transposition qui s'insère dans une situation antérieure, celle du partage du continent lors de la conférence de Berlin de 1885 dont les tracés des frontières en Afrique.

Parler de la problématique des frontières en Afrique revient à remonter à la création de l'État westphalien dont la frontière constitue un élément identificateur des limites spatiales de l'État. En ce sens, les notions de

---

[49] P. BOURDIEU revisite l'hypothèse de différenciation structurelle des sociétés contemporaines en affirmant que toute société soit divisée en "champs", en particulier économique, politique, bureaucratique, intellectuel et religieux, chacun étant doté d'une certaine autonomie et comportant des agents qui opposent leurs forces autour d'enjeux et d'investissements spécifiques en vue d'obtenir des profits.

[50] GAXIE (D.), *La démocratie représentative*, Paris, Montchrestien, 2003.

[51] Nous empruntons cette notion à D. GAXIE qui la mobilise pour faire comprendre les inégalités de politisation liées à la pratique du suffrage censitaire.

[52] Dans *La France de l'intégration : sociologie de la nation en 1990*. D. SCHNAPPER situe le débat sur l'intégration au cœur des divers courants de pensée qui marquent l'analyse sociologique de la nation et de la société. Durkheim, Mauss, Bloch et d'autres ont contribué à ce débat, tout comme le marxisme et le relativisme culturel.

démarcation et de délimitation des territoires étatiques soulèvent des interrogations sur la complexité de la question frontalière en Afrique. Cela a suscité un intérêt dans la doctrine, en raison de l'abondante production scientifique sur cet objet.

Cette question des frontières a occupé les débats durant les premières années des indépendances africaines. La question centrale posée lors du Sommet de l'OUA de 1963 a généré deux options : maintenir les frontières héritées de la colonisation ou les corriger. L'option choisie fut la première qui confirme le tracé territorial opéré lors du Congrès de Berlin de 1885. Il faut préciser que ce découpage fut réalisé tout en ignorant certaines réalités sociologiques, notamment la réalité ethnique, identitaire, linguistique, religieuse et politique des sociétés africaines précoloniales. Cela va constituer, à la fois, la source de nombreux différends entre États.

Dans ce cadre, le contraste entre réalités sociales et représentation politique tient en partie de l'histoire du tracé des frontières des nouveaux États issus des processus de décolonisation. La question ethnique apparaît en Afrique postcoloniale[53] sous une quadruple dimension : tantôt elle apparaît comme la réalité africaine fondamentale, tantôt comme la cause de l'échec de l'État-nation, tantôt comme une fiction idéologique, tantôt comme la base d'une solution des problèmes politiques africains.

De ce point de vue la construction du « NOUS », autrement dit la nation par référence aux valeurs communes, déviant un objectif majeur de l'unité étatique sans laquelle il n'y aurait non seulement pas d'existence dans la diversité, mais non plus d'État. Car tout État démocratique se compose aujourd'hui d'appartenances multiples, puisqu'il repose sur le présupposé du « pluralisme social », la quête de bonheur collectif que symbolise en ce point précis le « nous » est inévitablement le fondement existentiel de l'État et appartient donc à son essence[54]. La négligence et la méconnaissance du substrat géographique et des divisions socio-politiques traditionnelles engendrèrent une série de difficultés que les commissaires d'abornement furent les premiers à relever.

Et si les sociétés africaines étaient "comme les autres" ? C'est en tout cas la thèse que propose Jean-François Bayart dans un ouvrage qui résulte des nombreux travaux de sociologie historique qu'il a menés sur les formes du pouvoir politique en Afrique noire[55]. L'expression de "politique du ventre" est d'origine camerounaise et renvoie à une conception de l'appareil d'État perçu

---

[53] BAMAZE N'GANI (E.), « Politiser ou privatiser l'ethnie ? Réflexion à propos du bien commun en Afrique postcoloniale », *Philosophiques*, 45(2), 2018 : 419-444.
[54] *Idem.*
[55] FRANÇOIS (B.), BAYART (J.-F.), *L'État en Afrique. La politique du ventre*, Paris, Fayard, ("L'espace du politique"), *Politix*, vol. 3, n° 9, Premier trimestre 1990. En Vert et contre tout ? L'écologie en politique, p. 94.

comme lieu d'accès aux richesses, aux privilèges, au pouvoir et au prestige pour soi et pour les membres de son clan. Cependant, la "politique du ventre" n'est pas simplement le fait d'une incurie généralisée, voire d'un État clientélaire.

Si la question de l'État en Afrique est si difficile à poser c'est qu'elle s'inscrit dans le « double champ de l'inégalité et de l'identité » selon des modalités très variables et sur fond de systèmes anciens de domination hétérogènes. Selon Bayart, les scénarios extrêmes de la modernisation conservatrice - qui voit les anciens groupes dominants conserver leurs positions, voire élargir les possibilités d'une reproduction de leur domination, au prix d'ajustements souvent violents – et de la révolution sociale – qui provoque le renversement des anciens groupes dominants – s'inscrivent dans le contexte de sociétés lignagères {i.e., segmentaires ou acéphales) peu "préparées" à une recherche hégémonique, et sont rendus plus difficiles encore dans le contexte d'une domination d'une minorité allogène[56].

En Afrique, les dispositions constitutionnelles exigent aux formations politiques de respecter certaines exigences telles que l'unité nationale, l'intégrité territoriale, la souveraineté nationale auxquelles aucune dérogation n'est permise. Dans ce cadre, il est aménagé dans les constitutions des États africains des mécanismes interdisant aux partis politiques de s'identifier à une race, à une ethnie, à une région. Ces principes fondamentaux sont fortement ancrés dans le constitutionnalisme africain dont la justification repose sur une méfiance des conséquences qui seraient préjudiciables à l'unité nationale dans une démocratie en construction. Mais le dispositif juridique d'encadrement et de création des formations politiques connaît plusieurs faiblesses[57].

Dans ces conditions, les minorités restent délibérément exclues de l'espace public contre leur gré sous le prétexte qu'elles pourraient être amenées à développer des velléités irrédentistes. Or, la réalité est tout autre. C'est pourquoi les groupes minoritaires considèrent leur situation comme un manque d'intégration alors qu'ils éprouvent le besoin de participer effectivement à la gestion des affaires publiques, en tant que membres d'une même communauté nationale.

Avec l'avènement des processus de démocratisation en Afrique, la plupart des pays africains ont manifesté une certaine volonté de créer les conditions d'expression plurielle de la participation politique à travers le multipartisme et le constitutionnalisme démotique. En effet, la notion classique de représentation, associée au libéralisme politique, suppose l'indifférenciation du peuple souverain dans l'État, comme Georges Burdeau l'a bien mis en évidence : « Le peuple devient ainsi le centre d'imputation quasi mystique de

---

[56] *Idem*, p. 95.

[57] FALL (M.), *La protection constitutionnelle des minorités en Afrique : les exemples de l'Afrique du Sud, du Burundi et du Cameroun. Contribution à l'étude du droit constitutionnel des minorités*, *op. cit*, p. 89.

toute une série d'attributs qu'il doit non à sa consistance ou à sa force quantitative, mais à une qualité abstraite, impondérable : sa souveraineté. »[58]

Cependant, la généralisation du suffrage universel va sensiblement perturber cette conception classique de la représentation, sans pour autant remettre en cause ses mécanismes. À partir du moment où le suffrage devient un droit individuel, il n'est plus possible d'en rapporter l'usage à une figure abstraite. La démocratie constitutionnelle et libérale contemporaine se trouve désormais aux prises avec une redoutable dialectique de l'unité et de la diversité.

Par ailleurs, l'État-nation en Afrique se confronte à la gestion de la diversité linguistique. En réalité, on note une relative neutralité de la gestion de la diversité linguistique par l'État. La langue étant un vecteur de diffusion de valeurs culturelles et de civilisation d'un peuple donné, constitue un marqueur identitaire, en ce sens qu'elle offre la possibilité de différenciation par rapport aux autres groupes dans un même espace géographique. Ainsi, il existe autant de langues et dialectes qu'il y a de peuples ou d'ethnies. C'est pourquoi les groupes ethniquement minoritaires ont naturellement tendance à revendiquer la reconnaissance de leur langue au même titre que la langue dominante.

En effet, on note que l'État-nation en Afrique connaît une crise de représentation malgré les efforts de progression en matière de gestion de sa diversité sociologique. Cet État importé[59] est-il devenu une « case vide »[60] au sens de Luc Sindjoun ? Si l'on se fie à la définition de la démocratie représentative que proposait, en 1942, l'économiste autrichien Joseph Alois Schumpeter, la démocratie ne serait rien de plus qu'un mécanisme qui assure la sélection des élites dirigeantes par la compétition électorale. Sous ce rapport, le miroir de la représentation risquerait de connaître des fissures. Or, la composition sociologique de l'État doit se refléter sur la représentation politique nationale. Pour ce faire, le bon gouvernement pourrait constituer une technologie politique pour assurer aux groupes minoritaires la protection et l'exercice de leurs droits.

II. Le bon gouvernement, un mécanisme de mise en œuvre de l'effet miroir

Pourquoi notre démocratie paraît-elle en proie au malaise et à la désillusion[61] ? En réponse à cette interrogation, Pierre Rosanvallon précise que le mal-gouvernement ronge en profondeur les démocraties modernes.

---

[58] BURDEAU (G.), *La démocratie*, Paris, Seuil, Points-Politique, 1966, p. 27.

[59] BADIE (B.), *L'État importé : l'occidentalisation de l'ordre politique*, Fayard, 1992, 334 p.

[60] SINDJOUN (L.), *L'État ailleurs : entre noyau dur et case vide*, Economica, 2002, 332 p.

[61] ROSANVALLON (P.), *Le bon gouvernement*, Le Seuil, 2015, 416 p.

Selon ses termes, la démocratie est à comprendre non comme un état mais comme une relation entre gouvernants et gouvernés. Cette relation s'est désincarnée, conduisant à un déficit démocratique, qui se caractérise par « des décisions prises sans consultation, des ministres n'assumant pas leurs responsabilités, des dirigeants mentant impunément, un monde politique en vase clos sans rendre compte et une administration opaque ».

Dans un contexte marqué par la diversité ethnique, linguistique et religieuse constituant une donnée structurelle des sociétés plurales africaines, l'on peut légitimement justifier l'expérimentation d'une ingénierie constitutionnelle grâce à des techniques d'aménagement adaptés à la réalité sociologique des États[62]. Sous ce rapport, le constat fait par certains observateurs montre que les États africains ne reposent pas sur une nation homogène établie.

Repenser la démocratie représentative suppose de réaménager les mécanismes qui peuvent politiquement intégrer toutes les composantes sociologiques de l'État dans la gestion des affaires publiques. Il s'agit de réformer le système de représentation politique (**A**) au plan électoral et de redistribuer consociativement le pouvoir politique (**B**) tributaire de multiples crises politiques en Afrique.

A. La réforme du système de représentation pour des Parlements inclusifs

Il s'agit ici de mettre en œuvre des mécanismes électoraux permettant l'intégration des minorités lors des élections. En ce sens, le choix du mode de scrutin revêt un caractère décisif dans une démocratie dans la mesure où il permet de projeter la configuration sociologique de la circonscription électorale. Cette situation ne pouvant être garantie par le système majoritaire, il est important de mettre en œuvre le système de représentation proportionnelle.

Selon Guiselin et Feldman[63], le mode de scrutin le plus utilisé pour l'élection des membres de la chambre basse dans les démocraties contemporaines, demeure le scrutin proportionnel intégral ou mixte. En d'autres termes, il s'agit d'un type de scrutin qui intègre, à la fois, une dose de proportionnalité et de majorité avec des listes séparées. Ainsi, la représentation proportionnelle a intérêt de favoriser les composantes sociologiques selon leur poids démographique.

Dans les sociétés composant des minorités ethno-raciales comme les États-Unis, la dose de la représentation proportionnelle a fait l'objet

---

[62] FALL (M.), *La protection constitutionnelle des minorités en Afrique : les exemples de l'Afrique du Sud, du Burundi et du Cameroun. Contribution à l'étude du droit constitutionnel des minorités*, *op. cit*, p. 89.

[63] GUISELIN (E.-P.) et FELDMAN (J.-P.), *Les mutations de la démocratie locale : élections et statut des élus*, Paris, L'Harmattan, 2011, p. 36.

d'expérimentation. Selon Daniel Sabbagh[64], ce n'est qu'après la Guerre de Sécession – officialisée par la Cour suprême dans l'arrêt Dred Scottv. Sandford – que l'exclusion des Noirs de la communauté politique allait être remise en question à travers la reconnaissance de leur droit de vote par le Quinzième Amendement à la Constitution américaine votée le 30 mars 1870.

Pour éviter la reproduction d'une situation politique, le Congrès a donné son aval, plus d'un siècle plus tard, à des formes de redécoupage électoral destinées à promouvoir le nombre des élus noirs et hispaniques dans leurs circonscriptions électorales. Dans ce cadre, on peut comprendre que la représentation des minorités au Parlement soit tributaire de la réglementation électorale en vigueur dans les États. En d'autres termes, les pays qui instaurent des mesures ou mécanismes électoraux favorables à la représentation des minorités, expriment une volonté de les intégrer dans les instances de décision.

L'avantage d'une Assemblée plurielle reflétant ainsi la composition sociologique a pour but de contenir les velléités sécessionnistes et de renforcer sa légitimité. Joseph KI- ZERBO précise que « Le rôle des assemblées représentant des ordres, des castes, des classes, des métiers, des groupements divers, les sexes, etc., dans la prise de décisions, était l'un des principes constitutifs et constitutionnels du système africain du pouvoir visant à prévenir les tendances irrédentistes et sécessionnistes, car, paradoxalement, la meilleure façon d'accroître le pouvoir est de le partager »[65].

Par ailleurs, il est aussi important de s'interroger sur les autres groupes qui pourraient être considérés comme marginalisés ou privés d'une représentation appropriée. Car selon Andrew Reynolds de l'université de Caroline du Nord, le terme « minorité » tel qu'il est utilisé dans le système des droits de l'homme des Nations Unies renvoie aux minorités nationales ou ethniques, religieuses et linguistiques citées dans la Déclaration des Nations unies sur les droits des personnes appartenant à des minorités nationales ou ethniques, religieuses et linguistiques (résolution 47/135 de l'Assemblée générale des Nations unies du 18 décembre 1992) et dans l'article 27 du Pacte international relatif aux droits civils et politiques.

Cette déclaration est aussi applicable aux peuples autochtones, en plus de la Déclaration des Nations unies sur les droits des peuples autochtones[66] (résolution A/61/L.67 de l'Assemblée générale du 13 septembre 2007) dont les dispositions s'organisent autour de traits spécifiques communs aux différents peuples autochtones dans le monde :

---

[64] SABBAGH (D.), « La représentation électorale des minorités ethno-raciales aux États-Unis », *Revue internationale de politique comparée*, 2004/3, (Volume 11) : 457.
[65] KI-ZERBO (J.), « La place des Parlements dans les institutions des États africains », *Revue Parlements et Francophonie*, n° 106, 1998 : 103.
[66] Résolution A/61/L.67 de l'Assemblée générale des Nations unies du 13 septembre 2007.

- un lien particulier avec les terres et l'environnement ;
- des institutions politiques et sociales distinctes, notamment des lois et des systèmes juridiques coutumiers, des traditions et des coutumes culturelles, des pratiques médicales ;
- une perception/approche des priorités de développement qui leur est propre, et une gestion traditionnelle des ressources et autres savoirs.

En quoi est-il intéressant que le Parlement s'ouvre pour refléter davantage la diversité sociale de la nation ? L'idée de la *représentation* « descriptive » repose sur une conception de la politique en tant que miroir de la société, le gouvernement se devant d'être un portrait miniature de la société globale, de refléter les différents groupes, opinions et traits caractéristiques. Une telle *représentation descriptive* permet un renforcement de l'influence réelle des groupes minoritaires.

Il est évident qu'un certain degré de représentation descriptive est utile, en particulier lorsque les groupes minoritaires ont des intérêts communs, ont tendance à voter de la même façon aux élections, et sont très marginalisés par rapport au processus de décision. D'autres expériences de représentation consistent à mettre en œuvre un certain nombre d'éléments déterminants : le type de système (proportionnel ou majoritaire), le nombre de représentants élus dans chaque circonscription, l'existence éventuelle d'un seuil de représentation, la possibilité offerte aux électeurs de choisir des candidats et pas uniquement des partis, et le lieu d'habitation des électeurs appartenant à des minorités (concentration ou dispersion géographique).

Par ailleurs, certains mécanismes comme les sièges réservés, les quotas ou encore des listes spéciales pluriethniques sont aménagés pour favoriser la représentation des minorités au Parlement. Par sièges réservés, il faut entendre la garantie faite aux groupes minoritaires de disposer d'un certain degré de représentation en fonction d'une appartenance communautaire. Les sièges réservés sont des sièges parlementaires, pourvus par élection ou nomination, qui sont mis de côté pour des communautés déterminées. Les modèles de Singapour et du Liban indiquent l'exigence des Parlements de faire figurer sur chacune des listes des partis ou assigner un certain nombre de sièges à certaines minorités.

En effet, l'application du principe de la proportionnalité dans la représentation parlementaire des groupes segmentaires fait également partie des caractéristiques d'une démocratie consociative[67]. Au Burundi, pour garantir la représentation des groupes ethniques *au prorata* de leur poids démographique au sein de l'Assemblée nationale, le législateur a dû recourir à une technique d'ingénierie électorale s'inspirant, à double titre, à la théorie consociative.

---

[67] LIJPHART (A.), « Changement et continuité dans la théorie consociative », *Revue internationale de politique comparée*, vol. 4, n° 3, décembre 1997 : 683.

D'une part, aux termes de l'article 164 de la Constitution, l'Assemblée nationale est composée d'au moins 100 députés, à raison de 60 % de Hutus et de 40 % de Tutsis, y compris un minimum de 30 % de femmes et de 3 députés issus de l'ethnie Twa cooptés conformément au Code électoral. Sous ce rapport, la cooptation constitue un moyen alternatif de choix visant à assurer une représentation acceptable de la diversité ethnique. Toutefois, le vote reste le principal fondement de légitimité[68] des représentants politiques.

D'autre part, le recours à la technique de la liste bloquée[69] ne permet pas à l'électeur de modifier l'ordre de présentation des candidats dans les listes. En vertu d'un tel procédé, les candidats sont présentés de telle sorte que pour 3 candidats inscrits à la suite sur une liste, 2 seulement appartiennent au même groupe ethnique et au moins 1 sur 4 soit une femme.

Avec le développement rapide du nombre des États pluralistes et la diffusion des normes et valeurs démocratiques, la possibilité de représentation des minorités au Parlement et au gouvernement prend une importance croissante. La meilleure défense des droits des minorités passe par une combinaison entre sensibilisation du groupe majoritaire et ouverture en direction des minorités. Les voix minoritaires se font entendre et les droits des minorités sont mieux respectés lorsque des représentants des populations minoritaires ont véritablement accès à la sphère politique, à la vie publique et aux lieux de décision correspondants.

Le scrutin proportionnel intégral présente en effet l'avantage de reconnaître la diversité politique des citoyens et de restaurer l'autorité du Parlement qui ne serait plus la caisse d'enregistrement des réformes gouvernementales. De plus, ce mode de scrutin conduit souvent à une instabilité du système politique et favorise la multiplicité des partis. Le constitutionnaliste, Dominique Rousseau, connu notamment pour sa défense de la proportionnelle, pense que « le meilleur système serait la proportionnelle intégrale avec un seuil pour participer à la répartition des sièges fixé à au moins 5 % d'obtention des voix, tout en donnant une prime à la liste qui arrive en tête »[70].

L'expérience congolaise (RDC) qui a permis l'élaboration de la constitution du 18 février 2006 manifeste d'une démarche consociative dans la distribution des sièges au sein des deux chambres du Parlement. Ainsi, les 500 sièges de l'Assemblée nationale étaient ainsi répartis : 94 à chacune des 5 composantes, 15 au Rassemblement Congolais pour la Démocratie – Mouvement de Libération, 5 au Rassemblement Congolais pour la Démocratie-National et 10 aux Maï-Maï. Pour ce qui est du Sénat composé de 120 membres, la répartition

---

[68] PERRINEAU (P.), « Les usages contemporains du vote », *Pouvoirs* 2007/1, n° 120 : 31.

[69] NINDORERA (E.) et NYAMOYA, *et al. Conférence-Débat sur le système électoral au Burundi*. 2004, p. 6.

[70] http://www.leparisien.fr/politique/législatives-le-scrutin-proportionnel-assure-la-représentation-démocratique-13-06-2017.

se fait de la manière suivante : 22 pour chacune des composantes, 4 RCD-ML, 2 RCD-N et 4 Maï-Maï[71].

Malgré ses imperfections, la représentation proportionnelle s'accommode avec le modèle consociatif et permet d'intégrer les minorités dans les assemblées des sociétés plurales. Si la question des Parlements peut être appréhendée sous le prisme du mode de scrutin proportionnel, l'accès à la fonction présidentielle constitue l'autre enjeu de pouvoir générateur des crises politiques en Afrique. De ce point de vue, il est important de penser à un modèle de dévolution du pouvoir adapté aux sociétés plurales.

B. L'aménagement de mécanismes redistributifs du pouvoir politique

Fondée sur une prise en compte de la singularité de la question nationale, cette possibilité d'une représentation politique des minorités s'inscrit aussi dans une perspective de prévention des conflits au sein des sociétés politiques récemment démocratisées. Du point de vue historique et philosophique, la question de la meilleure forme de régime ou du meilleur gouvernement a fait l'objet de débat depuis l'Antiquité grecque.

Dans son schéma stratifié dans *La République*, Platon installe le Roi au sommet de la pyramide. Dans son approche appelée la sophocratie, il se réfère à la connaissance, au savoir pour soutenir que les philosophes soient rois ou que les rois soient philosophes. De Hobbes à Rosanvallon, en passant par Locke et Rousseau, la recherche du bon gouvernement a constitué un objet d'étude pertinent en science politique.

Lijphart met en doute la thèse traditionnelle suivant laquelle une démocratie stable peut difficilement être installée et maintenue dans une société plurale. Sur la base d'une analyse de pays comme la Suisse, les Pays-Bas, la Malaisie, le Liban, la Belgique et autres, Lijphart conclut qu'il n'y a pas d'incompatibilité entre démocratie et sociétés plurales, mais plutôt entre sociétés plurales et démocratie « majoritaire » ou « style Westminster ». Une approche consociative peut aider à installer et maintenir un système démocratique et stable dans une société plurale[72].

Après un regard porté sur les expériences de constitutionnalisme démotique de pays autres que africains, il sera question de discuter de modèles de gestion consociative du pouvoir par certains pays africains. Cela permet de

---

[71] MBODJ (E-Hadj), « Émergence d'une culture constitutionnelle inclusive en Afrique ? Expérience vécue du processus d'élaboration de la Constitution de la République démocratique du Congo du 18 février 2006 » : 221, *in* A. SALL et I. M. FALL (dir.), *Actualités du droit public et de la science politique en Afrique, Mélanges en l'honneur de Babacar Kanté*, Paris, L'Harmattan, 2017.

[72] LIJPHART (A.), *Democracy and Plural Societies. A Comparative Exploration*, New Haven, London, Yale University Press, 1977, p. 1. Voir également LIJPHART, A.rend, *Democracies. Patterns of Majoritarian and Consensus Government in Twenty-One countries,* New Haven, London, Yale University Press, 1984.

comprendre les mécanismes diversifiés de construction de l'État de droit en Afrique à travers l'intégration politique des groupes minoritaires.

En effet, le principe de rotation est une autre expérience qui a permis une certaine stabilité de la Yougoslavie titiste (Tito). Lorsque Josip Broz Tito finit la libération de la Yougoslavie en 1945, il y instaure un régime communiste et fédéral. Il faut rappeler que le pays sous le régime du Maréchal Tito était divisé en 6 Républiques dont l'une d'entre elle, la République socialiste de Serbie, comportait en son sein deux provinces autonomes, celle de Voïvodine et celle du Kosovo.

Cependant, aucune de ces républiques n'étaient ethniquement homogènes, car toutes avaient en leur sein et dans différentes proportions, des minorités nationales. Tito rappelait par ailleurs que « La Yougoslavie a six Républiques, cinq nations, quatre langues, trois religions, deux alphabets et un seul parti ». L'autorité du régime, et la Ligue des communistes de Yougoslavie (parti unique de la fédération) déconsidéraient toutes velléités nationalistes. Pour atteindre le haut de la hiérarchie, il fallait être communiste et surtout taire son appartenance nationale.

Après la mort de Tito, une présidence collégiale de la fédération se mit en place. Une présidence tournante est mise en place car les présidents des 6 Républiques dirigeaient à tour de rôle et pour une année la Yougoslavie. Cette expérience fut magnifiée malgré une réapparition progressive du nationalisme (émeutes au Kosovo en 1981). Malheureusement, les réformes ont tardé à venir, et le communisme s'affaiblissant, les revendications nationalistes qui étaient « endormies » ont resurgi et ont été accaparées par des outsiders politiques.

La Suisse, État qui existe depuis 1291 et qui s'est dotée d'une constitution fédérale depuis 1848, a trouvé des palliatifs au phénomène de gestion du pouvoir à travers un mécanisme de la gouvernance collégiale à présidence tournante avec un collège de 7 membres élus pour 4 ans. Ces derniers sont appelés Conseillers fédéraux. Chacun d'eux est à la tête d'un des 7 ministères (départements). Le mode de gouvernement est basé sur la règle du consensus et d'une présidence tournante d'une année.

En effet, les charges ou fonctions du Président sont essentiellement représentatives. Il ne jouit pas de privilèges particuliers ou exceptionnels. Le président de la Confédération s'apparente à un *primus inter pares* (premier parmi les égaux). Le collège doit représenter équitablement les diverses régions et les communautés linguistiques. De la même manière que le Conseil fédéral (gouvernement fédéral), le gouvernement des Cantons (gouvernement local) est régi par le principe de collégialité à présidence tournante. Ce modèle a permis une stabilité à la Suisse pendant plus de sept (07) siècles d'existence sans aucun coup d'État et l'alternance au pouvoir bien assurée.

Le dernier modèle de gouvernement consociatif en dehors du cadre africain est le Liban. Le système libanais impose des quotas confessionnels dans la répartition des postes de responsabilité. Le pacte national adopté en 1943, après l'indépendance, prévoit un partage du pouvoir entre les différentes confessions. Ainsi, la présidence de la République est dévolue à un leader chrétien, le chef du gouvernement est sunnite et le président du Parlement chiite. Il en va de même pour les sièges des députés, et les nominations des hauts fonctionnaires.

En Afrique, la question de la limitation des mandats présidentiels[73] est tributaire des crises post-électorales au cours de ces dernières années. Aujourd'hui, la problématique du troisième mandat et les clivages politiques et ethniques (Guinée, Côte d'Ivoire, Kenya, Rwanda) lors des élections justifient la nécessité des réformes constitutionnelles qui consolident la démocratie[74]. Les régimes politiques africains sont marqués par un présidentialisme tantôt autoritaire, tantôt démocratique. C'est pourquoi si l'on doit penser à des mécanismes redistributifs du pouvoir au sommet de l'État. En d'autres termes, l'institution présidentielle demande des formules qui concilient la fonction et les réalités sociologiques.

L'expérience de la présidence nigériane renseigne sur les mécanismes de gestion de la distribution du pouvoir, plus précisément l'accès à la fonction présidentielle. Dans cet État pluriethnique, il existe dans le pays une règle informelle, selon laquelle le pouvoir est alterné. En clair, s'alternent tous les deux mandats, un Président originaire du nord et un Président provenant du sud du pays. Si l'actuel Président, Muhammadu Buhari, qui est originaire de l'État de Katsina (situé au nord), achève son deuxième et dernier mandat en 2023 et devra en principe passer le témoin à un successeur élu, qui devrait provenir du sud.

Au Burundi, la Grande coalition sert à garantir la participation de représentants de tous les segments de la société dans le gouvernement. Les événements de 1993 ont entraîné une guerre civile et une crise d'ordre politique, institutionnelle, économique et sociale, qui ont occasionné beaucoup de pertes en vies humaines. En juin 1998, des négociations de paix ont commencé sous les auspices de l'ancien président tanzanien Julius Nyerere. En décembre 1999, l'ancien président sud-africain Nelson Mandela a pris la relève et, grâce à une approche volontariste, il a pu convaincre le G7 (l'ensemble de sept partis principalement hutu) et le G10 (l'ensemble de dix partis principalement tutsi) à signer l'Accord d'Arusha du 28 août 2000 pour la paix et la réconciliation au Burundi. Les acteurs signataires de l'Accord étaient des partis politiques,

---

[73] LOADA (A. M.-G.), « La limitation des mandats présidentiels en Afrique francophone », *Afrilex*, n°3, 2003.

[74] Pour plus d'informations, voir l'ouvrage de I. M. FALL, *Les révisions constitutionnelles au Sénégal. Révisions consolidantes et révisions déconsolidantes de la démocratie sénégalaise*, Dakar, éd. CREDILA, 2011, 218 p.

le gouvernement et l'Assemblée nationale. Les groupes rebelles n'y étaient pas (encore) associés.

Des mécanismes redistributifs du pouvoir ont été aménagés par l'Accord d'Arusha. Le Protocole II « Démocratie et Bonne Gouvernance » dudit accord prévoit, par rapport à l'exécutif, plusieurs mesures qui prônent la grande coalition. D'abord, par rapport à la présidence, il est stipulé que les (deux) vice-présidents doivent provenir des groupes ethniques et des partis politiques différents (art. 7, para. 4).

La Constitution du Burundi reprend cette disposition, tout en ajoutant qu'il est tenu compte, dans leur nomination, du caractère prédominant de leur appartenance ethnique au sein de leurs partis politiques respectifs (art. 124). Cette « Grande coalition présidentielle » telle que prévue par l'Accord et la Constitution a effectivement été mise en place après l'élection de Pierre Nkurunziza (Hutu, CNDDFDD, originaire de Ngozi). Le premier vice-président, qui assure la coordination du domaine politique et administratif est Tutsi, Uprona, Bururi ; le deuxième vice-président, qui assure la coordination du domaine économique et social est Hutu, CNDD-FDD, Bujumbura.

Ensuite, par ce qui est du gouvernement, l'Accord d'Arusha[75] prévoit que « les partis ou coalitions de partis sont invités, mais sans y être contraints, à proposer au Président une liste de personnes pour occuper des postes ministériels, s'ils ont réuni plus de un vingtième des votes. (…) Si le Président révoque un ministre, il doit choisir son remplaçant sur une liste soumise par le parti du ministre en question » (art. 7, para. 6). La Constitution dispose que « Les membres proviennent des différents partis politiques ayant réuni plus d'un vingtième des votes et qui le désirent. (…) Lorsque le Président révoque un Ministre, il est procédé à son remplacement après consultation de son parti politique de provenance » (art. 129).

Dans les deux textes, une grande coalition gouvernementale est donc prévue, tous les partis ayant obtenu 5 % des votes ayant droit à « un pourcentage, arrondi au chiffre inférieur, du nombre total de Ministres au moins égal à celui des sièges qu'ils occupent à l'Assemblée Nationale ». Or, les deux textes différents par rapport au droit d'initiative : suivant l'Accord de paix, il appartient aux partis de proposer des candidats ; dans la Constitution, cela n'est pas explicitement réglé.

Dans des cas comme celui du Burundi, une simple proportionnalité n'offre pas suffisamment de garanties au segment démographiquement minoritaire. Dans ce cadre, Lijphart introduit deux « variations » sur le principe de la proportionnalité : la surreprésentation d'un segment et la parité. Le Burundi a effectivement fait appel à ces deux instruments. Aux élections législatives, le

[75] C'est la source des piliers du modèle consociatif dans le système politique et institutionnel burundais issu de l'Accord de paix d'Arusha de 2000, de la Constitution adoptée en début 2005.

principe de proportionnalité a servi de principe de base pour chaque circonscription électorale.

Or, il est corrigé de différentes manières dans la Constitution[76] et dans le code électoral. Tout d'abord, il est prévu que dans son ensemble, l'Assemblée nationale doit compter au minimum 100 députés, à raison de 60 % de Hutu et 40 % de Tutsi, y compris un minimum de 30 % de femmes. En ce qui concerne l'effectivité de l'esprit de la proportionnelle, il est prévu que sur les « listes bloquées » présentées aux élections, « pour trois candidats inscrits à la suite sur une liste, deux seulement peuvent appartenir au même groupe ethnique, et au moins un sur quatre doit être une femme » (art. 168 de la Constitution, art. 118 du code électoral). L'Accord d'Arusha, dans son Protocole III, accorde beaucoup d'attention à la question des équilibres. Les critères à utiliser pour déterminer et corriger les déséquilibres sont de nature politique, ethnique, régional et de sexe (art. 16, paragr. 1).

Par ailleurs, la société camerounaise, sans véritablement constituer une exception en Afrique noire, se caractérise par un bouillonnement interne qui offre, à tout chercheur, un champ fertile d'observation. Elle se présente comme un laboratoire d'analyse du phénomène de crise dans sa dimension plurielle, avec ce que cela peut entraîner comme conséquences en termes de reconfiguration des rapports sociaux.

En réalité, l'histoire politique du Cameroun permet de constater que l'État unitaire a été construit à partir d'un ensemble de mécanismes aidant au renforcement du pouvoir central et à l'élimination de toute forme de revendications dissidentes invitant soit à la partition du Cameroun en deux, soit au retour au fédéralisme (Abwa 2015). Or, aujourd'hui plus que par le passé, les difficultés rencontrées par le politique dans l'édification d'une véritable intégration sont nombreuses et complexes, au regard de la diversité à la fois politique, géographique, ethnique, religieuse et linguistique du pays (Fogui 1990 : 42).

En décidant que le parti SDF ne peut être admis à compétir à l'élection municipale du 13 juin 2004 avec la liste dont la disqualification a été prononcée par la Commission communale de supervision, la Cour suprême consacre la disqualification de toute liste de candidats qui ne prend pas en compte la composition sociologique de la circonscription électorale dans laquelle elle est mise en compétition[77]. De ce point de vue, le juge électoral consolide et ratifie la pratique des autorités administratives et celle des commissions mixtes électorales qui rejettent systématiquement les listes de candidats qui ne respectent pas la composition sociologique des circonscriptions électorales.

---

[76] Une nouvelle Constitution, basée sur l'Accord d'Arusha a été négociée et finalement approuvée par un référendum le 28 février 2005.

[77] Il s'agit de mettre en adéquation, réalités sociales et découpage électoral.

Conclusion

Repenser la démocratie représentative dans le contexte plural africain suppose de relever les symptômes de celle-ci. En définissant les partis politiques, Max Weber les considère comme de nouvelles formations qui sont des enfants de la démocratie et du suffrage universel, de la nécessité de recruter et d'encadrer les masses[78]. De nos jours, on note une baisse de l'appartenance à un parti, voire de l'identification partisane[79]. Or, les partis ont toujours gardé le monopole de la vie politique et la majorité des représentants du peuple fait toujours partie d'un parti politique. En ce sens, les partis constituent le socle de la démocratie représentative.

Pendant longtemps, la qualité et la légitimité d'une démocratie représentative étaient évaluées à la taille des partis. Plus un parti était grand, plus il avait de pouvoir et plus il pouvait influencer sur le processus politique ou prétendre à la représentation légitime. Mais depuis les années 1980, l'adhésion à un parti politique est en recul. On note de plus en plus l'émergence des mouvements politiques. Les partis comptent actuellement en moyenne la moitié de membres sur moins d'années. Ils perdent ainsi de leur légitimité, signe que la manière dont la politique est organisée dans une démocratie représentative accuse une perte de qualité, d'influence et de légitimité.

En outre, un autre symptôme est la baisse du taux de participation aux élections. Mais si la participation est en légère baisse depuis le début des années 1990, elle n'a pas fondamentalement changé. Le dernier symptôme est l'apparition de partis antisystème[80]. Les électeurs votent de plus en plus pour des partis qui s'opposent à un certain système, signe que le système est en crise profonde. La conséquence de tous ces facteurs est la perte de confiance dans la politique. Il est généralement admis que la confiance des citoyens dans la politique, dans les élections et dans le pouvoir de leur voix est en baisse.

Partant de tous ces facteurs, la crise de la représentation dans les démocraties modernes pose la nécessité d'un renouvellement des principes de la démocratie représentative. D'ailleurs, la construction de l'État de droit[81] suppose l'effort résolu en matière de droits et libertés dont ceux de la participation politique. En Afrique, le processus de démocratisation s'est heurté au pluralisme culturel. Dans ce cadre, l'intégration des groupes minoritaires devient fondamentale.

---

[78] WEBER (M.), *Le savant et le politique*, 1919, 132 p.

[79] La référence est ici faite au paradigme de l'École de Michigan sur l'identification partisane qui postule que l'orientation du vote de l'électeur (américain) s'apprécie à l'aune de l'appartenance à un parti politique (Parti démocrate ou Parti conservateur). Ce paradigme va être critiqué avec l'émergence d'un troisième pôle, celui des Indépendants.

[80] C'est le cas du parti PASTEF du Sénégal.

[81] CHEVALLIER (J.), « L'État de droit », *Revue du Droit public*, 1988.

Face à l'échec des régimes autoritaires en Afrique, nombreux sont ceux qui souhaitent introduire le concept d'État de droit sur ce continent. Or, ce concept, né en Europe, est profondément lié à une certaine culture et idéologie qui ne font pas partie du vécu africain. De ce fait, le transfert risque d'être encore un échec[82]. Si l'État de droit joue un rôle particulièrement positif en Europe, pourquoi n'en irait-il pas de même en Afrique ? Sur ce point, tout le monde s'accorde, aussi bien en Europe qu'en Afrique, pour que la notion d'État de droit se développe et produise ses effets bénéfiques sur le continent africain.

Effectivement dans le numéro de la *Revue française de Droit constitutionnel*, Louis Favoreu écrit « Les évènements et bouleversements qui se produisent dans les démocraties populaires et qui n'épargnent pas certains systèmes politiques du Tiers Monde (...), montrent que dans tous les pays, on tend vers les mêmes conceptions de la démocratie et du constitutionnalisme. La revendication de l'établissement du pluralisme et de l'État de droit n'est plus, semble-t-il, une exclusivité des systèmes libéraux ou capitalistes » [83].

Les expériences constitutionnelles mises en pratique dans certains pays montrent que les sociétés plurales peuvent inventer des technologies politiques pour mettre en adéquation l'accès aux positions institutionnelles et la composition sociologique des États. La démocratie dite consensuelle ou encore « consociative » a pendant longtemps garanti la paix entre groupes sociaux dans les sociétés fortement marquées par des clivages communautaires, et dont les élites engagent des négociations permanentes pour le partage des postes-clés dans l'État. Ces mécanismes assurent un certain équilibre des rapports sociaux.

Les crises post-électorales (Kenya) montrent la nécessité de bâtir l'État de droit en Afrique. Dès lors, il faut le caractère exceptionnel des modalités de représentation des minorités par rapport à la configuration nationale propre à chaque État. Le fait minoritaire soulève en même temps la question autochtone. En 1989, l'Organisation Internationale du Travail (OIT) a adopté de manière tripartite de la convention n° 169 qui est, à ce jour, le principal instrument contraignant de protection des droits des peuples autochtones. Par cette adoption tripartite, elle incarne le consensus auquel sont parvenus les mandants de l'OIT sur les droits des peuples autochtones et sur la responsabilité des gouvernements de protéger ces droits.

Au Cameroun, il existe plus de 250 ethnies qui constituent plusieurs groupes religieux, et une très grande diversité de langues. Pourtant ce pluralisme n'est pas de nature à nuire à sa stabilité, car il existe de la cohabitation pacifique de ses multiples communautés. L'accent mis sur l'unité

---

[82] MOYRAND (A.), « Réflexions sur l'introduction de l'État de droit en Afrique noire francophone », *Revue internationale de droit comparé*. Vol. 43, n° 4, octobre-décembre 1991 : 856.

[83] Cf. *RFDC*, 1990, p. 89.

nationale dans la diversité est autant de facteurs qui participent de cette stabilité. On relève les nombreuses politiques sociales et de développement mises en œuvre, le respect dont il est généralement fait preuve à l'égard des droits des minorités.

En substance, on peut dire que tous les mécanismes ou aménagements constitutionnels mis en œuvre pour l'intégration des minorités constituent une des fabriques du bon gouvernement dans les sociétés plurales africaines.

Processus de reconnaissance des minorités : les expériences des États d'Amérique latine

Boubacar BA

Maître de Conférences, Agrégé de Droit public

Université Cheikh Anta Diop de Dakar, Sénégal

Introduction

L'idée de globalisation[1] du droit, c'est un truisme de le rappeler, s'oppose à tout enfermement dans un carcan juridique étatique, linguistique ou continental, avec la prétentieuse certitude de cerner un objet scientifique sous toutes ses facettes. Il est de conviction concordataire que les solutions issues du droit comparé insufflent un cadre dialogique fécond, consolident les échanges de bonnes pratiques, ou alors, s'évertuent à gommer les anomalies insoupçonnées qui freinent l'évolution de l'objet d'étude. Partant de ces présupposés épistémologiques, il reste possible, suivant le processus de reconnaissance des minorités en Amérique latine, de revenir sur une expérience reconnue substantiellement inspirante, donc digne d'être partagée, sous le prisme africain[2].

Si la date du 4 juillet 2021 évoque sans nul doute, sur le continent américain, la commémoration du 246ᵉ année de l'indépendance des États-Unis d'Amérique, le même jour, à plus de 8 000 Km de Washington (D.C), les membres de la *Constituante* chilienne prêtaient serment à Santiago (Chili), en vue du démarrage des travaux de rédaction d'une nouvelle Constitution. Dans cette instance composée de cent cinquante-cinq (155) citoyens élus à l'issue d'un processus démocratique inédit, siègent pour la première fois, dix-sept

---

[1] V. AUBY (J.-B.), *La globalisation, l'État et le droit*, Paris, LGDJ, 2010, 272 p. ; Pour D. ROUSSEAU, « le savoir constitutionnel ne peut prétendre produire une connaissance globale qu'à la condition d'établir des relations avec les disciplines qui, sur la société et sur chacune de ses sphères, ont produit et produisent aussi un savoir, une analyse, une représentation. Sans ces relations, il n'est qu'un nuage, au sens ancien de ce qui obscurcit l'intelligence ». Voir, « Les transformations du droit constitutionnel sous la Vᵉ République », *RDP*, n° 5/6, 1998 : 1790.

[2] LO (G. A.), « Droit constitutionnel et minorités en Afrique », in *Droit constitutionnel & minorités*, Recueil des cours de l'Académie Internationale de Droit constitutionnel, XVIIIᵉ Session, 2003, pp. 187 et s. ; NGANDO SANDJÈ (R.), « Le droit des minorités et des peuples autochtones au Cameroun » : une lecture actuelle et éventuelle. *Droit et cultures*, 2013, n° 66 : 149-178.

(17) membres des peuples indigènes dont l'universitaire *mapuche*[3] Elisa LONCÓN, élue par ses pairs *Présidente* de l'Assemblée constituante. Cette double gratification des peuples autochtones chiliens n'est pas sans évoquer ce trait distinctif suivant lequel le pays est réputé abriter « la plus grosse population indigène »[4] de l'Amérique du Sud.

Cet évènement vient rappeler que derrière cette façade bâtie sur des vérités et clichés vivaces sur l'Amérique latine (terre des pronunciamientos[5], de destitutions des Chefs d'État[6] ou plus généralement de criminalité et de trafic de drogue), se dévoile une formidable expérience de constitutionnalisme, dans certaines de ses facettes peu connues, comme le constitutionnalisme vert, le particularisme des tribunaux électoraux, ou alors de manière plus spécifique, la prise en compte des minorités, à travers la reconnaissance des identités collectives. Pour D. LOCHAK, « le schéma dominant de la reconnaissance des identités collectives par le droit est resté pendant longtemps celui de la protection des minorités, qui inspire encore aujourd'hui le statut des peuples autochtones »[7].

Il est clair que le problème minoritaire traverse l'histoire des peuples. En Amérique latine, autant sous le prisme du vécu durant les épiques résistances face aux *Conquistadores* européens qu'au moment de l'apprentissage du pouvoir, l'intégration effective des minorités a constamment constitué pour les gouvernants une équation difficilement soluble.

En soi, la question *minoritaire* sent le « soufre ». Elle fascine en même temps qu'elle répugne[8]. La discrimination, voire le sectarisme qu'elle semble

---

[3] « Les Mapuche sont connus pour être l'un des rares peuples autochtones d'Amérique latine à avoir tenu tête aux Espagnols. C'est en partie du fait de cette résistance sans précédent qu'ils doivent leur réputation de farouches guerriers araucans ». V. LE BONNIEC (F.), « Juridicité autochtone et différence culturelle. Quand les juges débattent de la culture dans des affaires de violences familiales en contexte communautaire mapuche (Chili) », *Ethnologie française*, XLVIII, 2018, 1 : 143.

[4] THIEL (M.), « Le droit constitutionnel chilien face au système interaméricain des droits de l'homme : le droit des peuples indigènes en question. Le cas mapuche », *RFDC*, n° 111, 2017 :. 691.

[5] DEMÉLAS (M.-D.), « Retour sur la pratique du prononciamiento », *Problèmes d'Amérique latine*, 2013/4, n° 91 : 41-51.

[6] BA (B.), « La destitution des Chefs d'État : fortunes et infortunes d'une pratique aléatoire », *Mélanges en l'honneur du Doyen Babacar KANTÉ, Actualités du droit public et de la science politique en Afrique*, Paris, L'Harmattan, 2017, pp. 185-204.

[7] LOCHAK (D.), « Garantir les droits des minorités : conjuguer l'universel et le singulier », *Matériaux pour l'histoire de notre temps*, n° 137-138 / 2e semestre 2020, p. 10.

[8] Donnant l'exemple de la France, D. LOCHAK affirme : « La France, on le sait, est un des pays qui dénie avec le plus de vigueur l'existence de minorités en son sein et qui s'oppose avec la même vigueur à toute officialisation, même indirecte, de cette existence par le droit : d'où son refus réitéré de ratifier les conventions internationales

entretenir sape la dynamique de métissage des différentes communautés socio-culturelles. La notion inspire une certaine défiance. En droit constitutionnel, le phénomène *minoritaire* met en péril les efforts de formation de l'idéal national autour d'une unité. En effet, « admettre l'idée d'un droit des peuples autochtones à l'autodétermination conduit à remettre en cause les fondements idéologiques initiaux de la souveraineté de l'État »[9]. Se met alors à nu, tout réflexe circonspect que le concept suscite dans les États qui l'ignorent, ou qu'il serait tenté d'exacerber dans d'autres contrées secouées par des revendications communautaires.

Au fond, « Qu'est-ce qu'une minorité ? » s'interrogeait J. DUCHÊNES[10] au milieu des années 1980. Loin d'être anodine, cette question débouche sur des réponses contrastées qui n'ont d'égales que l'indétermination de son contenu tout de même labile.

Une chose reste au moins sûre, c'est que le phénomène « minoritaire » est difficile à cerner. Cela ne l'a pas soustrait à des tentatives de définitions dont l'une des plus connues est la conceptualisation proposée par F. CAPOTORTI : « Un groupe numériquement inférieur au reste de la population d'un État, en position non dominante, dont les membres ressortissants de l'État, possèdent du point de vue ethnique, religieux ou linguistique, des caractéristiques qui diffèrent du reste de la population, et manifestent même de façon implicite un sentiment de solidarité, à l'effet de préserver leur culture, leurs traditions, leur religion ou leur langue »[11]. Cette approche de définition vieille de plusieurs

---

sur la protection des minorités et les réserves dont elle a accompagné la ratification des textes contenant des dispositions spécifiques pour les membres de minorités. Ce refus de reconnaître l'existence des minorités s'accompagne d'un rejet plus global de tout “différencialisme”, suspecté de faire le lit du “communautarisme” ». Cf. LOCHAK (D.), « Garantir les droits des minorités : conjuguer l'universel et le singulier », *op. cit*, p. 14.

[9] MERLIN (J.-B.), *Le droit des peuples autochtones à l'autodétermination. Contribution à l'étude de l'émergence d'une norme en droit international coutumier*, Thèse en Science politique, Université Paris 10, 2015, p. 15.

[10] DUCHENES (J.), « Qu'est-ce qu'une minorité ? », *Les Cahiers du droit*, vol. 27, n° 1, 1986 : 275 et s.

[11] *Dictionnaire des droits de l'homme*, sous la dir. de J. ANDRIANTSIMBAZOVINA *et alii.*, Paris, PUF, 2008 : 690.

décennies, continue encore d'inspirer[12], avec quelques particularismes[13], parfois. Quant à J. DUCHÊNES, il reprend à son compte tous les éléments (*objectifs* et *subjectifs*) de la définition de F. CAPOTORTI, en se proposant de remplacer le terme « ressortissants » par celui de « citoyens »[14]. En arrière-plan, se profilent les vues d'autres auteurs qui abordent le concept de « minorité » sous l'optique « catégorielle », mettant dans la même prisme représentatif les *handicapés*, *personnes âgées*, les *Indiens*[15], ou bien alors, l'enrichissant d'une épithète (nationale, religieuse, culturelle…), le rendant *a priori orienté*.

Pour salutaires soient-elles, ces tentatives de définitions ne laissent pas apparaître des « critères »[16] distinctifs d'identification de « la minorité ». On semble encore retomber sur un objet d'étude évanescent, dont les contours

---

[12] Pour M. FALL, la minorité peut se concevoir comme : « Tout groupe de citoyens, en nombre suffisamment important, en position non dominante et dotés de caractéristiques linguistiques, ethniques, religieux dont les membres sont solidaires les uns des autres et se trouvent marginalisés dans l'exercice du pouvoir politique en raison uniquement des traits identitaires qui les distinguent du reste de la population, et manifestent, fût-il implicitement, une volonté de préserver leur culture, leur tradition, leur langue et visant l'égalité en droit et en fait avec le reste de la population. » FALL (M.), *La protection constitutionnelle des minorités en Afrique : les exemples de l'Afrique du Sud, du Burundi et du Cameroun. Contribution à l'étude du droit constitutionnel des minorités*, Thèse de Doctorat en Droit public, Université Cheikh Anta Diop de Dakar, 2020, p. 23.

[13] Parlant du cas des *Mayangna* de Nicaragua, l'anthropologue et sociologue R. STAVENHAGEN conçoit la minorité autochtone comme « une société marginalisée, liée par des intérêts économiques, consciente de son "autoperception" sociale, bénéficiant d'une continuité historique, liée à sa terre et à part du reste de la population du Nicaragua ». Cf. DHOMMEAUX (J.), « Les communautés autochtones et tribales dans la jurisprudence de la Cour interaméricaine des droits de l'homme », *Le particularisme interaméricain des droits de l'homme*, in L. HENNEBEL et H. TIGROUDJA (dir.), Paris, Pedone, 2009, p. 189.

[14] *Dictionnaire des droits de l'homme*, in J. ANDRIANTSIMBAZOVINA *et alii.*, Paris, PUF, 2008, p. 690.

[15] LYRA TAVARES (A. L.), « La Constitution brésilienne de 1988 : données à l'intention des comparatistes », *Le droit brésilien. Hier, aujourd'hui et demain*, in A. WALD et C. JAUFFRET-SPINOSI (dir.), éd. Société de la Législation Comparée, Paris 2005, p. 327.

[16] Le Pr. F. HORCHANI s'est essayé, partant des lois alors en vigueur dans certains États européens abritant des groupes minoritaires, à la détermination des critères d'appartenance à une minorité. Il isole les critères *objectifs* tels : la donne numérique, la langue, la religion, les traditions, l'implantation, … et d'autres critères qualifiés de *subjectifs* reposant sur un choix personnel d'appartenance minoritaire librement exprimé. V. HORCHANI (F.), « Constitution, normes internationales et protection des minorités », in *Droit constitutionnel & minorités*, Recueil des cours de l'Académie internationale de Droit constitutionnel, XVIIIe Session, 2003, p. 208.

échappent à toute « capture » définitionnelle précise. L'on reste fondé à croire que l'effort de décryptage ne soit parvenu à faire démarquer rigoureusement la « minorité » de certains concepts[17] « voisins » connus, tels que « tribu », « clan », « race », « communauté », « groupe », « autochtone », « indigène », « ethnie »[18], « culture », « tribu », ... si bien que J. WOEHRLING préfère parler de minorité de « type culturel »[19]. Ce qui n'évacue guère la splendide plasticité qui la caractérise, bien que les indices d'*infériorité*, d'*insuffisance*, de *vulnérabilité économique*, *culturelle*, *religieuse*, demeurent tout aussi prégnants dans la caractérisation du phénomène. En s'appariant avec cette mosaïque de notions, le « fait minoritaire » s'étiole dans une panacée terminologique fuyante, qui place le chercheur dans une inconfortable contrainte de se risquer une sémantique arbitraire. Le concept peine à s'attacher une acception objectivement consensuelle vu ses infinies déclinaisons[20]. Face à

[17] Cf. FARGET (D.), *Le droit au respect des modes de vie minoritaires et autochtones dans les contentieux internationaux des droits de l'homme*, Thèse de Doctorat en droit, Université de Montréal et Université d'Aix-Marseille 3, 2010, pp. 95 et s.

[18] VERDO (G.) VIDAL (D.), « L'ethnicité en Amérique latine : un approfondissement du répertoire démocratique », *Critique internationale*, 2012/4 n° 57 : 9 à 22.

[19] WOEHRLING (J.), « Les trois dimensions de la protection des minorités en droit constitutionnel comparé », (2003-04) 34 *R.D.U.S.*, p. 97.

[20] La dichotomie peut être opérée entre « autochtone » et « minorité ». À titre illustratif, avant le XXe siècle au Pérou, les Indiens, majoritaires, n'avaient pas échappé à l'exploitation multiséculaire et à l'exclusion politique de l'époque coloniale. Cf. LANCHA (Ch.), *Histoire de l'Amérique hispanique de Bolívar à nos jours*, Paris, L'Harmattan, 2003, p. 121. Sur le plan jurisprudentiel, la Cour interaméricaine a tenté d'opérer la distinction entre *peuples tribaux* et *peuples autochtones*, dans son arrêt *Saramanka* (2007). La Cour en arrive à relever que les *Saramanka* sont issus d'esclaves africains fuyant leurs propriétaires hollandais. Bénéficiant d'une autonomie concédée par les Pays-Bas à travers un Traité du 19 septembre 1762, les *Saramankas* ne sont pas des indigènes, même s'ils sont à même de réclamer le statut de peuple tribal dont les caractéristiques sociales, culturelles et économiques sont différentes des autres entités de la communauté nationale. Dans son arrêt *Plan de Sanchez* du 29 avril 2004, la Cour s'essaye à une systématisation de la communauté plaignante, Maya. Elle observe que « dans le cas présent, que les victimes appartiennent au peuple indigène maya, de la communauté linguistique Achi, qui possède ses propres autorités traditionnelles et les formes d'une organisation de la communauté, centrées sur le consensus et le respect. Elles ont leurs propres structures, sociales, économiques, culturelles. Pour les membres de la communauté, l'harmonie avec leur environnement est exprimée par leur relation spirituelle avec la terre, la manière dont ils gèrent leurs ressources et le profond respect pour la nature. Traditions, rites et coutumes ont une place essentielle dans la vie de la communauté. Leur spiritualité se reflète dans leurs relations étroites entre les vivants et les morts, et elle s'exprime et est basée sur des rites funéraires, comme une forme de contact et de solidarité avec les ancêtres ». Référence citée par J. DHOMMEAUX, « Les communautés autochtones et tribales dans la jurisprudence de la Cour interaméricaine

cette borne, il sera fait appel indifféremment à l'usage des termes « indigène » ou « autochtone », sans s'attarder sur les sempiternels débats relatifs à leur pertinence.

À y regarder de près, ces hypothèques d'apparence légitimes n'incitent guère à se détourner du processus ayant abouti à la reconnaissance des minorités dans le continent américain[21] en général, et le sous-continent latino-américain en particulier. Les communautés autochtones latino-américaines, en effet, ont su développer des modèles socio-organisationnels reflétant une « identité culturelle différenciée »[22].

A cet égard, même si à ce jour, la *Constituante chilienne* est à l'œuvre, le *Az Mapu* (ou *Ad-Mapu*[23]) qui fait office de cadre de référence aux communautés *mapuche* constitue une illustration remarquable du degré de sophistication de leur organisation. Le *Az Mapu* est décrit comme « un droit coutumier exprimant les règles de conduite tant individuelles que collectives afin de parvenir à une harmonie cosmique entre l'homme et la nature »[24]. Sous une loupe moderne du droit, le *Az Mapu* comprimerait en même temps toutes règles propres à régir la communauté, qu'elles soient des normes de droit constitutionnel, de droit civil, pénal, de procédure ; les lois, règlements et la jurisprudence. La transgression d'une règle par un des membres de la communauté fait place à un procès débouchant sur un jugement rendu par le chef politique de la communauté concernée : le *Lonko*[25]. Un tel niveau

---

des droits de l'homme », in *Le particularisme interaméricain des droits de l'homme, op. cit.* : 190.

[21] MASTOR (W.), « L'individu oublié : une histoire juridictionnelle des Indiens d'Amérique », *Penser le droit à partir de l'individu, Mélanges en l'honneur d'Elisabeth ZOLLER*, Paris, Dalloz, 2018, pp. 397 et s.

[22] MASSAL (J.), « Mutations et déclin du Mouvement Pachakutik en Équateur », *Problèmes d'Amérique latine*, n° 72, Printemps 2009, p. 106.

[23] Le concept *Ad-Mapu* est constitué de *Ad* (qui signifie *forme*, *mode*, *coutume*) et *Mapu* (qui traduit *terre*, territoire). Il s'avère polysémique et renvoie à différentes idées selon les contextes où elle est énoncée. Il existe cependant un consensus pour recourir à cette expression pour référer à la coutume orale et aux normes qui régulent la vie sociale mapuche. Cf. LE BONNIEC (F.), « La culture mapuche à la barre : pouvoir et médiation linguistico-culturels des facilitateurs interculturels dans les tribunaux pénaux du sud du Chili », *Autrepart*, 2015/1 n° 73 : 59.

[24] THIEL (M.), « Le droit constitutionnel chilien face au système interaméricain des droits de l'homme : le droit des peuples indigènes en question. Le cas mapuche », *op. cit*, p. 698.

[25] LE BONNIEC (F.), « Juridicité autochtone et différence culturelle. Quand les juges débattent de la culture dans des affaires de violences familiales en contexte communautaire mapuche (Chili) », *Ethnologie française*, XLVIII, 2018, 1, p. 146.

d'habileté dans l'organisation socio-politique s'aperçoit dans nombre de groupements communautaires[26] d'Amérique latine.

Dans cet espace, il faut le rappeler, les velléités de reconnaissance des droits restent courtisées par toutes les disciplines des sciences humaines et sociales à l'image de l'anthropologie, de la sociologie, du droit, etc. Cette cristallisation disciplinaire entretient implicitement une connexité heureuse entre elles pour peu que la question minoritaire soit en jeu. Il en découle alors des incursions opportunes à chaque fois que les instruments propres à l'une ou l'autre des disciplines aident à approcher, à circonscrire au mieux l'objet à l'étude. Il faut en outre voir à travers la présente réflexion, l'appréhension de la question minoritaire de manière complète, c'est-à-dire tant du point de vue de l'existence des minorités (reconnaissance juridique) que de leur épanouissement (reconnaissance de droits).

C'est donc convenir que cette appréhension transdisciplinaire ne peut être effective que dans le cadre de la prise en charge par la Constitution de ce pluralisme juridique[27]. Ce qui transparaît dans la nouvelle dynamique transformative des ordres constitutionnels dans lesquels se sont lancés beaucoup d'États de la zone, à l'image de l'Équateur et la Bolivie où le « vivre bien »[28] y est érigé en nouveau paradigme de convivialité sociale.

Dès lors, l'interrogation qui mérite d'être suscitée est celle de savoir : « Quel parcours a entrepris l'intégration des minorités en Amérique latine ? ».

---

[26] « Tout groupement politique, si rudimentaire que soit son organisation, a une Constitution ». BURDEAU (G.), *Traité de science politique,* 2e éd. Tome IV, Paris, LGDJ, 1967, p. 45.

[27] Le Tribunal constitutionnel plurinational de Bolivie a estimé dans sa sentence du 24 septembre 2012 *que la refondation de l'État bolivien* « implique la conception d'un nouveau modèle d'État, lequel se structure à partir du "pluralisme" comme élément fondateur de l'État […] En effet, à partir de la conception du pluralisme comme élément fondateur de l'État, le modèle de l'État se structure sur la base de droits individuels et aussi de droits collectifs. De plus, la conception du pluralisme et de l'interculturalité encadre une vision des valeurs plurielles destinées à consolider le vivre bien […] ». Référence citée par V. AUDUBERT, in, *Contribution à l'étude du paradigme juridique de la plurinationalité : le cas de l'État plurinational de Bolivie,* Thèse de Doctorat en Droit public, Université Paris 13, 2018 : 408.

[28] Pour le Tribunal constitutionnel plurinational de Bolivie, dans son arrêt n° 2056/ 2012 du 12 octobre 2012, considère que le « vivre bien » n'est pas le « monde prédateur capitaliste qui détruit tout », c'est au contraire « une forme de vie naturelle, basée sur la convivialité, la complémentarité et des pratiques relationnelles de tout ce qui compose la vie, avec une approche intégrale et holiste ». Cf. AUDUBERT (V.), *Contribution à l'étude du paradigme juridique de la plurinationalité : le cas de l'État plurinational de Bolivie,* Thèse de Doctorat en Droit public, Université Paris 13, 2018, p. 469.

Cette question ne manque pas de receler des intérêts qu'il convient à cerner à deux niveaux, au moins.

D'une part, la lutte pour l'intégration de ces « exclus historiques »[29] (les minorités latino-américaines) a fortuitement été happée par les retentissantes alertes sur la nécessité de préservation de la planète, de son écosystème, de son environnement. La mondialisation des problématiques environnementales qui en est résulté, opère un déplacement de ce combat dans la charge énonciative du « droit à un environnement sain »[30] promu partout et convenant parfaitement aux pratiques séculaires mises en œuvre par les peuples autochtones latino-américains. Cette bienheureuse rencontre a eu pour effet, non seulement de voir leurs préoccupations partagées par les militants de la cause écologiste, mais aussi de voir les pratiques autochtones de préservation de la nature vulgarisées. D'ailleurs, de telles préoccupations propagandistes semblent conduire à ce que certaines Constitutions latino-américaines comme celles de la Bolivie[31] ou de l'Équateur[32] incorporent le passage d'une conception « anthropocentrée » de la nature, vers une perception « phusiscentrique »[33]

---

[29] VIVAS BARRERA (T. G.), « Le droit constitutionnel colombien à géométrie variable », *Utopía y Praxis Latinoamericana. Interlocuciones*, Año 23, n° Extra 2, 2018, p. 142.

[30] En 2019, pas moins de 85 textes constitutionnels du monde reconnaissaient le *droit à un environnement sain.* Cf. COHENDET (M.-A.) et FLEURY (M.), « Droit constitutionnel et droit international de l'environnement », *RFDC*, 2020/2, n° 122 : 284.

[31] BOULANGER (Ph.), « L'État plurinational de Bolivie », *Problèmes d'Amérique latine*, 2018/1 n° 108 : 123 à 141.

[32] L'Assemblée constituante déclarait en 2008 : « Nous nous engageons sur la voie qui montrera à toute l'Amérique latine qu'ici, dans ce pays andin, comme ils nous appellent, dans ce petit pays qui est l'Équateur, nous pouvons contribuer à l'évolution de la loi constitutionnelle mondiale ». Dans le préambule de la Constitution de 2008, il est précisé : « NOUS, peuple souverain de l'Équateur, RECONNAISSANT nos racines millénaires, forgées par des femmes et des hommes de différents peuples, célébrant la nature, la Pacha Mama, dont nous faisons partie et qui est vitale pour notre existence, INVOCANT le nom de Dieu et en reconnaissant nos diverses formes de religiosité et de spiritualité, S'APPUYANT sur la sagesse de toutes les cultures qui nous enrichissent en tant que société, EN TANT QU'HERITIERS des luttes sociales de libération contre toutes les formes de domination et de colonialisme, et avec un engagement profond pour le présent et l'avenir, Nous décidons de construire une nouvelle forme de vie en commun citoyenne, dans la diversité et l'harmonie avec la nature, pour atteindre au bien vivre, le sumak kawsay ».

[33] Pour X. PHILIP, dans les *Constitutions modernes*, deux philosophies générales de protection de l'environnement se dégagent : « À côté de dispositions anthropocentrées, qui mettent l'homme au centre de l'environnement, apparaissent également des dispositions relatives à la nature elle-même avec notamment des références à la « Pachamama » ou Terre Nourricière dans certains Constitutions de l'Amérique latine (Bolivie, Équateur). L'on pourra alors parler, dans cette dernière situation, de

en reconnaissant à *dame nature* des droits fondamentaux. Apparaît alors, sous les couleurs d'un nouveau paradigme, *l'État écologique de Droit*[34], le *constitutionnalisme vert*[35], ou le *développement durable démocratique*[36], dans lequel les questions environnementales[37] sont rigoureusement enrobées du sceau des droits de l'homme et sans doute entretenues par cette sorte d'« augmentation considérable de la sensibilité environnementale des juges »[38].

D'autre part, l'expérience protéiforme de l'Amérique latine en matière d'encadrement du phénomène autochtone, constitue en soi une référence non négligeable en matière d'ingénierie juridique et politique pour les États d'Afrique[39] et même européens[40]. La promotion des expressions identitaires force un éclectisme qui vaut le détour, tant les acteurs comme les normes juridiques auront largement contribué à forger et à relayer les meilleures pratiques et les solutions casuistiques singulières. À cet égard, face aux

---

protection phusiscentrique, qui tend soit à obliger l'État à agir d'une certaine manière, protection statocentrée, soit à protéger la nature en tant que source de richesse, protection éco(no)centrée ». Cf. *XXXVe Table ronde internationale, Constitution et Environnement*, Colloque l'AIJC, 6 et 7 septembre 2019, Aix-en-Provence, p. 5.

34 SOZZO (C. G.), « Vers un “État écologique de droit” ? Les modèles de *buen vivir* et de développement perdurables des pays d'Amérique du Sud », *Revue Juridique de l'Environnement*, 2019/HS18 n° spécial : 89-102.

35 BERNAUD (V.) et CALDERÓN-VALENCIA (F.), « Un exemple de constitutionnalisme vert : la Colombie », *RFDC*, 2020/2 n° 122 : 321-343.

36 Le principe du développement durable démocratique a été dégagé par le juge constitutionnel costaricien (Chambre constitutionnelle de la Cour suprême du Costa Rica, AC, n° 10540-2013, 7 août 2013). Ce principe met à la charge de l'État l'utilisation rationnelle des ressources sans compromettre d'autres ressources ou affecter d'autres écosystèmes. Cf. CERDA-GUZMAN (C.), « Rapport sur le Costa Rica », in *XXXVe Table ronde internationale, Constitution et Environnement*, Colloque l'AIJC, 6 et 7 septembre 2019, Aix-en-Provence, p. 184.

37 FONBAUSTIER (L.), « L'environnement chuchote à l'oreille des systèmes juridiques. Considérations provisoires sur les enjeux, les conditions et les limites d'une “Constitution écologique“ », *RFDC*, 2020/2 n° 122 : 369-389.

38 BERNAUD (V.) et CALDERÓN-VALENCIA (F.), « Un exemple de constitutionnalisme vert : la Colombie », *op. cit*, p. 328.

39 BA (B.), « La convergence des offices juridictionnels en matière constitutionnelle : regards croisés entre l'Afrique et l'Amérique latine », *Afrilex*, mai 2019, 37 pages.

40 L. BURGORGUE-LARSEN constate qu'à peine la Cour de Strasbourg (CEDH), dans son arrêt Gde Ch., 6 juillet 2005, *Natchova et autres c. Bulgarie*, venait d'admettre les vertus de la protection des groupes « vulnérables », son homologue interaméricain avait à différentes reprises, « utilisé la théorie des obligations positives pour exhorter les États à mettre en œuvre des réglementations qui favorisent l'égalité matérielle et non formelle ». V. « Les nouvelles tendances dans la jurisprudence de la Cour interaméricaine des droits de l'homme », *Cursos de Derecho Internacional y Relaciones y Internacionales de Vitoria-Gasteiz* 2008, Universidad del Pais Vasco, Bilbao, 2009, p. 169.

revendications des peuples concernés, les réponses fournies par les instances juridictionnelles compétentes, concourent à alimenter une jurisprudence dynamique, propre à faire évoluer, la condition des peuples autochtones latino-américains.

Tout compte fait, il s'agira à travers ces quelques lignes qui vont suivre de dégager, les traits généraux qui semblent avoir accompagné l'intégration des minorités latino-américaines dans le tissu socio-politico-culturel. Pour mieux en saisir l'essence, telle que suggérée par le processus, il conviendra de partir dans un premier temps, de la quête laborieuse de reconnaissance des minorités (I) avant, dans un second temps, de déboucher au faîte de la reconnaissance des minorités (II).

I. D'une quête laborieuse de reconnaissance

Toute quête de droit, de privilège ou de faveur répond à une sorte de déclamation ouvertement ou tacitement formulée par ses potentiels bénéficiaires. S'agissant de la question des minorités en Amérique latine, la question de leur incorporation dans le « tissu social national » est omniprésente dans le discours officiel. Depuis l'accession à la souveraineté internationale au XIXe siècle, les États d'Amérique latine ont vu leurs décideurs politiques souvent partagés entre l'idée de bâtir une nation « homogène » et celle d'aménager en leur sein, des spécificités culturelles propres aux peuples autochtones ou minoritaires. Cette tergiversation entretiendra un processus de reconnaissance assez poussif, mettant en avant des revendications de droits qui se déclinent autour de deux dynamiques complémentaires : celle résultant d'un engagement combatif interne (A), lequel a laissé s'intensifier une influence déterminante externe (B).

A. L'engagement combatif interne

Les tribulations infligées aux peuples minoritaires ou autochtones de cet espace continental ont occasionné une réaction d'envergure autour de revendications spécifiques. Celles-ci, tenant à leur existence et la reconnaissance de leur identité, dévoilent un sinueux itinéraire combatif qui aura charrié, tout au long, un nombre conséquent de partisans. Les vicissitudes de cette languissante quête d'incorporation conduisent à faire place à deux (2) principales considérations, celle ayant trait à la genèse des revendications (1) avant d'en arriver à leur gradation (2).

1. La genèse des revendications

Chez les groupes minoritaires latino-américains, les obstacles à l'affirmation de leur identité et la jouissance de leurs droits séculaires individuels ou collectifs remontent à des origines assez lointaines. Pour L. BURGORGUE-LARSEN, « les "communautés indiennes" sont nombreuses et variées sur le continent américain, tandis qu'elles représentent, à l'échelle mondiale, près de

370 millions de personnes. Pourtant, leur existence, pour ne pas dire leur survie, relève du miracle si on considère l'histoire de la Conquista »[41]. Cette observation laisse entière l'ampleur du phénomène de la *Conquête* occidentale (espagnole et portugaise) dans les territoires sud-américains, marquée par des massacres, une évangélisation forcée, un déracinement, une extorsion de terres, une acculturation obligatoire, et même la privation du droit à l'alimentation[42], subis par les communautés autochtones indiennes. Pour ces raisons, la combativité affichée par les communautés en question prend racine dans des faits aux causes diverses, certes, mais amplifiées par ce double tort historique qu'elles partagent communément.

D'une part, le premier tort historique tient aux effets de l'impérialisme européen dans le sous-continent. Il se trouve que cet envahissement a totalement déstructuré la quiétude sociale et intercommunautaire qui a toujours prévalu entre ces peuples. Dans cet espace hispanophone bien étendu où tous les autochtones se faisaient appeler par les conquistadores « indiens », l'on peut bien comprendre que « les Espagnols ont fait passer les Indiens d'une majorité, diversifiée dans plusieurs familles à une minorité éparpillée sur le territoire »[43]. Plus généralement, les spécialistes s'accordent à reconnaître que c'est à partir des années 1870-1880, qu'a vu le jour le processus d'asservissement et d'exclusion politique des Indiens, sous l'effet conjugué de « la mutation capitaliste des économies, de la soif de terres et du progrès des idées racialistes au sein des élites dirigeantes »[44].

C'est sur ces entrefaites qu'a pris naissance l'une des revendications les plus notoires des minorités latino-américaines : la question de l'accès et de l'exploitation de la propriété terrienne. Très rapidement, les conflits agraires sont devenus des revendications identitaires autour desquelles s'agrègent de nombreux griefs adressés autant aux *envahisseurs* qu'aux exploitants des ressources. Ainsi, « à l'arrivée du conquistador espagnol, le territoire mapuche comprenait 30 millions d'hectares. Un siècle plus tard, il était amputé du tiers »[45]. Les choix opérés par les *conquérants* espagnols n'ont que très rarement favorisé les communautés autochtones, comme en témoigne d'ailleurs les innombrables précédents de confrontations.

---

[41] BURGORGUE-LARSEN (L.), « Les nouvelles tendances dans la jurisprudence de la Cour interaméricaine des droits de l'homme », *op. cit*, p. 165.

[42] CLEMENCEAU (B.), *Le droit à l'alimentation*, Thèse de doctorat en droit public, Université de Paris-Est-Créteil, 2020, 760 pages.

[43] SALAS CARDONA (J. C.), *Démocratie pluraliste et droits des minorités*, Thèse de Doctorat en Droit, Université de Strasbourg, 2013, pp. 35-36.

[44] VERDO (G.) et VIDAL (D.), « L'ethnicité en Amérique latine : un approfondissement du répertoire démocratique », *Critique internationale*, 2012/4, n° 57 : 12.

[45] THIEL (M.), « Le droit constitutionnel chilien face au système interaméricain des droits de l'homme : le droit des peuples indigènes en question. Le cas mapuche », *op. cit*, p. 692.

D'autre part, une fois l'indépendance obtenue au prix de sacrifices humains majeurs, les nouvelles structures étatiques qui ont suivi aussi avaient majoritairement minimisé, voire sacrifié les droits et spécificités des peuples autochtones, minoritaires, sous l'autel de l'exploitation des richesses extractives et naturelles. Elles ont, sur fond d'un discours nationaliste relayé par les dirigeants lourdement endoctrinés dans les vertus stabilisatrices de l'unité nationale, accentué la subjugation des peuples minoritaires. Au Mexique, l'hétérogénéité ethnique a nourri auprès des élites une réticence criante, de sorte à la préférer à un nationalisme intégrationniste fondé sur la promotion d'une « mexicanité » adossée à la pratique du « métissage ». De ce point de vue, « en tant que symbole fondateur de l'identité mexicaine, le métissage a plutôt été déployé dans une négation des autochtones par l'État qui vise à poser le métis comme seul porteur de la "mexicanité" »[46]. Suivant cette philosophie, le métissage s'érige structurellement en un idéal assimilationniste auprès des minorités et autochtones, à qui on dénie tout espace de revendication de leur spécificité identitaire.

Ce projet social est également accentué par le « jacobinisme » juridique. La conviction que « le droit soit exclusivement rattaché à l'État politique, qu'il soit un assemblage systémique de règles de conduite générales, abstraites et objectives et que seuls les tribunaux juridictionnels officiels qui tranchent les litiges soient les garants de son intégrité »[47], était viscéralement partagée. Ce raidissement dans la fonction sociale du *droit* récuse donc toute dispersion dans la conduite et dans la production officielle de la norme réputée régir indistinctement tous ceux qui se réclament de leur rattachement à l'État souverain. Il apparaît au grand jour que ce projet de construction unitaire soit préféré à toute initiative qui viserait à admettre la moindre reconnaissance à des groupements infra-constitutionnels.

Le Chili en a fait l'amère expérience avec l'arrivée au pouvoir de la dictature militaire d'A. PINOCHET le 11 septembre 1973. En mettant un terme à l'idéologie socialiste jusque-là en vigueur, A. PINOCHET diffuse une doctrine libérale très défavorable aux communautés indigènes, avant de faire adopter bien des années après (1980) une Constitution « taillée sur mesure », portée à pérenniser la *Junte* au pouvoir. Exposés à la rigueur de l'article 8[48] de

---

[46] MORALES-HUDON (A.), « La voix des femmes autochtones sur les débats entre droits individuels et droits collectifs au Mexique », *Sociologie et sociétés*, 44(1), 2012 : 289.

[47] MACDONALD (R. A.), « L'hypothèse du pluralisme juridique dans les sociétés démocratiques avancées », (2002-2003) 33, *R.D.U.S* : 136. Référence citée par René BOUGIE, « L'étatisation de la justice autochtone paysanne communautaire en Bolivie, un nouveau défi à relever », (2011) 41 *R.D.U.S.* : 457.

[48] L'article 8 alors en vigueur jusqu'en 1989 énonçait : « Tout acte commis par une personne ou par un groupe visant à propager des doctrines qui portent atteinte à la famille, qui prônent la violence ou une conception de la société, de l'État ou de l'ordre

ce texte constitutionnel, les indigènes voient leurs doléances inhibées par les manœuvres du pouvoir militaire. À ce propos, écrit M. THIEL, « aucune disposition de la Norme Suprême de 1980 ne permet de reconnaître constitutionnellement le droit des peuples indigènes sur le territoire »[49]. Pis, la Constitution de 1980 incluait des « enclaves autoritaires » qui rendaient toute réforme difficile, sinon impossible. Quand bien même le Chili avait signé le Pacte de San José en 1969, il fallut que la page de la dictature soit tournée pour le ratifier, en 1990.

Ce double tort historique a fait déduire des analystes une triple soumission[50] des peuples autochtones, à l'image des *Mayas* de Guatemala :

- **une soumission militaire** : l'asymétrie entre les moyens de défense des autochtones et les armes de guerre des conquistadores comme des forces républicaines (militaires) ne fait pas de doute. La confrontation était inégalitaire et les pertes importantes pour les faibles

juridique, à caractère totalitaire ou basée sur la lutte des classes, est contraire à l'ordre institutionnel de la République.

Les organisations et les mouvements ou partis politiques qui à leurs fins propres ou de par l'activité de leurs adhérents visent de tels objectifs, sont inconstitutionnels.

Il appartiendra au Tribunal Constitutionnel de connaître des infractions au vu de ce qui est prévu dans les alinéas précédents.

Sans préjudice des autres sanctions établies dans la Constitution ou dans la loi, les personnes qui contreviennent ou ont contrevenu à ce qui a été établi précédemment ne pourront postuler à des fonctions ou charges publiques, qu'ils fassent ou non l'objet d'élections populaires, pour une période de 10 ans, à compter du jour où le Tribunal a statué.

Elles ne pourront ni occuper les postes de Recteur ou de Directeur d'établissements scolaires, ni exploiter un moyen de communication sociale ou être Directeur ou Administrateur dans ce secteur, ni y exercer des fonctions en relation avec l'émission ou la diffusion d'opinions ou d'informations, ni diriger des organisations politiques ou des organisations liées à l'enseignement ou à caractère public, professionnel, patronal, syndical, étudiant ou corporatif en général, durant ladite période.

Si les personnes dont il est question plus haut étaient, au moment de la prise de décision par le Tribunal en possession d'un emploi ou d'une charge publique, faisant ou non l'objet d'élections populaires, ils le perdraient de plein droit.

Les personnes sanctionnées en vertu de ce précepte, ne pourront faire l'objet d'une réhabilitation durant la période précisée à l'alinéa 4.

La durée des incapacités envisagées dans cet article sera doublée en cas de récidive. »

[49] THIEL (M.), « Le droit constitutionnel chilien face au système interaméricain des droits de l'homme : le droit des peuples indigènes en question. Le cas mapuche », *op. cit*, p. 702.

[50] V. DUTERME (B.), « Peuples indigènes et minorités ethniques : les conditions sociales de leur reconnaissance », *Alternatives Sud* (Editorial), Paris, L'Harmattan, Vol. VII (2000) 2 : 8.

- **une soumission économique** : elle fait suite, par-delà la servitude, aux dépossessions des terres avec la constitution de *latifundia* (grandes exploitations foncières) ou de l'*encomienda* (utilisation de la main-d'œuvre gratuite avec obligation de la christianiser)
- **une soumission idéologique** : les campagnes d'évangélisation des minorités ont été menées autant par les conquistadores que les gouvernements en place. Certaines Constitutions (comme celle de l'Argentine de 1853), promeuvent l'évangélisation de ces peuples.

De ce vicieux dispositif d'assujettissement des communautés minoritaires, en est découlées des séries d'exactions par moment ou d'exclusion sociale le plus souvent, en Argentine, au Mexique, au Pérou, entre autres exemples.

Au début du XXe siècle au Pérou, l'intégration de l'*Indien* se trouve au cœur de la problématique sociale. Si le statut de citoyen a été conféré à l'Indien par la Constitution, l'égalité juridique n'aura été qu'une chimère. Frappés d'exclusion, les Indiens pourtant majoritaires, sont considérés comme une classe inférieure. D'où les propos de l'écrivain péruvien M. GONZÁLEZ PRADA : « la question de l'Indien, plus que pédagogique, est économique, sociale … Il ne faut pas prêcher à l'Indien l'humilité et la résignation, mais l'orgueil et la rébellion »[51].

On le voit, l'idée de *dilution* des communautés minoritaires dans une parfaite dynamique de construction nationale faisait son chemin. L'on ne semblait pas faire droit à leur *incorporation*, mais à leur *assimilation* dans cet idéal national visé. Cette conviction, tenace, résiste encore dans nombre de pays réputés pourtant pluriethniques de l'espace latino-américain. Seulement, il semble qu'une telle croyance dépouille les peuples autochtones et minoritaires de ce qu'ils ont toujours conservé de plus significatif : leurs traits identitaires. Et la divergence idéologique et téléologique entre le pouvoir et les communautés, ne tardera pas à laisser éclore des rapports de force asymétriques entre ces deux entités. Le ressenti d'une marginalisation croise l'envergure de la puissance étatique. De cet antagonisme s'exacerberont les relations de déconsidération mutuelle, d'où d'ailleurs, la gradation des revendications.

2. La gradation des revendications

Le « printemps » de la (con)quête des droits s'installait inexorablement, face à la vulnérabilité socio-économique à laquelle étaient, de plus en plus, exposés les groupements minoritaires. La contre-offensive revendicative devrait être amorcée en direction des autorités étatiques nationales et de leurs intérêts, puisque visiblement peu soucieuses des plaintes et complaintes des premiers. La profondeur du malaise existentiel, se traduisant par une

[51] *Nos Indiens*, 1904. Référence citée par Ch. LANCHA, *Histoire de l'Amérique hispanique de Bolívar à nos jours*, Paris, L'Harmattan, 2003, p. 120.

décrépitude des atours identitaires des minorités autochtones, légitime fortement la tournure contestataire plus exacerbée dans l'approche revendicative. Le phénomène a solidement pris appui sur plusieurs circonstances particulières : révolutions socio-politiques, mouvements sociaux, engagement combatif dans des cadres formels et/ou informels d'expression des doléances, montée en puissance des défenseurs de l'écologie, etc. Autant convenir que l'offensive combattante n'épousait point une configuration uniforme. Les stratégies de riposte étant élaborées dans des cadres formels ou improvisés avaient pour objectifs de dénoncer les privations et spoliation de la ressource foncière principalement, et plus généralement des valeurs qui ont toujours constitué le substrat identitaire des communautés.

Dans un État comme le Brésil, le combat des minorités indigènes a dès le début du XXe siècle, reçu des débuts de réponses institutionnelles à travers la création du *Service de Protection des Indigènes et Localisation des Travailleurs Nationaux* (SPILTN) en 1910. Cette entité sera transformée en *Service de Protection des Indigènes* en 1918 avant d'être supprimée en 1967, sous la dictature militaire, ce qui remit en question les « acquis » jadis reconnus aux autochtones.

Au Mexique, l'ampleur de la stigmatisation[52] prive les autochtones de toute adhésion au tissu socio-économique, pourtant constitué d'acteurs issus de l'émigration. Autant de frustrations propres à agréger des acteurs autres que ceux issus des minorités en question.

Il faut dire que l'effet éclatant des actions concertées autour de la cause minoritaire s'est traduit dans un élan global de prise de conscience, voire existentielle de certains groupes. Le sursaut inclusif devrait viscéralement les habiter au point de viser les intérêts des autorités étatiques, à travers soit la

---

[52] Dans le premier numéro de *La Voz del Indio*, (« *La voix de l'Indien* »), paru le 5 juillet 1952, les autochtones Mexicains présentaient leur situation socio-politique : « Les statistiques officielles reconnaissent qu'au Mexique il existe plus de quatre millions d'êtres, on nous appelle INDIENS. Nous savons aussi que dans notre pays résident des Juifs, des Arabes, des Chinois, des Japonais, des Nord-Américains, des Anglais, des Allemands, des Italiens et des Espagnols ; ils bénéficient de facilités que nous les INDIENS, n'avons pas : ils établissent des grands commerces, appelés magasins, quincailleries, laveries, boulangeries, cafés, restaurants, hôtels et même cantinas ; notre classe les imite avec des étals de camelote, de tamales, de fritures, etc. Eux sont une fierté, nous une honte. […] Les grandes rotatives et les revues vont jusqu'à leur consacrer des pages spéciales. […] c'est seulement [:::] dans les titres des journaux à sensation que l'on parle des criminels INDIENS, vautours, sauvages, etc., et jamais de leur art, des couleurs de leurs fêtes, du caractère dramatique de leurs jours, dans l'ignorance, dans l'abandon, dans la misère [:::]. » (p. 1). Cf. ROBINET (R.), « Les indigènes de la République Altérité, race et politique dans le Mexique post-révolutionnaire (années 1940-années 1950) », *Annales. Histoire, Sciences Sociales*, 2019/1 74e année, p. 137.

destruction ciblée de biens, soit celle des biens appartenant à des exploitants des richesses localisées dans les territoires des communautés, où alors des actions judiciaires tendant à se faire restituer des terres occupées par le pouvoir ou ses démembrements. C'est dans cette dernière perspective qu'il faut situer l'affaire traitée par la Cour Suprême de Justice de la Nation argentine (CSJN), *Guari c/provincia de Jujuy*, Fallos 155 : 302 (1929). Dans cette affaire, la Cour suprême argentine s'est abstenue de faire droit à une requête collective d'un groupe indigène, réclamant en qualité d'héritiers, au Gouvernement provincial, les terres léguées par leurs ascendants bien avant la colonisation. La Cour décide que le gouvernement provincial était le successeur légitime de la couronne espagnole dans la propriété des terres[53].

De telles solutions juridictionnelles, favorables aux autorités publiques, anéantissent tout comportement légaliste qui aurait pu inspirer les communautés autochtones s'estimant victimes.

En Équateur, le Mouvement d'unité plurinationale nouveau-pays Pachakutik appelé *Mouvement Pachakutik*[54]. Ce mouvement indien, fruit de l'alliance de la Confédération des nationalités indigènes d'Équateur (CONAIE, créée en 1986) et d'une multitude d'acteurs sociaux non indiens, mais aussi de nombreuses ONG (Organisations non gouvernementales), s'est révélé déterminante sur la scène politico-sociale équatorienne, jusqu'en 2008, année d'adoption de la Constitution qui fera amplement grâce à bien des attentes indigènes. La particularité de la démarche ici pour les indigènes, c'est d'avoir réussi à rallier à leur cause différents acteurs en perspective d'une refondation démocratique plus expressive des identités culturelles. Ainsi, dès 1990, le *Mouvement Pachakutik* s'est positionné comme une entité incontournable dans l'animation de la scène politique et la revendication de la reconnaissance des indigènes au sein d'un État plurinational. Intrépide dans le combat, le *Mouvement* parvint à combler une doléance pressante en 1998, lorsque la Constitution a été amendée pour admettre aux article 83 et 84, l'existence de « peuples qui s'auto-définissent comme des nationalités aux racines ancestrales ». Sur le plan politique, certains[55] observateurs prêtent au *Mouvement Pachakutik* l'ascension fulgurante au pouvoir d'Evo MORALES en Bolivie, en décembre 2005, alors membre du pouvoir exécutif, au sein du gouvernement de Lucio GUTIÉRREZ, en 2003.

Pour certains auteurs, les revendications des minorités à travers la création des organisations indigènes s'inscrivent dans « le processus de démocratisation

---

[53] ARLETTAZ (F.), « Constitution et Environnement. Rapport sur l'Argentine », in *XXXVe Table ronde internationale, Constitution et Environnement*, Colloque l'AIJC, 6 et 7 septembre 2019, Aix-en-Provence, p. 51.

[54] V. MASSAL (J.), « Mutations et déclin du Mouvement Pachakutik en Équateur », *Problèmes d'Amérique latine*, n° 72, Printemps 2009 : 97 à 107.

[55] *Idem*, p. 101.

globale des sociétés latino-américaines »[56], mettant ainsi à terme l'exclusion de droit ou de fait des autochtones. À la vérité, l'intensification du combat pour les droits a bien entendu, coïncidé avec une prise de conscience de l'ampleur de la déperdition programmée des communautés autochtones consécutivement au double choc provoqué par l'impérialisme et les entités étatiques instituées. Sachant que les indigènes ont préservé « la matrice communautaire précoloniale, qui est différente de la structure d'un État moderne »[57], rien ne devrait alors déconstruire cette originalité dans l'organisation socio-politique.

Au fond, la philosophie qui sous-tend la démarche revendicative ne s'épuise guère dans quelque forme d'« émancipation », d' « acculturation » de l'autochtone, mais bien de sa prise en compte dans les grands schémas qui dessinent les contours des nations et des Républiques latino-américaines. Il est question pour les États en construction de bien « tenir compte » de ces communautés singulières et non certainement de voir leur avenir compromis par le culte de « métissage » qui trouverait justification dans le splendide alibi de l'idéal national.

Si donc la somme des obligations étatiques et son volontarisme tardaient à s'entourer de toute la sensibilité attendue vis-à-vis de la cause minoritaire, les revendications[58] autochtones devraient être portées par un cadre juridique international qui aura exercé une influence déterminante.

B. L'influence déterminante externe

La lente quête de reconnaissance des minorités a également fait l'objet de pressions exercées en dehors de l'espace territorial national. En écho aux balbutiements *in vitro*, répond, sur la scène internationale[59], le crédo du « droit

---

[56] VERDO (G.) et VIDAL (D.), « L'ethnicité en Amérique latine : un approfondissement du répertoire démocratique », *op. cit*, p. 14.

[57] Dans les communautés autochtones, « le politique n'a pas été séparé entre des institutions et des personnes se professionnalisant peu à peu dans la politique, écartant la population des décisions politiques. Ainsi, au sein des communautés indigènes, le politique ne s'est pas autonomisé par rapport à la société ». Cf. AUDUBERT (V.), *Contribution à l'étude du paradigme juridique de la plurinationalité : le cas de l'État plurinational de la Bolivie*, Thèse de doctorat en Droit public, Université Paris 13, 2018, p. 16.

[58] COURTEMANCHE (O. L.), « Conséquences juridiques et sociales des revendications foncières autochtones : regards sur le droit interaméricain », *Droit et société*, 2014/3 n° 88 : 667 à 688.

[59] LLORET (B.), *La protection internationale des minorités. Le regard de la doctrine française de l'entre-deux-guerres*, Thèse de doctorat en Droit, Université de Paris 2, 2018, 561 p.

des peuples à l'autodétermination »[60], de « l'uti possidetis »[61] qui suscitera auprès des peuples autochtones un enchantement béat, quant à la légitimité de leur combat. Aussi, sous l'effet combiné d'une pression exercée par les stipulations conventionnelles internationales ainsi que de juridictions internationales, la question minoritaire tant existentielle que substantielle semble connaître des avancées remarquables en Amérique latine. Ainsi, paraît-il indiqué de voir tour à tour l'hospitalité du cadre juridique international (1) et le militantisme du juge interaméricain (2).

1. L'hospitalité du cadre juridique international

L'un des principaux adjuvants de la lutte pour la reconnaissance des droits autochtones aura sans nul doute été le contexte amène du cadre juridique international. Cet univers reste meublé à la fois par des Conventions internationales et des résolutions favorables à la cause des peuples indigènes et autochtones d'Amérique latine.

S'agissant d'une part des conventions[62], il est important de faire observer que l'Organisation Internationale du Travail (OIT) a adopté une première convention N°107 du 5 juin 1957 relatif aux « populations aborigènes et tribales », avant celle n° 169 relative aux « peuples indigènes et tribaux »[63],

---

[60] Cf. *Le droit à l'autodétermination. Développement historique et actuel sur la base des instruments des Nations unies*, Rapport de l'ONU établi par A. CRISTESCU, Rapporteur spécial de la Sous-Commission de la lutte contre les mesures discriminatoires et de la protection des minorités, New-York, 1981, 121 pages.

[61] CORTEN (O.), « Droit des peuples à disposer d'eux-mêmes et *uti possidetis* : deux faces d'une même médaille », *Revue belge de droit international*, 1998/1 : 161-189.

[62] La doctrine recense plusieurs conventions : la Convention n° 29 du 28 juin 1930 sur le travail forcé, la Convention n° 110 du 24 juin 1958 sur les plantations, la Convention n° 111 du 25 juin 1958 sur la discrimination au travail, la Convention n° 138 du 26 juin 1973 sur l'âge minimum de travail, la Convention n° 141 du 23 juin 1975 sur les organisations des travailleurs ruraux, la Convention n° 182 du 17 juin 1999 sur les « pires formes de travail des enfants ». V. AUDUBERT (V.), *Contribution à l'étude du paradigme juridique de la plurinationalité : le cas de l'État plurinational de Bolivie*, Thèse de Doctorat en Droit public, *op. cit*, p. 457.

[63] On observera l'évolution de la sémantique car si la première Convention faisait état de « populations », « indigenious and tribal populations », la seconde elle, évoque les « peuples », « indigenous and tribal peoples ». Et suivant l'article 1(3) de la Convention n° 169, « L'emploi du terme peuples dans la présente convention ne peut en aucune manière être invoqué comme ayant des implications de quelque nature que ce soit quant aux droits qui peuvent s'attacher à ce terme en vertu du droit international ». Pour M. THIEL, « Le concept de population est juridiquement connoté : c'est un des éléments constitutifs de l'État. Celui de peuple est lié à celui de culture et implique la reconnaissance de l'autonomie du groupement d'individus ainsi qualifié. Peut être considéré comme peuple tout groupement d'individus liés par une identité commune et un environnement commun distinct de ceux désignés par l'État et dont la continuité historique est notable malgré le processus de colonisation ».

adoptée en 1989, qui comporte des dispositions favorables à l'existence et la protection des peuples autochtones majoritairement minoritaires. Dès le préambule, le texte visé prend-il acte « de l'aspiration des peuples en question à avoir le contrôle de leurs institutions, de leurs modes de vie et de leur développement économique propres et à conserver et développer leur identité, leur langue et leur religion dans le cadre des États où ils vivent »[64]. Bien sûr cette prise en compte ne méconnaît pas les peuples *tribaux*, *indigènes* ou *autochtones* car dès l'article 1.1[65], leur identité semble leur être restituée.

Quant à la Convention américaine des droits de l'homme (CADH) adoptée le 22 novembre 1969 à San José (Costa Rica) dans le cadre de l'Organisation des États américains (ci-après, OEA), elle est entrée en vigueur le 18 juillet 1978 et constitue également un important instrument de protection des peuples indistinctement de leur caractère autochtone ou non[66]. En effet, dans la définition de l'autochtonie, le rapport à la terre est déterminant pour constituer le principal facteur identitaire culturel. La terre y est vue, non pas comme un « potentiel de richesses » exploitables à l'envi, mais bien comme un espace propre à convertir tout le symbolisme identitaire qui fait des peuples autochtones, leur force. L'influence décisive de cet instrument dans le processus de reconnaissance des droits des minorités latino-américaines ne fait l'objet d'aucun doute, eu égard à la fréquence de son invocation par les juges[67].

Pour ce qui est du Pacte international relatif aux droits civils et politiques adopté par l'Assemblée générale des Nations unies le 19 décembre 1966, il milite également en faveur de l'épanouissement des minorités, puisque son article 27 stipule : « Dans les États où il existe des minorités ethniques,

---

[64] Cf. Application de la Convention n° 169 relative aux peuples indigènes et tribaux pour un avenir inclusif, durable et juste, OIT, disponible sur : https://www.ilo.org/wcmsp5/groups/public/---dgreports/---gender/documents/publication/wcms_754261.pdf, 2020, p. 33. Document consulté le 29-06-2021.

[65] Article 1.1 « La présente convention s'applique (a) aux peuples tribaux dans les pays indépendants qui se distinguent des autres secteurs de la communauté nationale par leurs conditions sociales, culturelles et économiques et qui sont régis totalement ou partiellement par des coutumes ou des traditions qui leur sont propres ou par une législation spéciale; (b) aux peuples dans les pays indépendants qui sont considérés comme indigènes du fait qu'ils descendent des populations qui habitaient le pays, ou une région géographique à laquelle appartient le pays, à l'époque de la conquête ou de la colonisation ou de l'établissement des frontières actuelles de l'État, et qui, quel que soit leur statut juridique, conservent leurs institutions sociales, économiques, culturelles et politiques propres ou certaines d'entre elles ».

[66] Au 1er janvier 2021, la CADH était déjà ratifiée par 23 États sur les 35 de l'OEA (les États-Unis, le Canada s'étant abstenus de la ratifier). Cf. TIGROUDJA (H.), « Migrations, vulnérabilité et dignité dans la jurisprudence de la Cour interaméricaine des droits de l'homme », *Titre VII*, n° 6, avril 2021, p. 77.

[67] Cf. *Infra*.

religieuses ou linguistiques, les personnes appartenant à ces minorités ne peuvent être privées du droit d'avoir, en commun avec les autres membres de leur groupe, leur propre vie culturelle, de professer et de pratiquer leur propre religion, ou d'employer leur propre langue. »

S'agissant des résolutions, elles auront contribué à soutenir l'effort de reconnaissance des peuples autochtones, tribaux d'Amérique latine. Leur proclamation n'enlève certainement pas leur portée symbolique dans la conduite des relations internationales.

La Résolution 47/135 de l'AG de l'ONU du 18 décembre 1992 portant *Déclaration des personnes appartenant à des minorités nationales ou ethniques, religieuses et linguistiques*, met à la charge des États de protéger « l'existence et l'identité nationale ou ethnique, culturelle, religieuse et linguistique des minorités, sur leurs territoires respectifs » en favorisant « l'instauration des conditions propres à promouvoir cette identité ». À cet égard, l'article 2 indique que « Les personnes appartenant à des minorités nationales ou ethniques, religieuses et linguistiques (ci-après dénommées personnes appartenant à des minorités) ont le droit de jouir de leur propre culture, de professer et de pratiquer leur propre religion et d'utiliser leur propre langue, en privé et en public, librement et sans ingérence ni discrimination quelconque ».

Plus tard, l'Assemblée générale des Nations-Unies, par la Résolution 61/295 du 13 septembre 2007 soutenue par 143 États, adopte la *Déclaration des droits des peuples autochtones* (DDPA) sur les droits des peuples autochtones. Son article 2 avance que : « les autochtones, peuples et individus, sont libres et égaux à tous les autres et ont le droit de ne faire l'objet, dans l'exercice de leurs droits, d'aucune forme de discrimination fondée, en particulier, sur leur origine ou leur identité autochtones ». L'Assemblée générale proclame conjointement le droit à l'égalité et le droit à la différence, au moyen de droits universels et des droits spécifiques (individuels comme collectifs). Elle rappelle justement que « les autochtones sont admis à bénéficier sans aucune discrimination de tous les droits de l'homme reconnus en droit international et que les peuples autochtones ont des droits collectifs qui sont indispensables à leur existence, à leur bien-être et à leur développement intégral en tant que peuples ».

Sans épuiser l'artillerie juridique international en faveur des minorités, l'engagement sans réserve de la Cour interaméricaine des droits de l'homme compte parmi les signes les plus illustratifs de l'influence externe.

2. Le militantisme du juge interaméricain

Pendant que dans certains États latino-américains, la législation interne a tardé à être solidaire de ce mouvement de reconnaissance, le juge international[68],

[68] La Cour Permanente de Justice Internationale (CPJI) a, dans ses avis du 31 juillet 1930 (*Communautés gréco-bulgares*) et du 6 avril 1935 (*Écoles minoritaires en*

et plus tard son homologue interaméricain en particulier aura développé un contentieux[69] international des droits de l'homme particulièrement sensible à la cause autochtone. L'activisme de la Cour interaméricaine[70] lui vaut une foisonnante et riche production jurisprudentielle dans laquelle l'existence des minorités autochtones est garantie et leurs droits assujettis à des revendications, protégés. S'implante progressivement alors, une justice portée à la réparation des préjudices liés aux dépossessions et privations subies par les membres.

Mise en place en 1979 pour assurer le respect de la Convention (Convention américaine relative aux droits de l'homme : *« Pacte de San José de Costa Rica »*, signée à San José (Costa Rica), le 22 novembre 1969 – ratifiée à ce jour par 25 États), la Cour ne prouvera son activisme en faveur de la protection des communautés et droits autochtones latino-américains, que durant les deux (2) dernières décennies, à peu près. À travers l'article 21[71] de la Convention qui garantit la propriété privée, le juge interaméricain a développé une interprétation propice aux communautés autochtones. En effet, « le fait indigène »[72] s'est invité au contentieux interaméricain depuis l'arrêt de principe rendu par la Cour, le 31 août 2001, *Communidad Mayagna (Sumo) Awas Tigni v/ Nicaragua*. La Cour interaméricaine a déclaré que l'État du Nicaragua avait violé le droit de propriété de la communauté *Awas Tingni* en accordant à une entreprise une concession de trente (30) ans pour l'exploitation forestière de terres occupées par ladite communauté de 600 individus.

Ce qui a été remarquablement audacieux pour la Cour, c'est d'avoir superposé sa conception de la propriété à celle des peuples indigènes consistant

---

Albanie), tenté de dégager les contours d'une communauté minoritaire à travers quelques pistes : une collectivité, une identité, une solidarité sur un territoire donné. Cf. LLORET (Benjamin), *La protection internationale des minorités. Le regard de la doctrine française de l'entre-deux-guerres*, Thèse de doctorat en Droit, Université de Paris 2, 2018, p. 67.

[69] FARGET (D.), *Le droit au respect des modes de vie minoritaires et autochtones dans les contentieux internationaux des droits de l'homme*, Thèse de Doctorat en droit, Université de Montréal et Université d'Aix-Marseille 3, 2010, 410 p.

[70] BURGORGUE-LARSEN (L.) et ÚBEDA DE TORRES (A.), *Les Grandes décisions de la Cour interaméricaine des droits de l'homme*, Bruxelles, Ed. Bruylant, 2008, 995 pages.

[71] Article 21. Droit à la propriété privée : « 1. Toute personne a droit à l'usage et à la jouissance de ses biens. La loi peut subordonner cet usage et cette jouissance à l'intérêt social.

2. Nul ne peut être privé de ses biens, sauf sur paiement d'une juste indemnité, pour raisons d'intérêt public ou d'intérêt social, et dans les cas et selon les formes prévues par la loi.

3. L'usure ainsi que toute autre forme d'exploitation de l'homme par l'homme sont interdites par la loi ».

[72] BURGORGUE-LARSEN (L.), « Les nouvelles tendances dans la jurisprudence de la Cour interaméricaine des droits de l'homme », *op. cit*, p. 167.

« d'une part, de reconnaître le caractère collectif de celle-ci et, d'autre part, d'être dispensé d'un titre formel pour la revendiquer »[73]. Cette position a été confirmée dans l'arrêt Série C n° 214, du 24 août 2010, *Communauté autochtone Xákmok Kásek v/ Paraguay* où elle réitère que l'absence d'un titre formel de propriété n'est pas un obstacle à la reconnaissance de propriété.

L'exigence d'un seuil minimal de dignité a conduit la Cour interaméricaine, à travers divers arrêts, à établir les manquements de l'État du Paraguay, à traiter avec célérité les revendications territoriales de certaines communautés indigènes qu'il abrite : arrêt du 17 juin 2005, *Communauté autochtone Yakye Axa v/ Paraguay* ; arrêt du 29 mars 2006, *Communauté autochtone Sawhoyamaxa v/ Paraguay* ; arrêt du 24 août 2010, *Communauté autochtone Xákmok Kásek v/ Paraguay*. En effet, « empêchés d'accéder à leurs territoires et ressources traditionnels, dont la propriété a été transférée à des compagnies privées, les membres des communautés Yakye Axa, Sawhomayaxa et Xákmok Kásek ont été maintenus pendant plusieurs années dans une situation d'extrême vulnérabilité eu égard notamment à l'accès à une nourriture adéquate et suffisante, à l'eau potable, à des plantes médicinales et aux soins de santé »[74].

La Cour s'est aussi attachée à développer une jurisprudence réparatrice[75] et restauratrice[76], face aux exactions en particulier. Il convient de préciser à ce niveau que « l'obligation de réparation correspond à une obligation générale qui résulte de l'engagement de la responsabilité internationale »[77] de l'État. Ainsi, la Cour a-t-elle élaboré dans l'affaire *Aloeboetoe v/ Surinam* du 4 décembre 1991, une conception holistique de la réparation lorsqu'elle défend que « le droit à réparation est un droit générique qui couvre différentes formes de restituo in integrum, indemnisation, satisfaction et garanties de non-renouvellement des violations ». Elle opine que nombreuses sont, dans l'espace continental, les communautés à avoir été victimes d'ostracisme, de

---

[73] COUVEINHES-MATSUMOTO (D.), « Les peuples autochtones et le droit de propriété devant la Cour interaméricaine des Droits de l'homme », *Revue Juridique de l'Environnement*, 2019/HS18, n° spécial, p. 59.

[74] AMEYO DELALI KOUASSI (Fr.), « Activités humaines et catastrophes écologiques : quelle protection pour les droits des peuples autochtones ? », *Revue des droits de l'homme*, n° 117, 20020, p. 9.

[75] MASTOR (W.), « L'individu oublié : une histoire juridictionnelle des Indiens d'Amérique », *Penser le droit à partir de l'individu, Mélanges en l'honneur d'Elisabeth ZOLLER*, Paris, Dalloz, 2018, pp. 397 et s.

[76] LEFRANC (S.), « Le mouvement pour la justice restauratrice : "an idea whose time has come" », *Droit et société* 2006/2, n° 63 : 393-409 ; V. aussi, CAMPISTOL MAS (Claudia), *Justice juvénile en Amérique Latine : entre la justice répressive et la justice restaurative*, Thèse de Doctorat en Criminologie, Université de Lausanne, 2020, 333 p.

[77] BONNEAU (K.), « La jurisprudence innovante de la Cour interaméricaine des droits de l'homme en matière de droit à réparation des victimes de violation des droits de l'homme », in *Le particularisme interaméricain des droits de l'homme, op. cit.*, p. 350.

privation de biens fonciers, de persécutions entraînant une dislocation sociale et même des pertes en vies humaines. De telles pratiques contraignent le juge interaméricain à se risquer à la difficile tâche de la réparation des dommages subis par les victimes. À titre d'exemple, les autochtones *Maya* du Guatemala ont pour leur part été visés par des massacres collectifs durant les périodes de guerre civile (1960-1996), interpellant de ce fait l'office du juge interaméricain. Dans l'arrêt rendu le 19 novembre 2004, Réparations, *Massacre Plan de Sánchez v/. Guatemala*, étaient en cause des exécutions perpétrées contre 268 personnes recensées. Au moment de se prononcer sur les modalités pécuniaires de réparation, la Cour procède à une forme d'évaluation collective des modalités d'indemnisation : « Étant donné que les victimes dans cette affaire sont des membres du peuple maya, cette Cour considère qu'une composante importante de la réparation individuelle est la réparation que la Cour accordera désormais aux membres de la communauté dans son ensemble. » En l'espèce, la Cour a pris le soin de lister tous les facteurs entrant en ligne de compte dans la définition et l'évaluation du dommage moral, en fonction des structures de fonctionnement interne, propres à la communauté indigène concernée[78].

Ainsi, s'est-il agi principalement de soutenir une politique jurisprudentielle convenable aux droits des minorités indigènes pour pallier aux carence et silence des législations nationales sur la question. Mais une telle approche du juge interaméricain a nécessité beaucoup de tact car la susceptibilité des États n'est jamais loin lorsqu'une juridiction d'intégration se risque à l'édiction de mesures qui touchent à la souveraineté des États. D'ailleurs, le Préambule de la Charte de l'OEA ne prête à aucune équivoque lorsqu'il pose que « Conscients de ce que cette mission a déjà inspiré plusieurs traités et accords, dont la vertu essentielle réside dans le désir unanime de vivre en paix et, grâce

---

[78] Dans l'affaire *Plan Sanchez*, la Cour recense : l'impossibilité d'enterrer les victimes selon leurs rites funéraires ; l'impossibilité de réaliser leurs cérémonies, rites et autres manifestations traditionnelles pendant un certain temps, affectant ainsi la reproduction et la transmission de leur culture ; les dommages subis par la présence permanente, la vigilance et la répression militaires auxquelles ils sont soumis ; l'obligation de patrouiller et vivre avec leurs bourreaux (paramilitaires), la stigmatisation, générant des sentiments de terreur, insécurité, humiliation et douleurs, tels que se retrouvent altérées, les conditions de vie, les relations familiales et communautaires ; la militarisation de leurs terres et le remplacement de leur structure communautaire traditionnelle par l'établissement d'un contrôle militaire ; l'impunité source de frustration et de douleur profonde ; la discrimination dans l'accès à la justice et les atteintes à leur santé physique et psychologique. Cf. BONNEAU (K.), « La jurisprudence innovante de la Cour interaméricaine des droits de l'homme en matière de droit à réparation des victimes de violation des droits de l'homme », in *Le particularisme interaméricain des droits de l'homme, op. cit.* : 365-366.

à une compréhension mutuelle et au respect de la souveraineté de chacun, d'assurer le progrès de tous dans l'indépendance, l'égalité et le droit ».

On le voit, les revendications obéissent soit à des logiques internes aux territoires étatiques, soit à celles transnationales, portant autant sur des droits que des « pratiques » culturelles singulières, voire cultuelles. Pour cette raison, la Cour interaméricaine s'est résolue à admettre que « le droit coutumier des peuples autochtones doit être spécialement pris en compte »[79]. Cet appel traduit une subtile invite à sauvegarder tous les principes et valeurs qui constituent la teneur des identités culturelles propres aux communautés autochtones minoritaires. D'ailleurs, cette même Cour n'a eu de cesse de rappeler dans ses observations préliminaires que « les États devraient prendre en considération les caractéristiques qui différencient les membres des peuples indigènes de l'ensemble de la population, et qui correspondent à leur identité culturelle… »[80].

Autant considérer que cette phase de quête de reconnaissance était en règle générale, celle d'une exclusion programmée des groupes minoritaires, des dynamiques de construction des nations latino-américaines. Elle aura été laborieuse et dramatique pour des milliers d'indigènes. Toutefois, les mutations sociales consécutives n'auront pas manqué de dicter des inflexions sensibles à l'acceptation progressive de la condition de minorité. L'édiction de mesures ponctuelles valorisant l'existence et les droits des minorités envahit les instances de gouvernance et précipite du coup le rythme des réformes. Chemin faisant, la phase qui lui sera subséquente sera caractérisée par l'inclusion effective des minorités, reflétant le faîte de la reconnaissance.

II. Au faîte de la reconnaissance des minorités

Convoquer la métaphore du « faîte » de la reconnaissance consiste modestement à célébrer l'intégration de la question minoritaire au régime du droit positif, car comme l'indique la Cour interaméricaine dans l'arrêt *Aloeboetoe v/ Surinam* du 4 décembre 1991, reprise par la doctrine, « ce qui compte, ce n'est pas le statut légal international mais la reconnaissance d'une autonomie accordée par le droit interne »[81]. Ce qui revient à dire que le véritable échelon d'appréciation de l'intégration demeure le droit national[82] et

---

[79] RINALDI (K.), « Le droit des populations autochtones et tribales à la propriété dans le système interaméricain de protection des droits de l'homme », in *Le particularisme interaméricain des droits de l'homme, op. cit.* : 224.

[80] Cour Interaméricaine, dans l'arrêt du 29 mars 2006, *Communauté autochtone Sawhoyamaxa v/ Paraguay.*

[81] DHOMMEAUX (J.), « Les communautés autochtones et tribales dans la jurisprudence de la Cour interaméricaine des droits de l'homme », in *Le particularisme interaméricain des droits de l'homme, op. cit.,* p. 189.

[82] MORA BURBANO (I. C.), *Les Constitutions sud-américaines et le droit international*, Thèse de doctorat en Droit public, Université Bordeaux 4, 2019, 394 p.

son juge, le cas échéant. La cause indigéniste étant largement entendue, il paraît impératif d'intégrer les communautés minoritaires dans le « décor » national et d'obtenir graduellement une grande visibilité dans l'espace public. À cet égard, à un tournant de leur évolution, les États d'Amérique latine se sont évertués à prendre effectivement en charge les préoccupations de communautés infra nationales dans leur texture juridique. Sans en ignorer les vicissitudes, l'expression de cette reconnaissance traverse deux étapes importantes et complémentaires : d'une part, la consécration (A) et, d'autre part, la concrétisation (B) des droits des minorités.

A. La consécration

« Les peuples indigènes d'Amérique latine ont vu leur culture et leurs droits faire l'objet d'une reconnaissance juridique progressive depuis quatre décennies par les États de la région »[83]. Lorsque la norme juridique vient envelopper un privilège revendiqué par une communauté, elle le transforme en un droit/liberté reconnu par le droit positif. La mobilisation du droit à l'effort de l'incorporation des autochtones débouche sur une *positivation* (discrimination positive, obligation positive[84], "affirmative action", …) de leurs droits afin de leur garantir un épanouissement naturel, normal. À l'épreuve des faits, les fortunes apparaissent diverses. Si certains États ont opté pour une démarche prudente *a minima* (1) pour charger la norme législative de sceller l'intégration, d'autres en revanche, plus nombreux, ont opté pour une solution *a maxima* (2), habilitant ainsi la norme constitutionnelle, la reconnaissance.

1. A minima : la reconnaissance législative

Dans certains systèmes juridiques, la prudence sans doute, a semblé imposer de partir des énoncés normatifs réglementaires voire législatives, avant d'en arriver à des normes réputées supérieures. Il faut dire que certaines affirmations vaguement contenues dans les textes supérieurs, ne peuvent trouver leur salut que dans le prolongement normatif « inférieur », avec plus ou moins de précision. Le choix de la norme législative pour organiser l'« entrée » de l'indigène dans le « décor » républicain multiculturel latino-américain n'est point négligeable. Il procède intuitivement d'une démarche réfléchie et circonspecte propre à chaque Gouvernement, à un moment donné de l'évolution de sa trajectoire politique.

---

[83] LE QUINIO (A.), « Droit constitutionnel, environnement et peuples autochtones en Amérique latine », *RFDC*, n° 122, 2020, p. 301.

[84] PAVAGEAU (S.), « Les obligations positives dans les jurisprudences des Cours européenne et interaméricaine des droits de l'homme », *Revista colombiana de derecho internacional*, julio-diciembre, n° 006, 2005 : 201-246.

L'Argentine, qui s'est largement distinguée dans la marginalisation et l'extermination[85] des peuples aborigènes au XIXe siècle, a attendu la seconde moitié du XXe siècle, pour adopter en 1985, la loi 23302 sur les communautés aborigènes, visant la protection de ces groupes et de leurs formes de vie, mais aussi en leur restituant des terres. D'ailleurs, la lecture combinée des articles 7 et 9 de cette loi, amène à relever qu'il a été ordonné la restitution gratuite, sous la forme de propriété collective ou, de manière exceptionnelle, individuelle, des terres « aptes et suffisantes » pour le développement des activités économiques des communautés. Quant à l'article 75, alinéa 17 de ladite loi, elle met à la charge du Congrès de « reconnaître la préexistence ethnique et culturelle des peuples indigènes argentins », afin de « garantir le respect de leur identité et le droit à une éducation bilingue et interculturelle »[86].

Par ailleurs, la loi argentine 25675 sur la *Politique environnementale nationale* de 2002 est le principal instrument de législation fédérale adopté en application de l'article 41[87] (réformé en 1994) de la Constitution de 1853. Cette loi pose « les conditions minimales pour l'achèvement d'une gestion durable et adéquate de l'environnement, la préservation et la protection de la diversité biologique et l'implémentation du développement durable » (article 1er)[88]. Dans le prolongement de cette loi, a été adoptée, quelques années plus tard, la loi 26331 (2007) sur les conditions minimales de protection des bois autochtones.

Au Chili, face à la rigidité du processus de révision de la Constitution de 1980, la loi a servi d'alternative pour faire droit à la reconnaissance des *mapuches*. L'adoption de la Loi Indigène n° 19-253 de 1993 a permis d'entrevoir une ouverture salutaire puisque son article 1er précise que l'État chilien reconnaît que les indigènes chiliens sont les descendants de

---

[85] Cette pratique n'épargne pas aujourd'hui les défenseurs de l'environnement. A. LE QUINIO note que l'Amérique latine « est la région du monde où le plus grand nombre de procédures juridictionnelles sont initiées pour la défense de l'environnement mais également celle où le plus grand nombre de défenseurs de l'environnement ont été assassinés en 2018 ». Cf. LE QUINIO (A.), « Droit constitutionnel, environnement et peuples autochtones en Amérique latine », *RFDC* n° 122, 2020, pp. 299-300.

[86] Cf. ARLETTAZ (Fernando), « Constitution et Environnement. Rapport sur l'Argentine », in *XXXVe Table ronde internationale, Constitution et Environnement*, Colloque l'AIJC, 6 et 7 septembre 2019, Aix-en-Provence, p. 51.

[87] « Tous les habitants ont le droit à un environnement sain, équilibré, apte pour le développement humain et pour que les activités de production subviennent aux besoins du présent sans compromettre ceux des générations futures ; et ont le devoir de le préserver. […] ».
« Les autorités garantiront la protection de ce droit, l'utilisation rationnelle des ressources naturelles, la préservation du patrimoine naturel et culturel et de la diversité biologique, et l'information et l'éducation environnementales »

[88] Cf. ARLETTAZ (F.), « Constitution et Environnement. Rapport sur l'Argentine », *op. cit*, p. 41.

regroupements humains qui existaient sur le territoire national depuis l'époque précolombienne et qu'ils conservent leurs cultures, principalement fondées sur le respect de la terre. En se bornant juste à reconnaître le caractère d'*ethnie* aux indigènes présents sur le territoire, et non celui de *peuple*, la loi chilienne 19-253 précitée, s'oppose à la communauté « mapuche de jouir légalement et légitimement de leurs territoires ancestraux »[89].

Au tournant des années 2000 au Panama, le législateur s'est subitement pris de l'envie d'amplifier le rayon de reconnaissance des droits autochtones, à travers des réponses institutionnelles appropriées à certaines de leurs attentes. Il en est ainsi de la nécessité de préservation de l'identité culturelle et la valorisation des produits communautaires au moyen de procédés contemporains comme celui de la *propriété intellectuelle*. L'adoption de la loi n° 20 du 26 juin 2000 sur la propriété intellectuelle nationale et régionale a permis d'instituer un *Examinateur des droits collectifs autochtones*, responsable de la protection de la propriété intellectuelle et autres droits des peuples autochtones[90]. C'est également dans la même logique hospitalière qu'il faut placer l'adoption de la loi n° 35 du 25 juillet 2000, prévoyant la création d'un *Conseil directeur des foires pour les peuples autochtones*. Cette instance visant la promotion de l'artisanat, l'industrie agro-forestière et la culture des peuples autochtones, ciblait les grandes rencontres foraines aux niveaux national et international[91], pour exposer la spécificité culturelle du savoir-faire autochtone.

Mais cette consécration au moyen de l'outil législatif n'a pas été prioritairement choisie par la majorité des États. Ceux-ci semblent avoir largement recouru aux réformes constitutionnelles.

2. A maxima : la reconnaissance constitutionnelle

La reconnaissance constitutionnelle postule toujours le plus haut degré d'internalisation d'une norme, d'une prérogative. L'opération vise ici, à sanctuariser le contenu matériel de la norme, ici, la consécration de l'existence et des droits propres aux communautés autochtones minoritaires. En la matière, cette intégration du « fait minoritaire » a transité par les deux (2) canaux classiques, à savoir le texte constitutionnel et le juge qui en garantit la mise en œuvre.

S'agissant des chartes fondamentales, elles s'y sont pris de manière symphonique avec un mouvement de constitutionnalisation qui débute au

---

[89] THIEL (M.), « Le droit constitutionnel chilien face au système interaméricain des droits de l'homme : le droit des peuples indigènes en question. Le cas mapuche », *op. cit*, p. 700.
[90] DEL PRADO (J. L. G.), « Droit constitutionnel et peuples autochtones », », in *Droit constitutionnel & minorités*, Recueil des cours de l'Académie internationale de Droit constitutionnel, XVIIIe Session, 2003, p. 145.
[91] *Idem*, p. 146.

milieu des années 1980. Dans l'espace latino-américain, les énoncés constitutionnels ont été presque unanimes à s'accorder sur la nécessité de donner un fondement constitutionnel à la condition minoritaire. L'une des Constitutions les plus anciennes en vigueur, la Constitution argentine de 1853, contenait dans sa version originelle, une disposition qui attribuait compétence au Congrès fédéral pour *conserver* « les relations pacifiques avec les Indiens » en vue de « promouvoir leur conversion au catholicisme » (article 67 alinéa 15)[92]. Bien que cet objectif du constituant se démarque de ceux des communautés indiennes, la mention constitutionnelle des groupes minoritaires paraissait alors rare. Si bien qu'A. MARTIN en vienne à constater que « sauf à de rares occasions, le constitutionnalisme latino-américain du XIXe siècle n'a jamais fait grand cas des droits des peuples indigènes, et il a fallu attendre les années soixante-dix pour qu'une tendance inverse soit observable »[93].

L'effondrement successif des dictatures (Uruguay, Argentine, Brésil, Chili, etc.), et l'effacement de la tutelle des militaires ont concouru à l'ouverture de nouveaux espaces de liberté favorables à la prise en charge des causes spécifiques aux communautés autochtones. Les réponses constitutionnelles ne tarderont pas à innerver les processus constituants en cours, au milieu des années 1980. Ce déclic constituant donne une onction existentielle assortie de droits et d'un ensemble de dispositions qui incitent à réconcilier les communautés autochtones avec leurs pratiques.

On peut à cet égard relever que la Constitution du Nicaragua du 1er janvier 1987 voit son article 5 alinéa 6 prévoir : « L'État reconnaît l'existence des peuples autochtones qui jouissent des droits, devoirs et garanties prévus par la Constitution, en particulier ceux de conserver et de développer leur identité et leur culture, d'avoir leurs propres formes d'organisation sociale et d'administrer leurs affaires locales, ainsi que de préserver les formes communautaires de propriétés de leurs terres et leur exploitation, leur utilisation et leur jouissance, le tout conformément à la loi. »

De même, la Constitution brésilienne du 5 octobre 1988 dont l'article 231-2 énonce que « les terres traditionnellement occupées par les Indiens sont destinées à être en leur possession permanente… », tandis que l'article 232 dispose : « Les Indiens, leurs collectivités et organisations sont parties légitimes pour agir en justice en défense de leurs droits et intérêts ».

---

92 ARLETTAZ (F.), « Constitution et Environnement. Rapport sur l'Argentine », *op. cit.*, p. 41.

93 MARTIN (A.), « La reconnaissance des droits indigènes en Amérique latine », *in* A. MARTIN (dir.), *Les droits indigènes en Amérique latine.*, Paris, L'Harmattan, 2015, p. 34.

On retrouve les mêmes dynamiques de constitutionnalisation en Colombie[94], au Paraguay[95], au Pérou[96], au Venezuela[97], etc. Subséquemment, d'autres constituants s'arrimeront à cette cadence, à l'image de la Constitution mexicaine du 5 février 1917 dont l'article 2 modifié par la révision constitutionnelle du 14 août 2001[98], celle de l'Équateur de 2008, en son article57[99] ou celle de Bolivie de 2009, en son article 30[100].

C'est donc convenir que la consécration renvoie ici à une forme d'adoubement textuel puisqu'« en accordant aux minorités des droits en tant que groupes, on introduit des ferments de pluralisme juridique à l'intérieur

---

[94] La Constitution du 4 juillet 1991 pose en son article 7 que : « L'État reconnaît et protège la diversité ethnique et culturelle de la Nation colombienne. »

[95] La Constitution de 1992 affirme en son art. 62 : « Cette Constitution reconnaît l'existence des peuples autochtones, définis comme des groupes culturels antérieurs à la formation et à l'organisation de l'État paraguayen. »

[96] La Constitution péruvienne de 1993 reconnaît à son article 89 que : « Les communautés paysannes et autochtones ont une existence légale et sont des personnes morales. Ils sont autonomes dans leur organisation, dans le travail communal et dans l'utilisation et la libre disposition de leurs terres, ainsi qu'en matière économique et administrative, dans le cadre établi par la loi. L'État respecte l'identité culturelle des communautés paysannes et autochtones. »

[97] La Constitution vénézuélienne du 30 décembre 1999 dispose en son article 119 que : « L'État reconnaît l'existence des peuples et communautés indigènes, leur organisation sociale, politique et économique, leurs cultures, us et coutumes, langues et religions comme leur habitat et droits coutumiers, les terres ancestrales que traditionnellement ils occupent, nécessaires pour développer et garantir leur mode de vie. Il est du ressort de l'Exécutif National, avec la participation des peuples indigènes, de délimiter et de garantir la propriété collective de leurs terres, lesquelles seront inaliénables, imprescriptibles et intransférables en accord avec le contenu de la présente Constitution et de la loi. »

[98] « La nation a une composition pluriculturelle soutenue à l'origine par ses peuples autochtones qui sont les descendants des populations qui habitaient le territoire actuel du pays au début de la colonisation et qui conservent leurs propres institutions sociales, économiques, culturelles et politiques, ou une partie d'entre elles ; […]. Le droit des peuples autochtones à l'autodétermination s'exerce dans un cadre constitutionnel d'autonomie qui assure l'unité nationale. […] ».

[99] « Les droits collectifs suivants sont reconnus et garantis aux communes, communautés, peuples et nationalités autochtones, conformément à la Constitution et aux autres pactes, accords, déclarations et instruments internationaux relatifs aux droits de l'homme : […] ».

[100] « I. Toute collectivité humaine qui partage l'identité culturelle, la langue, la tradition historique, les institutions, la territorialité et la cosmovision, dont l'existence est antérieure à l'invasion coloniale espagnole, est une nation paysanne originelle et un peuple autochtone ».

d'ordres juridiques étatiques pensés comme universellement et exclusivement valables sur un territoire donné »[101].

Cette générosité constituante en faveur des peuples autochtones a parfois conduit à une consécration remarquable d'un ensemble de règles substantives qui mettent en perspective leur spécificité. En effet, cette ovation constitutionnelle est « révélatrice d'une redéfinition du pactum sociÉtatis fondé sur une meilleure reconnaissance des différences culturelles, identitaires, voire ethniques, qui traversent les populations nationales »[102].

Dans ces conditions, il n'apparaît guère étonnant que les États latino-américains assument avec responsabilité les implications de cette reconnaissance constitutionnelle des minorités, en se réclamant désormais de leur caractère multi-ethnique, multiculturel[103] ou encore plus stoïquement, de leur caractère plurinational[104]. Cette dernière forme de qualification fait suite à l'adoption des Constitutions de l'Équateur et de la Bolivie, principalement. En Bolivie, l'article 8 de la Constitution est allée jusqu'à poser des règles de conduite éthique et morale puisées dans quelques-unes des langues locales : *Aymara*, *Quechua* ou *Guarani*, et traduites afin qu'elles soient connues et accessibles. La Constitution dispose à son alinéa 1er que « L'État assume et promeut comme principes éthico-moraux de société plurielle : ama quilla, ama llulla, ama suwa (ne sois pas lâche, ne sois pas menteur, ne sois pas voleur), suma qamaña (vivre bien), ñandereko (vie harmonieuse), teko kavi

---

101 LOCHAK (D.), « Garantir les droits des minorités : conjuguer l'universel et le singulier », *Matériaux pour l'histoire de notre temps*, n° 137-138 / 2e semestre 2020, p. 12.

102 LAVOREL (S.), « La revitalisation des langues amérindiennes en Amérique latine », *Erudit*, 2015, p. 7, disponible sur https://doi.org/10.7202/1043634a, consulté le 20-06-2021.

103 KALLAS (F. M.), « L'importance du multiculturalisme dans les Constitutions des États latins et l'aboutissement d'un nouveau constitutionnalisme », Panor. Braz. Law, Year 3 - Numbers 3 and 4 - 2015 : 65-85.

104 Reprenant la doctrine, V. AUDUBERT considère que l'État plurinational repose sur le modèle constitutionnel de justice et d'égalité, fondé sur six (6) éléments essentiels : « l'égalité entre les droits fondamentaux (il n'existe pas de discrimination entre les droits qui ont le même rang hiérarchique et juridique) ; l'application directe des droits fondamentaux (le juge ou l'autorité administrative doivent appliquer de manière directe ces droits, même en l'absence de loi, et le juge doit sur-interpréter le texte constitutionnel selon la méthode de la « pondération de principes » afin de garantir le mieux possible chaque droit fondamental ; la justiciabilité directe de ces droits ; le pluralisme des sources juridiques ; la valeur axiomatique des droits garantis par la Constitution ; le contrôle de constitutionnalité pluriel. » Cf. AUDUBERT (V.), *Contribution à l'étude du paradigme juridique de la plurinationalité : le cas de l'État plurinational de Bolivie*, Thèse de Doctorat en Droit public, Université Paris 13, 2018, p. 405.

(une bonne vie), ivi maraei (une terre sans malheur) et qhapaj ñan (chemin ou vie noble) »[105].

S'agissant du juge constitutionnel latino-américain, il a assurément contribué à « substantialiser » les droits des autochtones tout en assurant le « dialogue des cultures juridiques »[106] dans sa fonction régulatrice.

Dans la perspective de la garantie existentielle, le droit à la santé par exemple, impose au juge de prendre en considération l'« enfoque diferenciado », c'est-à-dire (« une approche différenciée du droit à la santé appliqué aux membres des communautés indigènes »)[107]. Cependant, l'on se focalisera davantage ici sur l'exploitation des ressources. À ce propos, le juge constitutionnel colombien[108] s'est globalement évertué à préserver la diversité culturelle autochtone en dégageant une ligne protectrice très claire à propos de l'exploitation des ressources sur les terres indiennes. Dans sa sentence SU-039 de 1997, la Cour constitutionnelle a décidé que « L'exploitation des ressources sur les terres indiennes doit être compatible avec l'intégrité sociale, culturelle et économique de ces communautés que l'État a obligation de protéger. Cette intégrité est considérée comme un droit fondamental des communautés puisqu'il est intimement lié à leur subsistance comme groupes humains et comme cultures. Afin d'assurer la subsistance de ces groupes, leur participation aux décisions concernant l'exploitation des ressources naturelles sera obligatoire pour obtenir l'autorisation de l'activité concernée ». Elle précise qu'ainsi, « le droit fondamental de préserver l'intégrité est renforcé par l'autre droit de caractère fondamental, à savoir celui de la participation des communautés aux décisions mentionnées ci-dessus. La participation desdites communautés à la prise de décisions qui peuvent les affecter lorsqu'elles se réfèrent à l'exploitation des ressources naturelles, présentent la particularité, à travers le mécanisme de la consultation, que cette participation acquiert la connotation de droit fondamental puisqu'il s'agit d'un instrument de base destiné à sauvegarder l'intégrité ethnique, sociale, économique et culturelle

---

[105] VICIANO PASTOR (R.) et MARTINEZ DALMAU (R.), « Aspects généraux du nouveau constitutionnalisme latino-américain », in, *Le constitutionnalisme latino-américain aujourd'hui : entre renouveau juridique et essor démocratique*, in C.-M. HERRERA (dir.) : 51-52 (note de bas de page n° 48).

[106] LE BONNIEC (F.), « Juridicité autochtone et différence culturelle. Quand les juges débattent de la culture dans des affaires de violences familiales en contexte communautaire mapuche (Chili) », *op. cit*, p. 146.

[107] LAFAILLE (Fr.), « Le droit à la santé des communautés indigènes. À propos du constitutionnalisme andin », *Revue juridique de l'environnement*, 2020/HS 20 n° spécial : 25-38.

[108] LOPEZ HERNANDEZ (M.), *La diversité culturelle des peuples autochtones dans la jurisprudence constitutionnelle colombienne : vers la reconstruction d'un paradigme de justice interculturelle*, Thèse de doctorat en Droit public, Université Grenoble Alpes, 2016, 417 p.

des communautés indiennes et à assurer leur subsistance comme groupe social »[109].

Au Costa Rica, alors que la Constitution de 1949 est assez sobre sur la protection des droits autochtones (articles 50[110] et 89), la Chambre constitutionnelle de la Cour suprême n'a pas manqué à se dresser en sentinelle des cultures indigènes. Elle a jugé dans son arrêt N°16787-2017 du 20 octobre 2017 qu'il existait un devoir essentiel pour l'État de conserver les biens culturels qui sont le produit et le témoignage des différentes traditions et réalisations spirituelles du passé, et qui constituent un élément fondamental des peuples[111].

Dans la perspective de *la régulation juridique*, le juge en a appelé à la retenue, face aux excès de générosité et de permissivité du législateur vis-à-vis des droits autochtones. Cette conduite a poussé le juge constitutionnel bolivien à déclarer non conforme à la constitution une disposition législative (l'article 19 de la loi) qui soustrayait les territoires impactés autochtones de toute initiative d'exploitation des richesses extractives (d'hydrocarbure) (Cour constitutionnelle de Bolivie, Sen. n° 0045/2006, *Ley de Hidrocarburos* (LH) 3058, de 19 de mayo de 2005, 2 juin 2006)[112].

Il en est de même du recours à l'expropriation pour cause d'utilité publique dans les territoires autochtones, où le juge veille scrupuleusement à l'équilibre des intérêts en présence. Il faut souligner d'ailleurs, que si la procédure d'expropriation peut bien viser les terres des peuples autochtones ou paysannes, elle doit, d'après le juge, s'attacher, de bonne foi, à les indemniser préalablement et que les bénéfices ultérieurs qui naîtront de l'exploitation des richesses soient partagés entre l'État et les peuples impactés. C'est dire que la libre disposition des terres n'est point pour les pouvoirs publics un droit absolu, si on s'en réfère au Tribunal constitutionnel du Pérou. Il a jugé dans l'affaire Sen. n° 0022-2009-PI/TC, *Gonzalo Tuanama Tuanama*, en date du 30 juin 2010, la possibilité d'initier une procédure d'expropriation sur les

---

[109] LÓPEZ DAZA (G. A.), « Constitution et environnement. Colombie » : 215-234, *Table ronde internationale, Constitution et Environnement*, Colloque l'AIJC, 6 et 7 septembre 2019, Aix-en-Provence, Actes publiés en 2020.

[110] « L'État procurera le plus grand bien-être à tous les habitants du pays, organisant et encourageant la production et le partage le plus approprié de la richesse. Toute personne a le droit à un environnement sain et écologiquement équilibré. Pour cette raison, elle a intérêt à agir pour dénoncer les actes qui enfreignent ce droit et pour réclamer l'indemnisation du dommage causé. L'État garantira, défendra et préservera ce droit. La loi déterminera les responsabilités et les sanctions correspondantes ».

[111] CERDA-GUZMAN (C.), « Rapport sur le Costa Rica », in *XXXVe Table ronde internationale, Constitution et Environnement*, Colloque l'AIJC, 6 et 7 septembre 2019, Aix-en-Provence, p. 184.

[112] Cf. LE QUINIO (A.), « Droit constitutionnel, environnement et peuples autochtones en Amérique latine », *op. cit.* : 308 et s.

terres des indigènes, à condition que l'opération soit menée de bonne foi et qu'il soit prévue une juste indemnisation complétée par un bénéfice partagé[113]. Le juge constitutionnel péruvien déclare en ce sens : « L'obligation de l'État ne doit pas se référer seulement au paiement d'un prix juste, mais doit aller plus loin, vers un bénéfice partagé. Il ne suffit pas de leur octroyer de nouvelles terres d'une superficie et d'une qualité égales, mais les peuples indigènes doivent bénéficier de l'exploitation réalisée sur leurs territoires ancestraux d'origine dont ils ont été séparés, garantissant ainsi non seulement la continuité de leur existence mais également l'amélioration de leur qualité de vie. Ce n'est qu'ainsi que l'on peut justifier l'expropriation des terres autochtones [...] ».

Il est clair que la consécration des droits des indigènes a été généreuse au regard de l'épaisseur des textes et des efforts de protection juridictionnelle. Seulement, l'on franchirait indubitablement une étape encore plus importante, si l'on se plaçait davantage dans la perspective de concrétisation des droits, grâce à l'adoption de mesures pratiques, tangibles.

B. La concrétisation

La concrétisation permet de dépasser le stade de l'affirmation vers celui de la matérialisation. Alors que l'idée de « concrétisation » des normes est plus que présente dans les traditions anglo-saxonnes[114], elle se construit un itinéraire prometteur dans les systèmes juridiques de tradition romano-germanique[115]. En droit public[116], le terme s'attache à *rendre concret*, ce qui est *abstrait*[117], de matérialiser en donnant corps, ce qui relevait du registre de l'affirmation littérale ou même de la jurisprudence[118]. Il postule une réaction face à une léthargie anormale. En dépit de l'héritage romaniste, l'empreinte

---

[113] *Idem*, pp. 308-309.

[114] En raison essentiellement de la pratique contentieuse, les pays de *common law*, mettent en œuvre des solutions concrètes qui font évoluer le droit.

[115] D'après la *Stufenthéorie* développée par Adolf MERKL, disciple de Hans KELSEN, la hiérarchie des normes se construit suivant une « concrétisation croissante de l'ordonnancement juridique à mesure qu'on descend les degrés de la hiérarchie. D'abord le caractère abstrait de la norme diminue : elle se fait plus concrète. Puis cette concrétisation se développe encore par le passage de la norme générale à la norme individuelle. Ainsi l'ordonnancement juridique est constitué par une hiérarchie de normes qui vont en se concrétisant de plus en plus jusqu'à la norme individuelle ». Cf. BONNARD (R.), « La théorie de la formation du droit par degrés dans l'œuvre d'Adolph Merkl », *RDP*, 1928, p. 675.

[116] DAVID (J.), *Le rapport de concrétisation entre actes juridiques : étude de droit public*, Thèse en Droit public, Université de Bordeaux, 2014, p. 14.

[117] ZO'O (F. I.), « La contingente concrétisation des actes communautaires africains sous le prisme des principes d'adoption », *RAMRES*, n° 2, 2019, p. 195.

[118] Cf. HEITZMANN-PATIN (M.), *Les normes de concrétisation dans la jurisprudence du Conseil Constitutionnel*, Paris, LGDJ, 2020, 422 pages.

juridique des « voisins du Nord » dans la sanction des *omissions*[119], se révèle appréciable dans la jurisprudence constitutionnelle latino-américaine[120]. Ainsi, chez les autochtones, la traduction de cette concrétisation s'illustre-t-elle à travers l'effectivité des droits participatifs (1) que complète l'édification d'une justice communautaire (2).

1. L'effectivité des droits participatifs

La réhabilitation des peuples indigènes d'Amérique latine passe par la garantie effective des droits participatifs. Les espaces institutionnels de représentation doivent pareillement bénéficier d'une dynamique d'*empowerment* des communautés présentées comme minoritaires. Il s'agit, dans l'optique de concrétisation du multiculturalisme, de rendre opératoires les moyens par lesquels les individus issus des communautés s'incorporent dans les structures publiques, en s'adonnant indistinctement, à toute activité accomplie par tout autre citoyen. Sur ces entrefaites, deux (2) idées peuvent être mobilisées : la représentation effective et le droit de consultation.

D'une part, l'aménagement des quotas de représentation obéit à un objectif d'intégration au moyen d'une participation[121] active des communautés minoritaires. D'ailleurs, « un des buts poursuivis par les Constitutions représentatives du nouveau constitutionnalisme latino-américain (Colombie, Equateur, Venezuela, Brésil, Bolivie), est l'intégration de groupes traditionnellement marginalisés, presque toujours minoritaires, identifiables en fonction

---

[119] Il en est ainsi de l'*omission législative* ou l'*incompétence négative*, c'est-à-dire « l'abstention du législateur à produire la norme nécessaire à la concrétisation d'un droit prévu par le texte de la Constitution ». V. TEIXEIRA DE OLIVEIRA (D.), « Le contrôle juridictionnel des omissions législatives inconstitutionnelles au Brésil : voie de démocratie continue, instrument inachevé de contre-pouvoir ? », *Communication au IXe Congrès français de Droit Constitutionnel*, Lyon, 2014, 40 pages ; Cf. aussi, RANGEL HERNÁNDEZ (L.), « La acción de inconstitucionalidad por omisión legislativa en la Constitución mexicana. Un avance en el acceso a la justicia constitucional », *Cuestiones constitucionales*, Núm. 18, enero-junio 2008 : 201-226.

[120] Dans sa décision d'inconstitutionnalité n° 53-2005/ 55- 2005, en date du 1er février 2013, la Chambre constitutionnelle du Salvador a déclaré qu'« il y a inconstitutionnalité par omission totale » telle que alléguée par les requérants, pour manquement du Parlement à son obligation de légiférer sur l'indemnisation universelle des travailleurs du secteur privé en cas de démission ou de départ volontaire, comme le prévoyait depuis 1983, l'article 38 de la Constitution. V. MELÉNDEZ (Fl.), « La Chambre constitutionnelle de la République du Salvador », *Les Nouveaux Cahiers du Conseil constitutionnel* 2015/3 (n° 48), p. 74.

[121] SPOERER (M.), *Les peoples autochtones dans la prise de décisions publiques : entre participation, instrumentalisation et reconnaissance*, Thèse de Doctorat en Science Politique, Université Paris 1, 2018, 501 p.

de facteurs comme l'origine ethnique, ou raciale, le genre, (...) »[122]. Il est question à travers cette représentativité d'encourager l'articulation entre les rites organisationnels des communautés et celle de l'ordre national. La finalité d'une telle conciliation retentit autour de l'instauration d'un ordre juridique étatique certes ouvert aux standards, mais encore volontairement sensible aux groupements infra-nationaux minoritaires dont l'ambition de préservation de leur legs identitaire séculaire, est prégnante.

La mise en place d'un mécanisme de représentativité en faveur des communautés autochtones vise assurément à traduire de manière éclatante l'option multiculturelle dont s'est astreinte la philosophie du nouveau constitutionnalisme latino-américain. Aussi, la Constitution colombienne de 1991 apparaît-elle comme une pionnière dans l'aménagement de sièges dédiés exclusivement aux membres des communautés autochtones. À travers l'article 171 de sa loi fondamentale, il est institué la représentation directe autochtone au Congrès[123], à travers des circonscriptions spéciales. Alors que deux (2) Sénateurs additionnels sont élus pour les représenter, cinq (5) autres membres de la chambre des représentants garantissent la présence des groupes ethniques, et des minorités politiques.

Au Venezuela, l'article 125 de la Constitution de 1999 établit la garantie de la représentation politique indigène au sein des organes délibérants, tant à l'Assemblée nationale que dans les entités législatives régionales et locales[124].

En Bolivie, un système de quota a été mis en place pour la trentaine de peuples autochtones reconnus comme étant « démographiquement minoritaires ». Des sièges leur sont réservés au sein de l'Assemblée plurinationale et des assemblées départementales ainsi que des postes de haut-fonctionnaires dans les principales institutions de l'État plurinational[125], y compris à tous les niveaux du système judiciaire.

D'autre part, le droit pour les minorités autochtones d'être consultées épouse parfaitement l'idée de concrétisation. En effet, longtemps tenus à l'écart des circuits décisionnels publics, les communautés autochtones engrangent une nouvelle dignité, dans la « nouvelle mue » juridique latino-américaine. Cette réhabilitation s'appuie sur des teneurs normatives et des

---

[122] GAVIRIA DIAZ (C.), « Le nouveau constitutionnalisme latino-américain », in, *Le constitutionnalisme latino-américain aujourd'hui : entre renouveau juridique et essor démocratique*, in C.-M. HERRERA, Paris, Ed. KIMÉ, 2015, p. 27.

[123] PEREZ OROZCO (O.), *Le Congrès dans le système politique de la Colombie*, Thèse de Doctorat, Université Paris 2, 2006, pp. 70 et s.

[124] MANSUTTI RODRIGUEZ (A.) et ALÈS (C.), « "La géométrie du pouvoir". Peuples indigènes et révolution au Venezuela », *Journal de la Société des américanistes* 93-2 | 2007 tome 93, n° 2 : 177.

[125] LACROIX (L.), « Un multiculturalisme sans minorités ? Quelques réflexions sur l'État plurinational en Bolivie et en Equateur », *Belgeo Revue belge de géographie*, 3, 2013, p. 8.

tournures rédactionnelles assez différentes. Au Pérou, la loi, *« Ley de derecho a la consulta previa a los pueblos indigenas u originarios »*, approuvée par le Congrès en septembre 2011, annonçait en grande pompe la mise en œuvre de la « consultation préalable des peuples indigènes »[126], avant toute attribution d'un contrat d'exploitation pétrolière. Ce mécanisme a connu une première application lorsqu'en août 2012, le ministère en charge de l'Environnement annonce une « consultation préalable » des habitants (indigènes) de la région amazonienne du Loreto. Abritant des activités d'exploitation pétrolière pendant quelques quatre (4) décennies, ce site voyait son sort désormais suspendu à la *consultation préalable* des autochtones, à propos du renouvellement du contrat d'exploitation d'une société argentine[127].

Au Brésil, c'est plutôt le texte constitutionnel qui reconnaît la possibilité pour les populations concernées par l'exploitation des ressources d'être « entendues », donc d'être consultées. L'article 231-3 de la Constitution de 1988 dispose que « l'exploitation des ressources hydriques, y compris les potentiels énergétiques, la recherche et la collecte de richesses minérales en terres indiennes ne peuvent être entreprises qu'avec l'autorisation du Congrès national, les collectivités concernées entendues ; une participation aux résultats de l'exploitation leur est assurée ».

D'autres textes constitutionnels paraissent plus péremptoires dans l'affirmation sans équivoque de ce droit d'être consulté. L'article 57-7 de la Constitution équatorienne indique que les peuples indigènes ont droit à « la consultation préalable, libre et éclairée, dans un délai raisonnable, sur les plans et programmes de prospection, d'exploitation et de commercialisation des ressources non renouvelables qui se trouvent sur leurs terres et qui peuvent les affecter sur le plan environnemental ou culturel ; la participation aux bénéfices que ces projets leur apportent et l'indemnisation des dommages sociaux, culturels et environnementaux qui en découlent. La consultation à effectuer par les autorités compétentes est obligatoire et opportune ».

Ce « droit au chapitre » recouvré, participe à faire des indigènes de véritables maillons dans la configuration et la construction de la nation, posture que le juge constitutionnel s'emploie à garantir. Le juge constitutionnel bolivien, au détour de l'affaire, Sen. n° 0045/2006 du 2 juin 2006, déblaie les contours de la notion de « consultation » en considérant que « la consultation ne peut être comprise comme une demande d'autorisation, mais comme un acte effectif de consultation des peuples autochtones et tribaux installés sur les territoires qui font l'objet de d'exploitation ». Ainsi, la Cour constitutionnelle de Bolivie a considéré dans l'affaire n° 0300/2012, du 18

---

[126] V. BUU-SAO (D.), « (Faire) participer en tant qu'indigènes. Gouvernement et contestation dans les usages de la consultation en Amazonie – Pérou », *Participations*, 2019/3 n° 25 : 33-58.

[127] *Idem*, pp. 36 et s.

juin 2012, *TIPNIS*, que s'il « existe un besoin d'exploitation d'une ressource naturelle non renouvelable ou la réalisation d'un projet, ou d'un mégaprojet d'intérêt public tel, que la construction d'une centrale hydroélectrique ou d'une route à l'intérieur des territoires d'un ou plusieurs peuples autochtones, l'État a l'obligation d'organiser une consultation préalable à la réalisation du projet et, naturellement, avant le début des travaux sur le territoire indigène »[128].

Il appert que les constituants ont rivalisé de formules « concrètes » pour transcrire au mieux l'incorporation des droits et singularités reconnus aux communautés autochtones.

2. L'édification d'une justice communautaire autochtone

« Avant l'arrivée en Amérique des premiers Européens, les autochtones qui y vivaient avaient mis sur pied leurs propres institutions sociales et politiques, incluant leurs propres modes de gestion de la justice »[129]. En ce sens, il n'est pas sans intérêt de noter que les *Juzgados de indios* (Tribunaux d'Indiens) étaient établis dans le sud du Chili à partir de 1930 pour traiter les affaires liées aux terres indigènes[130]. Ce trait identitaire des autochtones dans l'administration de leur propre système de justice a donc survécu à la poussée impérialiste espagnole.

Que les nouvelles dynamiques constitutionnelles latino-américaines soient réceptives à la restauration et/ou à l'encadrement de la fonction juridictionnelle spécifique aux communautés, n'est que la traduction d'une volonté constituante des États multi-ethniques ou plurinationaux. Sous ce rapport, les expériences colombienne et bolivienne sont édifiantes.

Il convient de souligner à cet effet que la Constitution colombienne de 1991 avait formellement consenti à la reconnaissance de la juridiction des peuples autochtones (article 246)[131], et de leurs territoires (article 286). Les Constitutions plurinationales consécutives de l'espace latino-américain s'attacheront à approfondir la visibilité des minorités. Et derrière cette garantie

---

[128] Référence citée par A. LE QUINIO, « Droit constitutionnel, environnement et peuples autochtones en Amérique latine », *op. cit*, p. 316.

[129] BOUGIE (R.), « L'étatisation de la justice autochtone paysanne communautaire en Bolivie, un nouveau défi à relever », (2011) 41 *R.D.U.S.* : 441.

[130] LE BONNIEC (F.), « La culture mapuche à la barre : pouvoir et médiation linguistico-culturels des facilitateurs interculturels dans les tribunaux pénaux du sud du Chili », *Autrepart*, 2015/1 n° 73, p. 59.

[131] « Les autorités des peuples indigènes pourront exercer des fonctions juridictionnelles à l'intérieur de leur aire territoriale, en conformité avec leurs normes et procédures propres tant qu'elles ne sont pas contraires à la Constitution et aux Lois de la République. La loi établira les formes de coordination de cette juridiction spéciale avec le système juridique national ». Cf. AUDUBERT (V.), *Contribution à l'étude du paradigme juridique de la plurinationalité : le cas de l'État plurinational de Bolivie*, Thèse de Doctorat en Droit public, *op. cit*, p. 456.

textuelle, se dévoile une véritable garantie de régulation juridictionnelle assurée par la Cour constitutionnelle colombienne. L'affaire *Ananías NARVAREZ*[132] est à cet égard instructive. S'insurgeant contre le jugement pris par le Tribunal indigène le condamnant *à la peine d'exil pour avoir été trouvé coupable du délit de vol à répétition à l'encontre de ses concitoyens de la communauté de El Tambo*, le citoyen indigène A. NARVAREZ, avait attaqué en appel ce jugement devant le Tribunal de Grande instance du Département de Tolima, en dénonçant la méconnaissance du droit à un procès juste et équitable ainsi que le non-respect de ses droits fondamentaux. Dans son jugement du 4 novembre 1993, le Tribunal de Grande instance a considéré l'expulsion comme un acte « démocratique et non juridictionnel », propre à une « communauté » qui, dans « l'exercice de son légitime droit d'association » a conclu à ce jugement. En cassation, la chambre pénale de la Cour suprême de justice confirme le jugement précédent. Cependant, ce verdict sera attaqué en révision devant la Cour constitutionnelle, qui, par l'arrêt n° T-254 de 1994, repousse les solutions rendues tour à tour par les instances juridictionnelles, y compris, le jugement du Tribunal indigène, au motif que : « … les normes légales impératives, c'est-à-dire d'ordre public, de la République doivent primer sur les usages et coutumes des communautés indigènes, lorsqu'elles protègent directement une valeur constitutionnelle supérieure au principe de la diversité ethnique et culturelle ». Elle précise aussi que : « la juridiction spéciale et les fonctions d'auto-gouvernement attribuées aux conseils indigènes doivent s'exercer, en conséquence, en accord avec leurs usages et coutumes, mais en respectant les lois impératives sur la matière qui protègent des valeurs constitutionnelles supérieures »[133].

Par ailleurs, en Bolivie, l'exercice de la justice communautaire autochtone transparaît en filigrane depuis la réforme de la Constitution de 1967, en 1994 à travers l'article 171.III[134] qui avait édifié au profit de la justice indigène, une juridiction « à part entière, de rang constitutionnel égal à la juridiction ordinaire, c'est-à-dire celle de l'État »[135]. Par la suite, sous l'empire de la Constitution de 2009, cette option constituante qui a été concrétisée par un nombre limité d'États latino-américains, dévoile des prolongements remarquables du constitutionnalisme latino-américain dans l'affirmation d'une

---

[132] Affaire rapportée par J. C. SALAS CARDONA, in, *Démocratie pluraliste et droits des minorités*, Thèse de Doctorat en Droit, Université de Strasbourg, 2012 : 107 et s.

[133] Cf. SALAS CARDONA (J. C.), *Démocratie pluraliste et droits des minorités*, *op. cit*, p. 109.

[134] En substance, il était dorénavant possible aux membres de certaines communautés autochtones d'appliquer leurs normes propres en tant que « forme alternative » de résolution des conflits, conformément à leurs coutumes et procédures, pourvu qu'elles ne soient pas contraires à la Constitution et aux lois.

[135] Cf. AUDUBERT (V.), *Contribution à l'étude du paradigme juridique de la plurinationalité ... op. cit*, p. 456.

certaine spécificité. Avec la Constitution du 25 janvier 2009, la Bolivie admet la coexistence d'un ordre juridictionnel autochtone et celui ordinaire. Précisément, l'article 179 de la Constitution reconnaît la coexistence de plusieurs ordres de juridictions dont la juridiction « indigène, originaire-paysanne », à côté d'autres ordres juridictionnels considérés comme hiérarchiquement équivalents[136]. Exercée par les autorités traditionnelles suivant leurs principes, valeurs culturelles, normes et procédures propres (art. 190-I e.), cette forme de justice indigène reste circonscrite dans les territoires autonomes, comme d'ailleurs le précise la « Ley del Organo judicial » (« loi sur le pouvoir judiciaire ») du 23 juin 2010. Son article 4 énonce que le pouvoir judiciaire est divisé en cinq (5) sous-systèmes soit : la juridiction ordinaire, la juridiction agro-environnementale, la juridiction autochtone, la juridiction constitutionnelle et le groupe des juridictions spéciales ainsi que les treize (13) principes[137] qui scellent l'office juridictionnel indistinctement[138].

Les *« peuples »* indigènes exerceront leurs fonctions juridictionnelles par le truchement de leurs règles et pratiques. Et les autorités publiques et les citoyens se doivent de respecter les jugements qu'elles rendent (art. 192).

Néanmoins, cette forme de justice reste tout de même limitée. L'office du juge autochtone doit respecter le droit à la vie, le droit à la défense ainsi que les autres droits consacrés dans la Constitution et plus élastiquement le bloc de constitutionnalité (article 190 de la Constitution bolivarienne). D'après l'article 10 de la loi sur le pouvoir judiciaire, la justice indigène n'est pas investie de compétences en ce qui concerne les cas d'homicide, d'assassinat, de viol, de crimes contre des personnes mineures, de narcotrafic, de trafic d'armes, de traite des personnes, de corruption, de délits relevant du domaine fiscal, de terrorisme, d'atteinte à la sûreté de l'État, de crimes contre l'humanité, d'atteintes au droit international. En matière civile, la justice indigène n'a aucune compétence quant à un litige incluant l'État, que ce soit au travers de l'administration centrale ou décentralisée, déconcentrée ou

---

[136] ROBIN AZEVEDO (V.), « Reconnaissance de la Justice communautaire et gestion politique des lynchages en Bolivie », in, *Le multiculturalisme « au concret ». Un modèle latino-américain ?* D. DUMOULIN KERVRAN et Chr. GROS (dir.), Paris, Presses de la Sorbonne nouvelle, 2011, p. 215.

[137] Ils sont énumérés à l'article 3 de la loi sur le pouvoir judiciaire : le caractère plurinational du pays, l'indépendance du pouvoir judiciaire, l'impartialité, la sécurité juridique, le principe de publicité et d'accessibilité des décisions (transparence), compétences du personnel juridique, la célérité, la gratuité, le pluralisme juridique, l'interculturalité, l'harmonie sociale, le respect des droits, la culture de la paix.

[138] BOUGIE (R.), « L'étatisation de la justice autochtone paysanne communautaire en Bolivie, un nouveau défi à relever », (2011) 41 *R.D.U.S.* p. 451.

autonome. À noter que tout litige foncier relève de la compétence de la justice agro-environnementale[139].

En somme, l'édification d'une justice autochtone contribue à minimaliser les distorsions entre les valeurs propres aux communautés et les règles régissant le commun des citoyens nationaux.

Conclusion

L'Amérique latine connaît toujours une intense vie juridique, depuis le milieu des années 1980. Les processus d'élaboration des Constitutions chilienne en cours ou brésilienne[140] dans les années 1980, démontrent que le sous-continent latino-américain est un laboratoire du droit constitutionnel dans ses aspects démotiques[141]. Le chantier ouvert par le nouveau ou néo constitutionnalisme génère aujourd'hui des normes et institutions spécifiques aux peuples autochtones. En arrière-plan, la fabrique d'un élan régional de la cause indigène suit son curseur évolutif.

Au terme de cette étude, trois (3) observations peuvent être faites.

D'abord, sur le plan du « bilan » politique, la récente élection du Président Pédro CASTILLO, en juillet 2021, se définissant comme un « paysan » à la tête de l'État péruvien, en dit long sur l'intégration des minorités dans les plus hautes instances de décisions. Avant lui, l'élection du Bolivien Evo MORALES, comme Président de la République avait également retenti comme une victoire représentative de l'identité indigène.

Ensuite, l'approche évolutive des sociétés exige de faire de la place à toutes les sensibilités culturelles de sorte à ce que le trait identitaire propre à chaque communauté, trouve un espace d'expression avenant. Une telle conviction vaut aujourd'hui aux sociétés d'Amérique latine des grandes prouesses posées dans le sens d'approfondir le constitutionnalisme tout en l'adaptant à la réalité des choses. Pour autant, quelles que soient les intentions des constituants, la posture subordonnée des systèmes autochtones et les risques d'une hybridation culturelle, pourraient leur faire perdre, à long terme, certaines valeurs « périphériques ».

---

139 AUDUBERT (V.), *Contribution à l'étude du paradigme juridique de la plurinationalité... op. cit*, p. 479.

140 BARRINTOS-PARRA (J.), « La participation populaire à l'élaboration de la Constitution brésilienne de 1988 : une lecture rétrospective et prospective », *Expériences démocratiques et droit constitutionnel en Amérique latine. L'exemple du Brésil et du Chili*, in A. MARTIN (dir.), Paris, L'Harmattan, 2017, pp. 167 et s.

141 KOKKE (M.), « A constituição como núcleo do recoconhecimento : direito constituciola demótico », *RIDB*, Ano 1 (2012), n° 6 : 3415-3434 ; PIERRÉ-CAPS (S.), « La Constitution démotique ou les mutations de la Constitution au seuil du XXIe siècle » : 403-422, *Mélanges en l'honneur de François BORELLA*, Nancy, Presses universitaires de Nancy, 1999.

Enfin, le « virage à droite » de nombreux gouvernements latino-américains présente comme conséquence, un renforcement de l'idéologie libérale, connotée, à tort ou à raison, à une recherche effrénée de profit, au détriment des valeurs et principes propres aux communautés indigènes. La recrudescence des dommages écologiques dans la région amazonienne (multiplication des incendies en 2020, les pertes inestimables de la population faunique[142] et florale, la privation des terres aux autochtones, …), hypothèque fatalement l'intérêt des communautés indigènes impactées. À preuve, la protestation des peuples autochtones brésiliens contre le projet de loi n° 191/20 déposé au Congrès le 6 février 2021 qui réglemente l'exploitation des ressources naturelles sur les terres indigènes, se conçoit comme une vaste entreprise de dépossession de la « souveraineté »[143] traditionnellement exercée par les autochtones.

Les majorités politiques étant souvent mouvantes dans l'espace politique latino-américain, l'espérance de politiques publiques en adéquation avec les attentes des communautés autochtones et minoritaires, comporte toutes les raisons de se renouveler, chaque moment.

---

[142] DIAS (M. A. O.), *La protection juridique de la faune sauvage en droit brésilien et français*, Thèse de doctorat en droit privé et sciences criminelles, Université de Limoges, 2011, 342 p.

[143] VITENTI (L.), « Le pouvoir tutélaire et la lutte pour la souveraineté des peuples autochtones du Brésil », *Anthropologie et Sociétés*, n° 32, 2008 : 94-100.

Minorités et Droits de l'homme en Afrique : Étude sur les linéaments d'une dialectique

Sidy Alpha NDIAYE

Agrégé des Facultés de Droit

Maître de conférences,

Université Cheikh Anta DIOP de Dakar, Sénégal

Introduction

La problématique minoritaire irradie l'actualité juridique des États africains. L'adoption de lois protégeant les droits spécifiques des populations pygmées en République du Congo – 2011 – et en République Démocratique du Congo – 2021 – concrétise ce constat empirique. Dans le même ordre d'idées, la Guinée s'est singularisée, le 06 avril 2021, en intégrant dans son ordre juridique une loi sur la défense des personnes atteintes d'albinisme. En Afrique du Sud, la célébration de l'abolition de la loi de classification de la population – juin 1991 – a pour vocation de maintenir, dans les représentations sociales, les réminiscences de la stratification raciale de celle-ci[1]. Ainsi, la résolution de la question minoritaire interpelle le devoir de mémoire !

Au surplus, la problématique susmentionnée intègre l'agenda onusien. Le Conseil des droits de l'homme a pris certaines mesures en faveur de la minorité noire américaine. Il vise, particulièrement, « des Africains et des personnes d'ascendance africaine face au recours excessif à la force et aux autres violations des droits de l'homme »[2].

Le constat s'impose, dès lors, que la dialectique entre Minorités et droits de l'homme est loin d'être anachronique. Le thème est au cœur des grandes mutations de notre temporalité civilisationnelle en ce qu'il interpelle une crise de l'État-nation, une ténuité des frontières par les revendications indépendantistes des minorités, une appétence irrédentiste et groupusculaire, une dilution du serment d'allégeance à l'égard de l'État, le déclenchement de conflits armés infra-étatiques, les vagues d'immigration et de déplacements *etc.* En somme, les minorités questionnent l'identité de certaines populations africaines –

[1] La population en Afrique du Sud était classée en quatre catégories : blancs, métis, indiens, noirs.

[2] 47e session du Conseil des droits de l'homme (21 juin au 13 juillet 2021).

constituées en communautés – qui revendiquent des valeurs endogènes en contemplation à l'abstraction institutionnelle des États. Elles interpellent, ce faisant, l'ontologie d'une communauté *sui generis* considérée comme telle par la proclamation de différences culturelles, sociales, ethniques conformément à l'article 27 du Pacte sur les droits civils et politiques[3]. Ces excroissances de la problématique minoritaire, éparses par nature, rendent volatile toute velléité de conceptualisation ou de cristallisation normative. L'illustration topique est fournie par la jurisprudence internationale. La Cour permanente de juridiction internationale, précisément, dans l'affaire dite « Questions des communautés gréco-bulgares » proposa plus une catégorisation – *critérisation* – qu'une conceptualisation achevée des minorités[4]. Ainsi, quelques exigences, quantitatives et qualitatives, doivent caractériser le groupe minoritaire afin d'entériner juridiquement son existence. Il doit s'agir d'un « groupe numériquement inférieur au reste de la population », d'un « groupe en position non dominante relié par des caractéristiques ethnique, religieuse ou linguistique » et d'un « groupe constitué par un sentiment identique de solidarité ». Ces conditions juridiques traduisent un idéal sociologique. En somme, le droit doit rencontrer la composition sociologique de la nation en vue de la reconnaissance de la minorité. Il reflète aussi une réalité anthropologique. Il s'agit de l'appartenance communautaire de certains groupes dès leur naissance : les Français d'origine étrangère, les Noirs-Américains, les populations hispaniques et asiatiques aux États-Unis considérés comme des *anthropoïdes*[5].

Ces particularités – juridiques et sociologiques – de la communauté minoritaire justifieraient des droits différenciés à leur faveur et, par moments, au détriment du groupe majoritaire. Parler de droits différenciés, en questionnant la prise en charge par les droits de l'homme des droits minoritaires, renvoie à l'idée que l'universalité des droits de l'homme doit être précisée ou repensée. En effet, une catégorie universelle n'est pas celle qui impose un identifiant épistémique unique à toutes les civilisations de manière désincarnée. L'universalisme serait simplement le socle minimal de valeurs sur lesquelles une jonction des identités plurielles s'articule. Il ne vaut pas négation des identités même plastiques et contingentes. Accéder à l'universel supposerait, à l'inverse, le respect du pluralisme, de l'infranational, du local,

---

[3] L'article 27 dispose que « dans les États où il existe des minorités ethniques, religieuses ou linguistiques, les personnes appartenant à ces minorités ne peuvent être privées du droit d'avoir, en commun avec les autres membres de leur groupe, leur propre vie culturelle, de professer et de pratiquer leur propre religion, ou d'employer leur propre langue ».

[4] CPJI, Avis consultatif de 1930, Série B, n ° 17, « Questions des communautés gréco-bulgares ».

[5] SUPIOT (A.), *Homo juridicus. Essai sur la fonction anthropologique du Droit*, Editions du Seuil, 2005, p. 290.

du multiculturalisme. Le *commun* est tributaire du *particulier* qui donne à la minorité sa justification philosophique et sa texture sociale[6].

Par essence, le pluralisme offre un fondement et une explication théorique et axiologique à l'existence d'une minorité. En sus, penser la minorité revient à évaluer les transformations de l'État. L'État *wesphalien* peine à éclore pleinement en Afrique en raison du fait minoritaire devenu, par la grâce de la codification, un construit juridique. Cette transmutation de la réalité coutumière à la norme internationale, sans retirer à la minorité sa nature originaire, fut accomplie par la Charte africaine des droits de l'homme et des peuples. La coexistence des contingences minoritaires et du rigorisme et de la froideur de l'État est potentiellement crisogène. Elle est paradoxalement une composante indispensable du vivre-commun qui caractérise la nation. Le groupe ou la communauté minoritaire renferme des succédanés multiples. La décomposition des États-nations, à considérer que ce binôme puisse caractériser l'État africain, en est un. Cette déstructuration des États – fondement factuel de la minorité – postule, à l'évidence, l'hypertrophie de l'infra-étatique et l'exacerbation des dynamiques communautaires à rebours du principe constitutionnel, fétichiste s'il en est, de l'indivisibilité de l'État[7]. De surcroît, les minorités sont arrimées à une justification politique qui se trouverait dans le *Pouvoir* et l'*autorité*. Tout pouvoir, fut-il politique, culturel ou religieux, est annonciateur de minorités. L'exercice unitaire et monolithique du *Pouvoir*, dans le contexte africain particulièrement, est une vue de l'esprit aux antipodes du vivre-ensemble, par nature, protéiforme. La convocation de l'histoire politique, récente ou éloignée, renseigne sur ce postulat. Le pouvoir religieux – Les empires Ottoman ou catholique – entraînèrent des minorités religieuses[8]. Le génocide de Srebrenica contre les musulmans serbes à la suite de la décomposition de l'entité unique yougoslave et le conflit armé non international dans les Balkans renseignent sur deux dynamiques contraires : celle de la déconstruction d'un État fédéral et celle de la construction de minorités. L'une n'est pas allée sans l'autre !

Les minorités présentent une congruence avec *le jus in bello* comme en atteste l'activité normative du Conseil de sécurité dans certaines situations de menaces à la paix et à la sécurité internationales qui ont fait l'objet d'une exploitation des virtualités du Chapitre VII de la Charte des Nations unies.

---

[6] DE LUCAS (J.), « Droits universels, égalité et pluralisme culturel (À propos des droits des minorités culturelles), *op cit.*, pp. 10 et s.

[7] Les accords internationaux après la 1ère GM font apparaître le terme minorité en raison de la redéfinition des frontières et de l'assise territoriale.

[8] BENOIT-ROHMER (F.), « Droit des minorités et minorités religieuses » *in Minorités religieuses dans l'espace européen – Approches sociologiques et juridiques*, Paris, PUF, 2007, 336 p. V., aussi, BOURQUE (F.), « Regard sur la protection des droits de la minorité religieuse : définitions et observations », *Lex Electronica*, vol.17.2, 2012 : 3 et s.

Les illustrations sont légion : Chypre, Nicaragua, Proche-Orient, territoires occupés par Israël, etc.

Il est un lieu commun de penser la dialectique minorités-droits de l'homme, dans l'ordre juridique international, à partir du droit international des droits de l'homme. Les conséquences internationales de la reconnaissance de la minorité expliquent ce parti-pris scientifique. Toutefois, la protection des minorités dans le système universel des droits de l'homme révèle des incomplétudes et des impasses inhérentes à une contradiction. Il existe, en effet, une antinomie principielle entre les États-nation et la reconnaissance des minorités. Pour preuve, un seul organe onusien revendique spécifiquement une compétence en la matière : la sous-commission de la lutte contre les mesures discriminatoires et de la protection des minorités créée en 1947. Elle adopta, concrètement, des mesures contre la ségrégation raciale en Afrique du Sud, le Sri Lanka, le Timor oriental, etc. Sans détours, une réalité s'impose : la protection des minorités par la sous-commission souffre des limites intrinsèques à la nature même de l'organe dont les délibérations, en l'absence d'obligatoiriété juridique, procèdent de l'incantatoire et du programmatoire[9].

Quel contenu donner à la dialectique susmentionnée en Afrique ? La protection des droits minoritaires est inséparablement liée à celle des droits et libertés fondamentaux des individus qui les composent[10]. Les instruments de protection sont identiques. Toujours est-il que la négation de l'État-nation, atypique dans les sociétés plurales négro-africaines, précipite l'éclosion des dynamiques minoritaires. Une dualité d'explications à la temporalité africaine de la dialectique minorité-droits de l'homme peut se soutenir. D'une part, le fait colonial, avec le legs frontalier subséquent, ajourne la réception systématique, en Afrique, du modèle de l'État-nation. Les frontières, fussent-elles africaines par une longue intériorisation étatique, sont sans correspondance sociologique avec les nations et les peuples[11]. L'enjeu frontalier est potentiellement créateur de difficultés minoritaires. D'autre part, la construction sociologique de la population est consubstantiellement liée au fait *ethnique* ou *linguistique*. La notion de minorités culturelles ne s'inscrit pas *ex nihilo* en Afrique[12]. Ce prisme est consolidé par un triptyque d'éléments :

---

[9] V., à ce titre, Résolution 47/135 du 18 décembre 1992 de l'AGNU adoptant *la Déclaration sur les droits des personnes appartenant à des minorités nationales ou ethniques, religieuses et linguistiques*.

[10] WHOERLING (J.), « Les trois dimensions de la protection des minorités en droit constitutionnel comparé » *RDUS*, n° 33, 2003-2004 : 116.

[11] NDIAYE (S. A.), « La crise du modèle souverainiste de la nationalité. Une analyse comparée en droit international de la nationalité », *Annales africaines,* avril 2017.

[12] DE LUCAS (J.), « Droits universels, égalité et pluralisme culturel (À propos des droits des minorités culturelles), *Revue interdisciplinaire d'études juridiques*, 1994/2 Volume 33, pp. 1-36.

– *Les minorités sociales* sont tributaires des relations de pouvoir plurielles et éclectiques. La nature du pouvoir dépendrait de la structure sociale dans laquelle celui-ci s'exerce. Ces minorités sont subordonnées à un groupe social majoritaire.

– *Les minorités nationales* correspondent à une communauté polarisée sur un territoire. Quand bien même serait-elle autonome, cette communauté est intégrée dans un État. Toutefois, la communauté en question évolue en contemplation du groupe majoritaire dominant. Les peuples ou communautés autochtones des Amériques n'abjurent cette classification[13].

– *Les minorités ethniques* sont intégrées dans les sociétés dans lesquelles elles évoluent et se renouvellent par vagues successives d'immigration[14].

Dans l'espace typiquement africain, ces classifications sont essaimées par une approche collectiviste et holistique des droits de l'homme. La Charte africaine des droits de l'homme et des peuples promeut cette approche même si l'expression minorité n'y figure pas explicitement[15]. Cette absence de mention explicite n'occulte pas l'idée que toute la charte est traversée par l'idée minoritaire, justification philosophique essentialiste de celle-ci[16]. Cette idée en est la matrice distinctive par rapport aux autres instruments dédiés à la protection des droits de l'homme. La dialectique minorités-droits de l'homme sous le prisme africain se mesure à l'aune de la qualification (I) et de la protection (II).

I. La qualification

Qu'est-ce qui explique la spécificité africaine dans l'approche minoritaire des droits de l'homme ? Comment concrétiser cette approche ? La première question renvoie au fondement sociologique des droits de l'homme (A). La seconde interpelle la technique juridique de rattachement (B).

---

[13] PILORGE-VRANCKEN (J.), « La protection des droits fondamentaux des minorités nationales par les mécanismes régionaux de protection des droits de l'homme en Europe et en Afrique : étude comparative », *Revue de la Faculté de droit de l'Université de Liège*, 2015, pp. 4 et s. V., les minorités en Australie, en Nouvelle-Zélande, en Espagne (Pays basque et Catalogne), au Canada (Québec), au Royaume-Uni (Ecosse), en Scandinavie, etc.

[14] Il peut être cité les communautés indiennes et pakistanaises au Royaume-Uni, les Portoricains aux États-Unis, les communautés d'origine algérienne en France ou turques en Allemagne, etc.

[15] V., MBAYE (K.), « Universalité des droits de l'homme dans un monde pluraliste », *Actes du colloque du Conseil de l'Europe et de l'Institut international des droits de l'homme*, Strasbourg, 17-19 avril 1989, pp. 73 et s.

[16] MBAYE (K.), *Les droits de l'homme en Afrique*, Pedone, 2e éd., 1992 : 307.

A. Le fondement sociologique

Au moment d'élaborer et de penser la Charte africaine des droits de l'homme et des peuples, certains États, considérés comme progressistes – Guinée, Madagascar –, ont défendu la cause des droits collectifs à l'égard des peuples, des communautés ou des groupes[17]. Cet atypisme de la Charte, forme d'assimilation pragmatique entre peuple et minorités, s'inscrit dans la doctrine de la critique relativiste et traditionnaliste des droits de l'homme[18]. Cette thèse invalide la primauté de l'individu abstrait sur l'individu concret et l'impossibilité sociologique de proposer une définition unitaire de celui-ci[19]. Idéologiquement imprégnée du collectivisme, voire de la pensée grecque, la texture sociétale en Afrique engendre la naissance de dynamiques communautaires qui contredisent l'absolutisme de l'individu autocentré sur lui. Il ne s'appartiendrait pas en Afrique ! L'épure des droits de l'homme, imaginée à partir d'une « collection d'individus formellement égaux » et dans une logique de complétude, n'est pas transposable ni adaptable[20]. Les logiques de groupe, aux antipodes de la libération de l'individu, conjuguent le peuple au pluriel et formalisent des regroupements d'individus selon leur sentiment d'appartenance. L'individualisme, le nominalisme et l'humanisme, articulés autour de la personne humaine prise isolément, rencontre, en Afrique, une exigence sociologique de collectivisme ; voire de considération pour les exceptionnalismes[21]. La minorité en est une !

Les regroupements d'individus peuvent, par ailleurs, provenir de l'existence d'une vulnérabilité sociale. Rentreraient dans cette hypothèse, les personnes handicapées, les détenus, les enfants, les communautés autochtones, etc. En creux, il s'agit, finalement, d'interroger le rapport de l'individu à la société dans laquelle il évolue. L'individu est autant pris isolément que par sa qualité d'individu-social ou communautaire. Les droits de l'homme ne pourraient donc être nécessairement universels. La fabrique d'un pluralisme juridique que le régional est le niveau le plus réaliste d'expression des droits de l'homme. Ce réalisme, résultante d'une incorporation sociale de la norme, transparaît dans l'évaluation de l'efficacité des modes de garanties de la protection des droits consacrés. La juridictionnalisation des droits de l'homme est d'ailleurs une entreprise continentale – Europe, Afrique, Amérique – à

---

[17] V., OUGUERGOUZ (F.), *La charte africaine des droits de l'homme et des peuples. Une approche juridique des droits de l'homme entre tradition et modernité*. Paris, *P.U.F*, 1993, 482 p.

[18] HENNEBEL (L.) et TIGROUDJA (H.), *Traité de droit international des droits de l'homme*, Pedone, 2016, p. 51.

[19] MBAYE (K.), *Les droits de l'homme en Afrique, op. cit.*, p. 25.

[20] SUPIOT (A.), *Homo juridicus. Essai sur la fonction anthropologique du Droit, op. cit.*, p. 279.

[21] HENNEBEL (L.) et TIGROUDJA (H.), *Traité de droit international des droits de l'homme, op. cit.*, p. 31.

rebours du modèle des organes conventionnels dans le système international dominé par l'étatisme et le repli souverainiste. Ces insuffisances existent tout de même dans les différentes organisations régionales de protection des droits de l'homme dotées d'un organe juridictionnel. Toutefois, la sanction de l'inobservation des droits garantis ne relève pas de la même nature.

L'abstraction humaniste des droits de l'homme, articulé autour de l'individu messianique des lumières, n'est pas compatible avec la prise en compte des minorités. L'État-nation occidental s'est construit sur la négation des particularismes de groupe, l'individualisme et la célébration de la nation que celle-ci fut d'émanation subjective – France – ou objective – Allemagne[22]. Cet agenda, à l'origine de la fondation de l'État occidental, est respecté, dans le domaine des droits de l'homme, par les travaux de la Commission européenne qui soutient que la Convention qu'elle garantit n'offre pas de protection distinctive aux minorités, aux groupes et à l'infranational[23]. La notion même de minorités, quelle qu'en soit la forme, est incompatible avec la thèse de l'abstraction de l'individu et des droits non situés. L'exportation de la Déclaration des droits de l'homme et du citoyen de 1789 et de la Déclaration universelle de 1948, en dehors de leurs sociétés d'inspiration, empêche toute unité systémique des ordres juridiques de réception. Un conflit de normes et de valeurs affecterait ainsi la pleine effectivité des instruments de protection.

Cependant, l'intégration d'une dimension utilitariste aux droits de l'homme, au sens de Bentham, justifie la reconnaissance des minorités. Le relativisme utilitariste, porté par la Charte africaine, invite à privilégier la conception traditionnelle de la personne humaine en ce qu'elle serait investie d'une dimension sociale immanente[24]. La mention du terme « Peuple » dans la Charte africaine renseigne, expressément, sur cette logique utilitariste et localiste. Le choix sociologique fut de favoriser une collectivisation des droits de l'homme à côté de leur individualisation classique. Le groupe minoritaire a une existence *per se*. Il y aurait, dès lors, un dédoublement en terme de protection : les droits individuels se superposent à ceux collectifs sans s'annuler réciproquement. La communauté est un élément d'identification des créanciers des droits de la Charte et en constituent la « richesse »[25]. À ce titre,

---

[22] Sur l'individualisme, v., M. VILLEY, *Philosophie du droit*, Paris, Dalloz, 2001 : 96.
[23] CEDH, 03 octobre 1983, Requêtes n° 9278/81 et 941581, p. 30.
[24] BEDJAOUI (M.) et OUGUERGOUZ (F.), Commentaire de l'article 19, in *La Charte africaine des droits de l'homme et des peuples et le protocole y relatif portant création de la Cour africaine des droits de l'homme, Commentaire article par article*, M. KAMTO (dir.), Bruxelles, Bruylant, 2011, p. 447.
[25] MAMADOU (H.), « Commentaire de l'article 20, alinéa 1er », *in La Charte Africaine des Droits de l'Homme et des Peuples et le Protocole y relatif portant création de la Cour Africaine des Droits de l'Homme, Commentaire article par article, op. cit.*, p. 461.

les droits différenciés, qui ont le groupe pour ayant-droit, ont une nature duale : ce sont concomitamment des droits collectifs et des droits individuels.

Toutefois, une question se pose : il n'y aurait-il pas une contradiction de principe entre le versant universaliste des droits humains et l'essence particulariste et atypique des droits différenciés ? Le dogme de l'égalité, prompt à s'imposer dans tous les systèmes juridiques comme principe fondamental, ne souffrirait-il pas de l'acceptation, même pour des raisons sociologiques, d'un traitement différencié à l'égard des différents types de minorités ? La fongibilité entre droits collectifs et individuels pourrait assurer une forme de congruence en réfutation du spectre de cette antinomie. L'« individualisation » de la protection des minorités procède de cette logique[26]. Au surplus, les droits différenciés ne creusent les inégalités qu'à première vue. Ils assument plutôt une mission théorique de correction d'une situation socialement inégalitaire. La reconnaissance de la minorité viserait à assurer un équilibre social par le truchement de la discrimination positive. La technique juridique permettant de qualifier une communauté de minorité renferme donc un projet social.

B. Le rattachement juridique

La protection des droits de l'homme, quelle que puisse être la nature des droits, ne s'identifie pas, en Afrique, à un champ épistémologique uniforme. Les catégories juridiques en matière de droits de l'homme, hétéronomes à l'origine, peuvent tout de même être reliées par l'application du principe de l'indivisibilité des droits qui, quoique critiquable, suggère l'existence d'une solidarité normative de principe entre les droits et les obligations assignées aux destinataires des droits proclamés[27]. Ainsi, les droits protégés ne le sont pas nécessairement de façon autonome et uniforme. Une protection indirecte ou par ricochet peut subvenir. Par exemple, un argument finaliste ou constructiviste pourrait permettre de déduire de la protection de la vie de la personne humaine certains droits-solidarité comme le droit à un environnement sain, le droit au développement ou le droit à la paix ou à la sécurité[28]. Cette protection par renvoi, malgré les limites de l'indivisibilité et de l'interdépendance des différentes catégories des droits de l'homme, permettrait d'obvier l'imprécision ou la volatilité de certains droits à l'instar des droits dits de solidarité[29]. Par ce biais, certains exigences d'émanation

---

[26] V., article 27 du Pacte sur les droits civils et politiques.

[27] MUBIALA (M.), *Le système régional africain de protection des droits de l'Homme*, Bruylant, Bruxelles, 2005, p. 33

[28] *Le juge Kéba MBAYE, une vie au service des droits de l'homme*, Textes rassemblés par El. O. DIOP, CREDILA/OVIPA, 2018, pp. 131 et s.

[29] La Commission a admis que la violation de l'article 21 de la Charte (l'accès aux ressources naturelles) constitue une atteinte à son article 22 (le droit au développement économique). V., CADHP, mai 2003, R.D. Congo c. Burundi, Rwanda et Ouganda,

éthique et morale, nécessairement abstraites et erratiques, pourraient être converties en droits subjectifs opposables aux États, aux entités privées à l'instar des multinationales et aux organisations internationales[30]. Cette solution aurait l'avantage de régler la question de la conversion juridique de principes moraux.

L'esprit de la protection continentale des droits de l'homme est imprégné de ces formes indirectes de protection qui interpellent un libéralisme dans le recours à la technique juridique de rattachement alors même que la Charte ne mentionne pas explicitement le terme « minorité ». Par conséquent, le recours à certaines catégories juridiques ou simplement à des principes permet d'aboutir à la reconnaissance d'une minorité. Le rattachement juridique aboutit à une protection indirecte. Dans certains États, cette protection s'opère par le recours à des catégories classiques dans les ordres juridiques. Celles, plus usuelles et usitées, concernent les principes d'égalité des chances (Afrique du Sud), de politique de décentralisation pour une meilleure intégration des minorités (Soudan), d'égalité des genres (Ouganda), de protection des plus faibles (Ghana), etc.

Par ailleurs, la collectivisation des droits de l'homme, plus-value normative atypique de la Charte africaine, permet de pouvoir rattacher juridiquement l'entité minoritaire à un groupe, une communauté, une ethnie ou un peuple. Il ne s'agit cependant pas du peuple pris *in abstracto*. Le peuple postulé est infra-étatique par opposition au peuple-État. En Afrique, la validation empirique de l'existence d'un peuple-communauté refoule toute tentation de penser celui-ci à partir du schème de l'État-nation postcolonial. Le peuple, en contemplation à l'individu, est un peuple-créancier qui revendique, à l'instar des sujets de droit classique, l'autodétermination, la libre disposition de ressources et richesses naturelles, le droit à la paix et à la sécurité, le droit à un environnement sain, etc. Cette subjectivation internationale du peuple ne résout pas pour autant la question de sa conceptualisation. Identifié paradoxalement par des éléments objectifs – territoire, langue, religion, passé – et subjectifs, la nation au sens de Renan, le peuple renvoie à un imaginaire que la Charte n'a pas entendu figé définitivement. Selon la circonstance envisagée, la notion renvoie au peuple-État, à la population, à l'ethnie et au peuple sous domination coloniale ou raciale. Autrement dit, cet imaginaire se concrétise opportunément à travers l'État partie à la Charte[31] –

n° 227/99, 20ᵉ Rapport d'activités. Elle considère également que le droit à un environnement sain est lié au droit à la santé. V., CADHP, 13-27 octobre 2001, *Social and economic Rights Action Center, Centre for Economic and social Rights / Nigeria*, n° 155/96, 30ᵉ Session ordinaire, 15ᵉ Rapport d'activités.

[30] LOCHAK (D.), *Les droits de l'homme*, 4ᵉ éd., La Découverte, Paris, 2018, p. 41.

[31] L'article 23 de la Charte dispose : « 1. Les peuples ont droit à la paix et à la sécurité tant sur le plan national que sur le plan international. Le principe de solidarité et de relations amicales affirmé implicitement par la Charte de l'Organisation des Nations

peuple constitutif de l'État – qu'eu égard à une communauté définie comme telle en raison de la nature du lien d'appartenance (religieuse, ethnique *etc.*). Ainsi, le peuple peut classiquement correspondre à la population d'un État que renseigner sur une revendication révolutionnaire entretenue par un récit anticolonial et racial[32].

Dans tous les cas, l'ambition sociologique poursuivie par la Charte n'est pas pleinement réalisée par la notion de peuple constitutif. Celui-ci est juridiquement représenté par l'État. Or, la figure étatique est antinomique à la subjectivation des droits collectifs recherchée. La reconnaissance de la diversité ethnique, à travers la prohibition de toute discrimination fondée sur ce marqueur identitaire social, ajourne la conception occidentale de peuple-État dont la particularité réside dans le principe de l'indivisibilité[33]. Cette prise en considération des sociétés plurales africaines, paradoxalement, renferme la difficulté de penser une paix sociale en Afrique. La reconnaissance des ethnies, des minorités et des tribus déconstruit l'édification de nations. Et il n'est pas certain que le choix, s'il en est un, de l'État multiethnique au détriment de l'État nation ne soit pas un prodrome à l'instabilité et à la fragilisation de l'État en ce qu'un pacte social intra-communautaire repense les figures de légitimité des États africains. La Charte vise ainsi à maintenir des équilibres : s'approprier le droit des peuples à disposer d'eux-mêmes, qui aboutit à l'érection d'un peuple-État, et ériger les communautés humaines en sujets de droits au même titre que les individus. Cette subjectivation se décline

---

unies et réaffirmé par celle de l'Organisation de l'Unité africaine est applicable aux rapports entre les États. 2. Dans le but de renforcer la paix, la solidarité et les relations amicales, les États, parties à la présente Charte, s'engagent à interdire : i. qu'une personne jouissant du droit d'asile aux termes de l'article 12 de la présente Charte entreprenne une activité subversive dirigée contre son pays d'origine ou contre tout autre pays, parties à la présente Charte ; ii. Que leurs territoires soient utilisés comme base de départ d'activités subversives ou terroristes dirigées contre le peuple de tout autre État, partie à la présente Charte. »

[32] Dans le Préambule de la Charte, les États « réaffirment l'engagement qu'ils ont solennellement pris à l'Article 2 de ladite Charte, d'éliminer sous toutes ses formes le colonialisme de l'Afrique, de coordonner et d'intensifier leur coopération et leurs efforts pour offrir de meilleures conditions d'existence aux peuples d'Afrique, de favoriser la coopération internationale en tenant dûment compte de la Charte des Nations unies et de la Déclaration Universelle des Droits de l'Homme. »

[33] Décision n° 91-290 DC du 9 mai 1991.

à travers un triptyque de droits : l'égalité des peuples[34], les droits de liberté[35] et les droits collectifs de solidarité[36].

L'approche infra-étatique, groupusculaire, éclatée ou atomisée de la notion de peuple, assimilable à une minorité, entraîne plusieurs conséquences inhérentes aux binômes peuple-droit à l'autodétermination, peuple-droits culturels et peuple-foncier.

Le binôme peuple et droit à l'autodétermination induit l'artificialité ou la porosité des frontières[37]. Cette tension existe dans plusieurs États en Afrique comme au Sénégal, au Mali, en Éthiopie, etc. Elle a précipité l'éclatement du Soudan lorsque les communautés chrétiennes et animistes ont réussi à faire valider juridiquement la partition de l'État[38].

Le binôme peuple et droits culturels suggère la nécessité d'une gouvernance par le syncrétisme, l'ouverture et la sublimation des valeurs propres à un groupe. L'objectif de paix sociale a amené l'Afrique du Sud et le Zimbabwe à promouvoir les valeurs culturelles pour exorciser, en quelque sorte, leur passé ségrégationniste.

Le binôme peuple et foncier relève une tension historique qui découle des réclamations de terres relativement aux droits successoraux ancestraux. La Commission africaine des droits de l'homme et de la paix a pu réaffirmer, en ce sens, le droit des peuples autochtones à la libre disposition de leurs

---

[34] V., article 19 de la Charte : « Tous les peuples sont égaux ; ils jouissent de la même dignité et ont les mêmes droits. Rien ne peut justifier la domination d'un peuple par un autre. »

[35] L'article 20 de la Charte dispose que « 1. Tout peuple a droit à l'existence. Tout peuple a un droit imprescriptible et inaliénable à l'autodétermination. Il détermine librement son statut politique et assure son développement économique et social selon la voie qu'il a librement choisie. 2. Les peuples colonisés ou opprimés ont le droit de se libérer de leur état de domination en recourant à tous moyens reconnus par la Communauté internationale. 3. Tous les peuples ont droit à l'assistance des États parties à la présente Charte, dans leur lutte de libération contre la domination étrangère, qu'elle soit d'ordre politique, économique ou culturel ». L'article 21, quant à lui, prévoit que « 1. Les peuples ont la libre disposition de leurs richesses et de leurs ressources naturelles. Ce droit s'exerce dans l'intérêt exclusif des populations. En aucun cas, un peuple ne peut en être privé (…) ».

[36] Ces droits-solidarité sont prévus à l'article 24 de la Charte qui dispose que « Tous les peuples ont droit à un environnement satisfaisant et global, propice à leur développement ».

[37] C. BOUQUET, « L'artificialité des frontières en Afrique subsaharienne – Turbulences et fermentation sur les marges », *Les cahiers d'outre-mer 222*, 2003 : 181 et s.

[38] V., M.-C. BARRE, « Les minorités territoriales et le droit international », *Revue québécoise de droit international*, 1989, p. 28.

richesses et de leurs ressources naturelles au titre de l'article 21 de la Charte[39]. Ce fut le cas de la violation des droits du peuple Ogoni privé des ressources de l'exploitation pétrolière sur leur territoire par l'État du Nigéria[40]. En outre, la Commission a considéré que le Kenya a violé les droits d'accès et d'exploitation à la terre du peuple Endorois expulsé de la région du lac Bogaria ; ce qui constitue un non-respect des droits culturels en ce que la communauté est privée de la jouissance, autour du lac, de traditions, de valeurs et de mœurs. En l'espèce, la Commission, sur le prisme du droit au développement, précise les droits reconnus aux peuples autochtones en Afrique[41]. Dans l'espace ouest-africain, la Cour de justice de la CEDEAO sanctionna le Niger pour pollution à l'environnement des minorités ethniques ; violant les droits spécifiques des peuples du delta du Niger[42].

Sur le plan strictement juridique et du droit positif, la Commission africaine opère une protection sur le fondement des articles 19 à 24 de la Charte africaine qui prévoient les droits collectifs[43]. L'absence du terme de « minorité » dans le texte de la Charte n'est donc pas un véritable obstacle à la garantie fut-elle juridictionnelle ou semi-juridictionnelle. En effet, l'imprécision notionnelle de la minorité ouvre un champ des possibles considérable en matière de qualification et de protection. Elle laisse place à l'interprétation téléologique et au constructivisme prétorien. La Charte africaine s'essaye, en la matière, au droit vivant et à la jurisprudence

---

[39] Pour la Commission africaine, ces droits permettraient également de « s'assurer que les richesses matérielles ne doivent pas être exploitées par des étrangers sans aucun ou très peu d'avantages pour les pays africains et à assurer la mise en place d'un mécanisme de surveillance de cette exploitation des ressources naturelles par des étrangers, qui est totalement contraire au bénéfice économique et matériel que le pays en tire ». Deuxième V., Rapport d'activités, Annexe XII, paragr. 11.6.

[40] CADHP, 13-27 octobre 2001, *Social and economic Rights Action Center, Centre for Economic and social Rights / Nigeria*, n° 155/96, 30e Session ordinaire, 15e Rapport d'activités.

[41] CADHP, novembre 2009, *Centre de développement des droits des minorités agissant au nom de la communauté Endorois c. Kenya*, n° 276/2003, 46e Session ordinaire, 27e Rapport d'activités. V., dans le même ordre d'idées, CADHP, novembre 2011, Résolution n° 197 (L) 2011 sur la protection des populations autochtone dans le contexte de la convention sur le patrimoine mondial et l'inscription du Lac Bogaria sur la liste du patrimoine mondial de l'UNESCO, 50e Session ordinaire.

[42] CJCEDEAO, 14 décembre 2012, arrêt n° ECW/CC/JUG/18/12, *SERAP (Socio-economic Right and Accountabily Project) contre la République fédérale du Nigeria.*

[43] L'article 19 porte sur l'égalité des peuples et la condamnation de la domination d'un peuple par un autre ; l'article 20 sur le droit du peuple à l'existence et à l'autodétermination ; l'article 21 sur le droit d'un peuple de se libérer de la domination qu'il subit qui inclut l'interdiction du génocide culturel ; droit du peuple à la légitime récupération de ses biens et à une indemnisation adéquate en cas de spoliation (article 21, alinéa 2) ; droit d'un peuple au développement économique, social et culturel dans le respect de sa liberté et de son identité (article 22), etc.

sociologique de ces organes de protection. La Commission africaine, par exemple, est très encline à moduler l'application des règles. La règle de l'épuisement des voies de recours internes ne fut pas exigée pour une personne craignant pour sa vie[44] ou dans l'hypothèse de violations massives et particulièrement graves des droits de l'homme[45]. Ce constructivisme est accrédité par l'existence de pratiques qui ne transparaissent pourtant pas expressément de la Charte africaine. C'est le cas des comités et groupes de travail thématiques – sur les droits économiques, sociaux et culturels, les exécutions sommaires, etc.– et de la désignation de rapporteurs spéciaux sur des problématiques *ad hoc* à l'instar de la liberté d'expression, des réfugiés, des conditions de détention, etc. Conformément à cette tradition dans l'interprétation réaliste, la notion de « peuple », utilisée dans la Charte, correspond à une acception large à la différence du rigorisme du droit international public[46]. Ce qui explique *in fine* un régime de protection particulièrement erratique.

II. La protection

La protection des minorités, à l'image des autres destinataires des droits consacrés dans la Charte africaine, expose des ambivalences. L'opportunité même de la protection, bien réelle (A), contraste avec l'exigibilité des droits, plus incertaine (B).

A. L'opportunité

La protection des droits de l'homme en Afrique est garantie théoriquement par l'acceptation du principe selon lequel les différentes catégories juridiques sont indivisibles. Les droits civils et politiques, les droits-créances et les droits-solidarité s'équivaudraient ! L'une des catégories pourrait être réalisée par la convocation de l'autre dans une perspective téléologique ; et inversement. Les disparités conceptuelles entre les différentes générations de droits de l'homme s'effaceraient à la faveur d'une fongibilité pratique ou prétorienne. En somme, les droits de l'homme seraient unitaires et consubstantiellement homogènes si bien que le garant de leur réalisation pourrait, par construction subjective, considérer que la violation de l'accès aux ressources naturelles constitue concomitamment une atteinte au droit à la santé ou à l'éducation en ayant une conception avant-gardiste de la transgression aux normes conventionnelles. En d'autres termes, il y aurait une forme d'imbrication systémique des droits protégés. Celle-ci proscrirait toute idée de détachabilité, de rupture ou de discontinuité juridique. Les droits de l'homme ne seraient pas catégoriels !

---

[44] Communication n° 215/98.

[45] Communication n° 71/92.

[46] MUBIALA (M.), *Le système régional africain de protection des droits de l'homme*, *op. cit.*, p. 36.

Toutefois, est-il réellement possible de penser une protection des droits de l'homme en Afrique, les droits différenciés des communautés minoritaires notamment, par le truchement principal de l'indivisibilité des droits visés ? Le postulat de l'indivisibilité promeut une approche unitaire entre, d'une part, les droits civils et politiques et, d'autre part, les droits économiques et sociaux. Il y aurait autant de congruence théorique ou axiologique entre ces différentes catégories et les droits dits de solidarité. Ce choix libéral est celui de la Commission africaine.

En effet, la Commission africaine des droits de l'homme et des peuples promeut une indivisibilité des droits dans sa « jurisprudence »[47]. Elle « indique qu'il n'existe pas de droit dans la charte que l'on ne puisse mettre en œuvre »[48]. Cette politique jurisprudentielle qui présente tous les atours positifs de la socialisation des droits n'est toutefois pas empreint d'un tropisme réaliste. Elle implique que l'État africain est un débiteur solvable des droits-créances et des droits-solidarité au même titre qu'il l'est pour les droits classiques. En réalité, cette socialisation des droits[49], avatar de l'indivisibilité systématique, échoue à caractériser les réalités structurelles des États africains incapables d'assumer toutes les promesses des droits-créances en raison de vulnérabilités économiques et financières[50]. Les droits d'application objective – droits historiques – s'opposeraient aux droits d'application subjective. L'application en soi de certains droits, en d'autres termes, se distinguerait des droits arrimés à la temporalité économique de l'État[51]. Dès lors, l'universalité des droits paraît circonscrite ; ce qui fragilise d'autant les missions dévolues aux organes des conventions internationales selon la nature du droit à protéger[52]. Ainsi, la ratification des accords en matière de catégories des droits de l'homme doit être appréhendée avec circonspection. Au mieux, elle traduit une adhésion politique ou idéologique sans que celle-ci puisse être institutionnellement ou matériellement supportée. En outre, ces droits

---

[47] Plusieurs affaires accréditent l'indivisibilité des différentes catégories de droits de l'homme. V., CADHP, 13-27 octobre 2001, *Social and economic Rights Action Center, Centre for Economic and social Rights* / Nigeria, n° 155/96, 30e Session ordinaire.

[48] GUEMATCHA (E.), « La justiciabilité des droits sociaux en Afrique : l'exemple de la commission africaine des droits de l'homme et des peuples », *La revue des droits de l'homme*, 1/2012, p. 144.

[49] NGOM (B. S.), *Les droits de l'Homme et l'Afrique*, éd. Silex, Paris, 1984, p. 75.

[50] OUGUERGOUZ (F.), *La Charte africaine des droits de l'Homme et des peuples. Une approche juridique des droits de l'Homme entre tradition et modernité*, *op. cit.*, p 124.

[51] De l'aveu même de la Commission, la réalisation du droit au développement dans les États peu développés est un défi important. V., CADHP, mai 2009, *Kevin Mgwanga Gunme et al c. Cameroun*, n° 266/2003, 26e Rapport d'activités.

[52] Les Organes de protection disposent de comités qui veillent au respect, par les États parties, de leurs obligations conventionnelles. On les retrouve presque systématiquement dans les conventions des Nations unies relatives aux droits de l'homme.

nouveaux transgressent les qualifications classiques du fait des difficultés à appréhender la solidarité en termes de normativité. La critique de Jean Rivero s'inscrit dans cette optique[53].

Inspirée principalement par la Déclaration universelle des droits de l'homme de 1948, la Charte africaine, par le mythe de l'indivisibilité, s'éloigne peu ou prou de l'ambition culturaliste et située des droits proclamés. Le degré de maturité démocratique et de suffisance de l'État ajourne l'indivisibilité des droits qui suppose l'existence d'États inscrits dans la même temporalité politique, sociale et économique. Ce qui n'est pas le cas !

Au demeurant, il serait paradoxal que les droits-créances, sous-tendus par l'exigence d'un individu concret[54], soient astreints à une indivisibilité qui n'est envisageable que dans le cadre d'une assimilation abstraite et désincarnée des États. À rebours de la sauvegarde des droits-libertés, la concrétisation des droits économiques et sociaux nécessite un interventionnisme de l'État contraint par des contingences économiques[55]. Face à l'impossibilité conjoncturelle d'assurer l'intervention positive de l'État pour réaliser les droits socio-économiques, il a été imaginé, en Afrique, d'en garantir l'effectivité par l'exigence d'abstention ; une obligation négative, celle de ne pas agir, s'imposerait dès lors aux États. L'État n'aurait pas le droit d'empêcher un individu de disposer d'un travail[56]. L'accès à la santé constitue également le réceptacle d'obligations positives et négatives[57]. Dans le même

---

53 RIVERO (J.), « Le problème des nouveaux droits de l'homme », *Dixième Session d'enseignement de l'Institut International des Droits de l'Homme*, (Strasbourg, 2-27 juillet 1979).

54 L'ouvrier pour le droit au salaire minimal, l'enfant pour le droit à l'éducation, le patient pour le droit à la santé, le travailleur social pour le droit au logement, etc.

55 LOCHAK (D.), *Les droits de l'Homme*, La Découverte, Paris, 2005 : 41-43.

56 GUEMATCHA (E.), « La justiciabilité des droits sociaux en Afrique : l'exemple de la commission africaine des droits de l'homme et des peuples », *op. cit.*, p. 146. V., CADHP, avril 1997, *Annette Pagnoule (Pour le compte de M. Abdoulaye Mazou) c. Cameroun, n° 39/90*, 10e Rapport d'activités de la CADHP. En l'espèce, le Cameroun refusa d''intégrer un ancien magistrat condamné puis amnistié ; violant son droit au travail. D'autres affaires peuvent être citées : CADHP, mai 2008, Institut pour les droits humains et le développement en Afrique c. Angola, n° 292/2004, 24e Rapport d'activités de la CADHP ; CADHP, mars/avril 2009, Zimbabwe Lawyers for Human Rights and Associated Newspapers of Zimbabwe c. Zimbabwe, n° 284/2003, 26ème Rapport d'activités, etc.

57 Pour les obligations positives, c'est-à-dire la facilitation de l'accès aux soins, V., par exemple, CADHP, mai 2003, Purohit et Moore c. Gambie, n° 241/01, 16e Rapport d'activités. Pour les obligations négatives, autrement dit la sanction de l'empêchement à l'accès à la santé, V., notamment, CADHP, 31 octobre 1998, International Pen, Constitutional Rights, Interights au nom de Ken Saro-Wiwa Jr. Et Civil Liberties Organisation c. Nigeria, n°137/94, 139/94, 154/96 et 161/97, 12e Rapport d'activités (la victime ne fut pas autorisée à entrer à l'hôpital malgré une demande d'hospitalisation

ordre d'idées, la garantie du droit à l'éducation n'est pas envisagée de manière autonome mais extensible[58].

Ces difficultés, malgré tout, ne remettent pas en cause l'opportunité de la protection. En effet, les conflits sociaux qui portent sur la protection des droits différenciés au profil des groupes minoritaires sont légion en Afrique. L'accès équitable aux ressources, en particulier à la terre, constitue un foyer conflictuel prédominant. Les conflits entre les États le long de la vallée du Nil – Égypte, Éthiopie et Soudan – relativement à la distribution des ressources hydrauliques, les rébellions touarègues au Mali, celles au Niger, la sédition dans la région pétrolifère du delta du Niger, la rébellion en Casamance ou le soulèvement du peuple de Cabinda en Angola interrogent, en filigrane, sur la ténuité des frontières africaines incapables de pérenniser l'intégrité et l'indépendance territoriales. La récurrence des conflits opposant éleveurs et agriculteurs accrédite cette perspective. On peut citer, comme espace conflictuel, la Corne de l'Afrique ou la ceinture sahélienne de l'Afrique de l'Ouest.

Outre la question des ressources, de l'accès à la terre et de revendications sécessionnistes, il est possible de faire le départ entre la problématique minoritaire, la structure institutionnelle même des États et les modes de gouvernance. Le déficit démocratique et l'absence d'États-nation précipitent une fragilisation du serment d'allégeance des communautés à l'égard de l'État. Ils nourrissent, ce faisant, l'apparition de groupes minoritaires nourris par la place de l'infranational dans les modes de gouvernance. L'avènement de pôles de légitimité disparates porte les conditions du pacte unitaire de l'État et favorise la montée des minorités. Paradoxalement, la protection des minorités est un vecteur de la démocratie. Elle en est, à tout le moins, une condition de réalisation. La liaison minorité-démocratie est d'ailleurs assurée par la Charte africaine de la démocratie, des élections et de la gouvernance. Cet instrument poursuit des objectifs multiples qui concourent à concrétiser cette relation : prise en charge des personnes déplacées, des minorités

---

faite par le médecin de prison) ; CADHP, 11 mai 2000, Malawi African Association, Amnesty International, Ms Sarr Diop, Union Interafricaine des Droits de l'Homme and RADDHO, Collectif des Veuves et Ayants-Droit, Association Mauritanienne des Droits de l'Homme c / Mauritanie, n° 54/91, 61/91, 98/93, 164/97, 210/98 (absence de soins ayant causé la détérioration de la santé des détenus et leur décès).

[58] CADHP, mai 2003, *R.D. Congo c. Burundi, Rwanda et Ouganda*, n° 227/99, 20e Rapport d'activités : les exactions commises contre une population civile (massacres, pillages, etc.) ont été considérées comme portant atteinte au droit à l'éducation ; CADHP, 11 novembre 1997, *Union Interafricaine des droits de l'Homme, Fédération internationale des ligues des droits de l'Homme, Rencontre africaine des droits de l'Homme, Organisation nationale des droits de l'Homme au Sénégal et Association malienne des droits de l'Homme c. Angola*, n° 159/96, 11e Rapport d'activités de la CADHP : les déportations d'étrangers constituent également une atteinte au droit à l'éducation.

ethniques, des droits des femmes, des personnes handicapées, etc. La question minoritaire constitue ainsi un enjeu de gouvernance, d'État de droit substantiel et de réalisation de la « Constitution sociale » de Hauriou. L'ambition démocratique que vise la protection des minorités est visible un peu partout en Afrique : en Éthiopie, la Constitution de 1994 assure une représentativité des minorités au sein des régions et du gouvernement fédéral ; en Namibie, l'article 113 de la Constitution de 1990 est articulé autour de l'idée d'une composition ethnique équilibrée ; au Mozambique, la Constitution de 1990 innove aussi en prévoyant une répartition du pouvoir afin d'intégrer les différentes communautés. Ces formes de protection constitutionnelle se retrouvent indistinctement dans d'autres États tels que le Burundi, le Cameroun, le Nigéria, le Rwanda, le Malawi, l'Ouganda, la République Démocratique du Congo, etc. Toutefois la question est de savoir si une consécration textuelle est suffisante pour appréhender ces droits autrement que comme des pétitions de principe. La mesure de leur exigibilité est une réponse à cette préoccupation. Le contentieux, comme souvent, sert de baromètre à la praticabilité du discours sur les droits de l'homme.

B. L'exigibilité

La mesure de l'exigibilité judiciaire des droits collectifs des minorités est à analyser à l'aune des difficultés que traversent les organes de la Charte africaine – interprètes du système continental mis en place – : la Commission et la Cour africaine notamment. La protection des droits des minorités s'infère dans le système continental de garantie de la violation des droits de l'homme. Elle ne saurait échapper aux insuffisances dudit système.

Au titre des difficultés de la Commission africaine, l'existence d'une inféodation politique à la Conférence des chefs d'État et de gouvernement apparaît comme un lieu commun. En effet, le déclenchement des actions « judiciaires » est tributaire de l'autorisation de ladite instance politique. Ces actions concernent la publication de la procédure, supposée confidentielle, et les enquêtes à la suite de violations massives des droits de l'homme. À l'évidence, ce particularisme transmute de quasi-judiciaire à politique la qualification de la protection assurée par la Commission. Une indépendance organique et fonctionnelle aurait permis à la Commission de remplir une vocation matériellement *judiciaire* alors même qu'elle n'est pas composée de juges. Organe formellement a-judiciaire, la Commission ne cultive pas une distance axiologique à l'égard des États-justiciables. Le primat de l'étatisme sur les formes de garanties institutionnelles des droits de l'homme néantise, dans l'espace africain, les principes fondamentaux de la justice à l'instar de celui de la publicité. En effet, la confidentialité des procédures ajourne toute vocation préventive de la sanction ; celle-ci pouvant obvier les violations à venir des droits de l'homme[59]. Or, dans l'ordre juridique international, en l'absence de voies d'exécution des décisions judiciaires, la publicité comporte l'avantage d'inscrire la sanction dans les représentations symboliques de la conservation de l'image de l'État. Ce prisme moral de la sanction, à l'image de la satisfaction comme forme de réparation en cas d'inobservation des engagements conventionnels, apparaît bien plus efficace que l'indemnisation qui interpelle davantage les potentialités économiques de l'État que ses représentations identitaires. En cela, confier à la Conférence le pouvoir de lever la confidentialité par la publication de l'action « judiciaire » intentée contre un État place cet organe politique au cœur du contentieux des droits de l'homme. Au surplus, la procédure contentieuse devant la Commission révèle que l'organe politique – la Conférence des chefs d'État et de gouvernement – est maître des poursuites en ce qu'il a le pouvoir d'autoriser la poursuite des violations graves ou massives des droits de l'homme[60]. Par ailleurs, la Commission est confrontée à des dysfonctionnements conjoncturels ou politiques : absence de siège spécifique[61] et plan de rigueur dans la disposition de ressources satisfaisantes[62]. En dehors des prérogatives conférées à la Conférence des chefs d'État et de gouvernement, les États profitent des carences institutionnelles du système de protection des droits de l'homme. Le défaut de collaboration des États dans l'observation des rapports et des recommandations de la Commission constitue un obstacle à la garantie

---

[59] Selon l'article 59 de la Charte africaine des droits de l'homme et des peuples, « 1. Toutes les mesures prises dans le cadre du présent chapitre resteront confidentielles jusqu'au moment où la Conférence des Chefs d'État et de Gouvernement en décidera autrement. 2. Toutefois, le rapport est publié par le Président de la Commission sur décision de la Conférence des Chefs d'État et de Gouvernement. 3. Le rapport d'activités de la Commission est publié par son Président après son examen par la Conférence des Chefs d'État et de Gouvernement ».

[60] Selon l'article 58 de la Charte, « 1. Lorsqu'il apparaît à la suite d'une délibération de la Commission qu'une ou plusieurs communications relatent des situations particulières qui semblent révéler l'existence d'un ensemble de violations graves ou massives des droits de l'homme et des peuples, la Commission attire l'attention de la Conférence des Chefs d'État et de Gouvernement sur ces situations. 2. La Conférence des Chefs d'État et de Gouvernement peut alors demander à la Commission de procéder sur ces situations, à une étude approfondie, et de lui rendre compte dans un rapport circonstancié, accompagné de ses conclusions et recommandations. 3. En cas d'urgence dûment constatée par la Commission, celle-ci saisit le Président de la Conférence des Chefs d'État et de Gouvernement qui pourra demander une étude approfondie ».

[61] En l'absence de siège effectif, la Commission se réunit dans les hôtels de Banjul. Dans son 47e rapport d'activités, la Commission recommandait la construction d'un siège pour accueillir ses travaux. V., 47e Rapport d'activités de la Commission africaine des droits de l'homme et des peuples, mai-novembre 2019, p. 26.

[62] Le budget de la Commission a été réduit en 2015. Elle rencontre des difficultés à finaliser le recrutement de postes vacants qui concernent son secrétariat.

effective des droits proclamés. À l'insuffisance institutionnelle des conclusions de la Commission, dépourvues de toute forme d'obligatoiriété juridique, se rajoute un empirisme étatique qui phagocyte le système de protection des droits de l'homme[63].

Au titre des difficultés de la Cour africaine, il y a l'appétence souverainiste des États qui n'inscrivent que formellement la problématique des droits de l'homme dans leur temporalité politique. D'une part, malgré leur exigibilité, les droits protégés souffrent d'un déficit de réalisation en raison de conjectures politiques : dix-neuf (19) décisions et dix-huit (18) ordonnances ne furent pas exécutés par les États en 2019[64]. Pour l'année 2020, le bilan est pareillement négatif s'agissant de l'exécution des communications, des mesures conservatoires et des lettres de préoccupation et d'appel d'urgence[65]. En l'espèce, trois États, avec un degré de coopération erratique, font figure d'exception : le Burkina Faso (seul État à se conformer pleinement à ses obligations conventionnelles), la Tanzanie (exécution partielle des décisions le visant) et la Côte d'Ivoire (communication d'un rapport sur la mise en œuvre d'une décision de la Cour). D'autre part, le retrait des déclarations d'acceptation de la juridiction de la Cour renseigne sur la réticence des États

[63] V., 47e Rapport d'activités de la Commission africaine des droits de l'homme et des peuples, mai-novembre 2019. Il n'y a que deux (2) États à jour dans la présentation de leurs rapports périodiques. Dix-huit (18) États étaient en retard de plus de trois rapports. Et six (6) États n'ont jamais présenté de rapports violant ainsi l'article 62 de la Charte qui dispose « Chaque État partie s'engage à présenter tous les deux ans, à compter de la date d'entrée en vigueur de la présente Charte, un rapport sur les mesures d'ordre législatif ou autre, prises en vue de donner effet aux droits et libertés reconnus et garantis dans la présente Charte ».

[64] « La Cour a commencé à faire face à un certain nombre de sérieux problèmes du fait qu'elle continue de se développer et de rendre un nombre croissant d'arrêts. Le non-respect des décisions de la Cour constitue l'un des plus grands défis auxquels la Cour est confrontée et qui, s'il n'est pas résolu immédiatement, pourrait nuire à l'exécution efficace de son mandat. Depuis sa création en 2006, la Cour a statué sur soixante-dix-huit (78) affaires contentieuses et a rendu un arrêt sur le fond dans trente-neuf (39) d'entre elles et n'a constaté aucune violation dans quatre (4) affaires. Sur les trente-cinq (35) affaires restantes, elle a rendu des arrêts sur le fond séparément dans douze (12) et des arrêts sur le fond et les réparations dans vingt-trois (23). Elle a également rendu vingt-huit (28) ordonnances portant mesures provisoires visant à éviter tout dommage irréparable aux requérants. La Cour a également vidé douze (12) demandes d'avis consultatifs sur les treize (13) reçues ». V., Rapport d'activités de la Cour africaine des droits de l'homme et des peuples, 1er janvier-31 décembre 2019, doc EX.CL/1204(XXXVI), p.15.

[65] V., 48e et 49e Rapports d'activités combinés de la Commission africaine couvrant la période du 11 novembre 2019 au 03 décembre 2020, pp. 17 et s.

à se déposséder, même partiellement, des contentieux relatifs aux élections et à la préservation des libertés publiques[66].

Malgré ces impasses fonctionnelles et théoriques, la protection des droits collectifs n'est pas inexistante. La Commission africaine, sur la question spécifique des minorités, a mené une activité institutionnelle novatrice et a rendu des « décisions » importantes. Dans le premier cas, la création, au sein de la Commission africaine, d'un Groupe de travail sur les peuples et communautés autochtones accrédite une novation institutionnelle d'envergure au regard des missions assignées à la structure[67]. À l'actif de l'organe de la Commission, apparaît la reconnaissance de l'existence des peuples autochtones en Afrique et l'opposabilité des articles 19 à 24 de la Charte africaine à ces communautés sus-évoquées[68]. Ces groupes autochtones revendiquent un lien précolonial et ancestral par rapport au territoire. Cette hypothèse n'est pas nécessairement réalisée lorsqu'il s'agit de groupes minoritaires. Dans le second cas, la Commission africaine a rendu plusieurs communications sur la question spécifique de la protection des droits des groupes minoritaires en convoquant les articles 47 et 49 de la Charte africaine[69]. Certaines illustrations

[66] Aux termes de l'article 34 § 6 du Protocole de 1998, « À tout moment à partir de la ratification du présent Protocole, l'État doit faire une déclaration acceptant la compétence de la Cour pour recevoir les requêtes énoncées à l'article 5 (3) du présent Protocole. La Cour ne reçoit aucune requête en application de l'article 5 (3) intéressant un État Partie qui n'a pas fait une telle déclaration ».

[67] Commission africaine des Droits de l'Homme et des Peuples, 28e Session Ordinaire à Cotonou, Bénin, du 23 octobre au 6 novembre 2000. Le Groupe de travail a pour mission, entre autres, d'« examiner le concept des populations/communautés autochtones en Afrique », d' « étudier les implications de la Charte africaine des droits de l'homme et des peuples ainsi que le bien-être des populations/ communautés autochtones, notamment en ce qui concerne : • le droit à l'égalité (Articles 2 et 3) ; • le droit à la dignité (Article 5) ; • la protection contre la domination (Article 19) ; • l'auto-détermination (Article 20) et ; • la promotion du développement culturel et de l'identité (Article 22). • Réfléchir aux recommandations appropriées sur le contrôle et la protection des droits des populations/communautés autochtones ».

[68] V., MUBIALA (M.), « Les droits des peuples en Afrique », *RTDH*, 2004, p. 985.

[69] Au titre de l'article 47, « Si un État partie à la présente Charte a de bonnes raisons de croire qu'un autre État également partie à cette Charte a violé les dispositions de celle-ci, il peut appeler, par communication écrite, l'attention de cet État sur la question. Cette communication sera également adressée au Secrétaire Général de l'OUA et au Président de la Commission. Dans un délai de trois mois à compter de la réception de la communication, l'État destinataire fera tenir à l'État qui a adressé la communication, des explications ou déclarations écrites élucidant la question, qui devront comprendre dans toute la mesure du possible, des indications sur les lois et règlements de procédure applicables ou appliqués et sur les moyens de recours, soit déjà utilisés, soit en instance, soit encore ouverts ». Et aux termes de l'article 49, « Nonobstant les dispositions de l'article 47, si un État partie à la présente Charte estime qu'un autre État également partie à cette Charte a violé les dispositions de

« jurisprudentielles » permettent de mesurer l'ampleur et l'étendue de la protection des minorités.

Dans l'affaire opposant le *Zaïre au congrès du peuple Katangais*, il a été demandé à la Commission africaine de constater l'atteinte au droit à l'autodétermination d'une communauté en se fondant sur l'article 20 de la Charte africaine. Rejetant cette prétention, la Commission a considéré que ce droit ne devait pas être entendu dans le sens d'une violation de l'intégrité territoriale. Ce faisant, la Commission, appliquant la règle de l'*uti possidetis juris* a fait prévaloir la souveraineté des États déjà constitués. Cette *jurisprudence* inspire la position de la Commission sur la situation de la rébellion au sud du Sénégal, dans la région de Casamance.

L'affaire des *atteintes aux droits de la communauté négro-mauritanienne*, la Commission africaine admit, même indirectement, l'existence de droits au groupe minoritaire négro-mauritanien. Sur le fondement de l'article 2 de la Charte, elle imprégna un prurit communautaire aux principes de l'égalité et à de la non-discrimination[70].

Relativement à l'affaire *The Social and Economic Rights Action Center* contre l'État du Nigéria, il fut question de reconnaître l'atteinte au droit des peuples à disposer de leurs ressources naturelles – peuple Ogoni du Delta du Niger – reconnu à l'article 21 de la Charte africaine. À la suite des délibérations de la Commission, l'État nigérian accorda 13 % des revenus du pétrole à la communauté Ogoni[71].

A propos de l'affaire *Centre de développement des droits des minorités agissant au nom de la communauté Endorois* contre l'État du Kenya, la Commission, par le truchement du droit au développement, a précisé le contenu des droits des peuples autochtones en Afrique. En l'espèce, l'État du Kenya a procédé à l'expropriation de leurs terres ancestrales, autour du lac Bogaria, du groupe endorois[72].

Au sujet de l'affaire *Legal Resources Foundation* contre Zambie, la Commission africaine n'hésita pas à conférer une protection à « un groupe

---

celle-ci, il peut saisir directement la Commission par une communication adressée à son Président, au Secrétaire Général de l'OUA et à l'État intéressé ».

[70] CADHP, 11 mai 2000, *Malawi African Association, Amnesty International, Ms Sarr Diop, Union Interafricaine des Droits de l'Homme and RADDHO, Collectif des Veuves et Ayants-Droit, Association Mauritanienne des Droits de l'Homme c / Mauritanie*, n° 54/91, 61/91, 98/93, 164/97, 210/98.

[71] CADHP, 13-27 octobre 2001, *Social and economic Rights Action Center, Centre for Economic and social Rights / Nigeria*, n° 155/96.

[72] CADHP, novembre 2009, *Centre de développement des droits des minorités agissant au nom de la communauté Endorois c. Kenya*, n° 276/2003

identifiable de citoyens zambiens du fait de leur descendance commune, de leur origine ethnique, de leur langue ou de leurs habitudes culturelles »[73].

Les exactions commises au Darfour, dévolues à la compétence de la Cour pénale internationale unilatéralement par le Conseil de sécurité, comportent un enjeu minoritaire outre leur qualification en crimes internationaux. La Commission africaine conclut à l'existence d'exactions provenant de la majorité arabe à l'encontre des tribus minoritaires « d'origine africaine noire ». Ces communautés furent qualifiées par la Commission de « peuple du Darfour »[74].

Ces affaires, loin d'être exhaustives de l'activité des organes de protection des droits de l'homme, donnent l'impression que l'exigibilité de la cause minoritaire ne relève pas que d'un vœu pieu. La justiciabilité est un acquis normatif et prétorien ! Toutefois, ces espèces ne racontent assez pas la réception des décisions ou des communications des organes de garantie dans les ordres juridiques internes. Or, l'exigibilité et la justiciabilité n'épuisent pas la garantie juridictionnelle ou semi-juridictionnelle. Le rapport dialogique et la communicabilité entre ordres juridiques cristallisent davantage l'acceptation du régionalisme normatif. Pour emprunter à Rabelais l'esprit de sa célèbre maxime, « l'exigibilité sans exécution n'est que ruine du droit ».

---

[73] CADHP, mai 2001, *Legal Resources Foundation / ZAMBIA*, n° 211/98.
[74] CADHP, mai 2009, *Sudan Human Rights Organisation & Centre on Housing Rights and Evictions (COHRE)* / Sudan, n° 279/03-296/05.

Les minorités devant les cours supranationales africaines

Moustapha FALL

Docteur en Droit public

Université de Nantes

Introduction

La question des minorités se pose avec beaucoup d'acuité dans un contexte de crise sanitaire où les restrictions aux droits et libertés[1] semblent caractériser la nouvelle configuration de l'État de droit[2] avec le « développement d'un droit d'exception »[3]. Les impacts de la pandémie sur les minorités ou groupes vulnérables[4] repose la problématique de leur prise en charge dans les politiques publiques de l'État devant garantir efficacement les droits qui leur sont reconnus.

---

[1] La plupart des pays africains ont adopté des mesures d'exception pour faire face à la crise sanitaire COVID-19. Cf. Rapport analytique du Webinaire IDEA sur « l'impact de la crise COVID-19 sur le constitutionnalisme et l'État de droit dans les pays francophones et lusophones d'Afrique de l'Ouest et d'Afrique Centrale », 23 avril 2020, https://www.idea.int/sites/default/files/publications/limpact-du-covid-19-sur-le-constitutionnalisme-et-lÉtat-de-droit.pdf, consulté le 20 août 2021 ; BARAKA BAHOZE (O.), « Le système africain des droits de l'homme face à l'état d'urgence sanitaire due à la COVID-19 », *Annuaire africain des droits de l'homme*, 2020 : 59-81. Au Sénégal, un régime d'état d'urgence relative à la « Gestion des catastrophes naturelles ou sanitaires » est institué par la loi n° 2021-18 modifiant la loi n° 69-29 avril 1969 relative à l'état d'urgence et à l'état de siège.

[2] CHAMPEIL-DESPLATS (V.), « Qu'est-ce que l'état d'urgence sanitaire ? D'un état d'urgence à l'autre, ou l'intégration des régimes d'exception dans les États de droit contemporains », *RFAP*, n° 176 : 875-888.

[3] CHEVALLIER (J.), « l'État de droit au défi de l'État sécuritaire », *in Le droit malgré tout. Hommage à François Ost*, Presses de l'Université de Saint-Louis, 2018 : 293-312.

[4] Résolution sur les droits de l'homme et des peuples en tant que pilier central d'une réponse réussie au COVID et du redressement des impacts sociopolitiques CADHP/ Res. 449 (LXVI) 2020.
https://www.achpr.org/fr_sessions/resolutions?id=480, consulté le 18 août 2020; Report n°5/2020, An Overview of emerging International Human Right Law Guidance: Promoting Human Rights Compatibility of Covid 19 Reponses, 17 August 2021. https://www.law.ox.ac.uk/sites/files/oxlaw/bonavero_report_5_of_2020.pdf, consulté le 20 août 2021 ; Special report, *The Impact of COVID-19 on the Rights of Indigenous Peoples in Southern Africa*, https://freedomhouse.org/sites/default/files/2020-12/12032020_ARISA_Rights_Southern_Africa_Report_Impact_COVID19_on_IPRs.pdf, consulté 22 août 2021.

La protection juridictionnelle des droits de l'homme constitue aujourd'hui l'armature des sociétés libérales démocratiques et la juridictionnalisation[5] ou la judiciarisation[6] des droits de la personne humaine[7] caractérise la montée en puissance du juge, considéré comme un véritable rempart contre les ingérences des pouvoirs publics dans la sphère de protection des droits de l'homme. À cet égard, il est clairement établi qu'« on ne peut parler d'une réelle protection que lorsque la violation des droits de l'homme fait l'objet d'une sanction juridictionnelle sur la base d'un recours juridictionnel »[8]. L'intervention d'un tiers dans le domaine de la protection des citoyens particuliers d'un État, n'était pas envisageable car celui-ci relevait de la réserve de souveraineté de l'État. Le droit international des droits de l'homme repose sur des principes structurants tels que la subsidiarité, la règle de l'épuisement des voies interne, la marge d'appréciation des États[9], l'autonomie et l'identité constitutionnelle des États, etc. Les constructions régionales par l'intégration (UE, CEDEAO, CAE, CEMAC, COMESA, SADC, UEMOA) ou par la coopération (Conseil de l'Europe, Union africaine, OEA) deviennent des instruments de garantie et protection des droits de l'homme par les États membres. Ces organisations expriment une justice centrée sur la protection humaine, en assurant l'égalité et la non-discrimination entre les citoyens. En Afrique, des juridictions supranationales ont vu le jour afin de renforcer la

---

[5] Cf. BURGORGUE-LARSEN (L.), « Le fait régional dans la juridictionnalisation du droit international » *: in La juridictionnalisation du droit international*, Colloque, Lille, SFDI, 2003, p. 206.

[6] La judiciarisation se manifeste par la prééminence du mode judiciaire sur tous les autres modes de règlement des différends et la soumission progressive de l'action des pouvoirs publics au contrôle des juges. Cf. COMMAILLE (J.), DUMOULIN (L.) et ROBERT (C.) (dir.), *La juridicisation du politique*, Paris, LGDJ, Lextenso, éditions, 2010 ; OST (F.), *Àquoi sert le droit ? usages, fonctions, finalités*, coll. « Penser le droit », Brulyant, 2016, p. 547.

[7] Sur protection de la personne humaine par la justice internationale, voir Augusto Cançado Trindade Antônio, « Les tribunaux internationaux et leur mission commune de réalisation de la justice : développements, état actuel et perspectives », (Volume 391), *Collected Courses of the Hague Academy of International Law*, 2018 ; du même auteur, « L'humanisation du droit international : la personne humaine en tant que sujet du droit des gens », *RID*, 2020, pp. 49-97.

[8] ANDRIANTSIMBAZOVINA (J.), « Rapport introductif, Quelques réflexions liminaires sur la protection des droits de l'homme par les cours supranationales », *in La protection des droits de l'homme par les cours supranationales, Actes de colloques des 8 et 9 octobre 2015*, Publication de l'Institut international des droits de l'homme, n° 31, 2016 ; SUDRE (F), *Droit européen et international des droits de l'homme*, 12e éd., Paris, PUF, 2015, p. 173.

[9] Formule de la Cour européenne des droits de l'homme ; arrêt *Handyside c/ Royaume-Uni*, 7 décembre 1976.

protection des droits de l'homme, qualifiée de « principe cardinal »[10] de la vie communautaire, reflétant « l'intégration par les droits de l'homme »[11]. L'étincelle contentieuse a eu lieu sur le terrain des droits de l'homme[12] devant les cours africaines. Une juridiction supranationale peut être définie comme « toute juridiction rattachée directement ou indirectement à une entité ayant bénéficié de transferts de compétences de la part de ses États membres ; c'est une juridiction indépendante de ces États ; elle est dotée d'une mission générale ou spécifique de faire respecter aux États membres les règles et les principes qui sont à la base de l'entité concernée »[13]. L'activation des mécanismes de recours devant les juridictions supranationales africaines a favorisé une jurisprudence dynamique en matière de protection des droits de l'homme et d'affermissement de l'État de droit. Ce sont les exemples de la Cour africaine des droits de l'homme et des peuples (Cour ADHP)[14], de la Cour de justice de la CEDEAO[15], de la Cour africaine de l'Est[16] ou du Tribunal

[10] Expression employée par la CJCEDEAO dans l'arrêt *Bakary Sarré v. Mali*, n° ECW/CCJ/JUD/03/11 du 17 mars 2011.

[11] Aujourd'hui, l'intégration constitue un « vecteur d'expansion des droits de l'homme ». Cf. ANDRIANTSIMBAZOVINA (J.), « Intégration et droits de l'homme. Quelques éléments introductifs », *in Intégration et droits de l'homme*, mare & martin, 2018, p. 20.

[12] SERMET (L.), « Modes et méthodes de l'intégration régionale en Afrique. Discussions sur le prétendu miroir européen », *Revue de l'Union Européenne*, 2018, p. 484.

[13] ANDRIANTSIMBAZOVINA (J.) « Rapport introductif, Quelques réflexions liminaires sur la protection des droits de l'homme par les cours supranationales », *op. cit.*, p.14.

[14] La Cour ADHP est instituée par l'article 1 Protocole du 10 juin 1998, entré en vigueur le 25 janvier 2004. Trente (30) États membres de l'Union africaine ont ratifié le Protocole. En vertu de l'article 5 dudit Protocole, la Commission africaine peut saisir la Cour. Le Protocole sur la Cour africaine prévoit qu'un État membre ratifiant ledit Protocole doit faire une déclaration spéciale acceptant la compétence de la Cour pour permettre aux particuliers de saisir directement la Cour (Art. 34§6 du Protocole).

[15] La Cour de justice de la CEDEAO (CJCEDEAO) est instituée par le Protocole d'Abuja A/P1/7/91 du 6 juillet 1991. L'article 6 du traité sera révisé le 24 juillet 1993 élevant ainsi la Cour au rang d'institution de la Communauté. Le Protocole sur la Cour de justice entre en vigueur le 5 novembre 1996 et a été révisé en 2005. La compétence de cette Cour est régie par l'article 9 du Protocole A/P1/7/91, relatif à la Cour, tel qu'amendé par le Protocole additionnel A/SP.1/01/05. Selon l'article 9, « la Cour est compétente pour connaître des cas de violations des droits de l'homme dans tout État membre ».

[16] La Cour de justice de la CAE (CJCAE), instituée par l'article 9 du traité, au titre des institutions de la Communauté, a remplacé la Cour d'Appel de l'Afrique de l'Est disparue en 1977. Elle est devenue opérationnelle le 30 novembre 2001. Le siège de la Cour se trouve à Arusha (Tanzanie). En vertu de l'article 23 du Traité, la Cour est

de la SADC[17]. Ces juridictions ont une compétence générale pour sanctionner les cas de violations des droits de l'homme intervenus dans un État membre. Elles sont reprochées d'être « accaparées par les questions politiques et de transition démocratique »[18]. Mais, les tendances de la jurisprudence africaine semblent relativiser ce point de vue, d'autant plus que leurs prétoires, au-delà, des questions électorales, de détention arbitraire, de droit de propriété, de droit à la santé, de l'indépendance de la justice… sont désormais occupés par des sujets de protection des minorités. Ces dernières se sont vues accordées, très tôt, une attention particulière par la jurisprudence de la commission africaine des droits de l'homme et des peuples, à travers les célèbres affaires des peuples *Ogoni*[19] au Nigéria et *Endorois*[20] au Kenya, dans lesquelles, la Commission[21] a confirmé l'obligation pour les États de protéger et de respecter les droits des minorités, notamment leurs droits à la propriété, au développement, à l'environnement, à la culture, à la religion et à la libre disposition de leurs ressources naturelles tels que consacrés par la Charte africaine. Il s'en est suivi de la réaction des cours de justice africaines, d'où la présente réflexion portant sur les « minorités devant les cours supranationales africaines ». La définition

---

un organe judiciaire. Elle doit garantir « le respect du droit dans l'application et dans l'interprétation du traité ».

[17] Le Tribunal de la SADC (TSADC), créé par l'article 9 du Traité de la SADC, est devenu opérationnel en 2005, après l'adoption de son Protocole le 7 août 2000. Le siège du Tribunal se trouve à Windhoek, en Namibie. Le Tribunal est suspendu depuis 2012, à la suite de la fameuse affaire « Campbell » dans laquelle, le gouvernement zimbabwéen a été, entre autres, condamné pour discrimination raciale. Mais ce dernier a vigoureusement refusé d'exécuter la décision de condamnation du Tribunal. Cela entraîna une neutralisation de son action. Après plusieurs tentatives de résistance de l'État incriminé, un nouveau Protocole sur le TSADC a été adopté le 18 août 2014.

[18] ANDRDIANTSIMBAZOVINA (J.), « Rapport introductif, Quelques réflexions liminaires sur la protection des droits de l'homme par les cours supranationales », *op. cit.*, 26.

[19] Commission africaine des droits de l'homme et des peuples *Social and Economic Rights Action Center (SERAC) and Center for Economic and Social Rights* (CESR) c. *Nigéri*a (2001), no 55/96, 30e session.

[20] *Centre for Minority Rights Development on behalf of Endorois Community v. Kenya*, 2010, n° 276/2003.

[21] Cf. KABORE (S. A), « La protection des droits environnementaux des peuples autochtones par la Commission africaine des droits de l'homme : cas des ogonis et des endorois », *RADE*, n° 05, 2020 : 41-53 ; SERRURIER (E) « L'évolution du droit au développement devant les juridictions et quasi-juridictions régionales africaines », *Revue Tiers Monde*, n° 3, 2016 : 173-196 ; NDAYAMBE (O. D.), « La contribution de la reconnaissance des droits des peuples autochtones à la protection de l'environnement à la lumière de l'affaire Endrois c/Kenya », *Revue québécoise de droit international*, 2016 : 173-190.

du concept de « minorités » reste controversée[22], malgré les tentatives de qualification en droit international[23]. Ainsi « une minorité est un groupement de personnes unies par une solidarité ethnique, linguistique ou religieuse, de nature différente de l'ensemble politique dans lequel elle se trouve englobée et par rapport auquel elle est toujours en plus faible nombre »[24]. Plusieurs typologies de minorités peuvent être identifiées : les minorités linguistiques, les minorités religieuses, les minorités ethniques, les minorités territoriales, les minorités nationales, etc. Le droit des minorités « est caractérisé par l'existence de règles prohibitives et de règles incitatives. Les premières interdisent à l'État de prendre des mesures négatives attentatoires aux droits et libertés des minorités. Les deuxièmes incitent l'État à prendre des mesures spéciales de soutien, de promotion et de protection de l'identité, de la culture, de la langue et de la religion minoritaires »[25]. Les textes communautaires (traités de base, Charte africaine des droits de l'homme et des peuples, Protocole de Maputo sur les droits des femmes, Protocole de la CEDEAO sur la démocratie et la Bonne gouvernance, Charte africaine de la Démocratie, des élections et de la Gouvernance) posent le principe général de « l'élimination de toutes les formes de discrimination, en particulier, celles basées sur l'opinion politique, le sexe, l'ethnie, la religion et la race, ainsi que toute autre forme d'intolérance ». Les États membres doivent adopter « des mesures législatives et administratives pour garantir les droits des femmes, des minorités ethniques, des migrants et des personnes vivant avec handicap, des réfugiés et des personnes déplacées et de tout autre groupe social, marginalisé

[22] Pour certains auteurs, « l'idée de minorité renvoie généralement à la manifestation d'insatisfaction exprimée par un groupe qui, du fait même qu'il est en situation minoritaire, subit une infériorisation, quand il ne s'agit pas d'une pure et simple oppression » ; « D'autres n'excluent pas que chaque catégorie sociale puisse constituer une minorité dès lors qu'elle constitue un « groupe vulnérable » (politiquement ou économiquement), et même si elle est numériquement majoritaire. Les femmes entrent dans cette définition, ainsi que, pendant longtemps, les Noirs en Afrique du Sud. On parle alors de « majorité minorisée ». Cf. LANTERO (C.) « L'impact de la reconnaissance institutionnelle des minorités sur la discrimination », *RDP*, 2009, p. 817 ; SOULIER (G.), « Minorités, État et Société », *in* FERNET (A.) et SOULIER (G.) (dir.), *Les Minorités et leurs droits depuis 1789*, L'Harmattan, 1989, p. 40 ; GRIN (F.), « Minorités », *in Dictionnaire de l'altérité et des relations interculturelles*, Armand Colin, 2003, p. 210-217.

[23] L'article 27 du Pacte international des droits civils et politiques prévoit que : « Dans les États où il existe des minorités ethniques, religieuses ou linguistiques, les personnes appartenant à ces minorités ne peuvent être privés du droit d'avoir en commun avec les autres membres de leur groupe, leur propre vie culturelle, de professer et de pratiquer leur propre religion, ou d'employer leur propre langue ».

[24] ALLAND (D.), RIALS (S.), (dir.), *Dictionnaire de la culture juridique*, PUF, 2003, pp. 1028-1029.

[25] BEN ACHOUR (Y.), *Souveraineté étatique et protection internationale des minorités*, *RCADI*, 1993, p.437.

et vulnérable ; respecter la diversité ethnique, culturelle et religieuse, qui contribue au renforcement de la démocratie et de la participation des citoyens »[26].

Dans cette contribution, la conception retenue pour l'identification des minorités devant les cours supranationales africaines sera celle dictée par la jurisprudence des cours africaines, intégrant les minorités territoriales (peuples autochtones) et les groupes vulnérables tels que les femmes et les enfants. Tout compte fait, « c'est à la seule volonté de l'État qu'il revient de procéder à l'identification des minorités au sein de leur ordre juridique respectif »[27]. En examinant la jurisprudence de la Cour ADHP et de la CJCEDEAO, il apparaît que les minorités sont protégées à l'aune des dispositions pertinentes de la Charte africaine des droits de l'homme et des peuples et des instruments internationaux auxquels les États membres ont adhéré. Dès lors, on peut se demander si la jurisprudence des cours supranationales africaines contribue au renforcement de la protection des droits des minorités ? La garantie des droits individuels et collectifs par les cours supranationales africaines permet-elle d'asseoir un véritable régime de protection des minorités ou groupes vulnérables en Afrique ? Le célèbre arrêt[28] de la Cour ADHP, rendu dans l'affaire des minorités *Ogiek contre le Kenya*, le 26 mai 2017, constitue une parfaite illustration de l'interprétation protectrice des minorités territoriales autochtones. En l'espèce, il s'agissait de l'expulsion des communautés Ogiek dans la forêt de Mau, constituant leur domaine ancestral par les services de Forets du Kenya[29]. En application du principe de complémentarité consacré de l'article 2 du Protocole de la Cour,

---

[26] Par exemple l'article 8 de la Charte africaine de la Démocratie, des Élections et de la Gouvernance du 30 janvier 2007. L'article 43 de la même Charte dispose : « 1. Les États parties veillent à ce que tous les citoyens aient accès à l'enseignement primaire gratuit et obligatoire, en particulier les filles, les populations des zones rurales, les minorités, les personnes vivant avec handicap et tout autre groupe social marginalisé. 2. De même, les États parties veillent à l'alphabétisation des citoyens ayant dépassé l'âge scolaire obligatoire, en particulier les femmes, les populations des zones rurales, les minorités, les personnes vivant avec handicap et tout autre groupe social marginalisé ».

[27] ALLAND (D.), RIALS (S.), *op.cit.*, 1029.

[28] Cour afr. DHP, *Comm. ADHP c. République de Kenya*, Requête n° 006/2012 du 6 mai 2017. Pour un commentaire de cette décision, voir BURGORGUE-LARSEN (L), NTAWARI (G.-F.), « Chronique de jurisprudence de la Cour africaine des droits de l'homme et des peuples », *Revue trimestrielle de droits de l'homme*, n° 116, 2018 : 948;https://www.escr-net.org/fr/nouvelles/2017/cour-africaine-rendu-un-jugement-historique-dans-laffaire-relative-aux-droits.

[29] Les Ogiek sont une minorité ethnique autochtone du Kenya, qui compte près de 20 000 personnes, dont 15 000 habitent dans le complexe forestier du Grand Mau, un territoire couvrant près de 400 000 hectares, à cheval sur près de sept districts administratifs sur le territoire de l'État défendeur.

la Commission a le « pouvoir de saisir la Cour de toute affaire, notamment celles qui révèlent un ensemble de violations graves ou massives des droits de l'homme ». Sur cette base, la Commission a saisi la Cour africaine pour constater les violations des droits des minorités. De la même manière, la CJCEDEAO, dans son arrêt *SERAP c. Nigeria* du 14 décembre 2012[30], concernant l'exploitation des ressources pétrolières en terre et en Offshore par la compagnie Shell Petroleum causant des dommages environnementaux et privant les minorités de la région du Delta l'accès à l'eau, à l'alimentation, à la santé et à l'éducation. L'ONG saisit la Cour en invoquant la violation d'une variété de droits de l'homme découlant de la Charte africaine, des deux Pactes internationaux des droits de l'homme. La requérante a insisté sur la méconnaissance par le Nigeria des droits fondamentaux des populations locales autochtones notamment le droit à la vie, la dignité humaine et le droit à un environnement sain. La Cour a livré une interprétation favorable à la protection environnementale, prévue par l'article 24 de la Charte africaine. Il s'y ajoute que la Cour de justice CEDEAO a, au moins, dans de nombreux arrêts, condamné les États membres pour violation des droits des femmes, en demandant l'élimination des discriminations basées sur le genre et les violences commises à leur encontre[31]. Les minorités et les groupes vulnérables bénéficient d'une protection, construite, à partir du contrôle du respect des droits individuels et collectifs par le juge. En effet, l'analyse de la jurisprudence des cours supranationales africaines montre que l'opposabilité entre protection des droits de l'homme et celle des minorités est relative (droits individuels vs droits collectifs). Les cours supranationales africaines veillent, d'une part, au respect des droits des minorités, en insistant sur la préservation de leur identité culturelle, de leur spécificité, du respect de leur tradition, de leur mode de vie. D'autre part, elles sanctionnent les politiques et législations discriminatoires des États à l'égard des personnes appartenant à une minorité.

Eu égard à ces considérations, pour saisir la force jurisprudentielle des cours supranationales à l'égard des minorités ou groupes vulnérables en Afrique, guidée par l'exigence d'effectivité des droits, il convient d'évoquer d'abord, la reconnaissance évolutive (**I**), avant de souligner la protection renforcée (**II**) des droits qui leur sont reconnus.

---

[30] CJCEDEAO, *SERAP vs Federal Republic of Nigeria*, N°ECW/CCJ/JUD/08/12.

[31] *Farimata Mahamadou et autres c. Mali*, n° ECW/CCJ/JUD/11/16 du du 17 mai 2016 ; CJCEDEAO, *Dorothy Njemanze & trois autres c. Nigeria*, ECW/CCJ/08/17 du 12 octobre 2017 ; *WAVES c. Sierra Leone*, ECW/CCJ/JUD/37/19 du 12 décembre 2019 ; *Madame Aminata Diantou Diane c. Mali*, arrêt n° ECW/CCJ/JUD/14/18 du 21 mai 2018 ; *Aircraftwoman NAF c. Nigeria*, 30 avril 2021. https://www.courtecowas.org/2021/05/01/ecowas-court-condemns-nigerian-government-for-impunity-in-the-rape-of-an-aircraftwoman-by-naf-officer-and-awards-200000-damages/

I. La reconnaissance évolutive des droits des minorités

Les minorités ont trouvé un écho favorable dans la jurisprudence des cours supranationales africaines. Les requêtes introduites traitant de la violation des minorités territoriales ou groupes vulnérables ont donné l'occasion aux juges africains de garantir la justiciabilité des droits par l'affirmation du droit d'accès à la justice (**A**). En même temps, pour s'assurer de la reconnaissance effective des minorités, les cours supranationales mettent l'accent sur l'identification des obligations positives des États (**B**).

A. L'affirmation du droit d'accès à la justice

L'accès à la justice est, pour les individus[32] appartenant à une minorité, un instrument pour obtenir l'exigibilité du respect des droits par les pouvoirs publics débiteurs et créanciers dans la réalisation de ces droits. En tant que pilier fondamental de l'État de droit, il constitue, « dans sa nature le premier des droits procéduraux. Dans sa fonction, le droit d'accès à la justice est à la fois le bouclier et la lance de tous les droits »[33]. De même, le droit d'accès à la justice, « tant au niveau national qu'au niveau international, est la garantie de la jouissance effective des droits de l'homme »[34]. Tous les instruments pertinents de protection des droits de l'homme[35] reconnaissent l'accès à la justice pour les individus victimes de violations de leurs droits. Cet accès se manifeste notamment par l'existence d'un droit de saisine des juridictions nationales compétentes et le droit à un procès équitable. Pour affirmer le droit d'accès à la justice aux minorités territoriales, autochtones ou aux personnes

---

[32] Sur cette question, voir KAMTO (M.), « L'accès de l'individu à la justice internationale ou le droit international au service de l'homme », *in The Centre for Studies and Research in International Law and International Relations*. Consulted online on 25 August 2021. Selon l'auteur, « l'avènement des juridictions régionales de droits de l'homme a offert aux individus un accès direct à la justice internationale… et contribue de façon remarquable à la protection juridictionnelle de leurs droits humains », p. 51. Cette idée est soutenue par d'autres auteurs comme J. ANDRIANTSIMBAZOVINA qui estime que « la multiplication (des) juridictions supranationales de protection des droits de l'homme a même été le facteur de développement sur le fond du droit d'accès à la justice car la jurisprudence de ces juridictions a renforcé le contenu et la portée du droit d'accès à la justice ». Cf. « L'accès à la justice au sein des droits de l'homme », *op.cit*., p. 56.

[33] ANDRIANTSIMBAZOVINA (J.), « L'accès à la justice au sein des droits de l'Homme » *in Le droit d'accès à la justice en matière d'environnement*, Presses de l'Université Toulouse 1 Capitole, 2016, p. 52.

[34] KAMTO (M), « L'accès à la justice de l'individu à la justice internationale ou le droit international au service de l'homme », *op. cit*., p. 7.

[35] Articles 6 de la Convention européenne des droits de l'homme, 10 de la Déclaration universelle des Droits de l'homme (DUDH), 7 de la Charte africaine, 14.1 du Pacte international des droits civils et politiques (PIDCC), 47 de la Charte des droits fondamentaux de l'Union européenne…

vulnérables, la jurisprudence des cours supranationales africaines préconise un accès libéral (**1**), malgré les contraintes procédurales de saisine, en conditionnant la concrétisation des droits consacrés (**2**).

1. Un accès libéral préconisé

Les cours supranationales africaines ont développé une jurisprudence bien établie en matière de droit fondamental d'accès à la justice au profit des personnes victimes de violations des droits de l'homme y compris les minorités ou groupes vulnérables. On connaît l'approche progressive de la CJCEDEAO pour toute violation de droits de l'homme « occured in any member state »[36], ou de la formule rituelle de la Cour africaine de l'Est, « i will not abdicate from exercising its jurisdiction of interprÉtation »[37]. La CJCEDEAO, dans un arrêt, *The Registerd trustees of Jama & others vs Federal of Nigeria*[38], a résumé sa doctrine jurisprudentielle, en ce qui concerne l'accès à son prétoire pour les personnes appartenant à des minorités ou groupes, en précisant qu'elle a « statué dans une pléthore d'affaires que les organisations non gouvernementales (ONG) et les personnes animées de l'esprit public peuvent intenter des actions au nom d'un groupe de victimes provenant généralement d'une communauté ou d'une classe de personnes, sur la base de l'intérêt public commun, pour réclamer la violation de leurs droits de l'homme, parce que ce groupe peut ne pas avoir les ressources financières et les connaissances nécessaires pour maintenir une action en justice d'une telle ampleur qui affecte les droits de nombreuses personnes, étant donné que les questions d'intérêt public concernent généralement le bien-être de chaque

[36] Nous traduisons de l'anglais, La Cour est compétente pour connaître « des cas de violations des droits de l'homme dans tout État membre » en vertu de l'article 9 (4) du Protocole Additionnel A/SP.1/01/05 du 19 janvier 2005 portant Amendement du Protocole A/P.2/7/91 relatif à la Cour de justice de la Communauté. Sur l'accès à la Cour, l'article 10 du même Protocole de la Cour dispose que : « Peuvent saisir la Cour (...) d) Toute personne victime de violations des droits de l'homme. La demande présentée à cet effet: i) ne sera pas anonyme; ii) ne sera pas portée devant la Cour de Justice de la Communauté lorsqu'elle a déjà été portée devant une autre Cour internationale compétente (...) ».
La Cour ne cesse de défendre sa compétence de protection des droits de l'homme au titre de l'article 9§4. Cf. *Moussa Leo Keita c. Mali*, n° ECW/CCJ/APP/05/06 du 22 mars 2007, point 33 ; *Etim Moses Essien c. Gambie*, ECW/CCJ/APP/05/05 du 14 mars 2007 ; *Chief Ebrimah Manneh vs. Gambie*, N°ECW/JUD/04/07 du 05 juin 2008, point 16 ; *Dame Hadijatou Mani Koraou v. R.publique du Niger*, n° ECW/CCJ/JUD/06/08, 27 octobre, 2008 ; *Bekaye Traoré et 10 autres c/ Mali*, n° ECW/JUD/04/19 du 6 février 2019 ; *Ndiaga Soumaré. c/ Sénégal*, n° ECW/CCJ/JUD/11/19 du 27 février 2019.
[37] *James Katabazi and 21 others v. SG and Uganda*, du 1st November 2007.
[38] ECW/CCJ/JUD/04/20, 20 March 2020.

individu dans une société »[39]. Même si cette démarche d'ouverture ne s'apparente pas à un « excès de libéralisme »[40], la Cour d'Abuja accueille généreusement les recours introduits, au nom des communautés autochtones, victimes de violations des droits de l'homme. En outre, dans l'affaire *Mary Sunday c. Nigeria*[41], concernant une altercation entre la femme et son fiancé[42], la Cour a jugé que « le droit d'accès au juge doit se manifester tant par l'existence formelle de voies d'accès au juge, de recours ouverts, que de façon plus substantielle, par la facilitation ou la simplification de cet accès, l'élaguation des embûches ou obstacles ». Dans le même ordre d'idées, le Tribunal de la SADC a reconnu le droit d'accès à la justice dans l'affaire des fermiers blancs[43] concernant l'expropriation de leurs terres par le gouvernement zimbabwéen. Enfin, la Cour AHDP, en veillant au respect du droit d'accès à la justice des minorités, a mis en exergue la défaillance du systémique des autorités nationales kenyanes en ces termes : « l'expulsion continue des Ogiek, le manquement des autorités de L'État défendeur de mettre un terme aux expulsions de se conformer aux décisions des juridictions nationales démontre que la nouvelle Constitution, de même que les institutions que l'État défendeur a mises en place pour remédier d'une injustice passée ou qui se poursuit, ne sont pas pleinement efficaces. »[44] Cette prise de position

---

[39] Nous traduisons de l'anglais, "The court has held in plethora of cases that non-governmental organisations (NGOs) and public spirited individuals can institute actions on behalf of group of victims usually from a community or class of people based on common public interest to claim for the violation of their human rights, because this group may not have the knowledge and the financial capacity to maintain legal action of such magnitude which affects the rights of many people, as Public interest issues are generally for the welfare and wellbeing of every individual in a society". Point 56. La Cour a rappelé sa position de principe sur l'actio popularis. Selon la Cour, « la doctrine de l'actio popularis a été développée sous le droit romain afin de permettre à tout citoyen de contester devant les tribunaux une violation d'un droit public. Cette doctrine s'est développée comme un moyen d'assurer que l'approche restrictive de la question de la qualité pour agir n'empêcherait pas les personnes d'esprit public de contester une violation d'un droit public devant les tribunaux. Dans un litige d'intérêt public, le demandeur n'a pas besoin de démontrer qu'il a subi un préjudice personnel ou qu'il a un intérêt particulier à protéger pour avoir qualité pour agir. Le demandeur doit établir qu'il existe un droit public digne de protection qui a été prétendument violé et que l'affaire en question est justiciable » (notre traduction), point. 57 de l'arrêt.

[40] SALL (A.), *Le contentieux de violation des droits de l'homme devant la Cour de justice de la CEDEAO*, L'Harmattan, 2019, p. 159.

[41] *Mary Sunday v. Nigeria*, n° ECW/CCJ/JUD/11/18 du 17 mai 2018.

[42] Au cours de l'incident, elle a subi des brûlures sur plusieurs parties du corps après que l'huile bouillante se soit déversée sur elle.

[43] TSADC, *Campbell and others v. The Republic of Zimbabwe*, Case n° 2/2007 of 8 November 2008.

[44] Cour afr. DHP, *Comm. ADHP c. République de Kenya*, point 144.

de la Cour, au sujet de la minorité autochtone, se rapproche de sa conception relativement libérale à l'égard de l'accessibilité de l'individu[45] à son prétoire. De même, l'ouverture de la Cour s'inscrit en droite ligne avec la jurisprudence de la Commission africaine dans l'affaire des *Endorois*[46], dans laquelle, elle insiste sur l'application des dispositions de la Charte pour protéger les droits des groupes minoritaires, en refusant de devenir « un chien édenté »[47].

Ainsi, le développement des cours supranationales africaines a favorisé la garantie libérale des droits des minorités d'accéder à la justice notamment le droit au recours[48]. Mais, ces juridictions supranationales établissent un certain nombre de critères objectifs pouvant justifier la concrétisation des droits des minorités ou groupes vulnérables.

2. Une concrétisation des droits conditionnée

Dans l'arrêt *Ogiek* précité, les critères de vulnérabilité et de peuple autochtone des groupes minoritaires ont permis au juge africain de poser les bases de protection des droits des personnes appartenant à des minorités. En effet, la Cour ADHP, après avoir identifié les critères de validité du caractère autochtone des communautés *Ogiek*, en s'inspirant du droit international, aboutit à la conclusion suivante : « la Cour reconnait les Ogiek en tant que population autochtone faisant partie intégrante du peuple kenyan, qui mérite une protection spéciale en raison de leur vulnérabilité »[49]. Mais la Cour ne clarifie pas le concept de vulnérabilité qui est un « enjeu de protection

---

[45] HOEFFNER (W.), « L'accès de l'individu à la Cour africaine des droits de l'homme et des peuples », in *The Centre for Studies and Research in International Law and International Relations*, p. 259. Consulted online on 25 August 2021.

[46] *Centre for Minority Rights Development on behalf of Endorois Community v. Kenya*. En l'espèce, l'État du Kenya avait expulsé dans les années 1970 des tribus d'éleveurs, les Endorois, de leurs terres ancestrales situées dans la province de la Valée du Rift pour y aménager une réserve faunique et des complexes hôteliers bâtis sur les rives du Lac Bogoria.

[47] NASIRUMBI (S.), "Revisting the Endorois and Ogiek cases: is the African Human rights mechanism a toothless bulldog", *Annuaire Africain des droits de l'homme*, 2020, p. 497.

[48] Le droit au recours comprend, d'une part, un aspect procédural d'accès à la justice, et d'autre part, un aspect substantiel lié à la réparation du dommage subi », Cf. SHELTON (D. L.), *International Human rights Law*, Edward Elgar Publishing, 2014, p. 180.

[49] Cour afr. DHP, *Comm. ADHP c. République de Kenya*, point 102. La Cour relève que « la plupart des allégations formulées par la Requérante portent sur la question de savoir si les Ogiek constituent une population autochtone », point 102. « La Cour relève que la notion de population autochtone n'est pas définie dans la Charte. En effet, il n'existe pas de définition universellement reconnue de la notion de « population autochtone » dans d'autres instruments internationaux des droits de l'homme », point 105.

spéciale »[50] des droits de l'homme avec la faiblesse du groupe[51] comme élément déterminant. Autrement dit, il s'agit de tout groupe « susceptible de faire l'objet d'une atteinte à ses intérêts »[52]. La Cour, dans sa décision, érige le concept de vulnérabilité au rang de critère essentiel pour justifier la protection spéciale des minorités ; ce qui élargit la marge de manœuvre de la Cour dans la qualification de la minorité.

Ensuite, la Cour continentale procède à la définition de la notion de peuple autochtone en s'inspirant des travaux de la commission[53]. Selon la Cour africaine, pour déterminer le caractère autochtone d'une population, « les facteurs pertinents à considérer sont la priorité dans le temps en ce qui concerne l'occupation et l'exploitation d'un territoire spécifique, une perpétuation volontaire du caractère distinctif culturel, qui peut inclure les aspects de la langue, l'organisation sociale, la religion et les valeurs spirituelles, les modes de production, les lois et les institutions, l'auto-identification ainsi que la reconnaissance par d'autres groupes ou par les autorités de l'État, en tant que collectivité distincte, et une expérience d'assujettissement, de marginalisation, de dépossession, d'exclusion ou de discrimination, que ces conditions persistent ou non »[54]. La démarche du juge supranational africain dénote l'indétermination des notions de « peuple autochtone » et de « vulnérabilité » susceptibles de conférer le statut de minorité. L'effort d'élucidation conceptuelle du juge est salutaire dans un contexte d'évolution et d'extension de la notion de minorités à plusieurs groupes sans tenir compte rigoureusement des critères objectifs dégagés par les instruments internationaux.

---

[50] RUET (C.), « La vulnérabilité dans la jurisprudence de la Cour européenne des droits de l'homme », *Revue trimestrielle des droits de l'homme*, 2015, p.317.

[51] ROUX-DEMANE (F.-X.), « La notion de vulnérabilité de la personne au regard de la jurisprudence de la Cour européenne des droits de l'homme », *Journal du Droit des jeunes*, 2015/5&6, p. 35.

[52] BESSON (S.), « La vulnérabilité et la structure des droits de l'homme – L'exemple de la jurisprudence de la Cour européenne des droits de l'homme », *in* L. BURGORGUE-LARSEN (dir.), *La vulnérabilité saisie par les juges en Europe*, Paris, Pedone, 2014, p. 60.

[53] La Cour se réfère aux travaux de la Commission : « Auto-identification; Attachement à leur terre et usage particulier de celle-ci, leur terroir et leur territoire ancestral ayant une importance fondamentale pour leur survie physique et culturelle collective en tant que peuples; État d'assujettissement, de marginalisation, de dépossession, d'exclusion ou de discrimination dues au fait que ces peuples ont des cultures, des modes de vie ou un mode de production différents de ceux du modèle national hégémonique et dominant » (avis consultatif de la Commission africaine des droits de l'homme et des peuples sur la Déclaration des Nations unies sur les droits des peuples autochtones adoptée par la Commission africaine des droits de DH et des peuples lors de sa 41e session ordinaire tenue le 15 mai 2007 d'Accra (Ghana), de la page 4.

[54] Point 107 de l'arrêt.

En revanche, la Cour de justice de la CEDEAO, au regard, de son ouverture en faveur des personnes vulnérables ou minorités, se rechigne à reconnaitre la qualité de peuple à certaines communautés pouvant bénéficier le droit d'accès à la justice. C'est le cas, dans l'arrêt *Marie Molmon & 114 autres c. République de Guinée*[55] où la Cour dénie curieusement la qualité de peuple aux habitants de la communauté de Saoro-Guinée dont les terres agricoles ont été occupées. Selon la Cour d'Abuja « en droit, en effet, la notion de peuple est susceptible de recouvrir plusieurs sens, mais aucun d'entre eux ne saurait être appliqué aux habitants de Saoro qui ont saisi la Cour. Il est certainement exclu que ceux-ci puissent prétendre se constituer en État. Ils ne peuvent non plus se prévaloir d'aucune spécificité d'ordre culturel ou autre leur conférant une autonomie à l'intérieur de la nation guinéenne, l'ensemble des requérants ne constitue pas une collectivité au sens où l'on entend ce terme dans l'ordre international, il ne peut pas invoquer en sa faveur les prérogatives que cet ordre attache à la qualité de peuple. N'étant pas un peuple, les demandeurs ne peuvent nullement revendiquer le faisceau de droits que le droit international reconnaît à une telle entité ».

Il résulte de l'étude de la jurisprudence des cours supranationales africaines que le droit des minorités ou groupes vulnérables d'accéder à la justice est clairement affirmé tel que défini dans les normes internationales. Ce droit a permis aux minorités de défendre leur droit de propriété, leur identité et leur droit à un environnement sain, comme c'est le cas lorsque la minorité *Ogiek* a été dépossédée de ses terres ancestrales. En raison de leur situation vulnérable, les cours africaines exigent aux États de veiller à ce que les droits de l'homme des groupes minoritaires soient respectés.

B. L'identification des obligations positives des États

Si « les droits et libertés des minorités sont régis par le principe d'égalité, l'équité compensatrice ; l'autonomie, la loyauté envers l'État ; le contrôle du droit international, la compétence nationale ; l'identité et la souveraineté »[56], leur respect passe par la mise en œuvre des obligations de l'État que les cours supranationales africaines ont précisé en termes d'obligations positives notamment par l'élimination de toute forme de discrimination à l'égard des minorités (**1**) et l'indication de mesures positives (**2**).

1. L'interdiction formelle de discrimination à l'égard des minorités

L'exercice des droits reconnus aux minorités nécessite une action positive de l'État. La théorie des obligations positives signifie que « les autorités publiques ont non seulement l'obligation négative de ne pas agir à l'encontre des droits fondamentaux individuels mais également l'obligation d'adopter

---

[55] N° ECW/CCJ/JUD/16/16 du 17 mai 2016.

[56] BEN ACHOUR (Y.), *op. cit.*, p. 422.

toutes les mesures nécessaires à la garantie effective de ces droits »[57]. Les États doivent s'abstenir de prendre tout acte susceptible de compromettre la viabilité des droits individuels des minorités ou groupes vulnérables. Les droits de l'homme limitent « l'action des pouvoirs publics. Ils constituent des droits défensifs du citoyen contre l'État. Ils garantissent à leurs bénéficiaires une sphère dans laquelle l'État ne doit pas intervenir »[58]. Et, de manière générale, le principe de non-discrimination « assure une garantie d'uniformité de traitement de tous les individus et permet aux personnes appartenant aux minorités de jouir sur un strict pied d'égalité, des mêmes droits que les autres citoyens »[59]. Dès lors, dans l'affaire *CDP c. État du Burkina Faso*[60], la CJCEDEAO considère que « le droit de restreindre l'accès à la compétition électorale…ne doit pas être utilisé comme un moyen de discrimination des minorités politiques ». Dans l'arrêt *Farimata Mahamadou et autres c. Mali*[61], elle a retenu que « les juridictions maliennes, en excluant les requérantes de la dévolution successorale du fait de leur sexe, ont opéré à leur égard une discrimination ». Il en est de même, dans l'affaire *Dorothy Njemanze & trois autres c. Nigeria*[62], lorsque la Cour d'Abuja estimait que l'arrestation des requérantes était illégale et violait leurs droits de ne pas être soumises aux traitements inhumains et dégradants et constituait également une discrimination fondée sur le sexe. L'attitude de la Cour est intéressante à plusieurs égards. Elle devient ainsi la première juridiction africaine à appliquer le Protocole de Maputo sur les droits de la femme, adopté depuis 2003. Pour la Cour, l'emploi du mot « prostitution » ou « Ashawo » est contraire à la dignité humaine et

[57] GAUTHIER (C.), PLATON (S.), SZYMCZAK (D.), *Droit européen des droits de l'homme*, Sirey, 2017, p. 85. Il faut rappeler, avec ces auteurs, que la théorie des obligations positives trouve son origine du droit allemand et la CEDH l'a consacré de manière progressive (Arrêt 23 juillet 1968, Affaire linguistique Belge). Plus tard, la Cour va préciser le contenu de la notion d'obligation positive notamment l'adoption des « mesures raisonnables et adéquates pour protéger les droits que l'individu tient de la Convention » (Arrêt, Lopez-Ostra, 9 décembre 1994, (§51). Cf. SUDRE (F.), « Les obligations positives » dans la jurisprudence européenne des droits de l'homme, *RTDH*, 1995, p. 363 ; SUDRE (F.), *Droit européen et international des droits de l'homme, op. cit.* : 247-255 ; BURGORGUE-LARSEN (L.), "Interpreting the European Convention: What can the African Human Rights system learn from the case law of the European Court of Human Rights on the interprÉtation of the European Convention", 5 *Inter-Am. & Eur. Hum. Rts*. J. 2012 (90-123) : 114.

[58] GAILLET (A.), HOCHMANN (Th.), et autres, (dir)., *Droits constitutionnels français et allemand, perspective comparée*, LGDJ, 2019, p. 379.

[59] SUDRE (F.), *Droit européen et international des droits de l'homme*, 9e édition revue et argumentée, p. 99.

[60] N° ECW/CCJ/JUD/16/15 du 13 juillet 2015, point 29.

[61] N° ECW/CCJ/JUD/11/16 du 17 mai 2016, point. 53.

[62] ECW/CCJ/08/17 du 12 octobre 2017. Elle a été saisie dans le cadre de l'affaire des quatre (4) femmes arrêtées dans la rue au Nigéria, puis détenues et accusées de prostituées.

constitue un traitement inhumain et dégradant[63]. La même attitude de la Cour est observable dans l'affaire des « filles enceintes » en Sierra Léone et qui étaient exclues de l'école. Le juge a considéré que la politique du gouvernement à l'égard des filles enceintes était discriminatoire[64]. Par ailleurs, la Cour ADHP, dans l'affaire des minorités *Ogiek*, a estimé que « l'article 2 de la Charte est péremptoire en ce qui concerne la jouissance de tous les autres droits et libertés protégées par la Charte. Cette disposition interdit strictement toute distinction, toute exclusion ou préférence fondée sur la race, la couleur, le sexe, la religion, l'opinion politique, d'origine nationale ou sociale, qui a pour effet d'annuler ou de compromettre l'égalité de chances ou de traitement »[65]. Pour elle, « une distinction ou une différence de traitement devient une discrimination…dès lors que ce traitement n'a pas de justification objective ou raisonnable et, selon les circonstances, lorsqu'il n'est ni nécessaire ni proportionné »[66] ; et que « l'interdiction de la discrimination ne peut pas être pleinement garantie par une simple adoption de lois qui la condamnent, ce droit ne pouvant être effectif que s'il est réellement respecté »[67]. La Cour déclare que « le refus de l'État défendeur de reconnaître et d'accorder les mêmes droits aux Ogiek en raison de leur mode de vie en tant que communauté de chasseurs cueilleurs équivaut d'une distinction fondée sur l'appartenance ethnique et/ou « toute autre situation » constitue une violation de l'article 2 de la Charte au motif que l'État n'a pas « reconnu aux Ogiek le statut de tribu distincte reconnu aux autres groupes similaires et, en conséquence, les avoir expulsés arbitrairement de la forêt de Mau leur refusant ainsi des droits reconnus à d'autres tribus similaires »[68].

---

[63] Page 45 de l'arrêt.

[64] *WAVES c. Sierra Leone*, ECW/CCJ/JUD/37/19 du 12 décembre 2019.

[65] *Cour afr. DHP, Comm. ADHP c. République de Kenya*, Requête n° 006/2012 du 6 mai 2017, point 137. L'article 2 de la Charte est libellé comme suit : « Toute personne a droit à la jouissance des droits et libertés reconnus et garantis dans la présente Charte, sans distinction aucune, notamment de race, d'ethnie, de couleur, de sexe, de langue, de religion, d'opinion politique ou de toute autre opinion, d'origine nationale ou sociale, de fortune, de naissance ou de toute autre situation ». « La portée du droit de la non-discrimination s'étend au-delà du droit de l'égalité de traitement par la loi. Elle a également une dimension pratique dans la mesure ou les individus devraient, de fait, être en mesure de jouir des droits inscrits dans la Charte sans aucune distinction de race, de couleur, de sexe, de religion, d'opinion politique, d'origine nationale ou sociale, ou de toute autre situation. L'expression « toute autre situation » englobe les cas de discrimination qui n'auraient pas pu être prévus au moment de l'adoption de la Charte. Pour savoir si un motif quelconque relève de cette catégorie, la Cour tient compte de l'esprit général de la Charte », point 139.

[66] Point 139.

[67] Point 144.

[68] Points 142 et 146 de l'arrêt.

2. L'indication de mesures positives

Les États ont l'obligation positive de protéger les droits de l'homme y compris ceux des groupes minoritaires. Cette obligation positive de l'État signifie que l'État doit adopter les mesures concrètes pour garantir les droits des minorités ou groupes vulnérables. Dans l'arrêt concernant la minorité *Ogoni* dans le delta du Niger, la CJCEDEAO donne une signification claire des obligations posées par la Charte en matière environnementale. Elle souligne avec vigueur que l'article 24 oblige chaque État membre de prendre des mesures législatives et administratives appropriées pour maintenir la qualité de l'environnement en appliquant le principe de précaution[69]. La protection des droits des minorités ne peut se traduire que par la mise en œuvre des conditions juridiques nécessaires à l'exercice des droits. Ainsi, dans l'arrêt *Madame Aminata Diantou Diane c. Mali*[70], la Cour rappelle l'obligation de protection en opinant que « l'obligation de protection des droits de la famille notamment la femme et l'enfant au sens de l'article 18 de la Charte africaine des droits de l'homme et des peuples impose à l'État d'assurer de manière particulière un traitement humain de cette catégorie de personnes en raison de leur vulnérabilité. Il s'agit là d'une obligation positive vis-à-vis de toute personne humaine, mais qui prend une dimension particulière lorsqu'il s'agit d'actes dirigés contre la gent féminine ou les enfants qui sont davantage exposés à toutes sortes de menaces ou de persécutions ». La Cour a confirmé cette position jurisprudentielle lorsqu'elle considère qu'au titre de la Convention sur l'élimination de toutes les formes de discrimination à l'égard des femmes, « les États doivent adopter des mesures législatives et administratives pour prévenir la discrimination basée sur le genre »[71]. C'est avec l'affaire *Tahirou & 3 autres c. Niger*[72], que la Cour va insister sur les obligations des États à prendre des mesures pour réaliser les droits de l'homme y compris ceux des groupes minoritaires. Pour la Cour, « l'obligation de respect, requiert des États parties de s'interdire toute ingérence directe ou

[69] CJCEDEAO, *SERAP vs Federal Republic of Nigeria*, n° ECW/CCJ/JUD/08/12. La Cour énonce la théorie des obligations positives de l'État en matière environnementale inaugurée par la jurisprudence de la CEDH. Ensuite, la Cour d'Abuja constate que le Nigéria a manqué à ses obligations de protection des populations du Delta du Niger victimes de la dégradation des opérations pétrolières en ne prenant pas de mesures requises par l'article 1 pour se conformer à l'article 24 de la Charte africaine.

[70] N°ECW/CCJ/JUD/14/18 du 21 mai 2018. En l'espèce, le Mari de la femme atteint d'accident cérébral et évacué à l'étranger. La famille et ses trois frères discutent de la tutelle de ses biens ; la femme a obtenu la procuration de la famille pour administrer les biens. Les frères du Mari engagent une procédure de divorce et la femme est suspectée de séquestration et d'enlèvement du Mari.

[71] CJCEDEAO, *Dorothy Njemanze & trois autres c. Nigeria*, ECW/CCJ/08/17 du 12 octobre 2017.

[72] N° ECW/CCJ/JUD/13/2020 du 8 juillet 2020.

indirecte dans la jouissance des droits économiques, sociaux et culturels, ce qui comprend la prise de mesures pour veiller à ce que tous les pouvoirs du gouvernement (législatif, exécutif et judiciaire) à tous les niveaux (national, régional et local) ainsi que tous les organes de l'État ne violent pas les droits économiques, sociaux et culturels ; l′ obligation de protection requiert que l'état prenne des mesures positives pour garantir que les acteurs non-étatiques (….) ne violent pas les droits économiques, sociaux et culturels ; le devoir de promotion des droits économiques, sociaux et culturels requiert que les États adoptent des mesures visant à sensibiliser davantage les personnes sur leurs droits et à fournir des informations accessibles sur les programmes et les institutions adoptés pour les réaliser ; et enfin, le devoir d'appliquer les droits économiques, sociaux et culturels requiert que les États parties prennent des mesures positives pour faire avancer la réalisation de ces droits, y compris l'adoption de mesures qui permettent et aident les individus et les communautés à avoir accès à ces droits par eux-mêmes »[73].

En tout état de cause, les cours supranationales africaines indiquent aux États l'obligation d'octroyer « un traitement préférentiel aux minorités ou groupes vulnérables pour préserver leurs spécificités et traditions ». L'analyse de la jurisprudence montre que la reconnaissance des droits des minorités est garantie par l'admission de l'accès à la justice et la mise en œuvre des obligations des États. Ces éléments, découlant de l'interprétation dynamique des cours supranationales africaines[74], renforcent le système de protection des droits des minorités en Afrique. Cependant, la CJCEDEAO a tenu à préciser le caractère contingent des droits sociaux économiques, lorsque leur réalisation suppose une intervention directe de l'État, dans l'affaire *Mary Sunday*[75] en évoquant que : « l'exécution d'un devoir de (nature médicale) ne

---

[73] Point 238 de l'arrêt.

[74] Sur la contribution interprétative des cours communautaires africaines, voir SOW (I.), *La fonction judiciaire dans les systèmes communautaires de l'UEMOA et de la CEDEAO*, Dakar, L'Harmattan, 2021 ; BAKO (P. J.-B.), *Les méthodes d'interprétation des cours de justice des organisations africaines d'intégration*, Bruxelles, Bruylant, 2021 ; ZONGO (M.), « L'Union de Droit au Sein de l'Union économique et Monétaire Ouest Africaine (UEMOA), L'Harmattan, 2020 ; FALL (M.), *Les cours de justice africaines et l'intégration*, Thèse de Doctorat, Université de Nantes, 2020 ; KEMFOUET KENGNY (E.-D.), *Les juridictions des organisations d'intégration économique en Afrique*, Paris, LGDJ, 2018 ; TSANGA NDOMO (C. L.), *Les effets des décisions de la Cour de justice de la CEMAC. Contribution à l'étude d'une justice intégrative inspirée du modèle communautaire européen*, Thèse, Université de Nantes, 2017 ; AGBODJAN (S. A.), *La juridictionnalisation des droits de l'homme à la faveur d'une intégration économique, l'expérience de la CEDEAO*, Thèse, Université Paris 2 Panthéon Assas, 2018 ; DIALLO (M), *La contribution du juge communautaire à la construction du droit des organisations d'intégration en Afrique*, Thèse de doctorat, Université de Dakar, 2019.

[75] *Mary Sunday v. Nigeria*, n°ECW/CCJ/JUD/11/18 du 17 mai 2018.

saurait être absolue dans la mesure où ce devoir renvoie à la qualité du plateau médical, qui est forcément tributaire des moyens dont dispose l'État. Dans un tel cas de figure, les organes chargés de la protection des droits de l'homme tiennent toujours compte des ressources des États lesquelles reflètent leurs niveaux de développement »[76]. En l'espèce, la Cour a écarté toute violation du droit à la santé de la femme requérante prévue à l'article 16 de la Charte africaine. Il s'agit d'un droit-créance qui dépendent des moyens économiques de l'État.

Au demeurant, la jurisprudence des cours supranationales a révélé une reconnaissance évolutive des droits des minorités ou groupes vulnérables par l'effectivité de l'accès à la justice et par l'existence d'obligations claires à la charge des États membres et des droits au profit des groupes minoritaires.

II. La protection renforcée des minorités

L'idéologie dominante dans la protection de l'homme reste l'invocation des droits individuels. Mais la jurisprudence des juridictions supranationales africaines relatives aux minorités concilie la dimension collective (**A**) et celle individuelle (**B**) en matière de protection des droits reconnus aux minorités ou groupes vulnérables. Cette stratégie jurisprudentielle a contribué à la protection des individus issus des minorités.

A. La dimension collective

La collectivisation de la protection des droits des minorités est une particularité africaine si on la compare avec l'instrumentalisation de la conception individualiste des droits de l'homme par la Cour de Strasbourg. La dimension collective des droits reconnus par la Charte africaine influence le système africain de protection des droits de l'homme. L'étude des arrêts relatifs aux minorités *Ogiek* et *Ogoni* ont permis de saisir la pédagogie et l'audace des cours dans la volonté de préservation de l'identité des minorités par le respect des droits culturels et religieux (**1**) et dans la défense de leurs droits collectifs (**2**).

1. La préservation de l'identité des minorités par le respect des droits culturels et religieux

Les droits culturels constituent l'expression de l'identité des minorités autochtones. Ils jouent un rôle important dans la revendication du statut minoritaire d'un groupe. La Cour ADHP assure une protection rigoureuse des droits des minorités à la culture et à la religion en tant que critères objectifs de qualification. Les droits culturels sont exercés collectivement par la minorité territoriale. À cet égard, la Cour africaine, dans l'affaire *Ogiek*, soucieux de faire bénéficier aux minorités une protection maximale en raison de leur

[76] Page 6 de l'arrêt.

vulnérabilité, a précisé que « le droit à la culture consacré à l'article 17(2) et (3) de la Charte doit être considéré dans sa double dimension, à la fois individuelle et collective. D'une part il garantit la participation des individus à la vie culturelle de leur communauté et, d'autre part, il oblige l'État de promouvoir et de protéger les valeurs traditionnelles reconnues par une communauté »[77], et que « dans le contexte des sociétés autochtones, la préservation de la culture revêt une importance particulière, ces populations autochtones ayant souvent été victimes des activités économiques des autres groupes dominants et des programmes de développement de grande échelle. En raison de leur vulnérabilité manifeste qui est parfois due à leur nombre ou à leur mode de vie traditionnel, des populations autochtones ont même parfois fait l'objet et été la cible facile de politiques délibérées d'exclusion, d'exploitation, d'assimilation forcée, de discrimination et d'autres formes de persécution, d'autres ont fait face à l'extinction de leur spécificité culturelle et de leur continuité en tant que groupe distinct »[78]. La Cour a jugé que l'État kenyan a porté atteinte aux droits culturels des communautés *Ogiek*[79].

Aussi, la Cour impose une rigueur à l'État défendeur dans la préservation de la liberté de conscience et de la religion prévue à l'article 8 de la Charte africaine. Elle accorde une attention particulière à la spécificité du « contexte des sociétés traditionnelles parfois dépourvues de toute institution religieuse formelle, la pratique et la profession de la religion sont normalement inextricablement liées à la terre et à l'environnement »[80]. Les restrictions du gouvernement kenyan ont été décriées par la Cour, en ces termes : « La population Ogiek ne peut plus pratiquer sa religion dans la forêt de Mau, du fait qu'elle en a été expulsée. De surcroit, elle doit demander chaque année un permis et payer une redevance pour accéder à la forêt », et que « les mesures d'expulsion et toutes ces obligations réglementaires portent atteinte à la liberté de religion des populations Ogiek »[81].

Au final, la Cour a tenu à préserver les droits et valeurs culturels et religieux de la minorité autochtone vivant dans la forêt de Mau contre les ingérences injustifiées de la puissance publique ; ce qui amène aussi à la Cour

---

[77] *Comm. ADHP c. République de Kenya*, Requête n°006/2012, point. 177.

[78] Point 180. La Cour a considéré également que « la protection des droits culturels va au-delà de l'obligation de ne pas détruire ou affaiblir délibérément des groupes minoritaires, et exige le respect et la protection du patrimoine culturel du groupe qui est essentiel à son identité… La culture doit être appréhendée dans son sens le plus large qui recouvre le mode de vie d'un groupe particulier dans son ensemble, notamment ses langues, ses symboles comme les modes vestimentaires et de construction d'abris, les activités économiques qu'il mène, la production… » (Point 179 de l'arrêt).

[79] Point 184.

[80] Point 164.

[81] Point 167.

continentale d'assurer la protection collective des droits sociaux et économiques des minorités garantis par la Charte africaine.

2. La défense des droits de propriété collective, du développement et de l'environnement

Rappelons que les dispositions de la Charte traitant des « droits collectifs de solidarité »[82] ou « droits de troisième génération »[83], traduisant « une certaine conception de la vie en communauté »[84], offrent une opportunité pour les cours supranationales de protéger les droits des minorités nationales. Les droits conférés par la Charte africaine sont protégés de manière dynamique par les cours supranationales. En effet, le droit à la libre disposition des richesses et des ressources naturelles (article 21), le droit au développement (article 22) et le droit à un environnement sain (article 24) constituent des droits bénéficiant d'une protection systématique pour les communautés autochtones ou groupes vulnérables. La Cour ADHP, après avoir mentionné le respect de la souveraineté et de l'intégrité territoriale, considère que « rien ne ferait obstacle à ce que d'autres droits des peuples, tels que le droit au développement (article22), le droit à la paix et à la sécurité (article 22) ou le droit à un environnement sain (article 24), soient reconnus, en cas de besoin, spécifiquement aux groupes et communautés ethniques composant la population d'un État »[85]. Elle poursuit, en soulignant qu'elle a déjà « reconnu aux Ogiek un certain nombre de droits de leur terre ancestrale, à savoir le droit d'usage (usus) et le droit de jouissance des produits de la terre (fructus), qui présupposent le droit d'accéder à celle-ci et de l'occuper. Dans la mesure où ces droits ont été violés par l'État défendeur, la Cour considère qu'il a également violé l'article 21 de la Charte étant donné que les Ogiek ont été privés du droit de jouir et de disposer librement des richesses alimentaires que produisent leurs terres ancestrales »[86]. Ensuite, « la Cour réitère la position qu'elle a exprimée plus haut au sujet de l'article 21 de la Charte, à savoir que le terme <peuples> couvre toutes les populations en tant qu'élément constitutif d'un État. En tant que partie intégrante de l'État, ces populations ont droit au développement social, économique et culturel. En conséquence la population Ogiek peut prétendre au droit au développement inscrit à l'article 22 de la

---

[82] OUGUERGOUZ (F.), *La Charte africaine des droits de l'homme et des peuples : une approche juridique des droits de l'homme entre tradition et modernité*, Graduate Institute Publications, 1993, p. 160 ; MBAYE (K), *Les droits de l'homme en Afrique*, Pedone, 1992, p. 184.

[83] FAVOREU (L.), GAIA (P) (dir.), *Droits des libertés fondamentales*, Paris, 7e éd. Dalloz, 2016, p. 39.

[84] VASAK (K.), *Le Droit international des droits de l'homme*, RCADI, (Volume 140), 1974, p. 344.

[85] Point 199.

[86] Point 201.

Charte »[87]. Cette démarche de renvoi du juge pour parvenir à la violation des droits des minorités, a été qualifiée de « certes de gage d'économie analytique, mais source de frustration pour l'auditoire »[88].

En plus de ces droits protégés en faveur des minorités, la jouissance du droit à un environnement sain, qualifiée de « condition d'exercice des droits de l'homme »[89] avec une certaine créativité du juge supranational[90] est un point fort de la jurisprudence africaine. Cette dernière s'inspire de la Cour interaméricaine qui déclare que « la dégradation environnementale est facteur de violation de plusieurs droits, tant de nature substantive que procédurale notamment les personnes les plus vulnérables »[91] et que « le droit à un environnement sain a une dimension individuelle et collective car il constitue un intérêt universel qui se doit aux générations présentes et futures »[92]. Sur cette question environnementale, la Cour de justice de la CEDEAO, a estimé que l'article 24 de la Charte africaine des droits de l'homme et des peuples[93] « requiert donc de tout État de prendre toute mesure pour maintenir la qualité de l'environnement comme un tout intégré, de sorte que l'état de l'environnement puisse satisfaire les êtres humains qui vivent là et accroitre leur développement durable »[94]. La protection du droit à un environnement sain au profit du peuple *Ogoni* dans le delta du Niger illustre l'émergence d'une véritable « justice environnementale »[95] selon l'expression de James Thuo Ghatii.

---

[87] Point 208.

[88] BURGORGUE-LARSEN (L.), NTAWARI (G.-F.), « Chronique de jurisprudence de la Cour africaine des droits de l'homme et des peuples », *op. cit.*, p. 950.

[89] Cf. BAUMANN (P.), *Le droit à un environnement sain et la Convention européenne des droits de l'homme*, Paris, LGDJ, 2021, p. 99.

[90] DIOP (E.-O.), « Les juridictions internationales et le contentieux de l'environnement », p. 24. http://afrilex.u-bordeaux.fr/wp-content/uploads/2021/05/ Juridictions-internationales-et-contentieux-de-lenvirronnement.pdf, consulté le 19 août 2021.

[91] Cf. Avis de la Cour interaméricaine des droits de l'homme du 15 novembre 2017, avis consultatif demandé par la Colombie, Environnement et Droits de l'homme, OC-23/17 ; points 64-67. Cf. COURNIL (C.), (dir.), « Environnement et droits de l'homme », *Journal européen des droits de l'homme*, 2018/4, p. 394.

[92] Points 59.

[93] Selon l'article 24 « Tous les peuples ont droit à un environnement satisfaisant et global, propice à leur développement ». Sur l'analyse détaillée de la portée de cet article, nous pourrons nous référer au commentaire de M. A. MEKOUAR, « Article 24 » : 626-643, *in* Maurice KAMTO (dir.), *La charte africaine des droits de l'homme et des peuples et le Protocole y relatif portant création de la Cour africaine des droits de l'homme*, Bruxelles, Bruylant, 2011.

[94] Arrêt SERAP, points 98-101.

[95] J. T. GATHII, "Saving the Serengeti: Africa's New International judicial Environmentalism", *Chicago Journal of International Law*, volume 16, n° 2, 2016 (386-438).

Donc, il apparaît dans la jurisprudence africaine que la dimension collective est un instrument opératoire. Lorsqu'il s'agit de protéger les droits des minorités ou groupes, on note une interaction entre droits individuels et collectifs ; ce qui limite la frontière tracée entre les droits comme le montre l'arrêt *Ogiek* de la Cour africaine.

B. La dimension individuelle au service des minorités

La jurisprudence des cours supranationales montre que les droits individuels appartenant aux groupes membres d'une minorité sont aussi protégés de manière proactive. D'une part, le droit de propriété individuelle, prévue à l'article 14 de la Charte africaine, bénéficie d'une protection active (**1**) au profit des minorités. D'autre part, l'analyse de la dimension individuelle des droits protégés mentionne la sanction de la violence (**2**) subie par les groupes vulnérables.

1. La protection active de la propriété individuelle

Les cours supranationales africaines utilisent des droits individuels de la Charte africaine et des textes que les États ont ratifié pour protéger les groupes vulnérables ou les minorités. Les droits individuels, en pratique, sont très utilisés pour garantir les droits des minorités nationales. Ainsi, dans l'affaire *Ogiek*, la CADHP s'est basée sur le droit de la propriété individuelle pour défendre les biens appartenus à la minorité autochtone. La Cour « fait observer que bien qu'il soit abordé dans la partie de la Charte qui consacre les droits reconnus aux individus, le droit de propriété tel qu'il est garanti par l'article 14 de la Charte peut aussi s'appliquer aux groupes ou communautés ; en effet, ce droit peut être individuel ou collectif »[96]. Elle use le droit de propriété privée inscrite dans la Charte. En vertu de l'article 14 de celle-ci, « le droit de propriété est garanti. Il ne peut y être porté atteinte que par nécessité publique ou dans l'intérêt général de la collectivité, ce, conformément aux dispositions des lois appropriées ». Le juge continental a saisi l'occasion pour évoquer l'essence du droit de propriété, en ces termes : « dans son acception classique, le droit de propriété comporte trois éléments, à savoir le droit d'user de la chose qui en fait l'objet du droit (usus), le droit de jouir de ses fruits (fructus), et le droit d'en disposer, c'est-à-dire de le céder (abusus) »[97] ; que les Ogiek ont le droit d'occuper leurs terres ancestrales, d'en user, et d'en jouir »[98], et qu'en expulsant les Ogiek de leurs terres ancestrales contre leur gré, sans consultation préalable et sans respecter les conditions d'une expulsion pour cause d'utilité publique, l'État défendeur a violé leurs droits de la terre tels qu'ils sont définis ci-dessus et tels qu'ils sont garantis à l'article 14 de la Charte, lu à la lumière de la Déclaration des Nations unies sur les droits des peuples

---

[96] Point 123.
[97] Point 124.
[98] Point 128.

autochtones de 2007 »[99]. Cette précision de la propriété individuelle par la Cour ADHP a été systématisée par la CJCEDEAO, dans l'arrêt *Tahirou & 3 autres c. Niger*[100], de manière pédagogique. Pour la Cour : « le droit de propriété, en tant qu'élément important du droit économique, réservé à la personne humaine, prévu dans les instruments internationaux... La Commission Africaine Droits de l'Homme et des Peuples, dans l´affaire Dino Noca c. la République Démocratique du Congo, a souligné que deux principes directeurs du droit à la propriété résultent de l'article 14 de la CADHP, le premier principe étant que le droit à la propriété signifie le droit des individus au respect de la jouissance de leurs biens – « jouissance paisible des biens » - *et le second principe annonçant la possibilité et les conditions qui doivent être remplies pour appliquer des restrictions au droit à la propriété.* Dans le même ordre d´idées, la Cour Africaine des Droits de l'Homme et des Peuples a, dans l'affaire bien connue, « Ogiek » déclaré que « dans sa conception classique, le droit de propriété renvoie généralement à trois éléments, à savoir : le droit d'utiliser la chose qui fait l'objet du droit (usus), le droit de jouir de son fruit (fructus) et le droit de disposer de la chose, c'est-à-dire le droit de la transférer (abusus) ». Ainsi, comme les autres droits de l'homme, le droit à la propriété impose une combinaison de devoirs négatifs et positifs aux États, tel que le devoir de « respecter, protéger, promouvoir et appliquer »[101].

---

[99] Point 131.

[100] N° ECW/CCJ/JUD/13/2020 du 8 juillet 2020.

[101] Points 233 à 236. L'effort de la Cour est remarquable sur la question de la protection du droit de la propriété, de plus en plus invoquée par les requérants. Cf. *M. Ibrahima Kassus Dioubate K Energie SA c/ Guinée*, n° ECW/JUD/14/2020 du 09 juillet 2020 : « Le droit de propriété, en tant qu'élément important du droit économique, réservé à la personne humaine, prévu par les instruments internationaux, à savoir les articles 17 de la Déclaration Universelle des Droits de l'Homme (DUDH) et 14 de la Charte Africaine des Droits de l'Homme et des Peuples (CADHP) est un droit humain. (Voir Arrêt n° ECW/CCJ/JUD/01/11 du 9 février 2011, rendu dans l'affaire Hadji Tidjani Aboubacar c. la Banque Centrale des États de L´Afrique de l´Ouest (BCEAO) et L'État du NIGER. » (point 217). *Dans l'arrêt rendu dans l'affaire Dexter oil Limited c. Liberia, cette Cour a défini le droit de propriété comme suit:* « la possession à laquelle les personnes peuvent prétendre sur présentation d'un titre juridique, d'une preuve de propriété ou de tout document conférant le droit de propriété ». *(ECW/CCJ/JUD/03/19, p. 23. Arrêt, Registered Trustees of Association of Former Telecom Employees of Nigeria v. Federal Republic of Nigeria; Dans l'affaire Benson Olua Okomba c. Benin, ECW/CCJ/JUD/05/17 du 10 octobre 2017, la Cour a déclaré que* « Le droit à la propriété implique généralement qu'un propriétaire n'a droit à aucune ingérence dans la jouissance de sa propriété, en particulier par le gouvernement ». Sur la protection du droit de propriété, voir aussi, les arrêts *Cheikh Guèye c/ Sénégal*, n° ECW/CCJ/JUD/21/20 du 20 septembre 2020 (violation du droit de propriété) ; *Société BEDIR SARL c/ Niger*, n° ECW/CCJ/JUD/11/20 du 1 juillet 2020 (violation du droit de propriété à la suite du retrait d'agrément d'écoles) point 93.

En dehors de la dimension protectrice des droits, cette attitude de la Cour communautaire montre l'importance du dialogue des juges africains aux fins d'harmonisation des règles de protection de droits des communautés pour des raisons de sécurité juridique.

Notons que l'instrumentalisation de la Cour des droits individuels au service de la protection minoritaire est en soi encourageante sous réserve d'éviter le risque de confusion des droits.

2. La sanction de la violence

L'examen de la jurisprudence montre qu'un accent particulier est mis sur la faiblesse de la situation de certains groupes dans la jouissance des droits individuels. Il s'agit des groupes vulnérables subissant des violences conjugales ou policières. Par exemple, la jurisprudence a sanctionné les violences subies par les femmes en raison de leur situation individuelle fragile, qu'il s'agisse de l'agression sexuelle[102] ou physique[103], de la discrimination dans les établissements d'enseignement[104], du non-respect de la dignité humaine, etc. Les cours supranationales sanctionnent l'inaction des États dans la poursuite des auteurs ayant commis des violences sexuelles à l'encontre des femmes. C'est ce que la CJCEDEAO, a rappelé dans un arrêt récent *Aircraftwoman NAF c. Nigeria* du 30 avril 2021. Dans cette affaire, la Cour a condamné la République fédérale du Nigéria à verser une somme forfaitaire de deux cent mille dollars américains (200 000 $) à titre d'indemnisation à une ancienne aviatrice de l'armée de l'air nigériane, victime d'agression viol par un officier supérieur[105]. Sur la base du rapport médical soumis à la Cour, qui n'a pas été contesté par le défendeur, le Nigéria, la Cour a jugé que la requérante avait été victime d'actes constitutifs de viol[106] et que « les États membres ont la responsabilité, en vertu du droit international des droits de

---

[102] CJCEDEAO, *Dorothy Njemanze & trois autres c. Nigeria*, ECW/CCJ/08/17 du 12 octobre 2017. Violation des articles 5 de la CADHP ; 3&4 du Protocole de l'UA sur les droits des femmes du 11 juillet 2003. Art 2, 3 et 15 sur l'élimination de toutes les formes de discrimination à l'égard des femmes ; *Aircraftwoman NAF c. Nigeria*, 30 avril 2021.

[103] *Mary Sunday v. Nigeria*, n° ECW/CCJ/JUD/11/18 du 17 mai 2018.

[104] *WAVES c. Sierra Leone*, ECW/CCJ/JUD/37/19 du 12 décembre 2019. Pour rappel, le Gouvernement a mis en place des politiques pour interdire aux filles enceintes d'aller à l'école. Violation des 1, 2 et 17 (1) de la CADHP ; art. 1, 3, 4, 11 et 24 de la Charte sur le bien-être de l'enfant ; art. 2 et 12 sur le Protocole des droits des femmes, art. 2 ; 3 et 5 (a), Convention sur l'élimination des formes de discrimination à l'égard des femmes.

[105] La requérante avait été agressée sexuellement et brutalement violée à la base de l'armée de l'air nigériane de Kaduna.

[106] La Cour a condamné dans les termes les plus forts, l'inaction affichée par les autorités de la NAF et le Nigéria dans la grave violation du respect de la dignité de la requérante…

l'homme, de respecter, protéger et mettre en œuvre les droits de l'homme dans les traités auxquels ils sont parties. En ce sens, les États ont une responsabilité indéniable d'empêcher la violence sexuelle, d'enquêter et de punir tous les cas de violations des droits de l'homme, y compris le viol qui constitue une violation de l'article 5 de la Charte africaine »[107].

La jurisprudence de la Cour est protectrice des droits des groupes vulnérables notamment ceux des femmes et des enfants. Dans sa pratique jurisprudentielle, elle sanctionne systématiquement les violences de toutes formes exercées à l'égard de ces groupes. En même temps, elle refuse les situations de rupture d'égalité en raison de la situation individuelle[108] et protège « l'intérêt supérieur de l'enfant »[109].

La protection des minorités par les cours supranationales contribue au renforcement de l'État de droit dans sa dimension substantielle. La vulnérabilité des minorités ou l'existence de discriminations à leur encontre sont révélées par la jurisprudence. Celle-ci a garanti l'accès à la justice aux minorités, imposé aux États l'obligation de protection vigilante, et a précisé les contours des droits des minorités et des groupes vulnérables. La Cour ADHP a jugé que le gouvernement kényan coupable d'avoir violé les droits et libertés d'une minorité, les *Ogiek*, en les chassant de leurs terres ancestrales. La CJCEDEAO

---

[107] https://www.courtecowas.org/2021/05/01/ecowas-court-condemns-nigerian-government-for-impunity-in-the-rape-of-an-aircraftwoman-by-naf-officer-and-awards-200000-damages/, consulté 10 août 2021.

[108] La CJCEDEAO a considéré que « l'égalité devant la loi implique qu'une personne ne peut faire l'objet d'une discrimination qui soit fondée sur des critères tels que la race, l'ethnie, la religion, le sexe » Farimata Mahamadou et autres c. Mali, du 17 mai 2016, point 67.

[109] *Ajami Yasmine Marie Jeanne c/Côte d'Ivoire*, n° ECW/CCJ/JUD/12/20 du 8 juillet 2020. Dans cette affaire, la Cour assure une protection des droits de l'enfant Eva Ezzedine. Elle a considéré qu'elle « ne trouve aucune raison valable pour justifier la discrimination fondée sur la naissance hors mariage et aucun rapport raisonnable de proportionnalité entre les moyens employés et la finalité poursuivie », (point 287) ; « l'État défendeur a violé les droits de l'enfant à l'égalité devant la loi et à ne pas être discriminé, prévus et garantis par les articles 1er et 2 de la Déclaration Universelle des Droits de l'Homme, 2 et 3 de la Charte Africaine et 3 de la Charte Africaine des Droits et du Bien-être de l'Enfant précitées, dont il fait partie. La Cour conclut que l'État défendeur n'a pas fourni à l'enfant en l'espèce la protection et les soins nécessaires à son bien-être, en violation du principe de « l'intérêt supérieur de l'enfant » prévu aux articles 3 (1) de la Convention Internationale relative aux Droits de l'Enfant de 1989 et 4 de la Charte Africaine des Droits et du Bien-être de l'Enfant » (point 306). La Cour conclut que « la discrimination subie par l'enfant Eve a eu des conséquences incontestables dans sa vie, à savoir le droit de faire établir sa paternité, de faire usage du nom de famille de son père, d'avoir la nationalité ivoirienne et de pouvoir succéder à l'héritage ouvert par le décès de son père, ce qui lui a sans doute causé un préjudice moral, qui doit être réparé », (point 318).

a interdit aux États membres de discriminer les groupes vulnérables notamment les femmes et a demandé la cessation des violences et agressions de toute forme.

Il semble que la jurisprudence des cours supranationales africaines n'a pas encore fini de montrer ses virtualités dans la protection des minorités (accès à la justice, réparation et indemnisation). Mais il a été question dans cette contribution, d'examiner les décisions rendues par les cours africaines pour en ressortir leur substance afin d'y voir clair sur le niveau de reconnaissance, de protection et de promotion des droits des minorités dans le contexte africain. La doctrine du juge supranational est d'exiger aux autorités nationales d'accorder une protection spéciale aux membres d'une minorité. Pourvu que son allure ne soit pas freinée par l'attitude de défiance des États, traduite par la fameuse expression employée par Philippe Frumeur « je suis venu te dire que je m'en vais… »[110] pour évoquer la dénonciation des traités régionaux de protection des droits de l'homme.

[110] RGDIP, 2021-2, p. 253.

THÈME 2

MINORITÉS ET DROIT PUBLIC

Minorités et droit des finances publiques

Abdou Aziz Daba KÉBÉ

Maître de Conférences agrégé

Université Cheikh Anta Diop de Dakar, Sénégal

Introduction

« A bien des points de vue, la constitution sociale d'un pays est plus importante que sa constitution politique »[1] avait déjà écrit Maurice Hauriou. La protection des droits des personnes appartenant aux minorités ou groupes vulnérables traduit parfaitement la version démotique de la constitution empreinte d'identité et de spécificités culturelles.

Le concept de minorités est au cœur de tous les débats publics parce qu'il recouvre et contient plusieurs réalités. Il ne fait pas l'objet d'une définition commune en droit positif. Selon la définition connue du Rapporteur de la Sous-commission de la lutte contre les mesures discriminatoires et de la protection des minorités, Francesco Capotorti[2], une minorité constitue *« un groupe numériquement inférieur au reste de la population d'un État, dans une position non dominante, dont les membres ressortissants de cet État possédant des caractéristiques ethniques ou linguistiques différentes de celles du reste de la population et manifestent, ne serait-ce qu'implicitement, un esprit de solidarité et une volonté de préserver leur culture, leurs traditions, leur religion ou leur langue »*[3].

Cette définition implique plusieurs commentaires. Les minorités sont caractérisées par leur infériorité numérique ou de taille par rapport au groupe majoritaire ou la société dans son ensemble (cas des Pygmées en Afrique centrale)[4].

Cependant, la notion de minorité ne traduit pas toujours l'idée du moins nombreux. Le critère numérique n'est pas un critère décisif pour qu'une population puisse être qualifiée toujours de minorité. En effet, on peut avoir des groupes numériquement majoritaires mais socialement, économiquement

---

[1] *Précis de droit constitutionnel,* Sirey, 2e édition, 1929, p. 611.

[2] Rapporteur de la Sous-commission de la lutte contre les mesures discriminatoires et de la protection des minorités.

[3] CAPOTORTI (F.), « Study on the Rights of Persons Belonging to Ethnic, Religious and Linguistic Minorities », Rapport du Rapporteur spécial de la Sous-Commission pour la prévention de la discrimination et la protection des minorités, New York, Nations unies, 1979, E/CN.4/Sub.2/384/Rev.1, para. 568.

[4] BAHUCHET (S.), « Les Pygmées d'aujourd'hui en Afrique centrale », *Journal des Africanistes,* Année 1991 61-1 : 5-35.

ou politiquement défavorisés et « minorisés » ; ainsi, pendant longtemps, en Afrique du Sud, les gens de couleur (les Noirs) étaient dans la même situation de « majorité minorisée »[5]. On peut ranger dans ce cadre les peuples colonisés (majoritaires) dans leurs relations avec la communauté de colonisateurs (minoritaires)[6]. Les groupes supérieurs en nombre peuvent être donc des minorités.

Ensuite, les minorités reflètent une position non dominante. Elles subissent des discriminations dans les domaines politique et socio-économique en raison de leur appartenance à un même groupe ethnique, linguistique ou religieux, comme les Afro-Américains aux États-Unis et les Pygmées en Afrique centrale. Enfin, les minorités manifestent une volonté commune de solidarité (définition subjective) et de préservation de leur culture[7].

Dans un second sens plus contemporain, « les minorités sont des groupes défavorisés au plan économique, social ou politique, quel que soit leur rapport numérique à l'ensemble de la société, bien qu'il s'agisse presque toujours d'un rapport d'infériorité »[8]. Il s'agit d'une infériorité socio-économique, politique, juridique qui frappe certains groupes dans les relations sociales. Le concept de minorité répond à celui de « groupe vulnérable » c'est-à-dire, « les personnes handicapées (sur le plan physique ou mental), les jeunes, les personnes âgées, les chômeurs, les personnes homosexuelles, les malades, les minorités de couleur, les femmes, les étrangers, les assistés sociaux, les sans domicile fixe, et l'on pourrait ajouter longtemps à la liste »[9]. On peut donc parler de minorité économique, sociale, budgétaire ou fiscale.

La minorité évoque l'état de moindre capacité [10] au « sens de groupe doté de moindre pouvoir »[11] subissant des inégalités dans la répartition des ressources publiques. La marginalisation et l'exclusion dans la répartition des

---

[5] GUILLAUMIN (C.), « Sur la notion de minorité. Réflexions à propos d'une recherche sur le racisme », in www.persee.fr/doc/homso_0018-4306_1985_num_77_1_2224, pp.101-109, *L'Homme et la société*, n° 77-78 1985.

[6] *Ibid*, 101.

[7] FALL (M.), *La protection constitutionnelle des minorités en Afrique : les exemples de l'Afrique du Sud, du Burundi et du Cameroun. Contribution à l'étude du droit constitutionnel des minorités*), UCAD 2020, p.10 et s ; V. SALL (I.), *Capacitation juridique et fabrique de l'État de droit. Étude sur le droit du développement*, Thèse, Université de Poitiers, 2019, p. 437.

[8] WOEHRLING (J.), « Les trois dimensions de la protection des minorités en droit constitutionnel comparé *in* Rapport général présenté aux *Journées mexicaines de l'Association Henri Capitant* à Mexico et Oaxaca du 18 au 25 mai 2002 in https://www.usherbrooke.ca/droit/fileadmin/sites/droit/documents/RDUS/volume_34/34-12-woehrling.pdf, pp.96-9.

[9] *Ibid*, p. 97.

[10] GUILLAUMIN (C.), « Sur la notion de minorité. Réflexions à propos d'une recherche sur le racisme », *op. cit*, pp.101-109.

[11] *Idem*, p. 101.

ressources publiques en termes de financements des droits-créances et de protection sociale créent des frustrations sociales[12]. La prise en compte des minorités par la réglementation financière devient une question qui interpelle le système de l'État de droit dominé encore par une approche institutionnelle.

Les finances publiques font l'objet d'une triple définition. Au plan organique, ce sont les finances des personnes morales de droit public, celles de l'État, des collectivités territoriales, des établissements publics ou des agences d'exécution. Pour être plus conforme au droit positif, les finances publiques désignent les finances des « organismes publics »[13].

Dans un sens matériel, l'expression « finances publiques » concerne l'étude « des règles et des opérations relatives aux deniers publics »[14]. Ce critère retient le concept de « denier public », les deniers affectés au service public ou mis à la disposition d'une personne publique, comme fondement des finances publiques. La nature de la personne importe peu. Ainsi, « seraient publiques, les finances (ou deniers) maniées en vertu d'une prérogative de puissance publique », même par des personnes privées (les finances de la sécurité sociale) ; « seraient privées les finances maniées sans recours à un pouvoir de commandement, même par les personnes publiques (les opérations industrielles et commerciales de l'État) »[15]. Cette définition rejoint la conception organique au sens large de la notion de finances publiques. Les finances publiques deviennent alors « la branche du droit public qui a pour objet l'étude des règles et des opérations financières publiques »[16]. Les finances publiques sont « la science des revenus publics et de la mise en œuvre des revenus publics »[17].

On peut ajouter, enfin, une définition fonctionnelle ou finaliste qui confère au droit des finances publiques une triple fonction : « financer le

---

[12] FALL (M.), *La protection constitutionnelle des minorités en Afrique : les exemples de l'Afrique du Sud, du Burundi et du Cameroun. Contribution à l'étude du droit constitutionnel des minorités*, UCAD 2020, p. 23.

[13] Articles 30 et 31 de la loi organique n° 2012-23 du 27 décembre 2012 abrogeant et remplaçant la loi organique n° 99-70 du 17 février 1999 sur la Cour des Comptes. L'article 1er du décret 2020-978 du 23 avril 2020 portant Règlement général sur la Comptabilité publique s'applique aussi aux collectivités territoriales, aux établissements publics nationaux et locaux, aux agences d'exécution, aux fonds, aux organismes de sécurité sociale ainsi qu'aux services et organismes que la loi assujettit au régime juridique de la comptabilité publique.

[14] GAUDEMET (P.-M.), *Finances publiques,* Tome I, Paris, Montchrestien, 7e éd., 1989, p. 9.

[15] SAIDJ (L.), « Recherche sur la notion de finances publiques en droit constitutionnel et financier positif », *RDP*, 5-1982, p. 1301.

[16] GAUDEMET (P.-M.), *Précis de Finances publiques*, tome 1er, *Les opérations sur deniers publics, budget, trésor* Montchrestien 1969, p. 13.

[17] BEAULIEU (P.-L.), *Traité de la Science des finances*, Paris, Guillaumin, 1876, p. 3.

fonctionnement des services publics (rôle ancien), réduire les inégalités de richesse, régulariser la croissance économique (rôle nouveau) »[18]. Cette approche permet de saisir l'identité des finances publiques.

La définition fonctionnelle centrée sur la vocation des règles financières nous intéresse particulièrement dans cette réflexion.

En effet, si « l'argent public est au cœur de l'État de droit et de la démocratie »[19], alors la relation entre finances publiques et droit fondamentaux devient intéressante à étudier. Comment les droits des minorités sont pris en compte dans le système de finances publiques et les programmes de développement ? Existe-il un droit financier dérogatoire élaboré au profit des minorités culturelles ou économiques ? Il s'agit de voir si les finances publiques assurent la protection – entendue au sens de sauvegarde et de défense – des droits fondamentaux des minorités. L'interrogation est plus réelle dans le cadre des droits-créances ou droits-prestations. On sait que ceux-ci ont la particularité de nécessiter un financement public (impôts payés par le contribuable ou l'emprunt) pour pouvoir être mis en œuvre convenablement. Il faut inscrire suffisamment de crédits dans la loi de finances pour assurer l'exercice des droits à la santé, à l'emploi, à l'éducation, au travail, à un environnement sain, au logement, à la protection sociale, à l'eau, à l'électricité, etc.

Les questions revêtent plusieurs intérêts. Il faut relater l'abondance des textes qui apportent une protection aux minorités. On peut citer la Déclaration universelle des Droits de l'Homme du 10 décembre 1948, la Déclaration des droits des personnes appartenant à des minorités nationales ou ethniques, religieuses et linguistiques adoptée par l'Assemblée générale dans sa résolution 47/135 du 18 décembre 1992, la Déclaration des Nations unies sur les droits des peuples autochtones, le Pacte international relatif aux droits civils et politiques et le Pacte international relatif aux droits économiques, sociaux et culturels adoptés le 16 décembre 1996, la Convention sur l'élimination de toutes les formes de discrimination à l'égard des femmes du 18 décembre 1979 ou la Convention relative aux Droits de l'Enfant du 20 novembre 1989.

Au niveau régional, la Charte africaine des Droits de l'Homme et des Peuples du 27 juin 1981 évoque en son article 2 que « Toute personne a droit à la jouissance des droits et libertés reconnus et garantis dans la présente Charte sans distinction aucune, notamment de race, d'ethnie, de couleur, de sexe, de langue, de religion, d'opinion politique ou de toute autre opinion, d'origine nationale ou sociale, de fortune, de naissance ou de toute autre situation ».

---

[18] LALUMIERE (P.), *Finances publiques*, Paris, Colin, 1980, p. 8.

[19] Préambule de la Directive n° 01/2009/CM/UEMOA du 27 mars 2009 portant Code de Transparence dans la Gestion des Finances publiques au sein de l'Union économique et monétaire ouest-africaine (UEMOA).

Au plan national, le préambule de la Constitution du 22 janvier 2001 a consacré « le principe du respect des spécificités culturelles de toutes les composantes de la nation ». Les principes intangibles de l'intégrité du territoire national et de l'unité nationale sont bien compatibles avec les particularités sociologiques. Il existe également un dispositif législatif de protection des minorités avec l'adoption de la loi n° 81-77 du 10 décembre 1981 relative à la répression des actes de discrimination raciale, ethnique ou religieuse, la loi n° 96-04 du 22 février 1996 relative aux organes de la communication et aux professions de journaliste et de technicien et la loi n° 2006-04 du 04 janvier 2006 portant création du Conseil National de Régulation de l'Audiovisuel (CNRA). S'agissant des groupes vulnérables, on peut citer l'article premier de la loi d'orientation sociale 2010-15 du 6 juillet 2010 relative à la promotion et à la protection des droits des personnes handicapées considère comme personnes handicapées, « toutes les personnes qui présentent des incapacités physiques, mentales, intellectuelles ou sensorielles durables dont l'interaction avec diverses barrières peut porter atteinte à leur pleine et effective participation à la société sur la base de l'égalité ».

La loi n° 2015-13 du 03 juillet 2015 portant statut fiscal spécial des entreprises touristiques installées dans le pôle touristique de la Casamance a fait de cet espace géographique une zone d'exception fiscale dans laquelle les entreprises bénéficient d'un régime fiscal favorable. Ces dérogations fiscales traduisent sans doute une volonté d'apaiser la rébellion en Casamance.

La prise en charge budgétaire des spécificités linguistiques et culturelles est fondamentale pour garantir la paix et la stabilité sociale. D'autres textes s'appliquent aux minorités économiques et groupes vulnérables.

Pour tenter de répondre à ces questions, la méthodologie est basée sur une double démarche. D'une part, il a été procédé au dépouillement des textes et de la doctrine. D'autre part, on s'est intéressé aux données statistiques et jurisprudentielles pour que l'analyse soit empirique. Les comparaisons entre les systèmes juridiques ont été nécessaires pour avoir quelques bonnes pratiques de protection des droits des minorités par les finances publiques.

Quelques tendances se dessinent à la lecture du droit positif. Il faut relater le constat des discriminations financières à l'égard des minorités (I) et l'aménagement de dérogations financières (II).

I. Le constat des discriminations financières

Ces discriminations concernent les minorités culturelles (A) et les minorités économiques (B).

A. Les discriminations contre les minorités culturelles

Les minorités de type culturel sont des groupes qui partagent, en commun, la langue, une histoire, des valeurs, la religion ou la couleur de la peau. Ces éléments objectifs constituent des éléments d'identité culturelle. Nous avons vu, plus haut, que « des groupes numériquement majoritaires » peuvent être *socialement*, économiquement ou politiquement *défavorisés*. Les peuples colonisés (majoritaires) dans leurs relations avec la communauté de colonisateurs (minoritaires) peuvent être cités en exemple[20]. On s'intéresse à la minorité noire en ayant comme point de repère la colonisation. Dans une affaire ayant opposé le Malawi African Association à la Mauritanie, la Commission africaine des Droits de l'Homme et des peuples avait soutenu que la discrimination contre les Mauritaniens de race noire s'analyse en « une négation du principe fondamental de l'égalité entre les peuples aux termes de l'article 19 de la Charte africaine des droits de l'homme et des peuples est une violation de ce même article »[21].

L'étude des règles budgétaire, fiscale et comptable permet de saisir comment les minorités noires ont subi durant la colonisation des inégalités. Il faut rappeler que le concept de finances publiques n'est pas exclusivement lié aux formes modernes de l'État[22].

La colonisation a débuté après la conférence de Berlin en 1885 avec des variantes. Au Sénégal, les villes de Saint-Louis et de Gorée étaient déjà sous domination française depuis 1817[23]. La colonisation est « l'utilisation du sol, de ses trésors, de la flore, de la faune ; et avant tout, des hommes, en faveur de la nation colonisatrice »[24]. Les règles financières constituent des leviers pour asseoir la domination sur les peuples conquis.

L'histoire des finances publiques, en Afrique, n'est pas suffisamment étudiée, *a fortiori* la relation que les règles budgétaire, fiscale et comptable entretiennent avec les droits de l'homme.

Plusieurs facteurs expliquent la banalisation du respect des droits fondamentaux au moment de l'application des règles juridiques en général et financières en particulier.

D'abord, le bloc de légalité financière coloniale, de par sa structuration formelle, fut caractérisé par la quasi inexistence du cadre juridique constitutionnel pouvant défendre les droits et libertés des citoyens. La Constitution des 5-14 septembre 1791 (article 8) mentionne que « les colonies

---

[20] *Ibid,* p. 101.

[21] Communication Malawi African Association et Autres c. Mauritanie, in Sélection de documents clé de l'Union Africaine relatifs aux droits de l'homme, Faculty of Law, University of Pretoria, Pretoria University Law Press, 2008, pp. 139-142. Cité par NAREY (O.), « Les droits des minorités en Afrique : jeu et enjeux » http://afrilex.u-bordeaux.fr/wp-content/uploads/2021/03/les_droits_des_minorites_2012_1_.pdf p. 12

[22] *In* BOTTIN (M.), *Histoire des finances publiques,* Ed, Economica, 1997, p. 6.

[23] HESSELING (G.), *Histoire politique du Sénégal. Institution, droit et société, Karthala, Paris 1987,* p. 127.

[24] NENE BI (S.), *Les institutions coloniales de l'Afrique occidentale française.* Abidjan, Les Editions ABC 2011 p. 9.

et possessions françaises, quoi qu'elles fassent partie de l'empire français ne sont pas comprises dans la présente constitution ». La Charte du 14 juin 1814 (article 73) indique que « les colonies seront régies par les lois et règlements particuliers »[25]. Ainsi, la loi du 24 avril 1833 fixe le régime législatif des colonies. Une compétence générale est conférée également à l'exécutif de sorte que les « décrets coloniaux », pendant un siècle, furent l'instrument juridique de la politique coloniale[26].

Ensuite, dans son contenu, l'ordre juridique financier colonial, qui prend naissance suivant les ordonnances royales de 1825 et de 1833[27] et du sénatus-consulte du 3 mai 1854, est sous-tendu par une exploitation économique de l'Afrique conquise. Pour justifier les lois liberticides qui régnaient au sein des colonies, il faut rappeler la doctrine coloniale. Le droit financier colonial est conçu selon des paradigmes de domination et de subordination. Il s'agit de gérer les colonies avec le minimum de frais en réduisant de façon drastique les subventions de la Métropole. L'article 33 de la loi de finances du 13 avril 1900 précise que « toutes les dépenses civiles et de gendarmerie sont supportées, en principe, par le budget des colonies. Des subventions peuvent être accordées aux colonies sur le budget de l'État. Des contingents peuvent être imposés à chaque colonie jusqu'à concurrence des dépenses militaires qui sont effectuées »[28].

Les règles budgétaire, comptable et fiscale convergent toutes vers une même dynamique : la colonie, à tout prix, ne doit pas être un gouffre financier.

Ainsi, créer des conditions pour l'épanouissement des droits-créances ne constitue pas une urgence pour la Métropole. Les dépenses sociales, logées dans la rubrique des dépenses ordinaires, sont insignifiantes[29]. Les dépenses de fonctionnement priment sur les dépenses de santé, d'éducation, d'assainissement, d'accès à l'eau et à l'électricité. Les dépenses militaires et

---

[25] Article 64 de la Charte de 1830 : « Les colonies sont régies par les lois particulières ». Les colonies n'étaient pas soumises à la Constitution française mais à des dispositions spéciales. N'ayant pas d'autonomie constitutionnelle, on pouvait lire à l'article 109 de la Constitution du 4 novembre 1848 que « le territoire de l'Algérie et des colonies est déclaré territoire français et sera régi par des lois particulières jusqu'à ce qu'une loi spéciale les place sous le régime de la présente Constitution ». NENE BI (S.), *Les institutions coloniales de l'Afrique occidentale française*, Abidjan : *Les Editions ABC,* 2011-pp. 111-112.

[26] V : *Encyclopédie juridique de l'Afrique, Tome III,* « Systèmes budgétaires, financiers, fiscaux et douanier », P. LALUMIERE (P.) et CASTAGNEDE (B.) (dir.), NEA, 1982, pp. 23-24.

[27] DUCHENE (A.), *Histoire des finances coloniales,* Paris, Payot, 1938, p. 169.

[28] *JO*. AOF du 27 décembre 1990, p. 494.

[29] TOURE (A.), *Fiscalité indigène et dépenses sociales dans le budget colonial du Sénégal 1905-1946*, Dakar, L'Harmattan, 2015, p.137.

de souveraineté doivent être fortes de sorte à maintenir les colonies sous la domination.

L'article 15 de la Déclaration des Droits de l'Homme, qui donne aux citoyens le « droit de demander compte à tout Agent public de son administration », est écarté. Ce droit à l'information est annihilé par une corruption élevée[30].

La banalisation des droits fondamentaux des minorités est surtout perceptible à travers les droits-libertés. Le régime fiscal illustre parfaitement l'aphorisme de soumission. L'impôt a un caractère indigène. La liberté, la présomption d'innocence, la propriété, la dignité, la sûreté, l'intégrité physique et l'égalité par, l'adoption du Code l'Indigénat le 28 juin 1881, sont bafouées.

Ce texte a été qualifié « de moyen de plumage des indigènes » et d'« instrument de terreur » ayant servi à « asseoir la toute-puissance des gouverneurs et leurs adjoints et après les indépendances, la toute-puissance des tortionnaires »[31].

La fiscalité coloniale est barbare et dégradante. Les droits proclamés naturels et imprescriptibles qui sont cités à l'article 2 de la Déclaration de 1789 (la liberté, la propriété, la sûreté et la résistance à l'oppression) sautent devant les appétits financiers de la Métropole.

Dans la fiscalité directe, l'impôt est qualifié de « capitation » c'est-à-dire, par tête. Il s'agit d'un impôt personnel, efficace et pragmatique. La seule assiette juridique (ou le fait générateur) de cette contribution obligatoire est l'existence physique du contribuable (c'est un « minimum fiscal ») indépendamment de son domaine d'activité et de son niveau de revenu. Cette imposition traduisait l'idée d'une domination fondée sur la race. « *Établi au Sénégal pour la première fois par décret impérial du 4 août 1860, promulgué le 5 août 1861, l'impôt personnel constitua un précieux outil devant permettre la réalisation de l'ambitieux programme de mise en valeur que la France avait entrepris dans son empire colonial »[32]. Aux termes de la délibération du 19 novembre 1948, l'impôt de capitation est défini comme « une forme de contribution obligatoire que les peuples colonisés devaient verser au colonisateur pour assurer le financement de leur domination »*[33].

---

[30] *Ibid*, p.137.

[31] DOHON (G.), *Le Code de l'indigénat ou le fondement des États autocratiques en Afrique francophone*, Paris, L'Harmattan, 2017 *in https://www.editions-harmattan.fr/livre-code_de_l_indigenat_le_ou_le_fondement_des_États_autocratiques_en_afrique_francophone_gilbert_doho-9782343099453-52664.htm.*

[32] In *Le Filament Magazine* http://le-filament.blogspot.sn/2010/06/limpot-de-capitation-dans-les-colonies.html)

[33] *Idem.*

Lors du recouvrement des impôts et taxes, les dérives étaient multiples et rappellent les finances publiques féodales : humiliations et bastonnades à nu des contribuables sur la place publique ; relations intimes entre femmes mariées et auxiliaires de l'administration (au vu et au su du mari) ; emprisonnement des chefs de village, internement, révocation des chefs de canton, annulation des primes de rendement.[34]

La brutalité est sans limites. Il avait même été décidé de taxer les femmes enceintes pour leur future progéniture. Dans ce cadre, le chef de famille était sommé de payer pour les contribuables qui étaient décédés après l'établissement des rôles, de même que pour les départs définitifs. Lors du conseil général du 19 novembre 1908, les contribuables qui habitaient « Joal » envoyèrent une pétition pour protester contre l'incurie des percepteurs qui réclamaient l'impôt aux vieillards, aux enfants et aux impotents. [35].

Les percepteurs et commandants de cercle étaient impitoyables puisque rémunérés en fonction de leur performance durant les opérations de recouvrement. Le paiement de l'impôt en nature était répandu durant la colonisation sous forme d'obligation de travailler pour la Métropole. Ainsi, l'article 1er d'un arrêté du 21 octobre 1896 : *« Tout habitant valide de 16 à 60 ans, du sexe masculin, à quelque classe de la société ou à quelque corporation qu'il appartienne, à l'exception des militaires, des miliciens et douaniers, sera appelé à fournir chaque année une prestation de 50 jours au maximum pour le service des travaux publics ou militaires »*. De même, certains impôts furent payés sous forme de portage administratif par les indigènes[36].

On constate alors que l'ordre juridique financier colonial exprime une forme d'organisation du pouvoir dont les règles sont contraires aux grands principes démocratiques des finances publiques consacrés dans la Déclaration de 1789. L'objectif d'exploitation économique a déteint négativement sur les minorités noires. La seconde catégorie de discrimination concerne les minorités économiques.

---

[34] TOURE (A.), *Fiscalité indigène et dépenses sociales dans le budget colonial du Sénégal*, *op.cit.*, p.113 ; DIOUF (Ch.), *Fiscalité et Domination Coloniale : l'exemple du Sine : 1859-1940,* Université Cheikh Anta Diop de Dakar, 2005.

[35] DIOUF (Ch.), *Fiscalité et Domination Coloniale : l'exemple du Sine : 1859-1940*, Mémoire de Maîtrise, Université Cheikh Anta Diop de Dakar, 2005.

[36] Celui-ci « était destiné à assurer le transport de la personne et des effets de l'administrateur en tournée, du fonctionnaire affecté à un nouveau poste, le transport aussi de colis postaux et autres matériels de service public ». Cf. FOSTING (J. B.), *Le pouvoir fiscal en Afrique*, *op.cit.* : 137-139.

B. Les discriminations contre les minorités économiques

Les minorités économiques, assimilées à des groupes vulnérables, évoquent des catégories d'individus fragiles, défavorisés et à risque du fait de leur situation économique et sociale, de leur condition physique, de l'âge ou du sexe, quel que soit par ailleurs le rapport numérique qu'elles entretiennent avec le reste de la population. Il existe des groupes vulnérables dans toutes les sociétés contrairement aux minorités de type culturel qui « réclament souvent, voire toujours, un traitement politique et juridique particulier, des institutions distinctes de celles de la majorité pour leur permettre d'assurer la perpétuation et la transmission de leurs traits linguistiques, religieux ou culturels particuliers »[37]. Ces groupes vulnérables sont en fait des minorités[38], pour nous, de premier degré parce qu'ils ne réclament pas un traitement politique qui conduit à des aménagements institutionnels pour garantir leur participation à l'exercice du pouvoir. Les groupes vulnérables invoquent « la levée des barrières juridiques ou matérielles qui empêchent leur pleine intégration dans l'ensemble social. Ils réclament la jouissance, formelle et matérielle, des droits dont bénéficie la majorité »[39].

Ainsi, on peut avoir des minorités économiques qui se manifestent par une exclusion d'une partie de la population des activités génératrices de revenu c'est-à-dire, celles relatives à la production, à la distribution et à la consommation des richesses ; de minorités fiscales lorsqu'une seule partie de la population supporte la pression fiscale ; de minorités budgétaires entendues au sens de déséquilibre dans la répartition des richesses ou de minorité sociale lorsque des individus se situent dans l'indigence et la pauvreté faisant état de l'absence d'un minimum vital pour assurer une vie décente.

Dans les États en voie développement, la vulnérabilité résulte de la faiblesse du tissu économique. Au plan socioéconomique, avec un PIB par tête de 603 600 FCFA en 2017 contre 583 700 FCFA en 2014, le Sénégal reste classé dans le peloton des pays à « Indice de Développement Humain » faible avec le rang 162e en 2016 sur 188 pays[40]. Les publications récentes de l'Agence nationale de la Démographie et de la Statistique (ANSD) indiquent que sur un échantillon de 7156 ménages, le taux de pauvreté monétaire est estimé à 37,8 % en 2018/2019. En fait, « le nombre de pauvres a augmenté au Sénégal (5 832 008 en 2011 contre 6 032 379 en 2018) ». En outre, « par

---

[37] WOHERLING (J.), « Les trois dimensions de la protection des minorités en droit constitutionnel comparé » *in* Rapport général présenté aux *Journées mexicaines de l'Association Henri Capitant* à Mexico et Oaxaca du 18 au 25 mai 2002, *op. cit*, p. 89.

[38] *Idem.*, p. 96.

[39] *Ibid.*, p. 98.

[40] Rapport du Développement Humain 2016 – PNUD.

rapport au milieu de résidence, la pauvreté est plus accentuée en milieu rural (53, 6 % contre 19, 8 % pour le milieu urbain) »[41].

Les études montrent la part faible des ressources mobilisées pour le financement des droits- créances des minorités et groupes vulnérables.

La prise en charge budgétaire des dépenses sociales est extrêmement modeste. Selon les statistiques, l'éducation représente 11, 4 % du budget général ; l'agriculture et l'équipement rural, 5, 43 % ; la santé et l'action sociale, 4, 71 % ; le pétrole et les énergies 3, 25 % ; l'hydraulique et de l'assainissement 2, 92 % ; la justice, 1, 10 % ; l'environnement et le développement durable 0,60 %[42].

Si l'on fait une analyse spécifique relativement aux personnes victimes d'un handicap, le nombre d'enfants de 7 à 16 ans vivant avec un handicap est de 35 369. Parmi eux, 23 425 sont hors du système éducatif, ce qui correspond à un taux de 66 % pour cette catégorie d'enfants (alors que le taux pour l'ensemble du Sénégal est 47 %). Les enfants vivant avec un handicap et qui n'ont jamais été scolarisés sont au nombre de 20 481, soit environ 87,5 % quand on ne considère que la non scolarisation. Au niveau des infrastructures, à ce jour le Sénégal ne compte que 4 écoles primaires spécialisées dans l'éducation des enfants ayant des besoins éducatifs spécifiques et concentrées dans les zones de Dakar et Thiès[43].

La comparaison internationale évoque les mêmes tendances dans le monde. Les études montrent la part faible des ressources mobilisées pour le financement des droits-créances : « Au niveau des 101 millions d'enfants non scolarisés et des 776 millions d'adultes qui ne savent ni lire, ni écrire, la majorité appartient aux minorités et aux peuples autochtones ; une étude de 2006 a montré que sur les 70 millions de filles qui ne sont pas inscrites à l'école, 70 % viennent des minorités et des autres groupes exclus ; (…). En Afrique aussi, la part des minorités et des peuples autochtones dans l'éducation est marginale. Au Nigéria, par exemple, 5 % de tous les enfants qui sont en dehors de l'école appartiennent à l'ethnie des Haoussa. »[44]

---

[41] Ministère de l'Économie du Plan et de la Coopération, Agence nationale de la Statistique et de la Démographie (ANSD), *Rapport final, Enquête harmonisée sur les Conditions de Vie des Ménages (EHCVM) au Sénégal,* Septembre 2021 *in* Résumé analytique, Rapport-final-EHCVM-vf-Senegal (1) - Copie.pdf.

[42] OXFAM –Forum civil, *le Baromètre de la fiscalité équitable*, 2e édition 2018-2019, p. 35.

[43]IBP, *Rapport atelier de partage du pré-rapport de l'évaluation des politiques relatives au handicap 2012-2021*, 30 et 31 mars 2021, p.7 et s, inédit.

[44] SALL (I.), *Capacitation juridique et fabrique de l'État de droit. Étude sur le droit du développement,* Thèse, Université de Poitiers, 2019, p. 446.

Dans certains systèmes juridiques, les normes constitutionnelles d'origine jurisprudentielle apportent une garantie efficace aux minorités économiques. On connaît des litiges d'intérêt public (*« public interest litigation »*) répandus en Asie (Inde, Malaisie, Pakistan, Bengladesh…), en Amérique latine et dans certains pays africains de tradition anglophone (Kenya, Nigeria, Ghana ou Afrique du Sud).

La juridiction constitutionnelle, à la suite de requête des citoyens, sans formalisme particulier, développe une politique de réduction des inégalités sociales en se fondant sur la justiciablité des droits sociaux. En Inde, la Cour suprême exige que l'État accorde une aide budgétaire aux personnes défavorisées par la mise en œuvre d'un programme de distribution de nourriture aux populations démunies (*People's Union for Civil Liberties v. Union of India,* en 2001) ; des subventions aux familles pauvres dont le principal soutien de famille est décédé ; paie 1.4 million de roupies pour aider à combattre la famine et la malnutrition (People's Union of Civil Liberties v Union of India, (2007)[45]. En Afrique du Sud, dans la célèbre affaire *Irene Grootboom*_la Cour constitutionnelle de l'Afrique du Sud conclut à la violation du droit à un logement décent. Pour la haute juridiction constitutionnelle, l'État est dans l'obligation de « fournir l'accès au logement, à la santé, à l'alimentation, en eau suffisante et à la sécurité sociale à ceux qui ne peuvent pas se prendre en charge et aux personnes qui dépendent d'eux. Aussi, l'État doit-il créer les conditions favorables à l'accès des citoyens à la terre sur une base équitable »[46].

Le principe d'égalité peut être remis en cause par l'affectation inégale des ressources collectées. Les implications sociologiques se traduisent par des résistances au paiement de l'impôt. La redistribution équitable des richesses (notamment dans les domaines éducatif et sanitaire) constitue un pilier de la stabilité institutionnelle, d'une gouvernance transparente et responsable.

La protection des droits des minorités apparaît aussi à travers des avantages financiers spécifiques.

II. L'aménagement de dérogations financières

Un régime financier dérogatoire est conçu au profit des minorités. Les règles financières classiques sont infléchies (égalité devant l'impôt, universalité budgétaire, etc.). Dans les minorités territoriales, une autonomie de gestion est conférée aux communautés comme en Suisse, en Belgique, en Espagne ou en

---

[45] *Idem.*, p. 269.

[46] CCT 11/00 du 4 octobre 2000, Government of RSA v. Grootboom and others, 2001 (1) SA 46 (CC), http://www.concourt.gov.za/2000/grootboom.sthml.Consulté le 12 08 2020 ; SALL (Th. S. N.), *La justice constitutionnelle en Afrique : étude comparée de l'Afrique du Sud, du Bénin et du Sénégal,* Thèse de doctorat en Droit public, UCAD, 2020, p. 403.

Éthiopie. Il faut noter d'une part, la diversité des dérogations financières (A) et, d'autre part, l'autonomie financière à base territoriale (B).

A. La diversité des dérogations financières

Les minorités et groupes vulnérables bénéficient de droits particuliers aménagés par les règles financières.

S'agissant des avantages fiscaux, il faut rappeler que le Sud du Sénégal est marqué par une pauvreté avancée des populations. La Casamance bénéficie d'un régime fiscal favorable depuis la loi n° 2015-13 du 03 juillet 2015 portant statut fiscal spécial des entreprises touristiques installées dans le pôle touristique de la Casamance. On est en face de zone d'exception fiscale.

En effet, selon le législateur, la région naturelle de Casamance, compte tenu des opportunités de sa localisation géographique, de la richesse et de la diversité de son environnement culturel est appelée à être un des pôles majeurs de la nouvelle politique touristique. Toutefois, la crise qu'elle traverse depuis plus de trois décennies a inhibé la compétitivité des entreprises touristiques. Aussi, est-il apparu nécessaire de faire de la région naturelle de la Casamance une zone touristique d'intérêt national prioritaire. La traduction, au plan pratique, de cette prise de conscience passe par une forte augmentation des investissements structurants dans la région naturelle de Casamance notamment dans le secteur touristique. À cet effet, il convient, dans le cadre de la présente loi, d'accorder aux entreprises touristiques qui y sont établies ou désireuses de le faire un statut fiscal spécial. Ce statut a pour vocation d'inciter les investisseurs nationaux et étrangers à y implanter des établissements touristiques mais également de permettre aux opérateurs qui y sont déjà installés de relancer leurs activités ou de les pérenniser. Le statut fiscal spécial bénéficiera aux entreprises installées dans les régions administratives de Ziguinchor, Kolda et Sédhiou.

Le rapport de l'ANSD publié en 2021 révèle que les régions de Sédhiou (65,7 %), de Kédougou (61,9 %), de Tambacounda (61,9 %), de Kolda (56,6 %), de Kaffrine (53,0 %) et de Ziguinchor (51,1 %) sont les plus touchées par la pauvreté[47]. Le statut fiscal spécial est accordé aux entreprises touristiques pour une durée de dix ans à compter de la date de délivrance de l'agrément. Les entreprises concernées bénéficient d'exonérations d'impôt sur les revenus des valeurs mobilières, sur les droits d'enregistrement, de timbre et de taxes assimilées, sur TVA ou l'impôt sur les sociétés (article 8). Le régime douanier des marchandises des entreprises agréées au statut fiscal spécial est également favorable à l'épanouissement des entreprises puisque le matériel, les matériaux,

---

[47] Ministère de l'Économie du Plan et de la Coopération, Agence nationale de la Statistique et de la Démographie (ANSD), *Rapport final, Enquête harmonisée sur les Conditions de Vie des Ménages (EHCVM) au Sénégal,* Septembre 2021 *in* Résumé analytique, Rapport-final-EHCVM-vf-Senegal (1) - Copie.pdf.

les équipements, les fournitures et tout bien dont l'importation est nécessaire durant la période de réalisation des investissements ou de l'exploitation de l'édifice hôtelier agréé, sont admis en franchise des droits et taxes d'entrée sous réserves des exceptions prévues par la loi (article 9).

Quant aux dérogations budgétaires, elles se manifestent par l'affectation de certaines ressources à des dépenses spécifiques. Les autorités publiques affichent une volonté d'inclure les couches vulnérables dans les filets sociaux par des programmes budgétaires spécifiques.

Au titre des avantages budgétaires accordés, certaines recettes tirées de l'exploitation des ressources naturelles sont affectées aux minorités. Ainsi, la Charte africaine des Droits de l'Homme et Peuples affirme le droit des peuples à disposer librement de leurs richesses et ressources naturelles et, en cas de spoliation, le droit à la légitime récupération et à la compensation adéquate (article 21).

En République Démocratique du Congo, on peut citer la loi n° 5 - 2011 du 25 février 2011 portant promotion et protection des droits des populations autochtones. Aux termes de l'article 36, les populations autochtones ont le droit de définir les priorités et les stratégies de mise en valeur, d'utilisation et de contrôle de leurs terres et autres ressources et ce, dans les limites de la loi. Selon l'article 37, « les populations autochtones ont le droit de conserver et de développer leurs systèmes économiques et sociaux et de jouir en toute sécurité de leurs propres moyens de subsistance ».

Dans le même ordre d'idées, il faut relater au Sénégal, les programmes budgétaires spécifiques de protection sociale contre les groupes vulnérables. Le Sénégal a placé sa politique de protection sociale comme vecteur du développement humain et a renforcé les efforts de mutualisation de la solidarité pour tous. À travers le Plan Sénégal Émergent (PSE), les autorités instaurent la Délégation Générale de la Protection Sociale et de la Solidarité Nationale (DGPSN)[48] ; l'Agence de Couverture Maladie Universelle (CMU)[49], la gratuité des soins pour les enfants de moins de 5 ans, le Programme de Bourse de Sécurité Familiale (BSF)[50], la Carte d'Égalité des Chances pour les personnes en situation de handicap, le Registre National Unique (RNU) visant un mécanisme partagé pour le ciblage des différents programmes de filets sociaux. Ainsi, dans la loi n° 2020-33 du 22 décembre 2020 portant loi de finances pour l'année 2021, la CMU est budgétisée à 13

[48] Délégation générale à la Protection sociale et à la Solidarité nationale (DGPSN) | Ministère du Développement Communautaire, de l'Équité Sociale et Territoriale (sec.gouv.sn).

[49] Agence de la Couverture Maladie Universelle (agencecmu.sn).

[50] Délégation générale à la Protection sociale et à la Solidarité nationale (DGPSN) | Ministère du Développement Communautaire, de l'Équité Sociale et Territoriale (sec.gouv.sn).

858 215 milliards de FCFA et le Programme d'Urgence de Développement Communautaire (PUDC) à plus de 15 000 milliards de FCFA[51].

L'ensemble de ces dérogations financières vise à combattre les injustices et déséquilibres sociaux. Cette volonté de préserver les droits fondamentaux des minorités est aussi perceptible à travers une autonomie financière à base territoriale.

B. L'autonomie financière à base territoriale

L'autonomie financière à base territoriale conçue pour les minorités est illustrée par la participation des groupes à l'exercice du pouvoir financier et la création des agences territorialisées.

Pour garantir les droits-participation une autonomie budgétaire est octroyée aux populations à travers les communautés. Les entités disposent d'une liberté en matière de dépense et de recette. En Espagne, aux termes de l'article 156 de la Constitution, « les communautés autonomes jouissent de l'autonomie financière pour le développement et la mise en œuvre de leurs compétences, conformément aux principes de coordination avec les finances de l'État et de solidarité entre tous les Espagnols ». Les communautés disposent de plusieurs ressources propres c'est-à-dire, les impôts cédés totalement ou partiellement par l'État ; les surtaxes sur les impôts d'État et les autres participations aux recettes de l'État ; leurs propres impôts , taxes et contributions spéciales ; les transferts d'un fonds de compensation interterritorial et autres crédits à la charge du budget général de l'État ; les revenus provenant de leur patrimoine et les recettes de droit privé et le produit des opérations de crédit. La Constitution fédérale de la Confédération suisse du 18 avril 1999 mentionne à l'article 128, alinéa 4, que « Les cantons effectuent la taxation et la perception ». Au moins, 17 % du produit brut de l'impôt leur sont attribués.

Cette autonomie est toutefois relative. Aux termes de l'article 127 de la Constitution suisse, « Les principes généraux régissant le régime fiscal, notamment la qualité de contribuable, l'objet de l'impôt et son mode de calcul, sont définis par la loi ».

Les communautés autonomes, composées en termes de populations par des groupes minoritaires, sont soumises toutefois à un contrôle juridictionnel. En Espagne, ce contrôle est exercé par la Cour constitutionnelle, le gouvernement, la juridiction administrative tandis que la Cour des Comptes contrôle le budget[52].

---

[51] lfi_2021_2021-04-07_16-42.pdf (finances.gouv.sn).
[52] Article 153 de la Constitution espagnole.

La création des agences territorialisée constitue également une modalité de garantie des droits des minorités culturelles et économiques. L'agence constitue « une entité administrative autonome, investie d'une mission de service public. Elle est une personne morale de droit public dotée d'un patrimoine et de moyens de gestion propres »[53]. Les agences ont été créées dans le but de pallier « *la complexité des procédures administratives et l'exigence accrue des usagers du service public en termes de célérité et d'efficacité* »[54]. La loi n° 2016-10 du 5 avril 2016 portant révision de la Constitution, adoptée par le referendum du 20 mars 2016 relate que les commissions permanentes de l'Assemblée nationale ont la faculté d'entendre les directeurs généraux des établissements publics, des sociétés nationales et des agences d'exécution (article 81).La création d'une agence a des implications budgétaires. Les agences bénéficient en effet de dépenses de transfert dans la loi de finances de l'année.

Les agences territorialisées sont des entités qui exercent leur titre de compétence dans un espace géographique bien encadré. C'est le sens du décret n° 2004-822 du 1er juillet 2004 portant création et fixant les règles d'organisation et de fonctionnement de l'Agence nationale pour la Relance des Activités économiques et sociales en Casamance (ANRAC)[55]. Nous avons souligné, plus haut, les spécificités culturelles de la Casamance, une zone marquée par une pauvreté avancée et des revendications identitaires.

Dans le rapport de présentation du décret, il est mis en relief la longue période d'obstacles, de rendez-vous manqués et d'initiatives infructueuses » ; par conséquent, « le Chef de l'État a pris l'engagement de consacrer des moyens exceptionnels pour assurer le développement durable et intégré de la Casamance retardé par deux décennies de crise ». L'État se fixe comme objectif de mettre en œuvre une stratégie globale de réhabilitation post-crise. Cette volonté politique se manifeste par la création d'une Agence nationale pour la Relance des Activités économiques et sociales en Casamance (ANRAC).

Suivant les dispositions de l'article 2 du décret, « L'Agence a pour mission de faciliter la restauration rapide d'un environnement économique et social favorable dans les régions de Ziguinchor et de Kolda, semblable à celui du reste du Sénégal, et de poser les bases d'un développement durable à long terme dans lesdites régions, tout en respectant leurs spécificités ».

C'est plutôt l'article 3 qui détaille les compétences assez larges de cette agence en lui donnant la prérogative d'assurer la coordination des activités de reconstruction en Casamance ; de démobiliser et de réinsérer les combattants

---

[53]Article 1er de la Loi d'orientation n° 2009-20 du 4 mai 2009 sur les agences d'exécution, *JO* n° 6481 du samedi 25 juillet 2009.

[54] Voir la loi n° 2009-20, *op.cit.*

[55] *JO* n° 6179 du samedi 28 août 2004.

et de leurs familles ; de piloter la dépollution des zones infestées ; d'assurer la réintégration sociale et économique des combattants et de leurs familles, et celles des autres réfugiés et personnes déplacées ; de reconstruire ou de réhabiliter les infrastructures sociales et économiques publiques majeures en Casamance dans les secteurs principaux : le transport, la santé, l'éducation et d'élaborer un programme de développement à long terme visant à élever le niveau de développement de la Casamance à la moyenne des autres régions du Sénégal tout en traitant les causes initiales du conflit.

Cette ambition politique visant à prendre en compte les particularités de la Casamance est limitée par les montants très limités que l'État alloue à l'Agence. En termes de dépenses de transfert, l'ARNAC a reçu 300 000 000 FCFA en 2015 et 2016; 652 000 000 FCFA en 2017 ; 500 000 000 FCFA en 2018 et 400 000 000 FCFA en 2019[56].

Conclusion

Dans le cadre de cette réflexion, la question de base consistait à voir si la protection des droits des minorités peut être portée par les finances publiques. Les analyses révèlent que la protection des minorités par le droit financier est encore précaire malgré la promotion remarquable des droits de l'homme.

La réflexion nous amène, au fond, à un changement de paradigme. Pour nous, l'État de droit n'est pas seulement formel par un agencement hiérarchisé de normes juridiques. La recherche d'une démocratie substantielle pousse à définir l'État de droit en ayant comme portée d'entrée les finances publiques. L'État de droit financier couvre alors une approche fonctionnelle du droit qui a pour finalité le bien-être des populations et la croissance économique sans discrimination aucune. La « financiarisation » de l'État de droit implique un renforcement de la protection des droits-créances des minorités. Il s'agit, on le sait bien, de prestations ayant des incidences sur les finances publiques que l'État doit assurer à l'égard des citoyens[57].

---

[56] Voir lois de finances des années considérées.

[57] FAVOREU (L.) *et alii.*, *Droit constitutionnel,* 16e éd., Paris, Dalloz, 2013, p. 910.

Droit des collectivités territoriales et minorités

Ababacar GUÈYE

Docteur en Droit public, Maître de Conférences

Université Cheikh Anta Diop de Dakar

Introduction

L'État contemporain est marqué dans sa structure par une diversité de sa composition humaine[1]. Et cette situation est plus marquée en Afrique du fait de son évolution historique caractérisée entre autres par la colonisation[2]. Celle-ci a constitué une rupture de l'évolution naturelle et historique des sociétés et peuples africains. La restructuration qui en a résulté a entrainé la mise en place d'États superficiels marqués, non pas par la volonté de personnes d'envisager ensemble leur devenir commun, ni par un modelage territorial résultat de processus historiques de configurations territoriales, mais par la volonté de puissances étrangères dominatrices qui ont décidé sur la base de leurs seuls intérêts du moment de la structure territoriale de l'État africain. Elles ne se sont guère souciées de la composition humaine des États créés[3].

Le résultat est que l'État africain ne repose pas sur un substrat national et la construction de la nation en Afrique semble relever d'une perspective asymptotique. D'un point de vue humain, l'État africain est assimilable à un énorme puzzle quasi insoluble du fait de la trop grande diversité de sa composition. C'est une « terre de confusions ethniques et de minorités sans majorités »,[4] avec « plus de peuples décrits comme minorités ou groupes ethniques, qu'il n'y a d'États »[5].

Depuis la décolonisation, c'est à cette problématique essentielle que tous les dirigeants ont été confrontés, et nul n'a à ce jour réussi à la résoudre de façon satisfaisante. Les velléités et les revendications indépendantistes ou simplement de mieux être collectif et de meilleure prise en considération de peuples font légion dans le continent. Le problème, c'est que ces peuples sont souvent des minorités, qui semblent être laissées pour compte. C'est que l'un

---

[1] PIERRE-CAPS (S.), *Nation et peuples dans les constitutions modernes*, Thèse, Nancy, 1987, p. 12.

[2] COQUERY-VIDROVITCH (C.), *Afrique Noire*, 1985, p. 88.

[3] GICQUEL (J.), *Droit Constitutionnel et Institutions Politiques,* 15e éd, Montchrestien, Paris, p. 384.

[4] YACOUB (J.), *Les minorités dans le monde, Faits et analyses*, Desclée et Brouwer, Paris, p. 459.

[5] SLIMANE (S.), « Reconnaitre l'existence des minorités en Afrique ». Cité par NAREY O., p. 5.

des principes de l'État moderne est l'égalité qui fait qu'on ne doit pas prendre en compte de façon spécifique la situation d'un peuple, serait-il minoritaire et/ou pauvre, pour lui octroyer des droits et des avantages au détriment des autres populations, seraient-elles majoritaires ou mieux nanties[6]. En général les constitutions africaines consacrent sans ambages le principe de l'égalité des citoyens devant la loi, le principe de la non-discrimination et le principe de la diversité culturelle et ethnique[7].

Ce principe d'égalité, précité et son corollaire, le principe de non-discrimination, qui est très discutable[8], est l'un des principaux écueils à la reconnaissance et la prise en compte des droits des minorités en Afrique et un peu partout dans le monde. Cependant sa mise en œuvre n'est pas absolue et le Conseil constitutionnel français a fait une interprétation opportune et pragmatique du principe d'égalité devant la loi quand il a soutenu que ce principe « ne fait pas obstacle à ce qu'une loi établisse des règles non identiques à l'égard de catégories de personnes se trouvant dans des situations différentes, il n'en est ainsi que lorsque cette non identité est justifiée par la différence des situations et n'est pas incompatible avec la finalité de la loi »[9]. C'est une forme de consécration par le juge constitutionnel français de la discrimination entre personnes qui sont dans des situations différentes.

Il faut rappeler qu'au sortir de la Conférence de Berlin[10], les puissances coloniales s'étaient engagées à remettre en cause cette égalité absolue en protégeant les populations autochtones[11]. Et l'État, face à une pression exacerbée des minorités, essaie de s'appuyer sur les politiques publiques qu'il élabore pour apporter des réponses adéquates. C'est le cas de la décentralisation et du droit des collectivités territoriales.

Aborder la problématique du droit des collectivités territoriales face aux minorités en Afrique, c'est aborder une question essentielle qui s'inscrit indéniablement dans la trajectoire de l'État moderne. Le Pr Woerling a montré que moins d'un tiers des États du monde n'est pas confronté à des questions

---

6 PIERRE-CAPS (S.), « L'ordre juridique français et les situations minoritaires locales », p. 101.

7 DU BOIS DE GAUDUSSON (J.), CONAC (G.), DESOUCHES (Ch.), *Les Constitutions africaines publiées en langue française,* D. F., 1997.

8 JUSTICE DOW : « Je note l'argument du Gouvernement botswanais selon lequel il ne discrimine pas sur la base de l'ethnie, mais un traitement égal des personnes inégales peut constituer une forme de discrimination ». Cité par O. NAREY, p. 8

9 CONS CONST, 81-132 DC, 16 janvier 1982, Rec, p. 18. ; CC, 2003-487 DC, 18 décembre 2003, Loi portant décentralisation en matière de RMI, Rec., p. 473.

10 La Conférence de Berlin s'est tenue entre 1884 et 1885 entre les puissances coloniales européennes pour déterminer les frontières des différentes colonies africaines ; GICQUEL J. *op. cit.*, p. 384.

11 DEL PRADO (J. L.), *Droit Constitutionnel et peuples autochtones*, p. 45.

minoritaires. Tous les autres États du monde sont confrontés à cette réalité à des degrés divers[12]. Ce n'est donc pas une spécificité de l'État africain.

Il s'agit alors pour ces États de répondre à la question que faire des minorités ? Ou alors quelle est leur place dans la société globale ? Ou encore comment prendre en charge leurs préoccupations ? L'État cherche à apporter les réponses les plus pertinentes à ces différentes interpellations.

Ces réponses peuvent être politiques, économiques, culturelles, sociales, juridiques ou institutionnelles. Dans la plupart des cas, les réponses politico-institutionnelles sont privilégiées. Etant entendu que ces réponses ont forcément un fondement juridique. Il s'agit de mettre en place des institutions à partir de politiques publiques bien déterminées pour prendre en charge les préoccupations des minorités. Et les institutions qui semblent les plus appropriées à répondre à ces préoccupations sont les collectivités territoriales. Celles-ci découlent de politiques de décentralisation qui peuvent être variées mais qui trouvent leurs fondements dans la Constitution et/ou la loi[13].

Parler de collectivités territoriales et de minorités revient donc à aborder de façon plus holistique la politique de décentralisation et les minorités : la politique de décentralisation étant le support du droit des collectivités territoriales.

Partant de là, des précisions terminologiques s'imposent.

Ainsi, les collectivités territoriales peuvent être définies comme étant des personnes morales de droit public, autre que l'État et à l'intérieur de l'État, à ressort et à compétence territorial, dirigées par des autorités élues par les populations concernées et soumises au contrôle de l'État.

Quant à la décentralisation, c'est le support du droit des collectivités territoriales. Elle consiste en la reconnaissance de personnes morales de droit public autres que l'État, au sein de l'État, avec des compétences spécifiques, pouvant être générales ou spécialisées en fonction de la nature de la décentralisation[14]. En effet, celle-ci peut être territoriale ou fonctionnelle[15].

Dans le cadre de notre communication, seule la décentralisation territoriale sera abordée car c'est elle qui crée des collectivités territoriales et qui permet de prendre en charge les droits des minorités. Même si la prise en charge de ces droits peut également découler de la décentralisation fonctionnelle avec la création d'établissements publics locaux. En France, la région a, pendant

---

[12] WOEHRLING (J.-M.), « Les trois dimensions de la protection des minorités en droit constitutionnel comparé », *Rapport général présenté aux Journées mexicaines de l'Association Henri Capitant à Mexico et Oaxaca du 18 au 25 mai 2002, p. 98.*

[13] FAURE (B.), *Droit des collectivités territoriales*, 4e éd., Dalloz, Paris, 2016, p. 19 et s.

[14] SY (D.), *Droit Administratif*, 2e éd., revue, corrigée et augmentée, Dakar, L'Harmattan, 2014, p. 171.

[15] SY (D.), *op. cit.*, p. 172.

longtemps été un établissement public[16] avant d'être transformée en collectivité territoriale en 1982[17].

Le troisième concept sur lequel il faudrait insister est celui de minorité. Il s'agit d'une notion large et polysémique[18]. Le Pr Woehrling a montré que le concept de minorité pouvait être appréhendé au moins à trois points de vue[19] :

D'abord dans le sens de la minorité politique qui, dans le système démocratique permet de distinguer minorité et majorité. Les décisions étant la volonté de la majorité.[20] Cette minorité n'a pas besoin de protection particulière car elle s'inscrit dans le processus démocratique qui contient des garanties et qui repose sur la réversibilité des positions. Elle est plus conjoncturelle que structurelle et dépend de la volonté du suffrage universel.

Ensuite dans le sens des minorités vulnérables qui sont constituées de personnes présentant à l'intérieur de la société des caractéristiques permanentes, entraînant une certaine incapacité de leur part ou un rejet par rapport au reste du groupe (handicapés, jeunes, personnes âgées, chômeurs, homosexuels, malades, minorités de couleurs, femmes, étrangers etc.)[21]

Le Pr Narey relève qu'au sens large, les droits des personnes appartenant à des minorités s'entendent du « droit de jouir de leur propre culture, de professer et de pratiquer leur propre religion, d'utiliser leur propre langue, de participer à la vie culturelle, religieuse, sociale, économique et publique, ainsi qu'aux décisions intéressant la minorité dont elles sont membres, de créer et contrôler leurs propres associations, d'établir et d'entretenir sans aucune discrimination des contacts libres et pacifiques avec les autres États auxquels elles sont unies par les liens nationaux, ethniques ou linguistiques »[22].

Enfin, dans le sens du droit international, notamment tous les instruments de protection des droits de l'homme et des droits des minorités. Par rapport à cette perception, le concept renvoie aux minorités ethniques, linguistiques, religieuses ou nationales. Il s'agit de minorités culturelles. Cette conception est essentiellement politique et idéologique[23].

Francesco Capotori va dans le même sens que cette dernière conception qui est la perception retenue par la Cour Permanente de Justice en 1930[24] : la

---

[16] Loi du 5 juillet 1972.

[17] Loi du 2 mars 1982.

[18] NAREY (O.), « Les Droits des minorités en Afrique : jeu et enjeux », pp. 2 et s.

[19] WOEHRLING (J.-M.), « Les trois dimensions de la protection des minorités en Droit Constitutionnel comparé », *Rapport Général Présenté aux journées mexicaines de l'Association Henri Capitant,* mai 2002 : 95-155.

[20] WOEHRLING (J.-M.), *op. cit.*, p. 95.

[21] WOEHRLING (J.-M.), *op. cit.,* p. 96.

[22] NAREY, (O.), « Les droits des minorités en Afrique : jeu et enjeux », p. 3.

[23] WOEHRLING (J.-M.), *op. cit.*, p. 97.

[24] CPJI, 31 juillet 1930, Avis Consultatif, questions des communautés gréco-bulgares.

minorité est « un groupe numériquement inférieur au reste de la population d'un État, en position non dominante, dont les membres – ressortissants de l'État – possèdent du point de vue ethnique, religieux ou linguistique des caractéristiques qui diffèrent de celles du reste de la population et manifestent même de façon implicite un sentiment de solidarité, à l'effet de préserver leur culture, leurs traditions, leur religion ou leur langue. »[25]

Une synthèse de ces différentes perceptions permet de concevoir la notion de minorité comme celle d'un groupe différent de la majorité à l'intérieur de la société qui, par ses choix subjectifs ou ses spécificités objectives se présente en situation d'infériorité entraînant une vulnérabilité qui peut être économique, politique, culturelle sociale, etc.

C'est de cette vulnérabilité que naissent les objectifs de protection des minorités, de prise en compte des minorités dans les politiques publiques. Là, se pose un problème fondamental : celui de la reconnaissance des minorités, notamment ethniques, linguistiques, religieuses ou nationales. Il est inconcevable de mettre en place un dispositif de protection des intérêts de ces minorités si on ne les reconnaît pas formellement. Et c'est le cas dans un État comme la France qui, au nom du principe de l'unité et de l'indivisibilité du peuple français, les minorités ne sont pas prises en compte[26]. C'est que dans l'État-nation classique il est exclu a priori toute reconnaissance juridique d'une quelque minorité que ce soit[27]. D'où les réserves à l'article 27 du Pacte International sur les droits civils et politiques[28].

À l'analyse, on se rend compte que cette non prise en compte n'est que de principe, ou tout au moins de façade. En réalité lorsque la Constitution française consacre un titre à la Nouvelle Calédonie, ne s'agit-il pas d'une reconnaissance formelle d'une minorité culturelle ?[29]. Quid de la prise en compte juridique des spécificités de la Corse malgré les déclarations et les décisions de principe ?[30] « L'indivisibilité de la République s'oppose à la

---

[25] CAPOTORTI (F.), « Étude des droits des personnes appartenant aux minorités ethniques, religieuses et linguistiques », Nations unies, New York, 1979.

[26] S. PIERRE-CAPS a montré que l'ordre juridique français est l'archétype du modèle politique et juridique de l'État-nation. Il exclut ainsi a priori, toute reconnaissance juridique, en son sein d'un quelconque phénomène minoritaire, quelle que soit la manière dont on pourrait la décliner. V. « L'ordre juridique français et les situations minoritaires locales », *Actes du Colloque Droit Constitutionnel Local* « Egalité et liberté locale dans la Constitution », p. 97.

[27] PIERRE-CAPS (S.) « L'ordre juridique français et les situations minoritaires locales », *op. cit*, p. 97.

[28] DUPRE de BOULOIS (X.), *Droits et libertés fondamentaux*, PUF, Paris, 2010, p. 68.

[29] Titre XIII de la Constitution française de 1958.

[30] FAURE (B.), *Droit des Collectivités territoriales*, 4e édition, Dalloz, Paris, 2016, p. 329.

reconnaissance par le législateur de l'existence du peuple corse, composante du peuple français »[31].

Le professeur Pierré-Caps a affirmé qu'il s'agit là d'une réalité trompeuse. En effet, il montre avec Hans Kelsen que l'État est un ordre juridique « tout État est nécessairement un État de droit en ce sens que tout État est un ordre juridique »[32]. Par conséquent la reconnaissance et la prise en compte de minorités n'est pas une rupture du droit. Elles s'inscrivent parfaitement dans le cadre de la légalité et de l'État de droit.

Quoi qu'il en soit, dans tous les États confrontés à une problématique minoritaire culturelle, reconnue ou ignorée volontairement, des dispositifs institutionnels peuvent être mis en place pour trouver des solutions à cette problématique. Parmi ceux-ci, nous avons la décentralisation et les collectivités territoriales.

Le problème avec la décentralisation comme instrument de prise en compte de la question minoritaire, c'est qu'elle remet en cause l'indivisibilité de l'État au moins à deux niveaux :

D'abord, dans l'État unitaire ou dans l'État fédéré, la décentralisation est une entorse au principe de l'unité[33]. Pour Louis Favoreu, la frontière entre l'État divisible et l'État indivisible se détermine par référence à l'inexistence ou à l'existence d'un pouvoir normatif autonome au profit des collectivités décentralisées. Si la collectivité territoriale qu'il qualifie de secondaire a un pouvoir normatif initial qui ne peut être anéanti par la collectivité supérieure (État), on n'est plus dans un État indivisible[34]. Or, la décentralisation dans la prise en compte des minorités peut aboutir à l'octroi d'un pouvoir réglementaire autonome aux collectivités territoriales.

Ensuite, en prenant en compte les minorités, elle instaure une asymétrie territoriale qui anéantit l'uniformité des statuts territoriaux et par-delà, la politique d'aménagement du territoire et d'équité territoriale. Le Pr Pierré-Caps, citant Jean Rivero[35], parle de principe « d'égalité différentielle »[36]. Et Woehrling répertorie les différentes modalités de mise en œuvre de cette

---

[31] Conseil Constitutionnel Français, 9 mai 1991, *Statut de la Collectivité Corse*, Rec. p. 50. Billard J. « La France et l'idée de nation », Philosophie politique 1997-8, la nation, p. 195.

[32] KELSEN (H.), *Théorie pure du droit*, 1934 trad., Sirey 1962 : 418-419.

[33] FAURE (B.), *Droit des collectivités territoriales*, Paris, Dalloz, 2016, pp. 5-6.

[34] FAVOREU (L.), « Chronique constitutionnelle française, Décentralisation et Constitution », *RDP*, 1982, p. 1277.

[35] RIVERO (J.), « Rapport sur les notions d'égalité et de discrimination en droit public français », in *Les notions d'égalité et de discrimination en droit public français et en droit international, Travaux de l'Association Henri Capitant,* t. 12, 1961-1962, Paris, Dalloz, 1965, p. 343.

[36] PIERRE-CAPS (S.), *op. cit*, p. 114.

asymétrie territoriale. Il insiste sur « les mécanismes d'autonomie territoriale au profit de certaines régions, les structures dites asymétriques dans l'organisation de certains États, le droit des minorités régionales, l'évolution des modalités de dévolution des pouvoirs qui fait émerger entre décentralisation, régionalisation et autonomisme des formes originales d'autonomie territoriale interne des États, la combinaison de législations ou de réglementations propres à une fraction du territoire étatique avec la législation générale de l'État »[37].

Dès lors, se pose la question suivante : le droit des collectivités territoriales est-il suffisamment opératoire pour constituer une solution efficiente à la question des minorités en Afrique ?

Dans une perspective comparative, africaine et non africaine, l'étude de la situation dans plusieurs États permet de se rendre compte que le droit des collectivités territoriales est un instrument utilisé pour régler la question minoritaire, même s'il semble être insuffisant dans une certaine mesure.

I. Le droit des collectivités territoriales, un instrument de prise en compte des minorités

Les minorités culturelles sont en général cantonnées dans un cadre territorial bien déterminé. La prise en compte de leur réalité passe par une organisation territoriale dont le support essentiel est le droit des collectivités territoriales. « Il s'agit tout simplement de permettre aux minorités de préserver leur identité, leurs caractéristiques et leurs traditions pour instaurer l'égalité de traitement. Pour répondre à certaines exigences, un certain nombre d'États africains ont consacré des dispositions spécifiques aux minorités dans des constitutions et d'autres textes à caractère législatif et réglementaire. Ceux-ci assurent d'une part, la représentation des minorités dans les différentes structures de l'État. D'autre part, ils réaffirment le droit des groupes minoritaires à participer effectivement à la gestion des affaires publiques de l'État au même titre que d'autres groupes ou communautés »[38].

Ce droit des collectivités territoriales constitue à la fois un instrument d'intégration des minorités et une solution à l'irrédentisme des minorités.

A. Le droit des collectivités territoriales, un instrument d'intégration des minorités

D'emblée, il faut préciser que la réflexion porte sur les minorités culturelles conformément à l'article 27 du Pacte international Relatif aux Droits Civils et Politiques qui dispose que « dans les États où il existe des minorités ethniques, religieuses, linguistiques, les personnes qui appartiennent à ces minorités ne peuvent être privées du droit d'avoir, en commun avec les

---

[37] WOERHLING (J.-M.), « Les concepts de droit local et de statut local », in *États, Régions et Droits locaux*, p. 11.
[38] NAREY (O.), *op. cit.*, p. 8.

autres membres de leur groupe, leur propre vie culturelle, de professer et de pratiquer leur propre religion ou d'employer leur propre langue. »[39]

Cet article peut être perçu comme le fondement international de la reconnaissance et de la prise en compte des minorités dans les États. D'autant plus qu'en Afrique, comme pratiquement dans tous les États du monde, on a du mal à reconnaître de façon formelle et absolue les droits des minorités.[40] Il consacre l'obligation de protection juridique des minorités culturelles qui pèse sur l'État pour permettre à ces minorités de vivre conformément à leur réalité et à leur spécificité.

Ils s'y ajoutent les « soubresauts ethniques et politiques »[41] qui ont conduit les États à prendre en considération les minorités présentes sur leur territoire et à les reconnaître. C'est une forme d'intégration-protection qu'il organise et qu'on retrouve dans plusieurs États. La Déclaration relative aux droits des personnes appartenant à des minorités nationales ou ethniques, religieuses ou linguistiques va dans le même sens en indiquant que « les personnes appartenant à des minorités ont le droit de participer pleinement à la vie culturelle, religieuse, sociale, économique et publique »[42].

Cette intégration-protection peut se traduire par un aménagement juridique, à la fois constitutionnel[43] et législatif, notamment par le droit des collectivités territoriales afin que la protection prévue puisse être effective[44].

C'est le cas par exemple au Cameroun où la Constitution du 18 janvier 1996 dispose dans son préambule que « L'État assure la protection des minorités et préserve les droits des populations autochtones conformément à la loi ». Ce texte connaît une traduction législative à travers la loi du 24 décembre 2019 portant Code général des Collectivités territoriales décentralisées. En effet, ladite loi en le reprenant et en l'appliquant assure sans ambages la prise en compte de la reconnaissance des spécificités des peuples autochtones

---

[39] Pacte international relatif aux droits civils et politiques, adopté par l'Assemblée générale des Nations unies le 19 décembre 1966 et entré en vigueur le 23 mars 1976.

[40] Pour O. NAREY, cette absence de reconnaissance est le résultat de la négation de l'existence même des minorités.

[41] MILHAT (C.), « L'État constitutionnel en Afrique francophone : entre État de droit et « état de droit », p. 62.

[42] Article 2 de la Déclaration relative aux droits des personnes appartenant à des minorités nationales ou ethniques, religieuses ou linguistiques.

[43] Des articles spécifiques de la Constitution dans certains États africains ont consacré la protection des minorités. Ces États ont « l'ambition de faire cohabiter les différentes communautés nationales dans une société profondément divisée ». Nous avons déjà montré que l'Afrique est un continent marqué par l'existence d'États composites caractérisés par une division sociétale absolue. V. MOUANGUE KOBILA, (J.), *La protection des minorités et des peuples autochtones au Cameroun, entre reconnaissance interne contrastée et consécration universelle réaffirmée*, p. 88.

[44] FAURE (B.), *op. cit.*, p. 323 et s.

minoritaires du Cameroun. Leurs droits sont relatifs à leurs langues, religions, cultures, etc. D'autres textes au Cameroun sont intervenus sur la base de la disposition constitutionnelle précitée, pour conférer des droits spécifiques aux peuples autochtones[45].

À titre comparatif la situation au Canada, où la question minoritaire est lancinante est assez similaire de celle du Cameroun. Ainsi, au Nouveau Brunswick, la communauté acadienne préconise par exemple la stratégie juridique en insistant auprès de l'administration centrale pour lui demander de formuler et d'appliquer des normes nationales ou provinciales lui garantissant des droits. Les normes provinciales sont relatives à la décentralisation et l'article 23 de la Charte canadienne des droits et libertés accorde aux parents de la minorité linguistique d'une province le droit d'envoyer leurs enfants dans des établissements qui leur sont propres et d'y recevoir un enseignement dans leur langue[46].

Dans le même sillage, et considérant à nouveau la situation en Afrique, la Constitution éthiopienne place au même niveau toutes les langues et toutes les cultures de sa population et chaque groupe ethnique « a le droit de développer et de promouvoir sa propre culture et de préserver sa propre histoire »[47]. La composition diversifiée de la population éthiopienne et la trajectoire historique heurtée de cet État justifient ces dispositions normatives.

Ces garanties juridiques sont essentielles surtout dans la perspective de leur mise en œuvre et de leur protection. Plus elles sont élevées dans l'ordre normatif, plus leur cristallisation et leur protection sont renforcées. C'est pour cette raison que les populations autochtones et minoritaires insistent pour avoir des normes de protection portées par un texte de niveau supérieur. Ce qui les met à l'abri de la simple volonté de l'administration et dès fois même du législateur.

Le second niveau d'intégration des minorités par le biais de la politique de décentralisation est l'intégration-participation. Ce type d'intégration permet aux minorités d'être représentées dans les instances locales de décision, et

---

[45] Loi n° 2006-09 du 29 décembre 2006 fixant les conditions d'élection des députés à l'Assemblée nationale du Cameroun ; loi 2006-10 du 29 décembre 2006 ; loi 2006-05 du 14 juillet 2006 fixant les conditions d'élection des sénateurs au Cameroun ; loi n° 2004-03 du 21 avril 2004 régissant l'urbanisme au Cameroun ; loi n° 2004-19 du 22 juillet 2004 fixant les règles applicables aux régions au Cameroun ; loi n° 94-01 du 20 janvier 1994 portant régime des forêts, de la faune et de la pêche au Cameroun.

[46] BOUCHARD (P.) et VEZINA (S.), « Décentralisation, gouvernance et développement de la minorité francophone au Nouveau Brunswick », *Revue Francophone Amérique*, n° 19, 2005, p. 18.

[47] « Aperçu du rapport du projet de recherche par l'Organisation internationale du travail et la Commission africaine des droits de l'homme et des peuples relatif à la protection constitutionnelle et législative des droits des peuples autochtones dans 24 pays africains », p. 22.

même à certains égards dans les instances nationales de décision à travers les collectivités territoriales.

L'existence de structures décentralisées va alors participer à l'amélioration de la capacité des citoyens des minorités d'exercer une influence sur les politiques publiques les concernant tant du point de vue de leur élaboration que de leur application. Cette influence peut se manifester également sur les politiques publiques nationales pour les amener à prendre en compte les minorités et surtout faire en sorte que, même non prévues spécifiquement pour elles, qu'elles aient un impact positif sur leur situation (territoriale, économique ou sociale)[48].

D'où une utilité certaine de la décentralisation dans la prise en compte des intérêts des minorités par leur présence effective au niveau des instances décentralisées et, par ricochet, nationales de prise de décisions[49].

Ainsi, en Namibie, la Constitution prévoit que « l'État doit veiller spécialement à la structure équilibrée des services publics quant à la composition ethnique »[50]. Cette obligation de représentation effective et équilibrée des minorités ethniques est réaffirmée au niveau de l'article 104 de la même constitution qui exige la présence d'autorités locales dans tous les conseils territoriaux et organes de gouvernance territoriale[51]. Ce faisant le constituant namibien consacre la représentation des minorités ethniques dans les organes de gestion publique. Ce qui leur permet d'avoir une influence sur les décisions politiques les concernant.

La constitution mozambicaine va dans le même sens de la concrétisation de l'intégration-participation des minorités. Elle postule un partage équitable du pouvoir entre les différentes ethnies ou communautés qui composent la société mozambicaine[52]. Cette participation intègre les collectivités territoriales, donc utilisation du droit de la décentralisation, car elle est prévue à tous les niveaux de gestion des affaires publiques.[53]

Le cas de l'Ethiopie semble être paradoxal et est symptomatique de la pratique des États qui veulent préserver l'unité nationale et l'intégrité territoriale

---

[48] ASJBORN (E.), « Commentaire sur la Déclaration relative aux droits des personnes appartenant à des minorités nationales ou ethniques, religieuses ou linguistiques », *ECN/Sub2§AC/200/2*, paragr. 35.

[49] Article 35, Constitution du Gabon du 26 mars 1991 « Le Sénat assure la représentation des collectivités locales ». Or, le premier niveau de représentation effective des minorités est l'organe local. C'est cet organe qui est l'instrument de légitimation des représentants des collectivités locales au Sénat.

[50] Article 113 de la Constitution Namibienne du 21 mars 1990.

[51] Article 102 Constitution de Namibie « a local Authority shall include all municipalities, communities, village councils and other organs of local government ».

[52] Article 116 de la Constitution du Mozambique du 30 novembre 1990.

[53] NAREY (O.), *op. cit.*, p. 25.

tout en protégeant les minorités ethniques. Ainsi, elle assure la représentation équitable des nations et nationalités ou peuples éthiopiens au sein des gouvernements régionaux et du gouvernement fédéral[54]. Les minorités ont donc le droit d'être représentées à tous les niveaux de décisions politiques. Cependant, malgré cette représentation tous azimuts, la constitution éthiopienne exclut toute forme de reconnaissance de quelque groupe minoritaire que ce soit, qu'il soit national, ethnique, religieux ou linguistique.

Le Cameroun a fait des efforts dans ce sens pour satisfaire les aspirations de groupes minoritaires. Ainsi, le Programme national de Développement participatif a été un instrument dans cette optique inclusive[55].

À titre comparatif, nous pouvons invoquer à nouveau le cas du Nouveau Brunswick au Canada où des instances régionales ont été mises sur pied pour prendre en compte les spécificités des minorités, notamment francophones en matière de santé et d'éducation. La présence de représentants de cette minorité dans ces instances leur permet dans un cadre territorial, donc de proximité, de faire prévaloir leurs préoccupations et par conséquent d'exister face à la majorité anglophone[56].

Au Cameroun, cette représentation dans le cadre des collectivités territoriales des minorités trouve son fondement dans la Constitution. Ainsi, le constituant camerounais a décidé que « le Conseil Régional doit refléter les différentes composantes sociologiques de la Région », le Conseil régional devant être présidé par une autorité autochtone de la région élue en son sein pour la durée du mandat du Conseil[57]. Le code électoral va d'ailleurs plus loin en disposant que la constitution de chaque liste de candidats aux élections des conseillers municipaux et des conseillers régionaux doit refléter les différentes composantes sociologiques de la commune ou de la région concernée selon le cas[58].

Le code électoral applique alors de façon absolue les dispositions constitutionnelles précitées. C'est tout l'intérêt d'avoir prévue la représentation des minorités au niveau du Conseil régional dans la Constitution. À partir de ce moment, la loi ne peut plus la remettre en cause, elle ne peut qu'en prévoir les modalités d'application. Le juge camerounais a à plusieurs reprises sanctionné les manquements à ces dispositions législatives qui assurent la

[54] Article 6 de la Constitution éthiopienne du 6 décembre 1994.

[55] NAREY (O.), *op. cit.*, p. 22.

[56] BOUCHARD (P.) et VEZINA (S.), *op. cit.*, p. 22.

[57] Article 57 alinéas 2, 3 et 5 de la Constitution camerounaise du 18 janvier 1996.

[58] Les articles 151-3, 171-3, 218-3 et 246 du Code électoral du Cameroun précisent que la constitution de chaque liste de candidats aux élections des députés à l'Assemblée nationale, des conseils municipaux, des sénateurs et des conseillers régionaux doit refléter les différentes composantes sociologiques de la Commune ou de la Région concernée selon le cas.

représentation des minorités dans les instances des différentes catégories de collectivités territoriales[59].

La politique de décentralisation peut également être un frein à l'irrédentisme.

B. Le droit des collectivités territoriales, une solution à l'irrédentisme

Dans plusieurs États, les minorités culturelles ont tendance à l'irrédentisme et à une volonté sécessionniste. Cette tendance peut même aller jusqu'à remettre en cause l'unité et l'existence même de ces États. (Canada, Belgique, Espagne, France, Nigeria, Cameroun, Éthiopie…)

Il s'agit alors d'essayer d'apporter des réponses adéquates pour éviter que l'intégrité territoriale de l'État ne soit sapée, et que la sécession ne se concrétise par une partition de l'État.

Il faut cependant faire la distinction entre la sécession et le droit à l'auto-détermination. Ce dernier est réservé aux peuples colonisés et trouve sa concrétisation dans le droit des peuples à disposer d'eux-mêmes. Il est reconnu par le droit international[60].

Quant à la sécession, elle est le propre de peuples minoritaires qui constituent des groupes sociaux composés d'individus convaincus de partager un sentiment d'appartenance à une communauté de destin. Toutefois, ces

---

[59] L. DONFACK SOKENG a montré que le juge camerounais a de fait, à plusieurs reprises, été saisi pour connaître de la non-conformité à *L'impératif* dans le cadre du contentieux des listes. Deux contextes méritent d'être distingués. *Primo/La période de timidité* : dans l'affaire *Enandjoum Bwanga et autres c/ État du Cameroun* (MINAT_il est établi que la liste du Social Democratic Front (ci-après « SDF ») ne respecte pas *L'impératif* ; que « toutes les tribus ne sont pas représentées notamment les Banéka alors que l'ensemble de la commune a pour ressort territorial la zone rurale du canton banéka ». Le juge se déclare incompétent pour vice de procédure. La même solution fut retenue dans les affaires *Epale Roger Delore, Ngueyong Moussa ou encore SDF et autres c/ État du Cameroun.* Cette période de « timidité légitime » est aujourd'hui dépassée, et le juge camerounais est désormais hardi sur la question de la conformité des listes électorales à *L'impératif. Deuxio/Le contexte de hardiesse* : aux termes de l'article 189 du Code électoral unique, le contentieux des listes ressortit désormais, directement, de la compétence du juge. C'est fort de cette non moins ancienne tunique que dans l'affaire *Ngoh Ajong Dobgima*, le juge disqualifie la liste SDF dans laquelle aucun membre de la communauté Bamiléké (Bawocks) n'est compté parmi les 33 Conseillers municipaux en compétition. Il y a donc à croire que l'examen de la conformité des listes à *L'impératif* occupe désormais les premières pages du contentieux électoral au Cameroun ainsi qu'il aurait été par le passé si l'occasion de statuer directement au fond avait été dévolue au juge. Cela étant dit, la question de savoir si *L'impératif* a un fondement minoritaire demeure entière.

[60] *Résolution 2625 de l'Assemblée générale des Nations-unies du 24 octobre 1970 portant Déclaration sur les relations amicales entre les États.*

peuples ne disposent pas d'un territoire distinct et séparé de l'État dans lequel ils sont intégrés[61].

La protection des minorités devient dès lors un impératif auquel l'État ne peut se soustraire. Cette protection étant un élément de cristallisation de l'intégrité territoriale de l'État face aux velléités indépendantistes. Pour Slimane, « sans protection des minorités, l'existence des groupes ethniques ne peut être protégée, leur subordination à d'autres groupes ne peut être empêchée, et la paix et la sécurité ne peuvent être garanties »[62].

En effet, lorsque des minorités estiment que leurs droits ne sont ni reconnus ni protégés et que leur survie en tant que groupe différent et différencié au sein de l'État n'est pas garantie, que d'autres groupes plus importants en terme quantitatif et de capacité socio-économique tendent à les absorber ou à la confiner dans un état de dénuement économique, elles vont jusqu'à remettre en cause leur appartenance même à l'État et manifestent de façon claire et absolue leur volonté de sortir de l'État.

Cette volonté peut s'exprimer en termes pacifiques ou violents. C'est un réflexe naturel d'auto défense et d'affirmation d'une identité bafouée et reniée par un groupe plus important. Cette réalité crée une situation de tensions et de crises au sein de l'État qui est alors tenu de réagir par-delà les moyens militaires de maintien de son intégrité territoriale. Les réactions, pour être efficaces, doivent avoir des implications tant d'un point de vue économique que culturel et social. Le Pr Narey l'exprime parfaitement en soutenant que « la reconnaissance légale et la protection appropriée à chaque groupe ethnique peut aider les États à résorber les tensions et à réduire les risques d'absorption des minorités par d'autres groupes numériquement plus importants. Il paraît dès lors indispensable qu'un État ne peut se fonder sur une assimilation forcée ou une subordination ethnique »[63].

Le renforcement de l'autonomie des territoires des minorités est alors une réponse fréquente et relativement efficace. Ce renforcement peut même aller jusqu'à une modification de la nature et de la structure de l'État. Ainsi, un État unitaire peut être transformé en État fédéral en réponse à cette demande (Belgique)[64].

Cependant, dans le cadre de l'État unitaire, la décentralisation et le droit des collectivités territoriales constituent des instruments téléologiques

---

[61] WEBERT (F.), *Unité de l'État et diversité régionale en droit constitutionnel français*, Thèse, Nancy, 1997, p. 260.
[62] SLIMANE (S.), « Reconnaître l'existence des minorités en Afrique », *Bulletin Minority Rights* Group International, p. 5.
[63] NAREY (O.), *op. cit.*, p. 17.
[64] La Belgique a été transformée en État fédéral en 1993. Article premier de la Constitution Belge du 7 février 1831 révisée en 1993 : « La Belgique est un État fédéral qui se compose des communautés et des régions ».

fréquents pour réagir face à ces velléités indépendantistes. Paradoxalement la décentralisation sera utilisée pour lutter contre l'irrédentisme alors qu'on lui a souvent reproché de pouvoir conduire justement à cet irrédentisme.

P. Bouchard a montré que « plus la décentralisation est grande, plus les procédures institutionnelles suivies dans les politiques permettent aux acteurs de la base – notamment à une minorité – de se trouver dans une position de pouvoir avantageuse pour influencer ces politiques ». Dès lors, les minorités n'ont plus d'arguments suffisamment pertinents pour continuer à réclamer une indépendance.

Par ces procédures décrites par Pier Bouchard, ce sont elles-mêmes qui se chargent de la gestion de leurs affaires et donc qui, soit prennent, soit influent de façon décisive les décisions politiques stratégiques qui s'appliquent sur leur territoire. Pour ce faire, il faut cependant que la politique de décentralisation soit la plus forte possible. Sinon, elle ne servirait qu'à exacerber les antagonismes entre le niveau territorial et le niveau central. Cette affirmation s'appuie sur la pratique décentralisatrice des États qui sont confrontés à ces velléités irrédentistes.

La situation concrète dans certains États est assez illustrative de cette réalité.

Ainsi, l'Espagne confrontée à ce problème avec notamment le Pays Basque et la Catalogne a poussé sa décentralisation à l'extrême au point de se transformer en État régional ou autonomiste[65]. Les régions ont une autonomie si forte qu'elles peuvent même voter des lois et leurs relations avec l'État central sont déterminées par la Constitution[66]. Elles sont par conséquent à l'abri du pouvoir législatif.

La France en principe ne reconnaît pas de minorités et le Conseil constitutionnel a consacré l'uniformité catégorielle des collectivités territoriales. C'est-à-dire que chaque catégorie de collectivité territoriale constitue une famille dont tous les membres doivent respecter un droit institutionnel commun, propre à identifier la catégorie. Ce principe interdit la reconnaissance de droits culturels, religieux ou linguistiques au profit des minorités au sein de la population française. C'est tout le sens et la justification des réserves de la France relativement à l'article 27 du Pacte International relatif aux Droits Civils et Politiques de 1966 et le rejet de la Charte Européenne des Langues Régionales.[67]

Curieusement, malgré cette position de principe, l'article 75-1 de la Constitution française fait des langues régionales un patrimoine de la France. N'est-ce pas là une consécration constitutionnelle de droits culturels et

---

[65] Article 2 de la Constitution espagnole de 1978.

[66] Article 148 à 153 de la Constitution espagnole qui accordent un pouvoir législatif aux collectivités autonomes, donc aux régions en tant que collectivités territoriales.

[67] PIERRE-CAPS (S.), *op. cit*, p. 102.

linguistiques au profit de minorités ? La logique aurait voulu que ces langues soient intégrées dans la langue française ou simplement ignorées au profit de la seule langue française. Le risque aurait été de s'inscrire dans une logique de résistance et donc conflictuelle contre les minorités concernées.

Mais, face à ces velléités indépendantistes, la France a été obligée de faire évoluer et son droit constitutionnel[68], et son droit des collectivités territoriales en prenant en compte certaines minorités. Ainsi, un statut spécial a été consacré pour la collectivité territoriale de Corse[69] qui échappe au régime général de la région avec un exécutif collégial responsable devant l'assemblée de Corse.

C'est également le cas de la Nouvelle-Calédonie pour laquelle, le Conseil d'État a affirmé que le droit élaboré pour les collectivités territoriales ne lui est pas applicable[70].

Aujourd'hui le titre 13 de la Constitution française est consacré à la Nouvelle-Calédonie avec une autonomie si forte que l'Assemblée de Nouvelle Calédonie peut voter des « lois du pays » dans certaines matières qui ne peuvent être contrôlées que par le Conseil constitutionnel.

Cette politique de décentralisation allant dans le sens d'un renforcement à l'extrême de l'autonomie des collectivités territoriales semble être efficace. En effet, depuis sa mise en œuvre, le mouvement indépendantiste calédonien a perdu de sa vigueur et semble avoir été fortement réduit. Ce qui est compréhensible car si la collectivité territoriale peut prendre dans des domaines de compétences élargis des lois qui s'appliquent sur son territoire et qui échappent à la fois au pouvoir réglementaire national et au pouvoir législatif, les revendications d'indépendance sont pratiquement vidées de leur substance.

D'autres exemples peuvent être relevés en Croatie (Europe), en Éthiopie, au Niger, au Nigeria ou au Cameroun (Afrique) avec la volonté indépendantiste de la partie anglophone dans ce dernier État.

En Éthiopie, la Constitution prévoit la participation de toutes les nations et nationalités et de tous les peuples éthiopiens aux gouvernements régionaux et au gouvernement fédéral. C'est une tentative de réponse apportée à l'irrédentisme de groupes minoritaires qui minent l'existence même de l'État Éthiopien depuis les années 1960. Dans certains cas ces revendications ont même abouti à la partition de l'État éthiopien[71].

---

[68] FAURE (B.), *op. cit.*, p. 43 et s. ; Articles 73 et 74 de la Constitution française.

[69] Loi du 13 mai 1991 (Code Général des Collectivités Territoriales, articles L. 4421 et s.).

[70] CE, 13 décembre 2006, Genelle.

[71] Suite à une longue lutte, l'Érythrée a fini par se détacher de l'Éthiopie et à accéder à l'indépendance en 1993 malgré la résolution de l'Assemblée générale de l'Organisation de l'Unité africaine adoptée au Caire en 1964 qui consacre le principe

Au Cameroun, l'exigence législative de la prise en compte des composantes sociologiques de la circonscription dans la constitution de la liste va dans ce sens. Il s'agit de veiller à la représentation de toutes les composantes sociologiques, notamment minoritaires dès la constitution de la liste pour l'élection des députés, sénateurs et conseillers municipaux. Ce dispositif garantit leur présence au niveau des instances politiques nationales et territoriales de décision. Ce qui est de nature à anéantir, tout au moins à édulcorer fortement toute velléité indépendantiste.[72]

Quelle que soit sa pertinence, la politique de décentralisation ne semble pas être la panacée. L'analyse des différentes situations montre qu'elle n'est pas toujours suffisamment opératoire pour prendre en compte totalement les questions minoritaires.

II. La politique de décentralisation, instrument insuffisant dans la prise en compte des minorités

En tant qu'instrument téléologique dans la résolution des problèmes des minorités, le droit des collectivités territoriales n'est pas toujours suffisamment opératoire. Ainsi, on peut constater la survivance des velléités d'irrédentisme, et que les problèmes des minorités culturelles demeurent du fait de la nature territoriale des politiques de décentralisation.

A. La survivance de l'irrédentisme

Dans beaucoup d'États confrontés à l'irrédentisme des minorités culturelles, les politiques de décentralisation mises en place n'ont pas permis de mettre fin à cet irrédentisme. Ces réponses semblent dès lors être insuffisantes. En effet, aussi poussée qu'elle soit, la décentralisation ne se limite qu'à la consécration d'une autonomie beaucoup plus forte de la collectivité territoriale. Elle n'aboutit pas à l'indépendance de la collectivité territoriale.

Cette réalité est marquée aussi bien en Afrique que dans le reste du monde. La comparaison est assez intéressante à ce niveau car révélatrice de la similitude des problématiques qui interpellent des États aux caractéristiques totalement différentes.

Ainsi, en France, la forte autonomie de la Corse ou de la Nouvelle Calédonie n'a pas totalement anéanti les demandes d'indépendance. Les communautés identitaires minoritaires continuent de réclamer plus d'autonomie, plus de droits.

---

de l'intangibilité des frontières héritées de la colonisation. Aujourd'hui, l'Éthiopie fait face aux velléités d'indépendance du Tigrée.

[72] Loi n° 2006/09 du 29 décembre 2006 fixant les conditions d'élection des députés à l'Assemblée nationale du Cameroun ; loi n° 92/002 du 14 août 1992 fixant les conditions d'élection des conseillers municipaux au Cameroun modifiée ; loi n° 2006/005 du 14 juillet 2006 fixant les conditions d'élection des sénateurs au Cameroun.

L'Espagne, qui présente peut-être le système de décentralisation le plus à même de prendre en compte les spécificités et les droits des peuples minoritaires ne parvient toujours pas non plus à régler ce problème qui perdure depuis des décennies. On peut avoir le sentiment que l'Espagne n'est plus un État unitaire sans pour autant être un État fédéral[73]. Mais malgré cela, la pression indépendantiste sur le Gouvernement central demeure et est même plus exacerbée. Ainsi, le 9 novembre 2014, la Catalogne a organisé, contre la volonté des autorités de l'État espagnol, un référendum d'auto détermination qui a abouti par la victoire du oui à près de 80 %. Ce résultat témoigne s'il en était encore besoin de la forte adhésion du peuple catalan à la volonté sécessionniste malgré les efforts de l'État central espagnol.

Pour ce peuple, la décentralisation régionale n'est pas suffisante pour prendre en compte ses intérêts. Ses spécificités sont tellement fortes qu'elles ne peuvent en aucun cas s'affirmer à l'intérieur de l'État espagnol ou tout au moins dans sa structuration actuelle. Aujourd'hui, dans sa possible mutation structurelle, il ne reste plus que l'étape de la fédération à l'État espagnol... ou alors de la partition.

La poussée de la minorité francophone est aussi et toujours forte au Canada, ce qui témoigne de la relative incapacité de la politique de décentralisation à résoudre la question minoritaire dans cet État d'Amérique.

En Afrique, et plus particulièrement au Cameroun, ni les dispositions de la Constitution, ni celles de la loi du 24 décembre 2019 portant Code Général des Collectivités Territoriales Décentralisées n'ont réussi à mettre fin aux volontés sécessionnistes de la partie anglophone. C'est que le cas camerounais est aussi particulier. En général, un État répond à l'irrédentisme minoritaire par une politique de décentralisation très poussée (Espagne) qui peut même se transformer en fédéralisme (Belgique). Or, au Cameroun, on est passé de l'État fédéral à un État unitaire décentralisé[74].

Les minorités culturelles peuvent avoir le sentiment que l'État leur a retiré une certaine autonomie qu'elles avaient dans le cadre de l'État fédéral : le pouvoir étatique, serait-il fédéré, étant quand même plus fort et plus consistant que le pouvoir local, serait-il législatif.

L'effectivité des droits des minorités est aussi tributaire de la volonté du constituant qui établit les limites dans lesquelles des droits leur sont reconnus ainsi que celles de leur exercice. C'est ce qu'exprime parfaitement le Pr Narey quand il précise que « les minorités restent fondamentalement soumises, dans la jouissance même de leurs droits, à la volonté des constituants qui sont restés fortement marqués par l'influence de la vision classique des relations intercommunautaires. C'est ainsi que, dans la plupart des constitutions

[73] Article 2 de la Constitution espagnole.

[74] Suite au Référendum du 20 mai 1972, le Cameroun mit fin au système fédéral et devient un État unitaire.

africaines, des clauses restrictives sont prévues. Celles-ci sont susceptibles d'anéantir les droits des minorités. C'est le cas de la clause « du respect de la loi », inhérente certes à tout régime de libertés publiques, mais qui s'impose dans la manière de la concevoir comme leur double négatif »[75].

Si ce nécessaire encadrement est trop serré, il n'est pas efficace et risque d'être insuffisant dans la perspective de lutte contre l'irrédentisme. Les minorités auront toujours le sentiment de ne pas être suffisamment intégrées et par conséquent que leurs droits et revendications ne sont pas pris en compte. Ce qui est de nature à exacerber les demandes d'autonomie renforcée.

Il en est de même de l'interdiction quasi généralisée de la création de parti politique à base ethnique, religieuse ou régionale[76]. Cette interdiction prive les minorités de la possibilité de se constituer en force politique légale spécifique et de concourir au suffrage avec l'éventualité de contrôler un ou des organes de prise de décision seraient-ils territoriaux.

B. La nature territoriale du droit des collectivités territoriales

Les politiques de décentralisation rentrent dans le cadre de l'aménagement du territoire. Elles définissent les modalités d'organisation administrative du territoire. Or, les questions minoritaires concernent surtout des aspects personnels, humains. C'est pour cette raison que le droit des collectivités territoriales ne semble pas être suffisamment opératoire pour prendre en compte de façon définitive et absolue les revendications des minorités. Il insiste surtout sur des problèmes territoriaux. Il apporte donc des solutions territoriales à un problème humain. Certes, les solutions territoriales surtout à incidence économique auront forcément des impacts sur l'humain.

Les minorités culturelles insistent dans leurs revendications et dans la protection de leurs droits sur des aspects qui sont relatifs à la reconnaissance de leurs langues, religions et cultures au même titre que celles des populations majoritaires. Elles veulent que l'État cesse de se réfugier derrière une formule englobante, protectrice de son intégrité et de son unité territoriale.

Ainsi, au Botswana, une loi sur la chefferie traditionnelle[77], votée depuis la période coloniale, a encore des incidences négatives sur la volonté de prise en compte territoriale de certaines minorités. Son impact personnel anéantit les efforts accomplis dans l'autonomisation et la promotion territoriale. Cette loi ne reconnait le titre de chef qu'aux chefs des huit tribus principales. Les autres tribus n'ont donc pas au terme de cette loi de chef. Ou tout au plus ils

---

[75] NAREY (O.), « Les droits des minorités en Afrique : jeu et enjeux », p. 34.
[76] Constitution du Niger du 25 novembre 2010 ; Constitution du Sénégal du 22 janvier 2001 ; Constitution du Burundi (à compléter).
[77] Loi sur la chefferie du Botswana, article 14.

ont un chef au rabais[78] qui n'est pas officiellement reconnu. La discrimination qu'elle met en place, et qui est encore maintenue, fait que toutes les mesures qui sont édictées pour la prise en compte des intérêts des populations des tribus autres que les huit principales sont remises en cause.

C'est que ces efforts ont été faits non pas sur le statut des personnes mais sur les territoires. On a estimé, à tort certainement, que la promotion et l'émergence économique des territoires qui portent les tribus minoritaires pourraient à terme avoir suffisamment d'incidence sur le statut de ces populations minoritaires au point de les amener à taire leurs revendications. Il n'en est rien car la dimension humaine qui est niée est celle fondamentale d'avoir des organes propres de direction au même titre que les autres tribus considérées comme principales.

Une situation similaire peut être relevée au Cameroun où on nie à des villages pygmées le droit d'exister en tant qu'entité et d'avoir un chef[79]. Ils sont intégrés de façon autoritaire et péremptoire à des villages majoritaires et avoisinants. Ce qui a des conséquences d'un point de vue économique car ces villages pygmées, dont on nie même l'existence, n'ont pas droit à la redevance forestière et à d'autres retombées financières. Si on considère l'importance de la forêt pour ces populations et le fait que l'État intervient directement pour exploiter ces forêts, on se rend compte du préjudice énorme que ces populations pygmées autochtones du Cameroun subissent.

Au Burundi, État très marqué par la problématique minoritaire, la représentation des ethnies minoritaires est relativement assurée au niveau des instances politiques nationales à l'instar du Sénat, de l'Assemblée nationale et du Gouvernement. C'est au niveau territorial que cette représentation est insuffisante car n'étant pas garantie d'un point de vue normatif[80]. Ainsi, elles ne peuvent faire prévaloir leurs droits, ce qui n'est pas de nature à améliorer

---

[78] « Rapport du projet de recherche par l'Organisation internationale du travail et la Commission Africaine des droits de l'homme et des peuples relatif à la protection constitutionnelle et législative des droits des peuples autochtones dans 24 pays africains », p. 34.

[79] NAREY (O.), *op. cit.,* p. 17. Il donne également l'exemple du Kenya notamment de lois ayant ancré la discrimination coloniale. Il retient l'ordonnance spéciale de 1934 des zones administratives ; l'ordonnance courante de 1933 de vol et de produit, et la section 19 de l'ordre de l'indépendance au Conseil de 1963 ayant donné au gouverneur général des pouvoirs spéciaux, y compris ceux de déclarer l'état d'urgence, ce qui a eu pour conséquence des massacres de masse et de déplacement des minorités. Voir *Aperçu du rapport du projet de recherche* par l'Organisation internationale du Travail et la Commission africaine des droits de l'homme et des peuples relatif à la protection constitutionnelle et législative des droits des peuples autochtones dans 24 pays africains.

[80] NAREY (O), *op. cit*, p. 28.

leur intégration et donc à remettre en cause leur volonté d'indépendance ou de rattachement au Rwanda voisin.

Les situations en Ouganda et en RD Congo témoignent parfaitement de l'insuffisance de la prise en compte des droits des minorités pour lutter contre l'irrédentisme. Ainsi, en Ouganda, les groupes minoritaires ne bénéficient d'aucune garantie de représentation au niveau des instances territoriales politiques de décision. Au Congo, les minorités sont même absorbées par le village voisin[81]. Ces dispositions ne leur permettent pas d'intervenir et de faire prévaloir leurs droits dans un espace institutionnel. Elles vont dès lors continuer à réclamer plus d'autonomie pour que leurs droits et impératifs soient saufs.

Les politiques de décentralisation doivent amener les groupes minoritaires se trouvant dans une situation économique et sociale défavorable à s'émanciper par la prise de mesures qui leur permettent d'accéder effectivement à l'égalité avec les autres composantes de la société dans l'accès à une ressource (emploi, éducation, etc.)[82]. Si elles se limitent à des décisions concernant exclusivement le territoire, elles risquent d'occulter la dimension humaine qui est le fondement de toutes les revendications.

Les peuples en situation de minorité font donc prévaloir leur droit à l'identité. Lequel droit appartenant à la fois collectivement aux minorités elles-mêmes en tant que groupes et individuellement aux personnes qui les composent[83]. Or, les réponses qui sont apportées par les politiques de décentralisation ne tiennent pas compte des réalités et identités collectives et individuelles. Elles sont toujours à base territoriale. D'où leur efficacité relative.

L'asymétrie institutionnelle mise en place par la politique de décentralisation dans la prise en compte des minorités doit s'accompagner, pour être efficace de l'effectivité de la prise en compte des droits personnels des minorités, notamment la langue, la religion, la culture, etc. Or, on ne voit jamais un droit des collectivités territoriales qui va jusqu'à consacrer une langue régionale et minoritaire comme langue officielle de la collectivité territoriale.

---

[81] Loi n° 3-2003 du 17 janvier 2003 sur la décentralisation en République du Congo ; Décret 2003-20 du 6 février 2003.

[82] DUPRE de BOULOIS (X.), *Droits et libertés fondamentaux*, PUF, Paris, 2010, p. 70.

[83] PELLET (A.), Note sur la Commission d'arbitrage de la Conférence européenne pour la paix en Yougoslavie, *AFDI*, 1991, p. 340.

La protection des minorités linguistiques en Belgique : contexte, institutions politiques et droits fondamentaux

Frédéric BOUHON,

Professeur à l'Université de Liège

Léna GERON,

Chercheuse, doctorante à l'Université de Liège[1]

Introduction

Fondé en 1830-31, le Royaume de Belgique se trouve au carrefour des langues et des cultures romanes et germaniques. Sa gestion politique et administrative a longtemps été dominée par une élite francophone, alors que les classes populaires s'exprimaient dans des patois romans (au sud) et germaniques (au nord et au sud-est dans les régions d'Arlon et de Luxembourg)[2]. Les tensions communautaires ont augmenté au fur et à mesure du XXe siècle et ont conduit, à partir des années 1970, à la transformation de l'État autrefois unitaire en une structure fédérale complexe composée d'entités autonomes à de nombreux égards. L'organisation du système fédéral dépend pour partie de considérations culturelles et linguistiques, puisque le pays se compose notamment de trois communautés : la Communauté flamande (dont la population est majoritaire), la Communauté française (qui rassemble environ 40 % de la population) et la Communauté germanophone (avec moins d'1 % de la population)[3]. On relève en outre que, dans certains lieux, et spécialement en région bruxelloise, les néerlandophones se trouvent minorisés.

---

[1] Certains passages du présent rapport s'appuient sur l'ouvrage suivant, dans lequel on pourra d'ailleurs trouver des développements plus détaillés sur le droit constitutionnel belge et notamment sur les thèmes abordés dans le présent rapport : BOUHON (F.) et MINY (X.), *Introduction au droit public. Considérations générales et particularismes belges*, Bruxelles, Larcier, 2021 (à paraître).

[2] A. HENKES, « Die (Weiter) Entwicklung der deutschen Rechtssprache in Belgien, Beitrag zur Tagung. "Drei Sprachen – Ein Recht. Terminologie als Faktor der Rechtssicherheit in Belgien"», Eupen, 9 juin 2012, disponible sur : http://www.rechtsterminologie.be/PortalData/30/Resources/dokumente/Henkes_Die_Entwicklung_einer_deutschen_Rechtssprache_in_ Belgien.pdf.

[3] La Belgique se compose également de trois régions (voyez l'article 1er de la Constitution : « La Belgique est un État fédéral qui se compose des communautés et des régions ») : la Région wallonne, la Région flamande et la Région de Bruxelles-Capitale. À noter que la Région flamande n'est plus aujourd'hui qu'une « coquille vide » puisqu'elle a transféré l'exercice de l'ensemble de ses compétences à la Communauté flamande grâce au mécanisme prévu à l'article 137 de la Constitution. Des précisions seront données *infra* à ce sujet.

C'est au regard de cette perspective particulière que la question de la protection des minorités en droit constitutionnel belge sera examinée.

Les grands traits qui caractérisent la situation belge seront d'abord exposés afin de décrire le contexte institutionnel (**I**). La contribution présentera ensuite les techniques juridiques qui visent à assurer la protection des minorités culturelles et linguistiques qui sont reconnues institutionnellement. L'accent sera mis non seulement sur les mécanismes politiques qui garantissent l'autonomie des communautés, mais aussi sur ceux qui empêchent la domination de la communauté majoritaire au sein des institutions fédérales (**II**). On abordera ensuite la question de la protection des minorités linguistiques sous l'angle des droits fondamentaux, pour constater que la Constitution belge n'offre pas de régime de protection spécifique à cet égard. Nous verrons aussi que le droit international public n'offre que des bases limitées pour une protection collective et que c'est l'approche individuelle des droits fondamentaux qui est privilégiée. Cette caractéristique sera mise en contraste avec le régime développé par la Charte africaine des droits de l'homme et des peuples (**III**).

I. Le contexte de la protection des minorités linguistiques en Belgique : éléments de géographie, de démographie et d'histoire

Avant d'envisager la manière dont le droit constitutionnel belge règle la protection des minorités linguistiques, il semble indispensable de décrire sommairement le contexte dans lequel cette question se pose. Dans cette perspective, nous proposons de livrer ici quelques informations élémentaires relatives à la géographie, la démographie et l'histoire du Royaume de Belgique. Ceci permettra de mieux définir la notion de minorité linguistique et de poser les bases de la suite de la présente contribution.

a. Territoire et démographie

La Belgique est un petit État, dont le territoire, situé sur la façade occidentale du continent européen, occupe un peu plus de 30 000 km². Les États limitrophes sont le Royaume des Pays-Bas, au nord, la République fédérale d'Allemagne, à l'est, le Grand-Duché de Luxembourg, au sud-est, et la France au sud et à l'ouest. Au nord-ouest, la Belgique dispose d'une côte de 73 km sur la mer du Nord.

La Belgique compte environ 11,5 millions d'habitants installés sur son territoire. Elle est très densément peuplée avec un taux de 375 habitants par km². Ses principales agglomérations sont Bruxelles, Anvers, Liège, Gand et Charleroi.

À l'heure actuelle, la majorité de la population (environ 60 %) est néerlandophone. Une minorité significative de la population (environ 40 %) est francophone. La Belgique connaît une troisième langue officielle, qui est l'allemand, dont les locuteurs sont un peu moins de 80 000 personnes rassemblées à proximité de la frontière allemande[4]. Ce multilinguisme s'explique par la position du pays au cœur de l'Europe ainsi que par son histoire.

b. Situation à la lisière des aires linguistiques romanes et germaniques

La Belgique est située à la lisière de deux grandes aires linguistiques. Le sud du pays relève, comme une bonne partie de la France, de l'Italie, de l'Espagne ou du Portugal, de l'aire des langues romanes. En revanche, le nord ainsi que l'extrême est du territoire belge s'intègrent dans l'aire des langues germaniques, au même titre que l'Allemagne, les Pays-Bas, le Royaume-Uni, l'Autriche et plusieurs États scandinaves.

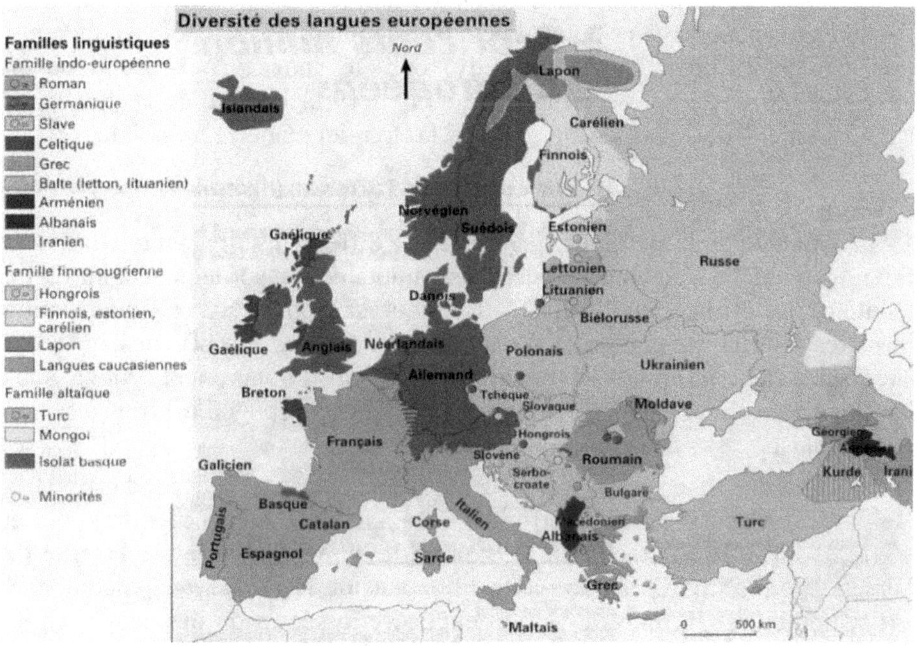

Source : www.cartograph.fr

Au moment de la naissance du Royaume de Belgique (1830), la population installée dans le sud du pays s'exprimait dans des patois romans (principalement le wallon ou le picard), tandis que la population du nord utilisait des dialectes

[4] Bien entendu, d'autres langues sont couramment parlées en Belgique, comme l'anglais, l'italien, l'espagnol, l'arabe ou le turc. Ces langues ne sont toutefois pas vernaculaires en Belgique. Les communautés au sein desquelles elles sont parlées ne bénéficient d'aucune reconnaissance juridique particulière dans l'ordre juridique belge. Pour cette raison, ces minorités linguistiques ne font pas l'objet de développements dans le présent rapport.

du néerlandais, comme le flamand[5]. Certains pratiquaient aussi l'allemand[6]. Il est important d'observer qu'à cette époque, l'élite politique, administrative et économique du pays s'exprimait en français dans l'ensemble du pays et que c'est davantage au sein des couches populaires que les différences linguistiques se manifestaient[7].

Au fur et à mesure du temps, l'emploi des dialectes a décliné. Le français a émergé comme langue vernaculaire au sud du pays, tandis que le néerlandais s'est imposé au nord du pays. Parallèlement, la distinction selon les classes sociales s'est estompée et le français a fini par cesser d'être la seule langue des élites nationales.

La population installée sur deux petits morceaux de territoire voisins de l'Allemagne s'exprime principalement en allemand. Les territoires concernés (les cercles d'Eupen et de Malmedy) ont été annexés à la Belgique en exécution du traité de Versailles, signé en 1919, à la suite de la défaite de l'Allemagne et de ses alliés au terme de la Première Guerre mondiale.

c. Naissance d'un État sous l'égide des grandes puissances européennes

La situation de la Belgique à la croisée de différentes aires linguistiques en fait un pays riche à de nombreux égards, et notamment sur le plan culturel. Le territoire qui forme actuellement la Belgique se trouve aussi à l'intersection des aires d'influence politiques des grandes puissances européennes, qui y ont successivement dominé. Ce territoire s'est ainsi notamment trouvé sous l'influence politique germanique, autrichienne, espagnole, française ou néerlandaise.

Si on se focalise sur les décennies qui ont précédé l'indépendance de la Belgique, on observe que le territoire a été annexé à la France entre 1795 et 1815, avant d'être rattaché au Royaume des Pays-Bas après la bataille de Waterloo qui a mis fin aux velléités d'expansion territoriale napoléonienne. En septembre 1830, une révolution engendre la sécession des provinces du sud des Pays-Bas, qui forment un nouvel État indépendant sous la forme du Royaume de Belgique. Cette révolution est notamment motivée par des considérations politiques (rejet du régime autoritaire du Roi Guillaume d'Orange et adoption d'une constitution libérale), religieuses (les provinces

---

[5] BEHRENDT (C.) et VRANCKEN (M.), *Principes de droit constitutionnel belge*, Bruxelles, La Charte, 2019, p. 32.

[6] HENKES (A.), « Die (Weiter) Entwicklung der deutschen Rechtssprache in Belgien, Beitrag zur Tagung. "Drei Sprachen – Ein Recht. Terminologie als Faktor der Rechtssicherheit in Belgien"», Eupen, 9 juin 2012, disponible sur : http://www.rechtsterminologie.be/PortalData/30/Resources/dokumente/Henkes_Die_Entwicklung_einer_deutschen_Rechtssprache_in_ Belgien.pdf

[7] DE HOON (H.), « De l'emploi des langues en Belgique », *Revue de l'Université de Bruxelles*, 1909-1910, p. 712 et BEHRENDT (C.) et VRANCKEN (M.), *Principes de droit constitutionnel belge*, Bruxelles, La Charte, 2019, pp. 31 et 32.

du sud, qui deviennent la Belgique, sont majoritairement catholiques, alors que les provinces du nord, qui restent aux Pays-Bas, sont majoritairement protestantes), mais aussi linguistiques. En effet, l'élite francophone du sud du pays se sent frustrée face à des institutions politiques et une administration dominée par l'emploi de la langue néerlandaise[8].

L'indépendance du petit Royaume de Belgique constitue un « coup de canif » dans le traité conclu par les grandes puissances européennes lors du Congrès de Vienne de 1815[9]. Cette indépendance ne se maintient d'ailleurs que grâce à la bonne volonté de ces dernières. Certains États voient également d'un œil favorable le déchirement du royaume des Pays-Bas en ce qu'il peut constituer un affaiblissement d'un rival économique[10]. En échange de leur reconnaissance et de leur protection, les grandes puissances exigeront la neutralité du nouvel État belge lors de la Conférence de Londres[11].

La Belgique est ainsi parfois considérée comme un État artificiel, réunissant des groupes linguistiquement et culturellement hétérogènes, et soutenu par des volontés étrangères[12].

d. Aperçu de l'histoire linguistique avant l'instauration du fédéralisme

En 1831, la Belgique, nouvellement indépendante, est un État unitaire et relativement décentralisé : les décisions de l'État s'appliquent de manière identique sur l'ensemble du territoire national. Il existe certes des entités territorialement décentralisées (les provinces et les communes), mais elles ne disposent que d'une autonomie limitée aux questions qui relèvent de l'intérêt local (respectivement provincial ou communal). Il ne s'agit nullement d'entités fédérées et elles ne jouent aucun rôle particulier en ce qui concerne les enjeux linguistiques. Au sommet de l'État, il n'y a alors, à côté de l'institution royale, qu'un seul gouvernement et un seul Parlement bicaméral. Comme nous l'avons expliqué précédemment, c'est le français – langue de l'élite – qui domine dans le fonctionnement de ces institutions, alors que la population s'exprime dans des patois romans ou germaniques selon les provinces.

---

8 DESTATTE (P.), *Histoire de la Belgique contemporaine*, 1ère édition, Bruxelles, Larcier, 2019, p. 36.

9 PIRENNE (H.), *Histoire de Belgique des origines à nos jours*, tome 4, Bruxelles, La Renaissance du Livre, 1952, p. 9.

10 TERLINDEN (C.), « La formation du Royaume de Belgique », in *Histoire de la Belgique contemporaine*, tome 1, Bruxelles, Dewit, 1928, p. 41.

11 DE MARTENS (G. F.), *Nouveau Recueil des traités*, tome X (1826-1832), Actes et documents diplomatiques relatifs à la séparation de la Belgique avec la Hollande, 1831, p. 158.

12 DUJARDIN (V.), « Carte blanche : Belgique : la fin d'un "État artificiel" ? », *Le Soir*, 28 septembre 2007.

Dès le 19e siècle, un courant va naître pour revendiquer une place pour l'idiôme flamand dans l'espace public[13]. Des néerlandophones vont ainsi réclamer davantage de droits linguistiques, et ce, en contestant la suprématie manifeste du français. Face à cette langue omniprésente dans les couches supérieures de la société, un véritable sentiment d'appartenance flamande émerge au nord du jeune État.

Le progrès du Mouvement flamand est lent, mais quelques victoires linguistiques sont engrangées au cours de la dernière moitié du 19e siècle. Ainsi, la loi du 17 août 1873 permet à une personne qui doit comparaître devant une juridiction pénale située dans les provinces et arrondissements du nord du pays, d'employer la langue néerlandaise[14]. La loi du 22 mai 1878 relative à l'emploi de la langue flamande en matière administrative généralise quant à elle l'usage du néerlandais pour toutes les administrations publiques[15]. Enfin, le 1er juillet 1888, le *Moniteur belge* – journal officiel dans lequel les lois et d'autres textes juridiques sont publiés – devient bilingue, et, en 1898, soit dix ans plus tard, la loi du 18 avril permet à la version néerlandaise des textes législatifs d'accéder au même rang juridique que la version française[16].

Le Mouvement wallon apparaît plus tard et s'organise surtout en réaction envers les revendications flamandes. Le premier congrès wallon qui réunit des francophones de Wallonie et de Bruxelles se tient dans cette dernière ville en 1890. Il sera suivi de plusieurs autres. On l'aura compris : fin du 19e et début du 20e siècle, du côté flamand comme du côté wallon, il existe certaines voix qui s'élèvent déjà contre le caractère unitaire de la structure belge et qui proposent des alternatives susceptibles de mieux prendre en considération les spécificités culturelles des populations qui vivent au sein de l'État[17]. Parallèlement, le système électoral évolue et la Belgique se démocratise progressivement. Le 24 août 1912, à la suite de la défaite de la gauche anticléricale aux élections législatives face aux catholiques dominants en Flandre, le socialiste Jules Destrée proclame, dans une lettre bien connue qui

---

[13] MABILLE (X.), *Histoire politique de la Belgique – Facteurs et acteurs de changement*, 4e édition, Bruxelles, *CRISP*, 2000, p. 127.

[14] Loi du 17 août 1873 sur l'emploi de la langue flamande en matière répressive (*Moniteur belge* du 26 août 1873).

[15] *Moniteur belge* du 24 mai 1878.

[16] Loi du 18 avril 1898 relative à l'emploi de la langue flamande dans les publications officielles (*Moniteur belge* du 15 mai 1989). Ce n'est toutefois qu'en 1925 qu'une version en langue néerlandaise de la Constitution est produite. En 1967, soit quarante-cinq ans plus tard, celle-ci obtient finalement la même force juridique que la version française.

[17] BEAUFAYS (J.) et MATAGNE (G.), « Fédéralisation et structures institutionnelles : la Belgique entre refondation et liquidation », in BEAUFAYS (J.) et MATAGNE (G.) (éd.), *La Belgique en mutation. Systèmes politiques et politiques publiques (1968-2008)*, Bruxelles, Bruylant, 2008, p. 11.

est adressée au Roi, « qu'il n'y a pas de Belges »[18]. Au souverain, il écrit : « Vous régnez sur deux peuples ». Il préconise en conséquence « une Belgique faite de l'union de deux peuples indépendants et libres, accordés précisément à cause de cette indépendance réciproque ».

En 1919, le *Frontpartij*, un parti qui militait pour la reconnaissance de la langue flamande, accède au Parlement. Le mouvement milite pour obtenir une plus grande autonomie de la Flandre et l'enseignement du néerlandais dans les institutions scolaires et à l'Université de Gand. Les tensions communautaires commencent à électriser la vie politique de la Belgique. Au cours des années 1930, une série de lois linguistiques consacrent progressivement l'unilinguisme en Flandre et en Wallonie[19]. Les premières propositions concrètes pour faire de la Belgique un État fédéral apparaissent aussi dès l'entre-deux guerres[20].

À la suite de la Seconde Guerre mondiale, le Mouvement wallon prend l'ascendant sur le Mouvement flamand, favorisé par les politiques du IIIe Reich et affaibli en raison de la collaboration d'une partie de ses militants – en particulier ceux du *Vlaams Nationaal Verbond* (VNV) et du *Deutsch-Vlämische Arbeitsgemeinschaft* (DeVlag) – avec l'occupant allemand, même si la collaboration n'a pas été un phénomène propre à la Flandre. L'épisode dit de la *Question royale* est une occasion supplémentaire de mettre en exergue les fractures qui parcourent le pays. Les résultats de la consultation populaire du 12 mars 1950, à l'occasion de laquelle les électeurs belges sont appelés à se prononcer sur l'opportunité de la reprise par le Roi Léopold III de ses pouvoirs, mettent en lumière l'existence de majorités différentes, en Flandre d'une part, en Wallonie et à Bruxelles, d'autre part. Avec 72 % des votes en faveur du retour du Roi en Flandre contre 42 % dans le même sens du côté wallon, et 48 % à Bruxelles, les troubles et manifestations enflamment le sud du pays. À la fin juillet 1950, la situation quasi-insurrectionnelle dans les centres industriels wallons est telle que le Roi annonce qu'il abdiquera l'année suivante au profit de son fils Baudouin. À l'issue de la crise, la division du pays est flagrante.

Le contentieux linguistique, jamais épuisé, reprend une nouvelle force à partir de la fin des années 1950. Le parti *Volksunie* est fondé en 1954 et regroupe plusieurs factions nationalistes flamandes. Figure parmi les grands combats du Mouvement flamand l'endiguement de la tendance de la langue

---

[18] Publiée dans *La Revue de Belgique*, *Le Journal de Charleroi*, *La Gazette de Charleroi*, *L'Express de Liège* et *La Meuse* tout au long de l'année 1912.

[19] Voy. en particulier la loi du 28 juin 1932 relative à l'emploi des langues en matière administrative (*Moniteur belge* du 29 juin 1932).

[20] « Tableau synthétique des projets de fédéralisme de 1931 à nos jours », *Courrier hebdomadaire du CRISP*, 1961/39 n° 129 : 1-17.

française à se généraliser à Bruxelles, dans sa périphérie et dans les communes situées tout le long de la frontière linguistique.

En 1960, le pays est secoué par un autre épisode majeur de son histoire politique. L'indépendance du Congo, intervenue le 30 juin de cette année-là, et la perte économique que cela représente pour la Belgique, ont des répercussions budgétaires. Par conséquent, le gouvernement Eyskens décide d'adopter diverses mesures d'économie, rassemblées dans une législation connue sous le nom de « loi unique ». S'en suit une grève générale au cours de l'hiver 1960-1961, grève qui n'est cependant suivie qu'en Wallonie[21]. Devant l'échec de cette contestation sociale, marquée par le clivage entre les représentants syndicaux flamands et francophones, le Mouvement populaire wallon va militer pour un fédéralisme économique afin de soutenir les secteurs industriels wallons en péril et garantir sa reconversion.

e. Fixation d'une frontière linguistique

L'État unitaire semble définitivement dépassé et inadapté à la résolution des difficultés de coexistence entre flamands et francophones. D'un côté, le Mouvement flamand réclame un modèle grâce auquel toute la spécificité culturelle et identitaire de la Flandre pourra se développer ; d'un autre côté, le Mouvement wallon considère quant à lui le fédéralisme comme une solution envisageable pour contrer le dépérissement de l'économie wallonne impactée par les fermetures des charbonnages. C'est donc bel et bien deux sensibilités, l'une culturelle, l'autre économique, qu'il fallait concilier[22].

Les choses s'accélèrent sous le gouvernement Lefèvre-Spaak. La loi du 8 novembre 1962[23], aussi appelée loi Gilson, fixe définitivement la frontière linguistique. La loi du 2 août 1963[24] crée les quatre régions linguistiques : la région de langue néerlandaise, la région de langue française, la région de langue allemande et la région bilingue de Bruxelles[25].

À ce moment, le Royaume de Belgique demeure unitaire. Les régions linguistiques ainsi établies ne constituent, en effet, pas des entités politiques autonomes. Il s'agit seulement de territoires qui disposent chacun de leur

---

[21] NEUVILLE (J.) et YERNA (J.), *Le choc de l'hiver 60-61 : les grèves contre la loi unique*, Bruxelles, Pol-His, 1990, 191 pages. « La grève générale en Belgique. (Décembre 1960 - Janvier 1961) - I », *Courrier hebdomadaire du CRISP*, 1961, n° 113 : 1-20.

[22] LENTZEN (E.), « Le processus de fédéralisation », in : M. MARTINIELLO et M. SWYNGEDOUW (dir.), *Où va la Belgique ? Les soubresauts d'une petite démocratie européenne*, Paris, L'Harmattan, 1998 : 31-43.

[23] *Moniteur belge* du 22 novembre 1962.

[24] Loi du 2 août 1963 relative à l'emploi des langues en matière administrative (*Moniteur belge* du 22 août 1963).

[25] Ces régions linguistiques sont désormais énumérées à l'article 4, alinéa 1er, de la Constitution.

propre régime d'emploi des langues en matière administrative. La frontière linguistique et les territoires qu'elle découpe vont cependant servir de base géographique au développement du fédéralisme qui va suivre dans les décennies suivantes. Il est utile de signaler que les limites des régions linguistiques ne peuvent être modifiées que par l'adoption d'une loi spéciale[26].

f. Développement d'institutions fédérales à partir des années 1970

À partir de 1970, la Constitution belge est révisée à de nombreuses reprises pour faire évoluer significativement les institutions. En particulier, trois communautés et trois régions sont créées et dotées chacune d'un pouvoir législatif et d'un pouvoir exécutif. Tels les *States* américains ou les *Länder* allemands, ces communautés et ces régions forment les entités fédérées autonomes au sein d'un État fédéral en évolution presque constante depuis un demi-siècle.

Il convient d'insister à ce stade sur la singularité du fédéralisme belge : il est caractérisé par une double couche d'entités fédérées. Il est non seulement divisé en trois communautés dont les territoires juxtaposés couvrent l'ensemble du territoire national, mais il est aussi composé de trois régions, dont les territoires juxtaposés occupent aussi l'intégralité du territoire national. En d'autres mots, chaque lieu du territoire relève à la fois d'une communauté et d'une région, tout en restant aussi sous le contrôle de l'autorité fédérale[27].

[26] Sur cette notion, voy. *infra*.

[27] Pour ce qui concerne le territoire de la région bilingue de Bruxelles-Capitale, ce sont même deux communautés – la Communauté française et la Communauté flamande – qui sont compétentes. Les règles qui déterminent leurs compétences respectives sont définies par les articles 127, § 2, et 128, § 2, de la Constitution.

Les trois communautés ont été formées sur la base de critères linguistiques (et culturels). Il s'agit de la Communauté flamande, de la Communauté française et de la Communauté germanophone. Les communautés sont principalement compétentes dans des matières relatives aux personnes, comme l'enseignement, la culture et certains aspects des soins de santé ou de l'aide aux personnes. La carte suivante permet d'apercevoir le champ de compétence territorial de chaque communauté.

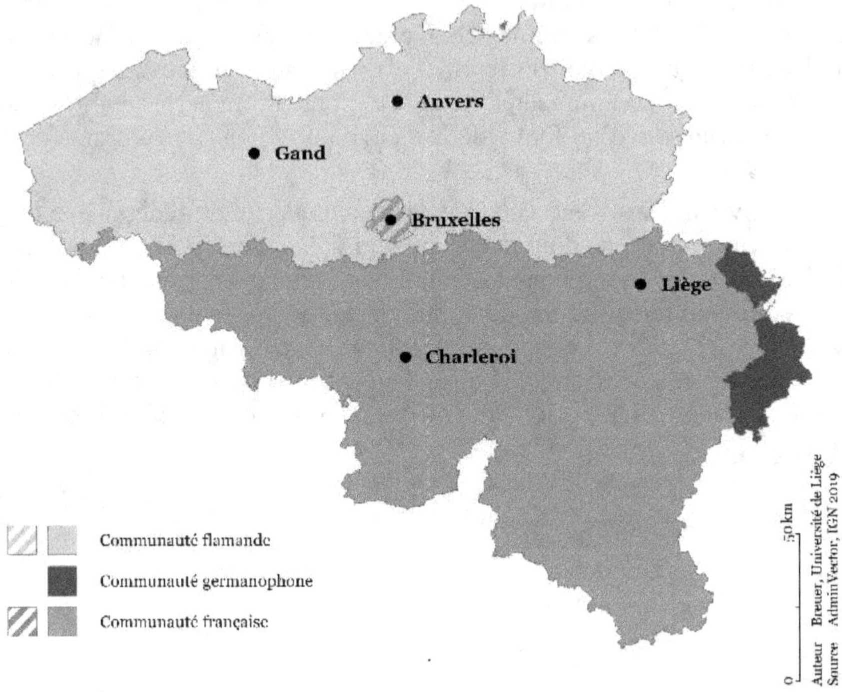

Les trois régions ont été formées sur la base de critères économiques. Il s'agit de la Région wallonne, de la Région flamande et de la Région de Bruxelles-Capitale. Les régions sont principalement compétentes dans des matières relatives au territoire, comme l'aménagement du territoire, la protection de la nature, le transport, le logement, l'énergie, mais aussi des aspects importants de l'économie. La carte suivante permet d'apercevoir le champ de compétence territorial de chaque région.

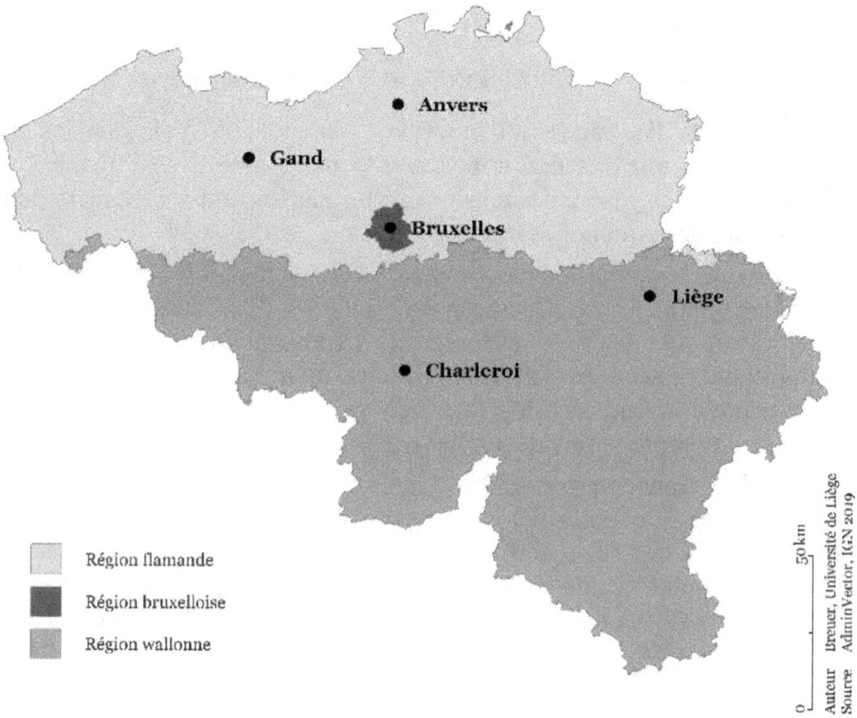

Dans les pages suivantes du présent rapport, nous nous focaliserons sur les communautés, plutôt que sur les régions, parce que les premières entités correspondent davantage à une division du territoire et de la population sur la base des critères linguistiques qui sont pertinents pour le sujet traité. Il est cependant important de mentionner que cette approche rencontre des limites considérables. D'une part, les cartes qui précèdent montrent bien que les frontières des communautés correspondent en partie aux frontières des régions : la délimitation de leurs territoires dépend dès lors, aussi, notamment de considérations linguistiques[28]. D'autre part, la Constitution belge prévoit

[28] De la comparaison des deux cartes, il ressort toutefois bien que les régions ne sont pas nécessairement unilingues. La Région de Bruxelles-Capitale a été créée comme

plusieurs mécanismes qui permettent à certaines entités fédérées de se transférer entre elles, dans le respect de certaines conditions, l'exercice de compétences. Ainsi, l'article 137 de la Constitution permet à la Région flamande de transférer l'exercice de ses compétences à la Communauté flamande, ce qu'elle a intégralement fait dans la pratique, de sorte que cette Région n'existe plus que sur le papier, tandis que la Communauté flamande exerce en fait non seulement les compétences communautaires, mais aussi les compétences régionales[29]. Cela signifie qu'en étudiant la Communauté flamande dans le présent rapport, on intègre aussi nécessairement une dimension régionale.

g. Absence de reconnaissance explicite des minorités linguistiques

À travers les pages qui précèdent, on vient de voir que les divisions linguistiques ont pris une importance considérable dans l'histoire politique belge. Elles ont généré des tensions fortes, parfois graves, et ont engendré des réformes institutionnelles majeures.

Comme nous l'avons rappelé dès la section (a), la population néerlandophone – avec environ 6,8 millions d'habitants – est aujourd'hui majoritaire au sein de l'État belge. Les francophones forment une minorité importante, avec environ 4,7 millions d'habitants. Le troisième groupe linguistique – composé de germanophones – a une ampleur bien plus limitée, puisqu'il compte moins de 80 000 personnes.

Si les francophones et les germanophones constituent des groupes minoritaires à l'échelle nationale, ce sont en revanche les néerlandophones qui sont minoritaires sur le territoire de la région bilingue de Bruxelles-Capitale. Ils représentent moins de 10 % de la population, qui est majoritairement francophone[30]. Cette inversion du rapport majorité-minorité caractérise la

---

une Région bilingue : les deux langues sont administrativement pratiquées sur l'ensemble de son territoire. Le cas de la Région wallonne est différent. La majeure partie de son territoire correspond à la région (unilingue) de langue française, mais elle inclut aussi l'intégralité de la région (unilingue) de langue allemande, à l'est. Le régime linguistique qui est pratiqué par l'administration dépend dès lors de l'endroit de la Région wallonne où on se trouve.

[29] Les autres mécanismes qui permettent le transfert de l'exercice de compétences sont consacrés par les articles 138 et 139 de la Constitution. À ce sujet, voy. par exemple BEHRENDT (C.) et VRANCKEN (M.), *Principes de droit constitutionnel belge*, Bruxelles, La Charte, 2019, pp. 434 à 436 (en ce qui concerne l'article 138 de la Constitution) et pp. 455 et 456 (en ce qui concerne l'article 139 de la Constitution).

[30] En l'absence de recensement linguistique à Bruxelles, les statistiques relatives à la proportion du nombre de francophones et de néerlandophones à Bruxelles se basent sur d'autres indicateurs (la langue d'émission de la carte d'identité, la langue d'immatriculation des voitures, la langue de l'acte de naissance ou de décès, de la célébration de mariage ou encore le vote en faveur d'une liste francophone ou

situation et les institutions bruxelloises, que la présente étude devra cependant laisser de côté.

La Constitution belge ne reconnaît pas explicitement l'existence de minorités francophones et germanophones (ou néerlandophones à Bruxelles)[31]. Elle contient cependant d'assez nombreuses règles qui ont été pensées dans le but soit d'assurer l'autonomie politique de chacun des trois groupes de la population, notamment des groupes minoritaires, soit d'éviter la domination du groupe majoritaire au sein des institutions fédérales.

II. La protection des minorités linguistiques sous l'angle institutionnel

Nous proposons d'aborder la protection des minorités d'abord sous l'angle institutionnel. Il s'agit d'identifier et d'expliquer les mécanismes qui contribuent à assurer aux minorités la possibilité d'exercer une influence politique propre et d'être préservées d'une soumission au groupe majoritaire.

Dans cette perspective, nous aborderons successivement deux sujets. Nous verrons, premièrement, que le fédéralisme belge garantit une autonomie significative à chacune des trois communautés, lesquelles ont été constituées sur la base de critères linguistiques et culturels. Cette autonomie ne profite certes pas seulement aux groupes minoritaires, puisqu'il existe notamment une Communauté flamande qui correspond à l'entité politico-juridique du groupe majoritaire. Nous nous intéresserons, deuxièmement, à la protection des minorités au sein des institutions fédérales et montrerons que les règles de composition et de fonctionnement de certains organes contribuent à empêcher ou à limiter la domination du groupe majoritaire.

h. Instauration d'un État fédéral basé notamment sur trois communautés (linguistiques) fortement autonomes

néerlandophone). Ainsi, la langue choisie pour les déclarations fiscales à l'impôt des personnes physiques par les Bruxellois peut constituer un indice relatif à cette proportion. En 2019, le ministère des Finances a par exemple recensé 91,8 % de déclarations francophones à Bruxelles (« 91,8 %, la proportion de francophones à Bruxelles a baissé ces dernières années », *RTBF*, 29 janvier 2020, disponible sur : https://www.rtbf.be/info/regions/detail_91-8-la-proportion-de-francophones-a-bruxelles-a-baisse-ces-dernieres-annees?id=10419391). On notera que cet indicateur ne rend cependant pas complètement compte de la réalité du terrain puisque certaines personnes ne déposent pas de déclaration fiscale, ou parce que des personnes étrangères doivent également remplir une déclaration ou encore parce que la langue de la déclaration peut être imposée au sein d'un ménage (« 91,8 % de francophones à Bruxelles ? Pourquoi ce chiffre doit être nuancé », *BX1*, 30 janvier 2020, disponible sur : https://bx1.be/dossiers/dossiers-redaction/918-de-francophones-a-bruxelles-pourquoi-ce-chiffre-doit-etre-nuance/).

[31] À ce sujet, voy. aussi la partie III du rapport.

Dans la première partie du rapport, nous avons expliqué que les conflits linguistiques qui ont émaillé l'histoire politique belge ont notamment conduit au développement du fédéralisme. Il s'agit d'un mouvement centripète, au sein duquel les entités fédérées ont progressivement gagné de l'autonomie. Aujourd'hui, l'autorité fédérale ne dispose plus que d'une quantité relativement limitée de compétences : celles qui ne sont pas attribuées aux communautés et aux régions lui reviennent au titre de compétences résiduaires[32]. En pratique, il s'agit notamment de la justice, de la police, de la défense, de la plupart des matières qui relèvent de la sécurité sociale, de certains aspects de l'économie, etc.

Les entités fédérées – communautés et régions – disposent des compétences qui leur sont attribuées par la Constitution et les lois[33]. On a pu considérer que, depuis la sixième réforme de l'État survenue entre 2011 et 2014, le centre de gravité politique du pays est passé de l'autorité fédérale aux entités fédérées[34].

i. Aperçu des compétences exercées par les communautés (et les régions)

Chaque communauté (mais aussi chaque région) dispose d'un pouvoir législatif et d'un pouvoir exécutif qui lui permet de déployer une politique propre dans diverses matières, tant dans le cadre interne à la Belgique, que dans le cadre de ses relations internationales. Ce dispositif revient notamment à assurer une autonomie politique marquée à chaque groupe linguistique, qu'il soit majoritaire ou minoritaire, au sein de la population belge.

1. Pouvoir législatif et exécutif

Chaque entité fédérée dispose de son propre pouvoir législatif, exercé par un Parlement composé d'élus et d'un gouvernement responsable devant lui. Ce gouvernement exerce par ailleurs le pouvoir exécutif. Les normes adoptées dans l'exercice de ces pouvoirs ont la même force juridique que les normes fédérales correspondantes (principe d'équipollence des normes). Ainsi, les normes législatives fédérales (appelées lois) ne priment pas sur les normes législatives des entités fédérées (appelées décrets ou ordonnances).

---

[32] Voy. l'article 35 de la Constitution et en particulier la disposition transitoire qui l'accompagne.

[33] Voy. en particulier les articles 127, 128, 129 et 130 de la Constitution et les articles 4 et suivants de la loi spéciale de réformes institutionnelles du 8 août 1980 (*Moniteur belge* du 15 août 1980).

[34] DE COOREBYTER (V.), « La Belgique entre compromis et ambiguïté », Paris, Le Seuil, 2011/1, pp. 88 et 89 et FANIEL (J.) et SÄGESSER (C.), « Un État en mutation depuis 50 ans », *Les analyses du CRISP en ligne*, 21 septembre 2020, www.crisp.be, pp. 10 et 11.

Les entités fédérées ne disposent en revanche pas de pouvoir judiciaire. Cela signifie que l'intégralité du pouvoir judiciaire se trouve, en Belgique, dans les mains de l'autorité fédérale[35].

2. Matières concernées

Les communautés – sur lesquelles nous focalisons notre attention – disposent de compétences dans divers domaines, tels que l'enseignement (de l'école maternelle à l'université), la défense et l'illustration de la langue, les beaux-arts, le patrimoine culturel, les musées et les autres institutions scientifiques culturelles, les bibliothèques, discothèques et services similaires, les aspects de contenu et techniques des services de médias audiovisuels, la politique de la jeunesse, les loisirs, la reconversion et le recyclage professionnels, la politique de dispensation de soins, dans et au dehors des hôpitaux, l'éducation sanitaire et la médecine préventive, la politique familiale, y compris toutes les formes d'aide aux familles et aux enfants, la politique d'aide sociale, dont la législation sur les centres publics d'action sociale (CPAS), la politique d'accueil et d'intégration des immigrés, la politique des handicapés, la politique du troisième âge, la protection de la jeunesse et l'aide à la jeunesse, l'aide sociale aux détenus, en vue de leur réinsertion sociale, l'aide juridique de première ligne, l'organisation, le fonctionnement et les missions des maisons de justice, et du service compétent pour assurer la mise en œuvre et le suivi de la surveillance électronique, les prestations familiales ou le contrôle des films, en vue de l'accès des mineurs aux salles de spectacle cinématographique[36].

3. Compétence internationale

Dans la plupart des États fédéraux, la répartition des compétences ne vaut qu'à l'intérieur des frontières. Au contraire, en ce qui concerne les relations internationales, c'est classiquement l'autorité fédérale qui conserve la mainmise, et ce de manière globale. Ainsi, aux États-Unis, le pouvoir de conclure des traités et, plus généralement, de gérer les relations internationales, appartient au Président et au Congrès ; on ne conçoit pas que la Pennsylvanie, le Montana ou la Louisiane développe sa propre politique internationale. Le cas de la Belgique déroge à cette tendance. En effet, on applique en Belgique le parallélisme des compétences internes et internationales, c'est-à-dire qu'on

---

[35] Voy. *infra* la rubrique relative à l'« organisation des juridictions ». On notera également que le contentieux relatif aux actes adoptés par les instances relevant du pouvoir exécutif est confié à des juridictions administratives au premier rang desquelles figure le Conseil d'État. L'examen de la constitutionnalité des normes législatives est quant à lui réservé à la Cour constitutionnelle. Nous verrons *infra* plus en détail ces deux types de juridiction.

[36] Voy. les articles 4 et 5 de la loi spéciale de réformes institutionnelles du 8 août 1980 (*Moniteur belge* du 15 août 1980).

considère que si un niveau de pouvoir détient une compétence sur le plan interne, il a aussi le pouvoir d'exercer cette compétence sur le plan international[37]. C'est également ce qu'exprime l'adage *in foro interno, in foro externo*[38]. Si une entité est compétente pour adopter des normes dans une matière particulière, telle que la justice, l'énergie ou l'enseignement, elle est tout autant habilitée à conclure des conventions internationales qui porteraient sur cette même matière. Par conséquent, depuis 1993, la Belgique a octroyé aux entités fédérées une place inconnue dans les autres fédérations en fractionnant ce que l'on nomme le *treaty-making power* entre ses composantes, comme le prévoit en particulier l'article 167 de la Constitution. En d'autres termes, cela signifie qu'une entité fédérée a le pouvoir d'infléchir la position internationale de la Belgique dès que certains éléments du contenu d'un traité entre dans ses attributions[39]. L'État belge reste en revanche une entité unique sur la scène internationale. Le fractionnement du *treaty-making power* est en effet une répartition interne à la Belgique[40]. L'autorité fédérale dispose à cet égard d'instruments destinés à éviter certaines dérives lors de la conclusion d'accords internationaux[41].

La Communauté française de Belgique pourrait donc, en toute autonomie, conclure un traité avec le Sénégal dans le domaine de l'enseignement, dès lors que cette matière relève de sa compétence. L'autorité fédérale belge n'a en principe pas le pouvoir d'intervenir dans la gestion des relations internationales d'une entité fédérée avec des États tiers, ce qui confirme la grande ampleur de leur autonomie.

---

[37] LEJEUNE (Y.), « Le droit fédéral belge des relations internationales », *RGDIP*, 1994 : 577-628 et M. LEROY, « Fédéralisme et relations internationales. Les communautés et régions belges et l'Union européenne », *AP*, 2004 : 1-14.

[38] VELAERS (J.), « In foro interno, in foro externo : de internationale bevoegdheden van gemeenschappen en gewesten », in F. JUDO et G. GEUDENS (dir.), *Internationale betrekkingen en federalisme*, Bruxelles et Gand, Larcier, 2006 : 67 et 68.

[39] Ce fut notamment le cas vis-à-vis de l'Accord économique et commercial global (AECG ; en anglais Comprehensive Economic and Trade Agreement (CETA)). En effet, plusieurs entités fédérées, dont en particulier la Région wallonne, ont un temps bloqué son processus de signature. Leur opposition à cet égard mettait l'État belge en grande difficulté dans le cadre du processus international d'adhésion au traité. Un autre exemple concerne l'Accord commercial Union Européenne-Mercosur où la Communauté germanophone a marqué son désaccord. On notera également que la Convention-cadre du Conseil de l'Europe sur la protection des minorités, que nous évoquerons plus loin (voy. Partie III. La protection des minorités sous l'angle des droits fondamentaux) n'a pas été ratifiée par la Belgique en raison de l'opposition de la Communauté flamande.

[40] BOUHON (F.) et MINY (X.), *Introduction au droit public. Considérations générales et particularismes belges*, Bruxelles, Larcier, 2021 (à paraître).

[41] BEHRENDT (C.) et VRANCKEN (M.), *Principes de droit constitutionnel belge*, Bruxelles, La Charte, 2019, pp. 494 et 495.

ii. Coopération interfédérale

La protection des minorités linguistiques en Belgique se manifeste également au travers de mécanismes par lesquels les différentes entités du pays vont être invitées à coopérer dans certaines matières et, ce faisant, démontrent l'existence politique de chaque composante linguistique.

1. Accords de coopération

Les accords de coopération sont des traités de droit interne conclus entre deux ou plusieurs entités fédérale et/ou fédérées et qui ont pour objet de formaliser une coopération entre lesdites entités dans une matière déterminée[42]. L'entité partie à ce « traité » se voit alors agir un peu à la manière d'un État souverain et est mise sur le même pied d'égalité que toutes les autres entités. Cela signifie que, si pour une matière déterminée, il est requis qu'un accord de coopération soit adopté, les communautés qui ont un statut minoritaire à l'échelle nationale peuvent théoriquement adopter une position de blocage.

2. Comité de concertation

Un autre exemple de mécanisme consacrant la collaboration interfédérale réside dans le comité de concertation[43]. Il s'agit d'un organe qui réunit des ministres fédéraux, régionaux et communautaires afin de tenter de prévenir ou de régler les conflits d'intérêts[44] et certains conflits de compétence qui surviennent entre des composantes de l'État belge.

---

[42] BEHRENDT (C.) et VRANCKEN (M.), *Principes de droit constitutionnel belge*, Bruxelles, La Charte, 2019, p. 475.

[43] Voy. à ce sujet : A. E. BOURGAUX, « La Belgique, État failli ou fédération … para-fédérale ? Le comité de concertation comme illustration des jeux du droit » in *Fédéralisme et Régionalisme*, n° spécial « Le fédéralisme coopératif comme terrain de jeu du droit », 2018, vol.18 (en ligne).

[44] Il y a un conflit d'intérêts lorsque l'une des composantes de l'État fédéral belge (l'autorité fédérale ou une entité fédérée) s'estime gravement lésée par une décision ou par un projet de décision émanant d'une autre composante, ou encore par l'absence de décision d'une autre composante. La procédure en conflit d'intérêts est consacrée par l'article 143, §§2 et 3, de la Constitution. Elle trouve plus précisément sa raison d'être dans le principe de la loyauté fédérale (consacré à l'article 143, §1er, de la Constitution) selon lequel toute autorité doit veiller à ne pas exercer ses propres compétences d'une manière qui rendrait difficile ou serait incompatible avec l'exercice de ses compétences par une autre autorité (voy. à ce sujet : BEHRENDT (C.) et VRANCKEN (M.), *Principes de droit constitutionnel belge*, Bruxelles, La Charte, 2019, pp. 469 à 472).

Le comité de concertation est composé de douze membres issus des différents exécutifs du pays[45]. Une parité est instaurée entre les représentants de l'autorité fédérale et ceux des entités fédérées.

On constate toutefois de manière étonnante que la Communauté germanophone ne fait pas partie des douze membres du Comité de concertation[46]. Elle n'y possède une voix délibérative que dans le cas où elle serait partie à un conflit d'intérêts[47].

i. Protection des minorités linguistiques dans le fonctionnement de l'autorité fédérale

Si chaque groupe de la population, considéré sur la base des divisions linguistiques, dispose d'une autonomie politique significative à travers les communautés et, dans une certaine mesure, les régions, il n'en demeure pas moins qu'une partie du pouvoir étatique subsiste dans les mains de l'autorité fédérale. Dès lors que les néerlandophones sont démographiquement majoritaires, la logique démocratique conduit en principe à leur donner une position majoritaire dans les organes fédéraux, spécialement dans les assemblées législatives. Il existe cependant des mécanismes qui font en sorte que la minorité francophone est à certains égards protégée contre le risque de domination par le groupe majoritaire. Pour traiter cet aspect central du sujet à l'étude, nous envisageons successivement l'organisation du pouvoir législatif, du pouvoir exécutif et des juridictions.

i. Organisation du pouvoir législatif fédéral

Le pouvoir législatif est exercé collectivement par le Roi, la Chambre des représentants et le Sénat[48]. Afin de comprendre la dynamique linguistique (et son caractère potentiellement conflictuel) dans le processus législatif fédéral, il est utile de décrire la composition des chambres, puis d'expliquer deux mécanismes importants pour la protection de la minorité francophone, à savoir la technique des lois spéciales et celle de la sonnette d'alarme.

1. Compositions des chambres

Le Parlement fédéral, composé de la Chambre des représentants et du Sénat, est donc bicaméral. En droit positif, le rôle du Sénat est limité : sa compétence législative n'existe que dans quelques matières listées pour

---

[45] Article 31, § 1er de la loi du 8 août 1980 de réformes institutionnelles (*Moniteur belge* du 15 août 1980).

[46] Article 32, § 1er de la loi du 8 août 1980 de réformes institutionnelles (*Moniteur belge* du 15 août 1980).

[47] Article 31, §3 de la loi du 8 août 1980 de réformes institutionnelles (*Moniteur belge* du 15 août 1980).

[48] Article 36 de la Constitution.

lesquelles son intervention est soit facultative[49], soit obligatoire[50]. Dans tous les autres cas, la Chambre des représentants est seule compétente[51].

a. Chambre des représentants

La Chambre des représentants est composée de 150 membres élus directement par les citoyens qui satisfont aux conditions d'électorat[52]. Les députés sont élus dans onze circonscriptions. Le nombre de sièges attribués à chaque circonscription est proportionnel à la population de celle-ci[53]. Le tracé de dix des circonscriptions correspond aux tracés des dix provinces que compte le pays. La onzième est calquée sur le territoire extraprovincialisé de la région bilingue de Bruxelles-Capitale.

Dans ce cadre, aucun dispositif n'assure de protection particulière aux minorités linguistiques. Au contraire, le système fait en sorte que, sur le plan linguistique, la composition de la Chambre reflète assez précisément la réalité démographique. Sur les 150 sièges, 88 sont actuellement occupés par des députés néerlandophones (58,6 % des sièges), 61 par des députés francophones (40,66 % des sièges) et un par une députée germanophone (0,66 % des sièges). Le groupe majoritaire au sein de la population est aussi majoritaire au sein de l'Assemblée principale du Parlement fédéral.

On relève aussi que le fait qu'un ou plusieurs germanophones soient élus à la Chambre des représentants n'est pas juridiquement garanti, puisqu'il n'existe pas de circonscription propre à la région de langue allemande (celle-ci est incluse dans la circonscription beaucoup plus vaste de Liège)[54].

b. Sénat

Dans de nombreux États fédéraux, comme les États-Unis d'Amérique, le Canada, la Suisse ou l'Allemagne, le Sénat, en tant que seconde chambre fédérale, constitue l'organe politique qui a vocation à représenter les intérêts des entités fédérées et à concrétiser, au moins dans une certaine mesure, le principe d'égalité entre elles. Le Sénat des États-Unis réalise cette idée de manière paroxysmique : chaque État, quel que soit l'étendue de son territoire ou l'importance de sa population, y compte deux sièges. La Belgique ne s'inscrit guère dans ce schéma. Certes, comme on va le voir, le Sénat est en grande partie composé de représentants des entités fédérées, mais la répartition

[49] Article 78 de la Constitution.
[50] Article 77 de la Constitution.
[51] Article 74 de la Constitution.
[52] Article 63, § 1er, de la Constitution.
[53] Article 63, § 2, de la Constitution.
[54] À ce sujet, voy. not. BOUHON (F.), NIESSEN (C.) et REUCHAMPS (M.), « La Communauté germanophone après la sixième réforme de l'État : état des lieux, débats et perspectives », *Courrier hebdomadaire du CRISP*, 2015 : 52-56.

des sièges n'assure aucunement l'égalité entre elles. Elle reflète, au contraire, la réalité démographique sans offrir de surreprésentation significative aux groupes minoritaires.

Les 60 membres du Sénat ne sont pas directement élus. Parmi eux, 50 sont désignés par d'autres Parlements, selon la répartition suivante : on compte 29 sénateurs néerlandophones, qui sont désignés par le Parlement flamand en son sein ou au sein du groupe linguistique néerlandais du Parlement de la Région de Bruxelles-Capitale. 20 autres sénateurs sont francophones. Parmi eux, dix sont désignés par le Parlement de la Communauté française en son sein, huit sont désignés par le Parlement de la Région wallonne en son sein, deux sont désignés par le groupe linguistique français du Parlement de la Région de Bruxelles-Capitale en son sein. Enfin, un sénateur est désigné par le Parlement de la Communauté germanophone en son sein. Par-delà ces 50 sénateurs qui proviennent d'autres assemblées législatives, dix autres sont désignés en application de la technique de la cooptation, c'est-à-dire qu'ils sont choisis par les sénateurs déjà nommés qu'ils sont appelés à rejoindre. Plus précisément, six sénateurs sont choisis par les 29 sénateurs désignés par le Parlement flamand, tandis que quatre autres sénateurs sont choisis par les 20 sénateurs francophones. Le sénateur désigné par le Parlement de la Communauté germanophone ne participe pas aux opérations de cooptation. Au bout du compte, ce système aboutit à la nomination de 35 sénateurs néerlandophones (58,33 % des sièges), de 24 sénateurs (40% des sièges) néerlandophones et d'un sénateur germanophone (1,66% des sièges). On retrouve à nouveau à peu près les mêmes proportions qu'à la Chambre.

c. Notion de groupes linguistiques

Il est important d'indiquer que les parlementaires, à la Chambre des représentants comme au Sénat, sont officiellement répartis en deux groupes linguistiques. La Constitution établit en effet, pour chacune des chambres, un groupe linguistique néerlandais et un groupe linguistique français[55]. On remarque immédiatement l'absence de tout groupe linguistique allemand ou germanophone.

En ce qui concerne la Chambre des représentants, la répartition entre les groupes linguistiques est déterminée comme suit : les députés élus dans l'une des cinq circonscriptions qui font partie du territoire de la Région flamande sont versés au groupe linguistique néerlandais, tandis que les députés élus dans l'une des cinq circonscriptions de la Région wallonne intègrent le groupe linguistique français. Les députés élus dans la onzième circonscription – celle qui correspond au territoire de la région de Bruxelles-Capitale – rejoignent l'un ou l'autre des groupes linguistiques en fonction de la langue (néerlandais ou français) dans laquelle ils prêtent leur serment de parlementaire. Les

[55] Article 43 de la Constitution.

éventuels députés germanophones sont nécessairement élus dans la circonscription de Liège – qui se trouve sur le territoire de la Région wallonne – et font donc juridiquement partie du groupe linguistique français.

Dans le cas du Sénat, la répartition des parlementaires entre les groupes linguistiques est liée aux règles de nomination. Les 29 membres désignés par le Parlement flamand, de même que les six sénateurs cooptés par les premiers forment le groupe linguistique néerlandais. Les sénateurs désignés par le Parlement de la Communauté française (10), par le Parlement de la Région wallonne (8) et par le groupe linguistique français du Parlement de la Région de Bruxelles-Capitale (2), de même que les sénateurs cooptés par ceux-ci (4) forment quant à eux le groupe linguistique français du Sénat. Le sénateur désigné par le Parlement de la Communauté germanophone n'appartient à aucun groupe linguistique.

2. Adoption des lois dites « spéciales »

Le concept de groupes linguistiques présente un intérêt particulier pour comprendre le principe des lois spéciales que nous allons présenter ici.

Puisque la composition proprement dite des assemblées, présentée ci-avant, ne génère aucune protection particulière pour la minorité francophone et, *a fortiori*, pour la minorité germanophone, il y a lieu de s'intéresser à une autre dimension et en particulier au processus d'élaboration des lois qui implique ces assemblées.

En règle générale, les lois sont adoptées à la majorité absolue des suffrages exprimés[56]. Il est donc possible qu'un projet qui serait soutenu uniquement par des parlementaires néerlandophones et rejeté massivement par les parlementaires francophones soit valablement adopté à la Chambre des représentants ou au Sénat. Cependant, pour les questions les plus sensibles (notamment celles qui concernent les rapports entre les composantes linguistiques du pays)[57], la Constitution prévoit que la législation ne peut être modifiée qu'à la condition de suivre une procédure spéciale lors de l'élaboration de la loi. Les lois conçues de cette façon sont connues sous le nom de lois spéciales.

Les lois spéciales doivent être adoptées par les deux chambres fédérales et il convient de satisfaire à trois conditions au sein de chacune d'elle[58]. Premièrement, il faut que la majorité des membres de chaque groupe

---

[56] Article 53 de la Constitution.

[57] Il en va de la délimitation de la frontière linguistique à certaines règles qui précisent la répartition des compétences entre l'autorité fédérale, les communautés et les régions, en passant par la législation relative à la composition et au fonctionnement de la Cour constitutionnelle ou encore à la législation qui organise le financement public des entités fédérées.

[58] Ces conditions sont consacrées à l'article 4, alinéa 3, de la Constitution.

linguistique soit présente (condition spéciale de quorum). Deuxièmement, il faut que, dans chaque groupe linguistique, la majorité des suffrages exprimés soit émise en faveur du texte projeté. Troisièmement, il faut qu'au moins deux tiers des suffrages exprimés, dans les deux groupes linguistiques confondus, soient émis en faveur du texte projeté.

Avec ces règles, il est impossible que les néerlandophones utilisent leur force numérique pour faire évoluer la législation contre la volonté des francophones, dans les matières pour lesquelles une loi spéciale est exigée par la Constitution. Ces matières étant relativement nombreuses, on peut considérer qu'il s'agit là d'un dispositif significatif de protection de la minorité francophone, même s'il n'est pas présenté explicitement comme tel[59]. Les germanophones n'obtiennent quant à eux aucun avantage dans le cadre de la mise en œuvre de cette procédure, ne disposant pas de leur propre groupe linguistique qui devrait marquer son accord sur une loi spéciale.

En contraste par rapport à ce que nous venons d'exposer, on signale que la révision de la Constitution exige aussi d'atteindre une majorité des deux tiers, mais qu'elle n'impose aucune majorité spécifique au sein des groupes linguistiques. Il est donc possible qu'une disposition constitutionnelle soit modifiée, alors que la révision n'est que peu soutenue par les parlementaires d'un des deux groupes linguistiques.

3. Mécanisme de la sonnette d'alarme

D'autres mécanismes de nature à protéger la minorité francophone au niveau fédéral existent. On pense en particulier au système dit de la « sonnette d'alarme » qui est consacré par l'article 54 de la Constitution. Cette disposition se lit comme suit :

> « Sauf pour les budgets ainsi que pour les lois qui requièrent une majorité spéciale, une motion motivée, signée par les trois quarts au moins des membres d'un des groupes linguistiques et introduite après le dépôt du rapport et avant le vote final en séance publique, peut déclarer que les dispositions d'un projet ou d'une proposition de loi qu'elle désigne sont de nature à porter gravement atteinte aux relations entre les communautés.
>
> Dans ce cas, la procédure parlementaire est suspendue et la motion est déférée au Conseil des ministres qui, dans les trente jours, donne son avis motivé sur la motion et invite la Chambre saisie à se prononcer soit sur cet avis, soit sur le projet ou la proposition éventuellement amendés.

---

[59] Et qu'il protège par ailleurs aussi la majorité du groupe linguistique néerlandais contre une alliance d'une minorité de députés néerlandophones qui s'allierait avec des députés francophones pour adopter une loi dans une des matières concernées par l'exigence de loi spéciale.

> Cette procédure ne peut être appliquée qu'une seule fois par les membres d'un groupe linguistique à l'égard d'un même projet ou d'une même proposition de loi. »

Il s'agit donc d'un mécanisme qui permet à trois quarts des membres d'un groupe linguistique de suspendre la procédure d'adoption d'une loi ordinaire lorsque le projet à l'examen est de nature à porter gravement atteinte aux relations entre les communautés. Deux remarques méritent d'être formulées ici.

Premièrement, ce texte met en évidence le fait qu'un risque important de tensions existe « entre les communautés ». Il confirme de cette façon le fait que le conflit intra-belge se produit principalement entre deux (ou trois) communautés (linguistiques). Le texte ne mentionne ainsi pas les atteintes aux relations entre les régions.

Deuxièmement, le texte est formulé d'une manière linguistiquement neutre et offre un outil tant au groupe linguistique français (minoritaire) qu'au groupe linguistique néerlandais (majoritaire). Cet outil est cependant *a priori* plus utile dans les mains de la minorité, le groupe majoritaire, pourvu qu'il y ait un certain consensus en son sein, étant en principe capable de faire avorter un processus législatif sans devoir recourir à des mécanismes extraordinaires comme celui dont il est question ici.

Enfin, on peut observer que le même mécanisme a été institué pour ce qui concerne le Parlement de la Région de Bruxelles-Capitale, qui est aussi composé de deux groupes linguistiques, mais où les francophones se trouvent majoritaires, avec 72 sièges sur 89[60].

ii. Organisation du pouvoir exécutif fédéral

Nous proposons de porter à présent le regard vers le pouvoir exécutif fédéral. Selon la Constitution, celui-ci appartient au Roi[61]. Le Roi n'exerce cependant qu'un pouvoir essentiellement formel. Aucun de ses actes n'est valable sans le contreseing d'un ministre, qui en prend la responsabilité[62]. Dans la pratique, le pouvoir exécutif réel se trouve dans les mains des ministres qui forment ensemble le Conseil des ministres. Le gouvernement fédéral est l'organe qui rassemble les ministres et les secrétaires d'État[63].

---

[60] Voy. l'article 31 de la loi spéciale du 12 janvier 1989 relative aux institutions bruxelloises (*Moniteur belge* du 14 janvier 1989).
[61] Article 37 de la Constitution.
[62] Article 106 de la Constitution.
[63] Voy. l'article 104 de la Constitution.

1. Statut du chef de l'État

Le Roi est le chef de l'État. Le caractère monarchique de l'institution tend à lui conférer une position de neutralité linguistique[64]. On peut certes voir quelque chose d'archaïque dans le principe de la transmission héréditaire des pouvoirs constitutionnels du Roi[65], mais ce système permet d'éviter de devoir instaurer un système républicain d'élection ou de désignation du chef de l'État, qui impliquerait de devoir choisir entre un candidat néerlandophone ou un candidat francophone (si on ne tient compte que des deux langues les plus largement pratiquées au sein du Royaume et qu'on fait abstraction du cas des germanophones).

2. Parité linguistique au Conseil des ministres

Les ministres sont nommés par le Roi[66], qui, dans le cadre d'un régime parlementaire, cherche à mettre en place un gouvernement qui recevra la confiance de la majorité des membres de la Chambre des représentants[67]. La Constitution ne contient qu'un nombre limité de règles, assez peu contraignantes, pour encadrer le choix des ministres[68]. Il existe cependant une disposition particulièrement importante pour notre sujet : selon l'article 99, alinéa 2, de la Constitution, « le Conseil des ministres compte autant de ministres d'expression française que d'expression néerlandaise »[69]. Autrement dit, le cœur de l'exécutif fédéral est composé selon une règle de parité linguistique. Ceci implique que les francophones, minoritaires au sein de la population, sont surreprésentés au sein du Conseil des ministres, ce qui peut s'analyser comme un mécanisme de protection de la minorité. Les germanophones n'ont en revanche aucune garantie juridique de voir siéger l'un ou l'une des leurs au sein de cet organe[70]. L'effet protecteur, en faveur des francophones, est en outre renforcé par la règle selon laquelle le Conseil des

---

[64] MONETTE (P.-Y.), *Belgique où vas-tu ?*, Bruxelles, Mardaga, 2007, p. 150.

[65] Voy, par exemple, UYTTENDAELE (M.), « Une république belge ou une monarchie modernisée – Le songe d'un constitutionnaliste », *CDPK*, 2019 : 315-323.

[66] Article 96, alinéa 1er, de la Constitution.

[67] Ce principe s'appuie notamment sur l'article 101, alinéa 1er, de la Constitution, selon lequel les ministres sont responsables devant la Chambre des représentants. Voy. aussi les articles 46 et 96, alinéa 2, qui établissent un système de motion de confiance et de méfiance.

[68] Voy. les articles 97 et 98 de la Constitution.

[69] Le texte précise que la position du Premier ministre peut faire exception dans le cadre de l'application de cette règle.

[70] En pratique, le gouvernement fédéral belge n'a jamais compté de membre germanophone, à l'exception de Guillaume (dit Willy) Schyns (CSP), alors bourgmestre de La Calamine, qui a officié comme secrétaire d'État aux Cantons de l'Est et au Tourisme du gouvernement Leburton I entre le 26 janvier et le 23 octobre 1973.

ministres prend ses décisions au consensus, ce qui tend à limiter la possibilité pour une faction, idéologique ou linguistique, d'y dominer en son sein.

Dans la pratique, la règle de la parité au sein du Conseil des ministres implique que la coalition gouvernementale est toujours composée de partis néerlandophones et francophones. Lors des négociations sur la composition du gouvernement, on fait en sorte qu'il y ait autant de ministres issus des rangs des partis francophones que des rangs des partis néerlandophones. Dans le cas du gouvernement Michel (2014-2019), un seul parti francophone (le MR) était associé à trois partis néerlandophones (la N-VA, le CD&V et l'Open VLD). Malgré le poids relatif du MR dans la coalition, le Roi a nommé sept ministres liés à ce parti et sept autres liés aux trois partis néerlandophones (trois pour la N-VA, trois pour le CD&V et trois pour l'Open VLD).

L'effet protecteur de la règle de parité au sein du Conseil des ministres est atténué par le fait que des secrétaires d'État peuvent être nommés, à côté des ministres, au sein du gouvernement. Or, la règle de la parité ne s'applique qu'aux ministres et ne s'étend pas aux secrétaires d'État, qui peuvent avoir dans les faits un pouvoir politique aussi important que les ministres. Dans la pratique, il n'est pas rare que les néerlandophones obtiennent un plus grand nombre de secrétaires d'État que les francophones.

iii. Organisation des juridictions

Après avoir examiné les traits particuliers du pouvoir législatif et du pouvoir exécutif fédéraux sous l'angle de la protection des minorités linguistiques, il nous reste à aborder la question de la composition des juridictions dans la même perspective, pour compléter le tableau. Il existe en Belgique trois grands types de juridictions : les juridictions qui relèvent de l'ordre judiciaire, la juridiction constitutionnelle et les juridictions administratives.

1. Pouvoir judiciaire

Quant à l'organisation du pouvoir judiciaire, l'article 40, alinéa 1er, de la Constitution dispose que « [l]e pouvoir judiciaire est exercé par les cours et tribunaux ». L'organisation du pouvoir judiciaire demeure, remarquons-le, en principe[71], une compétence exclusive de l'autorité fédérale[72]. C'est donc au législateur fédéral de régler l'emploi des langues en matière judiciaire.

Le pouvoir judiciaire est organisé sur une base territoriale. La Belgique est divisée en 12 arrondissements judiciaires : Anvers, Brabant wallon, Bruxelles

[71] On note en effet que les entités fédérées peuvent tout de même créer des juridictions administratives statuant sur des recours juridictionnels. Sur ce sujet voy. : LEJEUNE (Y.), *Droit constitutionnel, Fondements et institutions*, 3e éd., Bruxelles, Larcier, 2017 : 755-756.

[72] L. LINDEMANS, *Taalgebruik in Gerechtszaken*, Gent-Leuven, Story-Scientia, 1973.

(Hal-Vilvorde), Eupen, Flandre occidentale, Flandre orientale, Hainaut, Liège, Limbourg, Louvain, Luxembourg et Namur. Il existe également 187 cantons judiciaires.

L'article 30 de la Constitution, que nous évoquerons à la fin de la présente contribution, prévoit que seul le législateur est apte à régir l'emploi des langues en matière judiciaire. La loi du 15 juin 1935 concernant l'emploi des langues en matière judiciaire a été adoptée sur la base de cette disposition.

La plupart des arrondissements judiciaires sont en principe unilingues. La procédure en matière contentieuse a lieu en français dans les arrondissements judiciaires du Hainaut, de Liège, de Luxembourg, de Namur et du Brabant wallon[73], tandis qu'elle a lieu en néerlandais pour les arrondissements d'Anvers, de Flandre orientale, de Flandre occidentale, du Limbourg et de Louvain[74].

L'arrondissement de Bruxelles est toutefois bilingue. Il comprend en effet à la fois des tribunaux néerlandophones et francophones. La détermination de la langue de la procédure et donc du tribunal compétent se fait en fonction de la langue de l'acte introductif d'instance. Celle-ci est elle-même déterminée en fonction du domicile du défendeur : l'acte est rédigé en français s'il est domicilié dans la région de langue française ou en néerlandais s'il est domicilié dans la région de langue néerlandaise, ou soit en français, soit en néerlandais, au choix du demandeur, si le défendeur est domicilié dans une commune de l'agglomération bruxelloise ou n'a aucun domicile connu en Belgique[75].

La procédure contentieuse dans l'arrondissement d'Eupen se fait quant à elle en principe en langue allemande[76]. Elle peut toutefois également se tenir en néerlandais ou en français dans certaines circonstances[77].

2. Cour constitutionnelle

La Cour constitutionnelle est compétente pour vérifier la compatibilité des normes législatives fédérales et fédérées à certaines dispositions de la

[73] Article 1er de la loi du 15 juin 1935 concernant l'emploi des langues en matière judiciaire (*Moniteur belge* du 22 juin 1935).
[74] Article 2 de la loi du 15 juin 1935 concernant l'emploi des langues en matière judiciaire (*Moniteur belge* du 22 juin 1935).
[75] Article 3 de la loi du 15 juin 1935 concernant l'emploi des langues en matière judiciaire (*Moniteur belge* du 22 juin 1935). Les régions de langue française et néerlandaise sont déterminées sur la base des lois sur l'emploi des langues en matière administrative, coordonnées le 18 juillet 1966 (voy. article 42 de la loi du 15 juin 1935).
[76] Article 2*bis* de la loi du 15 juin 1935 concernant l'emploi des langues en matière judiciaire (*Moniteur belge* du 22 juin 1935).
[77] Voy. les articles 7 et 25 de la loi du 15 juin 1935 concernant l'emploi des langues en matière judiciaire, *M. B.,* 22 juin.

Constitution (spécialement celles qui consacrent les droits fondamentaux) et à l'ensemble des règles qui opèrent la répartition des compétences entre l'autorité fédérale, les communautés et les régions[78]. La Cour constitutionnelle joue donc un rôle très important pour les relations intra-fédérales (son ancien nom – Cour d'arbitrage – est évocateur à cet égard)[79].

La composition de la Cour constitutionnelle répond à des règles particulières et présente des traits intéressants pour le sujet étudié. En effet, parmi les douze juges qui forment la haute juridiction, six doivent être francophones et six doivent être néerlandophones[80]. On retrouve donc ici l'idée de la parité qui est avantageuse pour le groupe francophone minoritaire. La minorité germanophone n'est pas non plus ignorée : il est prévu qu'un juge de la Cour « doit justifier d'une connaissance suffisante de l'allemand »[81]. Il peut bien entendu être satisfait à cette condition par un juge dont l'allemand n'est pas la langue maternelle, pour autant qu'il puisse démontrer sa connaissance de cette langue.

En outre, la loi prévoit la désignation de deux présidents (l'un néerlandophone et l'autre francophone)[82] et ajoute que la présidence effective de la Cour est exercée à tour de rôle par chaque président pour une période d'un an[83].

3. Conseil d'État

Des dispositions similaires existent pour ce qui concerne la plus haute juridiction administrative du Royaume, à savoir le Conseil d'État. La loi prévoit ainsi que la moitié des présidents de Chambre, la moitié des conseillers d'État, la moitié des premiers auditeurs chefs de section, la moitié des premiers auditeurs, auditeurs et auditeurs adjoints comptés ensemble, la moitié des premiers référendaires chefs de section, la moitié des premiers référendaires, référendaires et référendaires adjoints comptés ensemble doivent justifier, par leur diplôme, qu'ils ont subi l'examen de docteur ou licencié en droit en langue

---

[78] À ce sujet, voy. not. ROSOUX (G.), *Contentieux constitutionnel*, Bruxelles, Larcier, 2021.

[79] Voy. ROSOUX (G.), « La Cour constitutionnelle : un arbitre au cœur du fédéralisme belge », *Fédéralisme Régionalisme* [En ligne], Volume 17 : 2017, BOUHON (F.) (dir.), *Les juridictions constitutionnelles suprêmes dans les États fédéraux : créatures et créateurs de fédéralisme*, URL : https://popups.uliege.be/1374-3864/index.php?id=1728.

[80] Article 31 de la loi spéciale du 6 janvier 1989 sur la Cour constitutionnelle (*Moniteur belge* du 7 janvier 1989).

[81] Article 34, § 4, de la loi spéciale du 6 janvier 1989 sur la Cour constitutionnelle (*Moniteur belge* du 7 janvier 1989).

[82] Article 33 de la loi spéciale du 6 janvier 1989 sur la Cour constitutionnelle (*Moniteur belge* du 7 janvier 1989).

[83] Article 54 de la loi spéciale du 6 janvier 1989 sur la Cour constitutionnelle (*Moniteur belge* du 7 janvier 1989).

française; l'autre moitié de chaque groupe, en langue néerlandaise[84]. La législation prévoit en outre qu'un membre du Conseil d'État doit justifier d'une connaissance suffisante de l'allemand. Il en est de même pour deux auditeurs auprès de cette haute juridiction[85].

Le Conseil d'État est dirigé par un premier président et un président qui doivent appartenir à un rôle linguistique différent[86]. La même règle s'applique respectivement à l'auditeur général et à l'auditeur général adjoint[87].

III. La protection des minorités linguistiques sous l'angle des droits fondamentaux

Nous avons abordé la question de la protection des minorités linguistiques sous l'angle institutionnel. Il semble aussi utile, à titre complémentaire, de l'examiner sous l'angle des droits fondamentaux.

La Constitution belge – et on peut s'en étonner vu le contexte historique que nous avons décrit dans la première partie – ne consacre aucune règle spécifique visant, par exemple, à interdire la discrimination contre les (membres des) minorités linguistiques. Un parcours du titre II, qui correspond au catalogue des droits et libertés fondamentaux, ne laisse rien apparaître qui soit immédiatement pertinent pour le sujet du présent rapport[88].

L'article 11 de la Constitution aborde certes la protection des minorités dans les termes suivants :

> « La jouissance des droits et libertés reconnus aux Belges doit être assurée sans discrimination. À cette fin, la loi et le décret garantissent notamment les droits et libertés des minorités idéologiques et philosophiques. »

---

[84] Article 73, § 1er, alinéa 3, des lois coordonnées sur le Conseil d'État (*Moniteur belge* du 21 mars 1973).

[85] Article 73, § 3, des lois coordonnées sur le Conseil d'État (*Moniteur belge* du 21 mars 1973).

[86] Article 73, § 1er, alinéa 1er, des lois coordonnées sur le Conseil d'État (*Moniteur belge* du 21 mars 1973).

[87] Article 73, § 1er, alinéa 2, des lois coordonnées sur le Conseil d'État (*Moniteur belge* du 21 mars 1973).

[88] On notera toutefois qu'on retrouve à l'article 189, figurant dans le titre VII « Dispositions générales » de la Constitution, une allusion à un traitement égalitaire des trois langues en Belgique : « le texte de la Constitution est établi en français, en néerlandais et en allemand ». La portée juridique de cet article est toutefois controversée. Voy. à ce sujet : WEERTS (S.), *La langue de l'État*, 1ère édition, Bruxelles, Bruylant, 2015, p. 557 et MAST (A.) et DUJARDIN (J.), *Belgisch grondwettelijk recht*, Gent, Story-Scientia, 1983, p. 582. On rappellera également l'importance de l'article 30 de la Constitution, régissant l'emploi des langues en Belgique, expliqué ci-avant.

On voit que ce texte vise en particulier les minorités idéologiques et philosophiques, mais qu'il ne mentionne pas les minorités linguistiques. Certes, l'adverbe « notamment » utilisé dans la disposition constitutionnelle semble signifier que d'autres minorités peuvent bénéficier d'une protection basée sur l'article 11. Cependant, lorsque ce texte a été élaboré – en 1970 –, les amendements visant à étendre explicitement la garantie à la protection des minorités linguistiques ont tous été rejetés[89].

Cette absence de volonté de développer une protection des minorités linguistiques sous l'angle des droits fondamentaux se confirme dans la sphère internationale. En effet, la Belgique n'a pas ratifié la Convention-cadre du Conseil de l'Europe sur la protection des minorités, parce que la Communauté flamande, dont on a rappelé *supra* la compétence en matière de relations internationales, a fait obstruction à l'adhésion de la Belgique à ladite Convention[90].

Le droit belge des droits fondamentaux n'est toutefois pas sans ressource pour le sujet étudié. Ainsi, le principe général d'égalité et de non-discrimination interdit en principe les différences de traitement basées notamment sur la langue, sauf justification appropriée.

Dans la Constitution belge, le principe d'égalité et de non-discrimination est consacré par les articles 10 et 11.

L'article 10 de la Constitution prévoit en effet que :

---

89 SEUTIN (B.) *et al.*, *Grondwet. Wetgeving Staatshervorming. EVRM,* Bruges, la Charte, 2006, p. 29, citant C.E., arrêt *Commune de Rhode-Saint-Genèse*, n°23.337, du 7 juin 1983. Voy. également : RENAULD (B.) et VAN DROOGHENBROECK (S.), « Le principe d'égalité et de non-discrimination », *in Les droits constitutionnels en Belgique* (dir.), M. VERDUSSEN et N. BONBLED, p. 558.

90 Sur cette question voy. : DELGRANGE (X.) et Van DROOGHENBROECK (S.), « La signature de la Convention-cadre sur la protection des minorités nationales et les mesures de protection des minorités continue dans les lois spéciales », *Administration publique*, 2002, n° 2-3 : 273-287. On remarque par ailleurs que la Commission de Venise (l'un des organes consultatifs du Conseil de l'Europe) a rendu un avis sur l'étendue du champ d'application *rationae personae* de la notion de minorité de la Convention en Belgique (Commission de Venise, *Avis sur les groupes de personnes auxquels la convention-cadre pour la protection des minorités nationales pourrait s'appliquer en Belgique*, 50e session, Venise, 8 et 9 mars 2002). Il ressort de cet avis qu'au niveau national, seuls les germanophones devraient être considérés comme une minorité au sens de la Convention, tandis que les francophones, malgré leur infériorité numérique, et vu la répartition équilibrée des pouvoirs avec les néerlandophones, ne constituent pas une minorité au sens de la Convention-cadre. Au niveau régional en revanche, « les francophones de la région de langue néerlandaise et de la région de langue allemande peuvent être considérés comme une minorité au sens de la Convention-cadre de même, d'ailleurs, que les néerlandophones et les germanophones de la région de langue française ».

> « Il n'y a dans l'État aucune distinction d'ordres.
>
> Les Belges sont égaux devant la loi ; seuls ils sont admissibles aux emplois civils et militaires, sauf les exceptions qui peuvent être établies par une loi pour des cas particuliers. L'égalité des femmes et des hommes est garantie. »

À l'instar de nombreuses Constitutions d'autres pays, la Constitution belge ne contient pas de définition plus précise de la notion d'« égalité » ou de « discrimination ». Tout au plus l'article 11 précise-t-il que le principe de non-discrimination s'applique dans le domaine de la « jouissance des droits et libertés reconnus aux Belges ». Dans de larges proportions, la concrétisation plus précise de ces notions a donc été – et est toujours – l'œuvre de la jurisprudence et de la légisprudence[91].

Dès 1988, les articles 10 et 11 de la Constitution font partie des normes à l'aune desquelles la Cour constitutionnelle (alors appelée Cour d'arbitrage) – dont nous avons décrit la fonction plus haut – est chargée de contrôler les normes législatives. Dès 1989, la Cour va se saisir de cette nouvelle compétence et la préciser dans son arrêt n° 23/89 du 13 octobre 1989 :

> « Les règles constitutionnelles de l'égalité des Belges et de la non-discrimination n'excluent pas qu'une différence de traitement soit établie selon certaines catégories de personnes pour autant que le critère de différenciation soit susceptible de justification objective et raisonnable. L'existence d'une telle justification doit s'apprécier par rapport au but et aux effets de la norme considérée ; le principe d'égalité est violé lorsqu'il est établi qu'il n'existe pas de rapport raisonnable de proportionnalité entre les moyens employés et le but visé »[92].

Les termes de la Haute juridiction belge s'inspirent directement[93] d'un arrêt rendu en 1968[94] par la Cour européenne des droits de l'Homme à propos d'une violation de l'article 14 de la Convention précisément en matière linguistique. Il s'agissait selon les requérants de discriminations subies dans leur accès à l'éducation par les enfants de francophones résidant dans certaines communes de Belgique du fait de la législation sur l'emploi des langues.

---

[91] Le terme « légisprudence » désigne les avis rendus par la section de législation du Conseil d'État. La plupart des avis – mais pas tous – sont publiquement accessibles sur le site internet du Conseil d'État :
http://www.raadvstconsÉtat.be/?page=advisory&lang=fr.

[92] C. const., n° 23/89 du 13 octobre 1989, B.1.3.

[93] Voy. à ce sujet : ROSOUX (G.), *Vers une "dématérialisation" des droits fondamentaux ?*, 1ère édition, Bruxelles, Larcier, 2015 : 679-696.

[94] Cour E. D. H., arrêt dans l'affaire « relative à certains aspects du régime linguistique de l'enseignement en Belgique » c. Belgique du 23 juillet 1968.

Ainsi, la Cour va, par la suite, se saisir du principe d'égalité et de non-discrimination, pour examiner la constitutionnalité de certaines normes ayant trait à des questions linguistiques[95].

Par ailleurs, on remarque qu'à côté de la loi fondamentale belge, le législateur a également mis en œuvre le principe d'égalité et de non-discrimination en matière linguistique. La loi du 10 mai 2007 tendant à lutter contre certaines formes de discrimination[96] en constitue un exemple. L'article 3 de cette loi crée dans les matières visées à l'article 5[97], un cadre général pour lutter contre la discrimination fondée notamment sur la langue. La portée effective de cette disposition est toutefois critiquée. Il n'existe en effet à ce jour pas d'institution spécialisée pour prendre en charge les plaintes en matière de discrimination linguistique. Le législateur belge a confié à UNIA (le Centre interfédéral pour l'égalité des chances) la mission de veiller à la bonne application de ladite loi anti-discrimination. Il a été néanmoins fait exception à cette compétence pour les litiges fondés sur une discrimination linguistique. L'article 29, §2, de la loi du 10 mai 2007 qui prévoit que le Roi doit désigner l'organe qui sera compétent pour les discriminations fondées sur la langue n'a jamais été mis en application. La personne victime de ce type de discrimination se retrouve donc confrontée à elle-même, puisqu'elle ne peut « bénéficier de l'aide, d'informations et de conseils d'une institution publique spécialement créée à cette fin »[98].

Sur le plan international, la Convention européenne des droits de l'homme, dont la mise en œuvre a conduit à des progrès nombreux et formidables pour le bien-être des populations européennes, ne reconnaît pas non plus, en tant

---

[95] À titre d'exemple, nous pouvons citer un arrêt de la Cour constitutionnelle (alors appelée Cour d'Arbitrage) (CA, n°59/94 du 14 juillet 1994) dans lequel elle juge que l'absence de traduction en allemand des lois et arrêtés dans un délai raisonnable viole le principe d'égalité et de non-discrimination.

[96] Loi du 10 mai 2007 tendant à lutter contre certaines formes de discrimination (*Moniteur belge* du 30 mai 2007) :

[97] 1° l'accès aux biens et services et la fourniture de biens et services à la disposition du public ;
2° la protection sociale, en ce compris la sécurité sociale et les soins de santé ;
3° les avantages sociaux ;
4° les régimes complémentaires de sécurité sociale ;
5° les relations de travail ;
6° la mention dans une pièce officielle ou dans un procès-verbal ;
7° l'affiliation à et l'engagement dans une organisation de travailleurs ou d'employeurs ou toute autre organisation dont les membres exercent une profession donnée, y compris les avantages procurés par ce type d'organisations ;
8° l'accès, la participation et tout autre exercice d'une activité économique, sociale, culturelle ou politique accessible au public [...].

[98] Commission d'évaluation de la législation fédérale relative à la lutte contre les discriminations, Premier rapport d'évaluation, février 2017, pp. 54 et 55.

que tel, de droit à la protection des minorités (linguistiques). Les protections de cet ordre qu'on peut en déduire sont indirectes et précaires. Cela s'explique sans doute au moins en partie par l'approche essentiellement individuelle des droits reconnus par la Convention européenne des droits de l'homme et précisé par la Cour européenne des droits de l'homme. Ceci la distingue d'ailleurs de la Charte africaine des droits de l'homme et des peuples qui, à côté des droits individuels, consacre également des droits collectifs[99]. C'est certainement un domaine dans lequel la culture juridique africaine pourrait inspirer les juristes et les responsables politiques européens.

Si la Charte ne lie évidemment pas la Belgique, d'autres instruments internationaux relatifs aux droits fondamentaux pertinents pour le sujet étudié trouvent à s'y appliquer. Ainsi, l'article 27 du Pacte international relatif aux droits civils et politiques prévoit que « dans les États où il existe des minorités ethniques, religieuses ou linguistiques, les personnes appartenant à ces minorités ne peuvent être privées du droit d'avoir, en commun avec les autres membres de leur groupe, leur propre vie culturelle, de professer et de pratiquer leur propre religion, ou d'employer leur propre langue ». Dans l'ordre juridique belge, cette disposition trouve notamment un écho dans l'article 30 de la Constitution qui assure la liberté quant à l'emploi des langues dans les relations privées, c'est-à-dire en dehors des actes de l'autorité publique et des affaires judiciaires.

L'article 30 de la Constitution, inchangé depuis 1831, et constituant une réaction aux limitations de l'usage du français qui avaient été imposées par le Roi Guillaume Ier[100], porte que :

> « L'emploi des langues usitées en Belgique est facultatif ; il ne peut être réglé que par la loi, et seulement pour les actes de l'autorité publique et pour les affaires judiciaires. »

La lecture de cet article est double. D'une part, cette disposition consacre une liberté quasi-absolue en matière d'emploi des langues dans la sphère privée et retient une définition très large de cette dernière[101]. La vie privée se

---

[99] PILORGE- VRANCKEN (J.), « La protection des droits fondamentaux des minorités nationales par les mécanismes régionaux de protection des droits de l'homme en Europe et en Afrique : étude comparative », *RFDL*, 2015, p. 11.

[100] BONBLED (N.), *Les droits des minorités et la répartition des compétences dans les États fédéraux : essai de synthèse au départ des expériences belges et canadienne,* Thèse, Université catholique de Louvain, 2009, pp. 149 et 154.

[101] On notera toutefois que l'article 129 de la Constitution, §1er, 3°, prévoyant que les Communautés française et flamande peuvent réglementer, sur leur territoire, l'emploi des langues en matière sociale, constitue une exception à la liberté linguistique dans le cadre de la sphère privée consacrée à l'article 30 de la Constitution.

retrouve « immunisée contre toute intervention des autorités publiques »[102]. Sont ainsi concernées l'ensemble des interactions des habitants du Royaume, peu importe le média utilisé[103] et « l'endroit où ce droit est exercé (lieu privé, privé mais accessible au public ou public) »[104], dans des domaines aussi variés que la vie de famille, la pratique d'une religion, la culture, la propagande politique[105] ou encore les actes privés comme les testaments et les conventions[106].

D'autre part, l'article 30 de la Constitution garantit que l'emploi des langues dans la sphère publique, entendue comme comprenant les « actes de l'autorité publique » et « les affaires judiciaires », ne soit réglementé que par des normes législatives. Nous avons donné un aperçu des principes de l'emploi des langues en matière judiciaire plus haut. Pour ce qui est des « actes de l'autorité publique », cette notion a toujours été interprétée de manière large par le législateur[107] et renvoie « non seulement aux pouvoirs législatifs et exécutifs, mais également à toute une série d'administrations, à l'armée, à l'enseignement et même aux actes et documents prescrits par la loi ou les règlements pour les sociétés commerciales ou industrielles »[108]. La liberté garantie par l'article 30 dans la sphère publique bénéficie par ailleurs exclusivement aux personnes privées, les autorités publiques ne peuvent donc s'en prévaloir.

À première vue, l'article 30 de la Constitution ne consacre pas une protection « générale » des langues puisqu'il vise les langues « usitées » en Belgique soit le français, le néerlandais et l'allemand. Selon Nicolas Bonbled, cette expression pourrait toutefois aujourd'hui faire l'objet d'une interprétation évolutive, au vu des évolutions socio-démographiques, à tout le moins en ce qui

---

[102] BONBLED (N.), *Les droits des minorités et la répartition des compétences dans les États fédéraux : essai de synthèse au départ des expériences belges et canadienne,* thèse, Université catholique de Louvain, 2009, p. 153.

[103] CLEMENT (J.), « L'emploi des langues en matière administrative, les facilités et la résolution Nabholz du Conseil de l'Europe. Pas de langue, pas de liberté ? », *APT*, 2003, n° 1370 : 787 et 788.

[104] BONBLED (N.), *Les droits des minorités et la répartition des compétences dans les États fédéraux : essai de synthèse au départ des expériences belge et canadienne,* Thèse, Université catholique de Louvain, 2009, p. 153.

[105] VELAERS (J.), *De Grondwet, een artikelsgewijze commentaar*, tome I, Bruxelles, La Charte, n°s 35 à 40 : 629 et 630.

[106] À ce sujet voyez l'intervention de Jean RAIKEM lors des travaux du constituant : HUYTTENS (E.)*, Discussions du Congrès national de Belgique (1830- 1831)*, tome I, Bruxelles, Société typographique belge, 1844, p. 668.

[107] VELAERS (J.), *De Grondwet, een artikelsgewijze commentaar*, tome I, Bruxelles, La Charte, n° 40, p. 53.

[108] BONBLED (N.), *Les droits des minorités et la répartition des compétences dans les États fédéraux : essai de synthèse au départ des expériences belge et canadienne,* Thèse, Université catholique de Louvain, 2009, p. 175.

concerne la protection linguistique dans la sphère privée[109]. Cette interprétation trouverait son fondement dans d'autres dispositions constitutionnelles consacrant notamment la liberté individuelle (article 12) et la liberté d'expression (article 19)[110].

Conclusion

La question linguistique est un incontournable de l'histoire politique belge et du droit constitutionnel du Royaume. Dans la première partie de l'étude, nous avons montré que celle-ci imprègne l'État belge depuis sa naissance jusqu'à nos jours. Les tensions liées à l'existence d'une communauté culturelle et linguistique flamande ou néerlandophone (aujourd'hui démographiquement majoritaire) et d'une communauté culturelle et linguistique française (aujourd'hui démographiquement minoritaire) sont non seulement nombreuses, mais elles ont été aussi la source d'évolutions profondes du droit constitutionnel.

De l'examen de la Constitution belge, il ressort que c'est principalement dans le domaine institutionnel – comme nous l'avons montré dans la deuxième partie – que des mécanismes spécifiques ont été développés pour protéger les minorités linguistiques dans leurs rapports politiques avec le groupe majoritaire. Ces mécanismes font en sorte que les francophones bénéficient, à de nombreux égards, d'une position institutionnelle équilibrée vis-à-vis des néerlandophones, lesquels sont empêchés par divers mécanismes juridiques d'abuser de leur domination démographique. Comme l'a indiqué la Commission de Venise du Conseil de l'Europe, « au vu de la répartition équilibrée des pouvoirs entre les néerlandophones et les francophones au niveau de l'État, les francophones, malgré leur infériorité numérique, occupent une position codominante »[111].

---

[109] Une interprétation semblable qui s'appliquerait à l'aspect public de l'article 30 de la Constitution serait selon Jan Velaers et Nicolas Bonbled contraire à la Constitution, qui consacre très explicitement les trois langues « officielles » de l'État belge. Voy BONBLED (N.), *Les droits des minorités et la répartition des compétences dans les États fédéraux : essai de synthèse au départ des expériences belge et canadienne,* Thèse, Université catholique de Louvain, 2009, p. 157 et VELAERS (J.), *De Grondwet, een artikelsgewijze commentaar*, tome I, Bruxelles, La Charte, p. 618, n° 10.

[110] BONBLED (N.), *Les droits des minorités et la répartition des compétences dans les États fédéraux : essai de synthèse au départ des expériences belge et canadienne,* Thèse, Université catholique de Louvain, 2009, p. 156. Voy. également en ce sens : VELAERS (J.), *De Grondwet, een artikelsgewijze commentaar*, tome I, Bruxelles, La Charte, pp. 618 et 619, n° 11.

[111] Commission de Venise, *Avis sur les groupes de personnes auxquels la convention-cadre pour la protection des minorités nationales pourrait s'appliquer en Belgique*, 50e session, Venise, 8 et 9 mars 2002.

En revanche, la Constitution ne contient guère de dispositions qui protègent spécifiquement les minorités linguistiques (ou celles et ceux qui en font partie) sous l'angle des droits fondamentaux ; il n'empêche que les dispositions générales de la Constitution (notamment le principe d'égalité) ainsi que divers instruments législatifs et conventionnels, présentés dans la troisième partie de l'étude, offrent une protection effective, sur le plan individuel.

THÈME 3

MINORITÉS ET EXERCICE DU POUVOIR

La minorité parlementaire dans les démocraties africaines

Arsène-Joël ADELOUI
Agrégé des Facultés de Droit
FADESP/Université d'Abomey-Calavi, Bénin.

Introduction

« Vous avez juridiquement tort parce que vous êtes politiquement minoritaire »[1]. Cette belle formule du député socialiste français André Laignel est une banalisation de l'image réservée à la minorité dans nos démocraties.

En effet, la minorité parlementaire n'a pas fait l'objet de curiosité intellectuelle assez poussée ou l'a été de façon très furtive au travers de quelques études[2] à la différence de la majorité parlementaire qui a connu en France un engouement scientifique plus prononcé[3]. Trois raisons au moins

---

[1] Il s'agit des propos tenus devant le Garde des Sceaux Jean FOYER, le 13 octobre 1981, à l'occasion du débat sur les nationalisations.

[2] On peut notamment retenir dans les écrits de Joseph Barthélémy et Paul Duez des allusions à la minorité parlementaire sans qu'on lui ait accordé une étude spécifique. Est illustrative ici leur interrogation pertinente sur la minorité : « Pourquoi la minorité serait-elle réduite à un simple droit de critique et de contrôle et exclue de toute participation au gouvernement ? Pour la minorité qui pourra faire entendre sa voix, ce ne sera pas l'oppression sans phrases. Avec toute la force que lui donne sa représentation correspondant à la réalité, elle fera entendre ses raisons et, si celles-ci sont bonnes, elle pourra peut-être parvenir à appeler à elle quelques membres du parti de la majorité, accessibles aux arguments de justice et affranchis des passions de parti. » in BARTHELEMY (J.) et DUEZ (P.), *Traité élémentaire de Droit Constitutionnel*, Paris, Dalloz, 1926, p. 357.

[3] C'est depuis 1958 que la doctrine française a commencé à manifester un intérêt significatif à la majorité parlementaire. Sont remarquables ici les études suivantes : PACTET (P.), « L'application du principe majoritaire sous la cinquième République de 1958 à 1981 », *Etudes en l'honneur de Léo HAMON, Itinéraires*, Paris, Economica, 1982 ; SACHS (A.), « Règle majoritaire et droits des minorités », Parlements et Francophonie, n°88-89, 1993, 1er et 2e trimestre ; DENQUIN (J.-M.), « Recherches sur la notion de majorité sous la Ve République », *RDP*, ,n° 4, juillet-août 1993 ; *Pouvoirs*, la démocratie majoritaire, n° 85, 1998, AVRIL (P.), « La majorité parlementaire » in P. AVRIL, *Écrits de théorie constitutionnelle et de droit politique*, Éditions Panthéon Assas, 2010 : 261-280.

liées à la définition, à l'angle d'étude et à l'utilité de la notion de minorité parlementaire dans une démocratie pluraliste expliquent ce désintérêt de la doctrine.

En premier lieu, pour ce qui est de la définition, il faut retenir que la « minorité » est une notion transversale appréhendée différemment par différentes disciplines qui ont tenté de lui donner un sens, voire un contenu. En droit des sociétés commerciales, la minorité est parfois évoquée dans un sens péjoratif pour désigner les abus émanant des associés non majoritaires. Il y a abus de minorité « lorsque, en exerçant leur droit de vote, les associés minoritaires s'opposent à ce que des décisions soient prises, alors qu'elles sont nécessitées par l'intérêt de la société et qu'ils ne peuvent justifier d'un intérêt légitime »[4]. Les associés minoritaires portent ainsi atteinte à l'intérêt social en bloquant une décision de manière injustifiée, dans le dessein de nuire aux associés majoritaires. En droit international, c'est sous le prisme des droits de l'homme que l'on traite la question des groupes minoritaires comme une catégorie juridique pouvant bénéficier d'une protection particulière[5].

Dans une perspective historique, Eric Thiers faisait observer que les notions de majorité, d'opposition et de minorité ont émergé au XIXe siècle avec le développement de l'institution parlementaire. Le terme minorité aurait été utilisé d'abord dans les débats parlementaires en Angleterre pour désigner le parti le moins représenté d'une Assemblée avant d'inspirer par la suite le Parlement français au XXe siècle[6].

Pour les révolutionnaires français de 1789, la reconnaissance de la minorité a été méprisée puisque la loi était l'expression de la volonté générale applicable à tous sans aucune distinction particulière. Dans ce contexte, il était particulièrement difficile de reconnaître, de protéger les droits des minorités, c'est-à-dire « des groupes à caractère ethnique, racial, linguistique, culturel, religieux ou sexuel sous l'empire d'un texte constitutionnel aussi profondément marqué par le rejet de toutes les formes de déterminisme, d'appartenance et de catégorisation »[7]. Bien entendu, l'histoire constitutionnelle française avait connu des groupes d'opposition et de minorités parlementaires ignorés des

---

[4] Voir art.131 al. 2 de *l'Acte uniforme relatif au droit des sociétés commerciales et du groupement d'intérêt économique de l'OHADA*.

[5] Voir l'intéressante étude consacrée aux groupes minoritaires par Nahum GOLDMANN, « Les droits des minorités », *Études en l'honneur de Léo HAMON, Itinéraires*, Paris, Economica, 1982, p. 335.

[6] THIERS (E.), « La majorité contrôlée par l'opposition : pierre philosophale de la nouvelle répartition des pouvoirs ? », *Pouvoirs*, 2012/4, n°143, p. 63.

[7] Le POURHIET (A.-M.), « Les minorités en droit constitutionnel français », *Mélanges en l'honneur de Slobodan Milacic, Démocratie et Liberté : tension, dialogue, confrontation*, Bruxelles, Bruylant, 2008, p. 145.

textes[8]. Par exemple en 2006, l'Assemblée nationale française, à l'occasion d'une modification de son Règlement, avait envisagé la reconnaissance de droits spécifiques au profit de l'opposition mais elle s'est heurtée à une censure du Conseil constitutionnel qui ne voulait pas qu'on institue entre les groupes une différence de traitement injustifiée[9]. C'est ce verrou constitutionnel qui sera corrigé par l'article C.51-1 de la loi constitutionnelle n° 2008-724 du 23 juillet 2008[10]. Cette disposition, qui reconnaît des droits spécifiques aux groupes d'opposition et de minorité, montre qu'il s'agit de deux groupes distincts appartenant à deux logiques différentes, l'une politique et l'autre arithmétique[11]. Mieux, la compréhension que donnent l'Assemblée nationale et le Sénat français du groupe minoritaire n'est pas identique. Dans son Règlement, l'Assemblée nationale désigne par groupe minoritaire un groupe qui ne s'est pas déclaré d'opposition, à l'exception de celui d'entre eux qui compte l'effectif le plus élevé[12] alors que le Règlement du Sénat est silencieux sur la définition du groupe minoritaire en mettant l'accent sur le fait que la déclaration d'appartenance à l'une ou l'autre de ces deux catégories doit être renouvelée au début de chaque session ordinaire[13]. On remarque là qu'il existe une difficulté d'appréhension du groupe minoritaire dans le contexte français parce qu'il s'agirait d'un groupe volatile comparable à une nébuleuse.

En droit constitutionnel africain, l'idée d'une prise en compte des groupes minoritaires est née dès les années 1990 avec l'avènement des processus démocratiques qui ont permis l'instauration du multipartisme et la diversité des opinions sur la gestion du pouvoir d'État. C'est en effet, de façon générale, dans les nouvelles constitutions établies, les Chartes des partis politiques et les statuts de l'opposition que l'on peut entrevoir une reconnaissance des droits de l'opposition. Ce qui sous-entend que les minorités politiques étaient diluées dans le terme générique de « l'opposition ». Il n'existe donc pas de façon spécifique un texte sur la minorité parlementaire dans les États africains d'influence française. Ce constat, qui pourrait conduire à confondre minorité

[8] La constitution, les lois organiques et les règlements des Assemblées étaient muets sur la reconnaissance des droits des groupes d'opposition ou de minorités parlementaires.
[9] Conseil constitutionnel français, Décision n° 2006-537 DC du 22 juin 2006 : LPA 12 juillet 2006, p. 7-9, note P. AVRIL.
[10] L'art. C.51-1 dispose : « Le règlement de chaque assemblée détermine les droits des groupes parlementaires constitués en son sein. Il reconnaît des droits spécifiques aux groupes d'opposition de l'Assemblée nationale ainsi qu'aux groupes minoritaires. »
[11] AVRIL (P.), « Le statut de l'opposition ou l'introuvable discrimination positive », *Mélanges Yves GAUCHET*, Bruxelles, Bruylant, 2008, p. 3.
[12] Art.19, al.2 à 4 du Règlement de l'Assemblée nationale, résolution du 27 mai 2009, décision du Conseil constitutionnel du 25 juin 2009.
[13] Art.RS 5 bis du Règlement du Sénat, résolution du 19 décembre 2011, décision du Conseil constitutionnel du 22 décembre 2011.

et opposition, doit être nuancé au regard des décisions successives de la Cour constitutionnelle béninoise qui semblent désormais y relever une distinction[14].

En droit parlementaire, la minorité est le plus souvent définie de façon arithmétique comme le nombre de députés ou de sénateurs sous-représentés à l'Assemblée ou au Sénat au terme d'une élection législative ou sénatoriale disputée. Cette définition est déduite de celle de la majorité parlementaire. Pour Pierre Avril, il s'agit d'un « ectoplasme comptable » en parlant de la majorité présidentielle qui a un sens arithmétique qui désigne le nombre de suffrages obtenus par le candidat élu[15], ce qui sous-entend implicitement la minorité parlementaire comme celle qui est moins représentée. C'est cette perception de la minorité que Maurice Duverger avait dégagé au sein du parlementarisme lorsqu'il considère qu'il faut y distinguer les régimes à majorité de ceux sans majorité et que les premiers doivent se développer par rapport aux seconds[16]. Et c'est probablement en raison du lien qu'il y a entre les concepts de majorité et de minorité que Guy Carcassonne soutient que : « Dégager une majorité, c'est aussi, par différence, identifier une minorité, de sorte que le premier apport des mécanismes qui y parviennent consiste à bien tracer la frontière entre deux ensembles, et non pas seulement à constituer le plus important des deux… »[17].

La Cour constitutionnelle béninoise apporte la précision sur la minorité parlementaire à partir de la notion de majorité. Pour elle, « … la majorité parlementaire se définit juridiquement comme le parti ou la coalition de partis détenant la majorité de sièges du parlement ; qu'a contrario, la minorité parlementaire est, juridiquement, le parti ou la coalition de partis disposant au Parlement d'un nombre de députés inférieur à celui de la majorité parlementaire… »[18].

Dans un autre sens, la minorité parlementaire est même désignée sans être explicitement nommée : si « On appelle pouvoir majoritaire l'autorité que détient le chef d'une majorité parlementaire quand celle-ci est stable et disciplinée (…). À l'opposé, dans un Parlement sans majorité, les députés bénéficient de ce qu'on pourrait appeler « omnipotence négative »[19]. Pour Jean-François Aubert, le pouvoir non majoritaire ne doit pas être assimilé au pouvoir minoritaire mais plutôt au pouvoir proportionnel. Car, la proportionnelle est une technique qui assure l'égalité en permettant à toutes les tendances

---

[14] Voir développements ultérieurs, *infra.*

[15] AVRIL (P.), « Les chefs de l'État et la notion de majorité présidentielle », in O. DUHAMEL et J.L. PARODI (dir.), *La Constitution de la Ve République*, p. 166.

[16] DUVERGER (M.), *Le système politique français*, Paris, PUF, 1985, p. 526.

[17] CARCASSONNE (G.), « La place de l'opposition : le syndrome français », *Pouvoirs*, n° 85, 1998, p. 75.

[18] Cour constitutionnelle du Bénin, DCC 09-016 du 19 février 2009.

[19] DUVERGER (M.), *op. cit*, p. 529 et p. 572.

politiques d'avoir une voix au Parlement[20]. Mais il arrive aussi que la majorité soit assimilée purement à la minorité parce qu'elle est dominée et opprimée. Au Burundi[21] comme en Afrique du Sud, par exemple, il a été démontré que « la majorité était la minorité. La majorité se comportait comme une minorité oppressive ; la minorité était traitée comme une minorité oppressée »[22]. Cette tendance un peu atypique de la notion de minorité n'est pas celle qui nous intéresse ici. La minorité parlementaire doit s'apprécier plutôt par rapport au nombre de parlementaires moins représentés dans les chambres.

En deuxième lieu, l'angle d'étude de la minorité parlementaire n'est pas toujours clairement identifié. Notion de droit ou de science politique, la minorité parlementaire conduit parfois à observer une confusion de terminologie entre la « minorité » et l'« opposition ». C'est la tendance généralement observée en Afrique qui peut se vérifier dans quatre hypothèses au moins selon que l'opposition est la minorité ; l'opposition n'est pas la minorité ; la minorité n'est ni la majorité ni l'opposition et la minorité est un contre-pouvoir.

La première hypothèse renvoie à l'idée que l'opposition est encore la minorité parlementaire. En effet, dans sa forme classique, l'opposition est le parti minoritaire ayant obtenu ou recueilli moins de voix à l'issue des élections législatives disputées. Il s'agit de la minorité qui s'oppose au groupe vainqueur des élections, qui critique et contrôle l'action du gouvernement et attend de prendre la relève parce que c'est l'alternative. C'est probablement pour cette raison que l'on conçoit que « la majorité a le droit de gouverner et la minorité a le droit de faire opposition »[23]. La deuxième hypothèse est celle dans laquelle l'opposition est distincte de la minorité qui traduit une réalité différente. Cette idée est développée par M.-Cl. Ponthoreau qui pense que « les minorités permanentes renvoient à une réalité sociale où des groupes ont une identité propre alors que l'opposition renvoie à une position politique qui cherche à transcender ces groupes »[24]. En réalité, la notion de minorité dépasse le cadre étroit des partis politiques sous-représentés dans les Assemblées et

---

[20] AUBERT (J.-F.), « Les vertus d'un système non majoritaire », *Pouvoirs*, n° 85, 1998 : 119-130.

[21] Dans ce pays, il y a eu généralisation et prolongation des affrontements interethniques entre d'un côté un groupe minoritaire qui a dominé pendant longtemps l'appareil d'État et pour lequel le principe « un homme/une voix » appliqué est injuste et inapproprié ; et de l'autre, le groupe majoritaire par le nombre, qui recherche la revanche politique dans l'application du suffrage universel. Voir MELEDJE (F. Dj.), « Principe majoritaire et démocratie en Afrique », *Revue Ivoirienne de Droit*, n° 39, 2008 : 16.

[22] A. SACHS, « Règle majoritaire et droits des minorités », Parlements et francophonie », 1er et 2e trimestre, n° 88-89, 1993, p. 17.

[23] PONTHOREAU (M.-Cl.), « L'opposition comme garantie constitutionnelle », *op. cit.*, p. 1136.

[24] PONTHOREAU (M.-Cl.), *ibid.*, p. 50.

intègre les notions de groupes sociaux marginalisés ; ce qui suppose que les minorités sont diversifiées alors que les oppositions ne le seraient pas même si l'on ne doit perdre de vue que l'opposition est duale selon qu'elle est dans le système ou hors-système[25]. La troisième hypothèse considère que la minorité n'est ni la majorité ni l'opposition. En ce cas, la minorité est le groupe le moins représenté en nombre. Elle n'est pas confondue à la majorité qui a le plus grand nombre de députés et à l'opposition qui peut être majoritaire. Ce qui suppose que la minorité peut ne pas s'opposer quand bien même elle est sous-représentée, ou s'opposer selon le cas. C'est une catégorie ambiguë comme le révèle d'ailleurs l'article 51-1 de la constitution française (révision du 23 juillet 2008)[26]. La dernière hypothèse est que la minorité peut être un contre-pouvoir. En effet, il faut rappeler que l'idée de contre-pouvoir est inhérente à tout régime démocratique quel qu'il soit. Pour Elisabeth Zoller, « Tout pouvoir appelle un contre-pouvoir qui appelle en retour un nouveau contre-pouvoir »[27]. Affirmer que la minorité est un contre-pouvoir c'est en quelque sorte lui reconnaître la fonction salutaire de procès de l'action du gouvernement[28]. En ce sens, la minorité et l'opposition auraient des actions convergentes puisque la vocation de toute opposition est d'être un contre-pouvoir politique légitime qui critique et contrôle. La minorité parlementaire

[25] On distingue l'opposition du système lorsqu'elle est née dans le cadre institutionnel, par exemple, à l'Assemblée pour critiquer et contrôler l'action du gouvernement. Alors que l'opposition hors système n'a pas ce caractère et désigne toutes les formes de contestation au gouvernement comme la rébellion, la révolution, etc. Pour Yves SUREL, « L'opposition au sein du Parlement comme l'ensemble des acteurs et/ou des formations politiques présents au sein d'une assemblée, qui tendent, par des moyens institutionnels et par des échanges extra-parlementaires, à exercer une influence et un contrôle sur l'action gouvernementale et se posent en alternative crédible en vue des prochaines échéances électorales. L'avantage d'une telle définition … est de permettre de se concentrer sur des positions institutionnelles relativement balisées et sur des rôles comparables aisément identifiables dans la plupart des démocraties contemporaines… », in « L'opposition au Parlement : Quelques éléments de comparaison », *Revue Internationale de politique comparée*, 2011/2, vol.18, p. 118.

[26] L'ambiguïté fait apparaître deux difficultés : la première, sur le plan strictement arithmétique, la formule est ambiguë car à l'évidence un groupe d'opposition est, par hypothèse, un groupe arithmétiquement minoritaire.

Cela induit une deuxième difficulté qui est celle du décalage entre la reconnaissance juridique de ces groupes comme minorités et la réalité politique de leur possible appartenance à la majorité. Autrement dit, un groupe peut être minoritaire sur le plan arithmétique et majoritaire sur le plan politique. V. MONGE (P.), « Les groupes minoritaires de l'article 51-1 de la constitution : de l'artifice juridique à la réalité politique d'un contre-pouvoir », *RFDC*, 2015/3, n° 103 : 615.

[27] ZOLLER (E.), « La justice comme contre-pouvoir : regards croisés sur les pratiques américaine et française », *RIDC*, 2001 : 567.

[28] PIMENTEL (C. M.), « L'opposition, ou le procès symbolique du pouvoir », *Pouvoirs*, n° 108, 2004 : 45.

ne serait pas un contre-pouvoir inconnu[29] mais plutôt un contre-pouvoir réel, voire potentiel[30]. Elle doit pouvoir être capable « d'offrir une alternative politique au pouvoir en vue d'inverser le rapport de force et accéder légalement et démocratiquement au pouvoir ».[31] C'est la finalité de tout groupe minoritaire de se démarquer de la majorité parlementaire qui applaudit la gestion gouvernementale.

Ainsi appréhendée dans ses différentes facettes, la minorité parlementaire se révèle comme un objet d'étude juridique saisissant. Or, pendant de longues années, la notion est restée un angle mort du droit constitutionnel[32]. Le désintérêt est également manifeste au sein du droit parlementaire classique qui, quand bien même il aurait approché de manière pragmatique la notion générique d'opposition, s'est refusé tout de même de la définir dans les règlements des assemblées[33]. Dans ce contexte, les termes de minorité et majorité ont demeuré dans l'ombre du non-droit[34]. Il y a, comme l'a affirmé Jean Garrigues « deux siècles d'hésitation »[35] ; l'objectif visé était la recherche de la stabilité gouvernementale, ce qui excluait une appréhension juridique du concept. A cela, il conviendrait d'ajouter le mythe rousseauiste de la loi comme expression de la volonté générale qui incarnait la raison exprimant la vérité[36]. Si le débat était ainsi délaissé pas les juristes

---

[29] MILACIC (S.), « Le contre-pouvoir, cet inconnu » : 680, *Études à la mémoire de Christian Lapoyade-Deschamps*, Presses universitaires de Bordeaux, 2003.

[30] HOURQUEBIE (F.), *Sur l'émergence du contre-pouvoir juridictionnel sous la Ve République*, Bruxelles, Bruylant, 2004, p. 66 ; HOURQUEBIE (F.), « Le contre-pouvoir, enfin connu », *Mélanges en l'honneur de Slobodan Milacic. Démocratie et liberté : tension, dialogue, confrontation*, Bruylant, 2008, p. 101.

[31] NABLI (B.), « L'opposition parlementaire : un contre-pouvoir politique saisi par le droit », *Pouvoirs*, 2010/2, n° 133 : 128.

[32] La plupart des ouvrages classiques du droit constitutionnel sont indifférents à la notion d'opposition comme celle de minorité qui étaient indifféremment utilisés. Voir à ce sujet, HAURIOU (M.), *Principes de droit public*, Paris, Sirey, 1910 ; DUGUIT (L.), *Manuel de droit constitutionnel, théorie générale de l'État, organisation politique,* A. Fontemoing, 1907). Joseph Barthélémy et Paul Duez (*Traité élémentaire de droit constitutionnel*, 1ère éd., Paris, Dalloz, 1926, pp. 355 et s.), évoquent, quant à eux, de manière rapide la notion de minorité « lorsqu'ils traitent de la question de la représentation proportionnelle, pour en prendre d'ailleurs une défense ardente ce mode de scrutin assure à la minorité une participation aux institutions ».

[33] THIERS (E.), « L'opposition sous la protection du droit parlementaire : une vieille idée neuve » in *O. ROZENBERG et E. THIERS (dir.), L'opposition parlementaire*, Paris, La documentation française, 2013, p. 32.

[34] HERIN (J.-L.), « Les groupes minoritaires : un nouveau concept entre droit et politique », *Pouvoirs* 2013/3, n° 146 : 58.

[35] GARRIGUES (J.), « L'opposition parlementaire : deux siècles d'hésitations », in *O. ROZENBERG et E. THIERS*, *op. cit.* : 49-69.

[36] THIERS (J.), « l'opposition sous la protection du droit parlementaire : une vieille idée neuve », *op. cit.,* p.37

constitutionnalistes, il a néanmoins occupé l'esprit des politistes[37]. Car, on estime que les rives de l'opposition sont assez mouvantes pour être appréhendées par le positivisme juridique au sens strict lequel privilégie l'analyse des pouvoirs constitutionnels. La science politique apparaissait bien indiquée pour un tel exercice. C'est ce que Anne Levade explique en ces termes : « …parce que l'opposition est d'abord une posture politique, le droit peinerait par nature à pleinement l'appréhender…Plus encore, les règlements des assemblées prévoient la possibilité pour tout groupe parlementaire autre que numériquement majoritaire de modifier à tout moment les termes de sa déclaration ; tout groupe minoritaire peut ainsi se déclarer d'opposition et réciproquement, tout groupe déclaré d'opposition choisir de n'être plus que minoritaire. C'est donc la possible versatilité des opinions inhérente au pluralisme politique qui explique que le droit ne puisse imposer aux groupes parlementaires des contraintes qui seraient démocratiquement injustifiées… le statut de l'opposition parlementaire ne pourrait donc être entièrement un objet juridique, parce que le droit n'est pas en mesure de l'appréhender dans son intégralité. »[38].

La troisième considération porte sur l'utilité de la « minorité parlementaire » dans les démocraties pluralistes. Il existe désormais un large consensus sur le fait que la survie des régimes démocratiques dépend de la place accordée aux groupes minoritaires représentés dans les Assemblées. Cette tendance valorise désormais la minorité parlementaire relativisant la conception classique pessimiste qui considère que la notion de minorité n'aurait pas eu d'intérêt juridique en dépit de quelques travaux pionniers qui lui ont été pourtant consacrés[39]. Il y a donc aujourd'hui un regain d'intérêt à étudier la minorité parlementaire et à en faire un objet d'analyse juridique saisi aussi bien par le droit constitutionnel que par le droit parlementaire. En particulier, « le droit parlementaire » serait lui-même perçu comme « le droit de la minorité » ; c'est-à-dire celui qui vient garantir les droits de l'opposition car « si le droit parlementaire est de plus en plus un droit écrit, dont l'élaboration est contrôlée par le Conseil constitutionnel, chacun sait l'importance et la source que représentent, s'agissant de la conduite des débats, les précédents, règles non écrites, issues de la pratique. Chacun sait également que nombre de règles relatives au fonctionnement des assemblées reposent sur un accord entre majorité et opposition. Or, plus encore que les textes, parfois faiblement protecteurs de la minorité, c'est à travers de telles règles que les pouvoirs

---

[37] NORTON (Ph.), « L'opposition parlementaire dans une perspective politique », in *O. ROZENBERG et E. THIERS, op.cit.*, pp. 71-83.

[38] LEVADE (A.), « Le statut de l'opposition parlementaire comme objet juridique », in *O. ROZENBERG et E. THIERS, op.cit.*, pp. 110-115.

[39] V. PRELOT (M.), *Droit parlementaire français : le pouvoir et les procédures parlementaires, les cours du droit*, 1958.

dévolus, au sein du Parlement, à l'opposition sont aujourd'hui établis... »[40]. C'est donc un droit « protecteur de la minorité, qui peut l'invoquer contre les décisions de la majorité...ce respect des droits de la minorité tient une place essentielle dans le fonctionnement des assemblées politiques, composées de forces appelées, au gré des législatures, à occuper des positions alternativement dominantes et dominées »[41]. Vue sous cet angle, la protection de la minorité parlementaire devient une question centrale. « C'est au Parlement que la démocratie majoritaire se traduit. C'est donc avant tout au Parlement que la minorité doit être protégée »[42].

De fait, pourquoi et comment la minorité parlementaire doit-t-elle être protégée ? Quels sont les avantages et les limites liés à cette protection ?

La protection de la minorité parlementaire est avant tout une préoccupation juridique récurrente âprement discutée en doctrine. Jean-Jacques Rousseau avait toujours méconnu les droits de la minorité qu'il dilue dans ceux de la majorité à travers sa conception de volonté générale. Selon la thèse rousseauiste rapportée par Marie-Claire Ponthoreau, « la minorité se trompe sur la volonté générale et elle doit donc se rallier à la majorité qui n'est pas un expédient de l'unanimité, mais un substitut de l'unanimité car, dans le pacte social, chacun a accepté de se soumettre à la volonté générale. Cette recherche de la volonté générale laisse donc en marge les droits de la minorité et la fonction d'opposition »[43]. À l'opposé, Hans Kelsen avait théorisé sur la protection de la minorité comme un fondement de la démocratie pluraliste[44]. La conception kelsénienne de la minorité est celle qui est également en vogue en droit constitutionnel américain lequel considère que le principe majoritaire ne doit pas exclure les droits des minorités[45]. Alexis de Tocqueville s'est particulièrement insurgé contre la tyrannie de la majorité qui ne saurait à elle seule s'arroger tous les droits dans une démocratie[46]. Cette tendance au respect de la minorité est partagée par une large majorité de démocrates africains qui pensent qu'il n'y a pas de démocratie sans un respect des droits de l'opposition, voire de la minorité[47].

---

[40] CAMBY (J.-P.), « Le droit Parlementaire, droit de la minorité ? » : 428-429, in *Mélanges Pierre AVRIL, La République*, Paris, Montchrestien, 2001.

[41] PEZANT (J.-L.), « Quel droit régit le Parlement ? », *Pouvoirs*, n° 64, 1994 : 442.

[42] CARCASSONNE (G.), « La place de l'opposition : le syndrome français », Pouvoirs, n° 85, 1998 : 76.

[43] PONTHOREAU (M.-Cl.), « L'opposition comme garantie constitutionnelle », *RDP*, n° 4-2002 : 1129.

[44] H. KELSEN, *La démocratie, sa valeur, sa nature*, trad. Ch. EISENMANN, 1932, réed, Paris, Economica, 1988 : 57.

[45] MADISON (J.), *Le fédéraliste*, Paris, LGDJ, 1957, n° X : 66 et s.

[46] A. de TOCQUEVILLE, *De la démocratie en Amérique*, Vol.I, 2e partie, Chap.VI.

[47] On pourra se référer à des écrits qui ont notamment porté sur le statut de l'opposition en Afrique, lesquels s'intéressent par ricochet à la minorité. À titre illustratif,

La préoccupation sur la minorité parlementaire quoiqu'ancienne n'a donc rien perdu de son actualité. Elle se révèle comme une catégorie juridique captivante qui apparaît dans le contexte africain sous un double aspect dont il convient d'appréhender la spécificité à partir de l'exemple béninois. Ce choix se justifie par le fait que l'idée d'une acceptation de la minorité parlementaire a été un véritable parcours de combattant, l'éclosion est laborieuse. Comme on pourrait s'y attendre l'acceptation de la minorité parlementaire comme une catégorie juridique captivante est encore malaisée quoiqu'utile pour l'avenir de la démocratie parlementaire.

I. Une catégorie juridique captivante

Affirmer que la minorité parlementaire est une catégorie juridique c'est refuser une appropriation manifeste par les autres disciplines pour en faire un objet d'étude juridique saisi notamment par le droit constitutionnel, voire le droit parlementaire. Les juristes viennent ainsi de prendre en quelque sorte leur revanche sur les politistes pour donner à cet objet d'étude tout l'intérêt qu'il revêt. Dans la plupart des démocraties, il s'agit d'un processus long, difficile, lequel a abouti à la reconnaissance des droits des minorités parlementaires autrefois relégués au rang de parlementaires spectateurs. Au Bénin, il y a une élévation progressive des députés de la minorité qui sont confortés par une série de décisions constitutionnelles. Ce qui leur permet d'assumer leur posture aux côtés des députés de la majorité.

A. L'élévation progressive

La marche vers la reconnaissance des droits des minorités parlementaires s'est faite de façon progressive. Les prémices sont d'abord textuelles et la confirmation jurisprudentielle est apparue comme l'aboutissement des difficultés qui ont jalonné la longue marche. On a l'impression que le Bénin est sur les traces de l'exemple français[48] qui, à l'occasion de la révision de la Constitution le 23 juillet 2008, a définitivement reconnu aux minorités des droits jadis méconnus.

« Le statut de l'opposition vu par trois auteurs », in J.-P. VETTOVAGLIA *(dir.), Démocratie et Élections dans l'espace francophone*, Vol.2, Bruxelles, Bruylant, 2010 : 334-397 ; EMMANUEL (D. A.), « L'institutionnalisation de l'opposition dans les États d'Afrique francophone », *Nouvelles Annales Africaines*, CREDILA, 2012 : 47-94 ; SOHOUENOU (M. E.), « Le statut juridique de l'opposition politique dans les nouvelles démocraties africaines », *RBSJA*, n°25, 2011 : 215-270 ; DIOP (E. O.), « Le statut de l'opposition dans les démocraties africaines », *Rev. de Dr. Afr.*, n° 40, 2006 : 419-467 ; NAHM-TCHOUGLI (M. D.), « Le statut de l'opposition dans les pays d'Afrique occidentale francophone : les cas du bénin, du Burkina Faso, du Niger, Sénégal et du Togo », *Revue du CERDIP*, vol.2, n° 2, Juillet-décembre 2006 : 114-146.

[48] V. GARRIGUES (J.), « L'opposition parlementaire : deux siècles d'hésitations », *op. cit.*, pp. 49-69.

1. Des prémices textuelles

C'est d'abord dans le Règlement intérieur de l'Assemblée nationale béninoise que les bases des droits des minorités parlementaires ont été vaguement abordées dans une expression à connotation purement politique : « la configuration politique ». En effet, aux termes de l'article 15.2-b dudit règlement, « L'élection des deux vice-présidents, des deux Questeurs et des deux Secrétaires parlementaires a lieu, en s'efforçant autant que possible de reproduire au sein du Bureau la configuration politique de l'Assemblée ». Par cette expression, la Cour constitutionnelle entend « l'ensemble des forces politiques représentées à l'Assemblée nationale et organisées en groupes parlementaires et/ou en non-inscrits »[49]. Bien entendu, à l'époque, la minorité parlementaire n'était pas l'expression utilisée mais on pouvait supposer que c'est sur la saisine des députés de cette catégorie que la Haute juridiction a été amenée à se prononcer sur le vote en seconde lecture des lois relatives à la désignation des personnalités devant siéger à la Commission Électorale Nationale Autonome (CENA). La Cour a approuvé la requête de la minorité parlementaire en se référant au respect de la configuration politique dont le respect incombe à la majorité parlementaire[50]. Cette position de la Cour sera confirmée dans une autre décision qui aura le mérite d'utiliser pour la première fois la notion de « minorité parlementaire » pour désigner les députés les moins représentés à l'Assemblée nationale : « les deux postes indûment attribués respectivement aux groupes parlementaires de la majorité Consensus national et PRD doivent être affectés aux groupes de la minorité parlementaire que sont Nation et Développement ainsi que Solidarité et Progrès »[51].

Ensuite, dans la loi n° 2001-36 portant Statut de l'opposition, on retrouve un cadre général des droits des groupes minoritaires mais noyés dans ceux de l'opposition. Cette loi pèche à un double niveau. Elle ne traite pas de façon spécifique de l'opposition parlementaire et ne fait aucune mention à la minorité parlementaire. L'article 2 de ladite loi est assez illustrative à cet égard : « L'opposition est constituée de l'ensemble des partis, alliances de partis ou groupe de partis politiques qui, dans le cadre juridique existant, ont choisi de professer pour l'essentiel, des opinions différentes de celles du gouvernement en place et de donner une expression concrète à leurs idées dans la perspective d'une alternance démocratique. »

---

[49] Cour constitutionnelle du Bénin, DCC 34-94 du 23 décembre 1994.

[50] Cour constitutionnelle du Bénin, DCC 00-078 du 07 décembre 2000. Il est important de rappeler aussi que la Haute juridiction faisait également allusion à cette notion dans une décision précédente qui serait d'ailleurs la toute première à s'intéresser au souci de respecter les droits des groupes minoritaires en matière de gestion des élections. Voir à ce sujet DCC 34-94 du 23 décembre 1994.

[51] Cour constitutionnelle du Bénin, DCC 01-012 du 22 janvier 2001.

Enfin, c'est à l'article 19 de la loi n°2013-06 du 25 novembre 2013 portant Code électoral en République du Bénin qu'une autre allusion implicite était faite à la minorité parlementaire par le biais de la configuration politique pour régler la question de la représentativité des députés au sein de la CENA.

De ces considérations textuelles, deux idées essentielles se dégagent. La première est que la minorité parlementaire est enveloppée dans l'usage de la configuration politique et toutes les fois qu'on l'évoque on s'attend à ce que ses droits soient respectés s'ils étaient méprisés. La deuxième idée est que l'on tend à assimiler la minorité parlementaire à l'opposition parlementaire. Or, l'on perd de vue que la minorité parlementaire peut être aussi le parti le moins représenté à l'Assemblée qui n'est pas forcément rangé du côté de l'opposition, laquelle peut être majoritaire comme ce fut le cas à l'occasion de la première législature et de la cinquième législature où l'opposition était majoritaire à l'Assemblée nationale béninoise. Il appert tout de même que l'ensemble de ces textes qui se rapportent à la notion de configuration politique ont été fondateurs dans la définition ultérieure des droits des minorités parlementaires. À l'évidence, l'objectif poursuivi est de parvenir à un abandon de la conception classique admise. Ce paysage flou constaté dans les textes, qui ne s'intéressent pas clairement à la minorité parlementaire, va conduire la Haute juridiction à fixer dans ses décisions de manière, on peut dire, définitive les droits de cette catégorie juridique.

2. Une fixation jurisprudentielle

La désignation des députés devant siéger dans les différents organes et/ ou institutions nationales ou régionales a toujours fait polémique. Devant le silence des textes qui n'indiquaient pas expressément la voie à suivre pour la répartition des sièges à attribuer aux différents groupes parlementaires, les députés de la majorité parlementaire ont toujours dicté la politique du nombre à leurs homologues de la minorité. C'est dans ces conditions que la Cour constitutionnelle a été régulièrement saisie par les députés de la minorité parlementaire. Mais la position de la Haute juridiction elle-même a varié avant de se stabiliser.

Tout d'abord, c'est dans sa décision relative à la désignation des personnes devant siéger à la Commission Électorale Nationale Autonome que la Cour constitutionnelle a commencé à lancer les feux des projecteurs en faisant observer que la majorité parlementaire est tenue de respecter la configuration politique pour assurer la participation de toutes les forces politiques représentées à l'Assemblée nationale et pour garantir la transparence, principe à valeur constitutionnelle, dans la gestion des élections[52]. La Haute juridiction considérait ainsi que la protection de la minorité était vitale pour la démocratie pluraliste et invitait implicitement les différents groupes parlementaires au

---

[52] Cour constitutionnelle du Bénin, DCC 00-078 du 07 décembre 2000.

respect du principe de la configuration politique. Si cette décision était prise en faveur de la minorité parlementaire, en 2001, l'opposition était majoritaire et voulait brimer la minorité gouvernementale au Parlement. Dans un intervalle de dix jours la Cour constitutionnelle a rendu deux décisions successives dans lesquelles le respect des droits de la majorité est réaffirmé suivant le principe de la configuration politique[53]. Si dans ces décisions, la Cour constitutionnelle s'était efforcée de donner un contenu à la notion de configuration politique qui est un principe à valeur constitutionnelle permettant de respecter la répartition des sièges au profit des députés de la majorité et de la minorité, la même juridiction semble diluer désormais cette notion en lui donnant en quelque sorte un caractère volatile. C'est ce qu'illustrent notamment les décisions rendues en 2003 et 2008.

Dans sa décision rendue le 10 juillet 2003 relative à la désignation de six membres du Bureau de l'Assemblée nationale qui n'aurait pas respecté la configuration politique, la Cour constitutionnelle a débouté les saisissants de la minorité parlementaire au motif que la compréhension de la configuration politique ne saurait être étroite, c'est-à-dire s'appliquer en début de législature pour la désignation des membres du Bureau de l'Assemblée nationale. En substance, l'article 15.2-b du règlement qui énonce « ... en s'efforçant autant que possible de reproduire au sein du Bureau la configuration politique de l'Assemblée » donne une marge de manœuvre pour désigner les membres dudit bureau. C'est ce qui a conduit la Cour a jugé que « ...ledit article, tout comme la pratique parlementaire issue de son application, ne donne pas un contenu à la notion de configuration politique en début de législature, lors de l'élection des membres du Bureau de l'Assemblée, et n'indique pas comment reproduire au sein du Bureau la configuration politique de l'Assemblée ; que dès lors, en procédant à l'élection des membres de son Bureau comme elle l'a fait, l'Assemblée nationale n'a pas violé l'article 15.2-b de son règlement intérieur »[54]. C'est cette même tendance de non-respect du principe de la configuration politique qui transparaît dans la décision du 26 novembre 2003 relative à la procédure et au processus de désignation des députés devant siéger à la Haute Cour de justice. Bien que les six sièges à répartir aient profité à la seule majorité parlementaire, le législateur négatif fait observer à la minorité qui s'insurge contre la non-prise en compte du principe de la configuration politique que cette dernière n'y faisait pas défaut dans la procédure suivie par l'Assemblée nationale en sa séance du 25 août 2003. Pour elle, « les six députés membres de la Haute Cour de Justice » ont été élus au scrutin secret par l'Assemblée nationale sur la base du principe de répartition proportionnelle proposé par la commission des lois et adopté à l'unanimité au cours de la même séance. En conséquence, le requérant ne saurait invoquer la

---

[53] Cour constitutionnelle du Bénin, DCC 01-011 du 12 janvier 2001 et DCC 01-012 du 22 janvier 2001.

[54] Cour constitutionnelle du Bénin, DCC 03-17 du 10 juillet 2003.

violation des articles du règlement intérieur de l'Assemblée nationale »[55]. Dans ces deux décisions, la Cour révèle à la minorité parlementaire son erreur d'appréciation de la notion de configuration politique.

Aussi, a-t-elle jugé en 2008, à l'occasion de la désignation des quatre membres de la nouvelle Cour constitutionnelle par le Bureau de l'Assemblée nationale, qu'aucune disposition ne prévoit, « au niveau de la désignation des membres de la cour, la représentation de toutes les tendances politiques existant au sein du bureau de l'Assemblée nationale ; qu'au demeurant, les membres de la Cour constitutionnelle doivent être indépendants par rapport aux institutions qui les ont nommés et à tous les partis politiques pour mener à bien la mission qui leur a été confiée ; qu'en conséquence, le moyen tiré de la violation du principe de la configuration du bureau de l'Assemblée nationale est inopérant »[56]. Cette lecture de la notion de configuration politique, qui rompt avec l'idée de représentativité de toutes les tendances politiques représentées à l'Assemblée nationale, apparaît trop stricte et sévère. Puisque, déjà dans une décision antérieure qu'utilise d'ailleurs le requérant pour fonder ses prétentions, la Haute juridiction avait conclu autrement que : « Considérant que dans tous les cas de nomination ou de désignation que les lois confèrent aux députés et membres du Bureau, dans toutes les structures où il y a pluralité d'opinions et de tendances, il faut éviter qu'une seule ne s'accapare pas du pouvoir de nomination et de désignation »[57]. La Cour semble avoir maintenant choisi de faire une interprétation évolutive de la notion de configuration politique en s'inscrivant dans une posture de revirement jurisprudentiel. Probablement que la notion de configuration politique doit être traitée au cas par cas. Telle ne semble pas être l'option choisie pour les décisions ultérieures. En effet, devant la polémique permanente observée à l'Assemblée nationale à l'occasion de la désignation des représentants de cette institution dans divers structures et organes de l'État, la Cour constitutionnelle a enfin procédé à une consécration définitive des droits de la minorité parlementaire en décidant que « Le choix des députés appelés à représenter l'Assemblée nationale en tant que Corps à animer ses organes de gestion ou à siéger au sein d'autres institutions de l'État, doit se faire selon le principe à valeur constitutionnelle de la représentation proportionnelle majorité/minorité » [58].

---

[55] Cour constitutionnelle du Bénin, DCC 03-168 du 26 novembre 2003.

[56] Cour constitutionnelle du Bénin, DCC 08-065 du 26 mai 2008. Dans cette même décision, la Cour a souligné notamment que « l'article du Règlement Intérieur de l'Assemblée nationale ne prescrit que deux conditions pour la nomination des membres de la Cour constitutionnelle, à savoir l'avis préalable de la conférence des Présidents et la désignation desdits membres par le Bureau de l'Assemblée nationale au scrutin secret, que l'article 115 de la Constitution a clairement défini les critères de nomination des membres de la Cour constitutionnelle ».

[57] Cour constitutionnelle DCC 99-037 du 28 juillet 1999.

[58] Cour constitutionnelle DCC 09-002 du 8 janvier 2009.

Révolutionnaire pour une question devenue classique, la décision de la Cour a inspiré deux séries de commentaires selon qu'elle est approuvée ou critiquée. Pour les laudateurs, la décision du 08 janvier 2009 est bienvenue et « captivante à plusieurs égards. Elle permet d'abord de remarquer que l'institution parlementaire est « sous garde » en ce sens que même dans le silence de textes, et sur une affaire relevant de sa propre compétence elle ne saurait avoir des pouvoirs sans limite. Ensuite, elle affirme clairement le rejet par la Cour du risque de la dictature de la majorité parlementaire ou de l'absolutisme de cette majorité, contraire à l'idée de la démocratie pluraliste fondée essentiellement sur la philosophie politique de la dialectique constructive affublée dans la doctrine juridique et science politiste. Enfin, elle procède à une catégorisation de la représentation proportionnelle majorité/minorité qu'elle élève au rang de principe à valeur constitutionnelle »[59]. On peut comprendre le sentiment de satisfaction qui anime les promoteurs de cette décision car c'est véritablement pour la première fois que la Haute juridiction a scellé définitivement le sort des minorités en leur reconnaissant une protection juridique. Non seulement le juge constitutionnel reconnaît la minorité parlementaire en tant qu'entité à part entière mais aussi lui octroie des droits à l'instar de la majorité. La minorité parlementaire devient ainsi le fondement de la démocratie pluraliste. À l'opposé, une partie de l'opinion trouve exagérée, voire prétentieuse cette décision et s'en méfie. Elle estime qu'elle doit être ainsi combattue puisque la délibération à l'Assemblée ne privilégie que la règle de la majorité à défaut de l'unanimité. Pour elle, la décision constituerait une source d'insécurité juridique et aucun texte n'apporte une nette clarification sur la constitution des groupes majoritaires ou minoritaires à l'Assemblée nationale qui semblent évoluer au gré des circonstances. Le doute existe alors que les députés de la minorité deviennent ceux de la majorité et vice versa puisqu'au début de chaque législature, les députés issus des urnes ne restent pas toujours fidèles à leur parti jusqu'à la fin[60]. L'inattendue et surprenante décision n'a pas laissé indifférents les députés de l'époque qui, dans une nouvelle requête à la Haute juridiction, lui ont demandé d'interpréter les concepts qu'elle a utilisés. Mais la Cour constitutionnelle a statué en parlant de comportement laxiste qui « vise à faire

---

[59] KPODAR (A.), « Décision de la cour constitutionnelle du Bénin : DCC09-002 du 8 janvier 2009 : « une bonne année à la démocratie pluraliste », http://www.la-constitution-en afrique.net/article-28611580.html du janvier 2009.

[60] PRINCE-AGBODJAN (S.), « Décision de la Cour constitutionnelle : revirement jurisprudentiel au Bénin. La Cour constitutionnelle de Maître Robert DOSSOU continue de surprendre ! », in *Benin Gate News*, journal en ligne consulté le 19/01/2009, in http://beningate.net/blog1/2009/01/decison_de-la_cour_constituti.html.

échec à l'exécution de sa décision du 8 janvier 2009 »[61] qui a pourtant reçu autorité de chose jugée.

La décision du 08 janvier 2009 s'est alors imposée malgré les réserves qu'elle a suscitées. À maintes reprises, elle a été confirmée[62]. On y retient que les droits de la minorité parlementaire sont ainsi définitivement consacrés. Désormais reconnue, cette catégorie juridique assume bien sa posture au Parlement aux côtés de ses collègues de la majorité.

B. La posture assumée

La minorité parlementaire est désormais réhabilitée. Ses droits sont non seulement reconnus mais aussi garantis par le juge constitutionnel. En matière d'organisation et de fonctionnement de l'Assemblée nationale, elle jouit des mêmes droits et privilèges que la majorité parlementaire. Cette consécration est relativement récente puisque remontant seulement à la fameuse décision du 08 janvier 2009. En effet, le renouveau démocratique des années 1990 y a fortement contribué en faisant de l'opposition parlementaire un acteur incontournable de la démocratie parlementaire. Bien que la production législative et le contrôle de l'action gouvernementale soient les missions classiques de tout député quel qu'il soit, il est à noter toutefois que, dans la première activité, le député de la minorité est plus timoré et plus redouté dans la deuxième.

1. Un législateur timoré

Les députés de la majorité n'ont pas de titre foncier sur la production législative. Tous les députés prennent une part égale à toutes les étapes de la procédure de l'élaboration et du vote des lois. Les sensibilités opposées à l'Assemblée sont donc soumises aux mêmes contraintes.

La production législative est une étape importante pendant laquelle les députés exercent pleinement leurs prérogatives de législateur. En effet, ils sont appelés à donner vie à un texte en participant individuellement ou collectivement au processus devant conduire au vote d'une proposition ou d'un projet de lois. Ainsi, ils ont le droit d'initiative, le droit de l'élaboration de la loi, c'est-à-dire le droit de discuter du projet ou de la proposition de loi en commissions et en séances plénières, le droit d'amendement, de donner

[61] En l'espèce, la Cour a validé l'interprétation qu'a donné « la Commission des lois, de l'administration et des droits de l'homme, seul organe interne de l'Assemblée nationale compétent pour proposer, en cas de nécessité, indiquer à l'Assemblée nationale toutes explications en matière juridique… qu'en se conformant à la décision de la Cour, elle a mis en œuvre et fait une bonne application du principe de représentation proportionnelle majorité/ minorité… ».Voir Décision DCC 09-015 du 19 février 2009.

[62] Cour constitutionnelle du Bénin, voir DCC 09-016 du 19 février 2009 DCC 09-057 du 21 avril 2009 et DCC11-047 du 21 juillet 2011.

leurs explications de vote et d'organiser des conférences de presse pour justifier leur position, etc.

L'initiative est l'étape de proposition des textes à soumettre. Tous les députés intéressés peuvent déposer leurs propositions dans les conditions prescrites par les textes. Les propositions ne sont recevables que si elles relèvent du domaine de la loi[63] ; elles ne doivent non plus entraîner une diminution des ressources ou une aggravation des charges publiques, sauf compensation[64]. Le non-respect de ces limitations constitutionnelles entraîne l'irrecevabilité des propositions déposées. À la cinquième législature dominée par l'opposition parlementaire, la plupart des propositions de lois introduites ont été déclarées irrecevables pour non-respect de ces conditions constitutionnelles.

Dans presque tous les Parlements du monde, l'élaboration de la loi se scinde en deux phases : une phase préparatoire qui appartient aux commissions, et une phase de discussion et de décision impliquant tous les députés, qui a lieu exclusivement pendant la séance plénière[65]. Il est remarquable ici de souligner que c'est surtout à l'occasion des travaux en commission et des débats en séance plénière que les députés de la minorité parlementaire exercent leur droit à la parole en exprimant librement leurs opinions sur un projet ou une proposition qui leur est défavorable. Le droit à la libre expression est un droit fondamental de la minorité parlementaire. Au terme du vote d'un texte législatif, la désapprobation manifestée par les députés de la minorité peut être traduite par l'initiative d'une conférence de presse ou d'un communiqué largement diffusé pour informer l'opinion publique du bien-fondé de leurs réserves et du danger que les députés de la majorité font courir aux populations en adoptant un texte à polémique. Ces députés minoritaires, peuvent en cas de vote d'un texte de loi fortement contesté par eux, se confier à l'arbitrage du juge constitutionnel pour se faire entendre[66].

Dans la réalité, le député de la minorité est le plus souvent brimé dans ses droits à se faire entendre. Il en est ainsi lorsque le Président d'une commission permanente refuse de jouer à la neutralité lorsqu'il émane lui-même du parti majoritaire. L'article 81.2 du règlement intérieur donne ainsi la liberté au Président d'une commission d'apprécier de façon discrétionnaire la recevabilité des amendements[67]. Ce qui signifie qu'il peut en profiter pour rejeter ceux qui

---

[63] Art. 98 de la constitution béninoise du 11 décembre 1990 ; art. 74.4 du Règlement intérieur de l'Assemblée nationale.

[64] Art.107 de la constitution béninoise du 11 décembre 1990 ; art. 74.5 du Règlement intérieur de l'Assemblée nationale.

[65] V. AMELLER (M.), *Parlements*, Paris, PUF, 1966, p. 180 et 204 ; AVRIL (P.), GICQUEL (J. et J.-E.), *Droit parlementaire*, 5e éd., Paris, LGDJ, Lextenso éditions, 2014, p. 206.

[66] Voir *infra*.

[67] Voir article 81.2 du Règlement intérieur : « Les amendements présentés en commission et les modifications proposées par la commission aux textes dont elle

émanent d'un député de la minorité dès lors qu'il les juge nuisibles pour son groupe.

Mieux, il arrive aussi parfois qu'une proposition de loi initiée par les députés de la minorité et débattue en commission, ne soit pas examinée en plénière parce que bloquée par la majorité qui use de subterfuges. Est illustrative ici la proposition de loi portant révision de la loi organique n° 92-021 du 21 août 1992 relative à la Haute Autorité de l'Audio-visuel et de la Communication (HAAC) introduite par un député de la minorité. Tout d'abord, cette proposition de loi a été déclarée irrecevable parce que transmise au Gouvernement hors-délai, c'est-à-dire plus d'un (1) mois après le délai de 48h prescrit par l'article 74.8 al.2 du Règlement intérieur de l'Assemblée nationale. Bien que réintroduite par la suite par un autre député de la minorité, la proposition de révision de la loi organique n'a pu être examinée. Les députés de la majorité se méfient de son examen qui devrait enclencher le processus de renouvellement des membres de la HAAC au titre de la cinquième mandature et réduire le nombre de personnalités à désigner par le Président de la République en le faisant passer de trois (3) à un (01) pour cette institution.

Certes, la minorité parlementaire n'est pas absente du processus législatif. Mais son implication dans la production législative reste relativement dérisoire. Sur un total de vingt- sept (27) propositions de loi examinées et votées entre 2007 et 2013, la majorité a été plus productive que la minorité parlementaire avec dix-sept (17) propositions de loi contre dix (10)[68]. Il ne pouvait en être autrement dans la mesure où les députés de la majorité procèdent du gouvernement avec qui ils sont le plus souvent en connivence pour des questions prioritaires à faire passer à l'Assemblée. C'est là une remarque classique qu'avait déjà souligné Georges Pompidou dans le cas français : « les rapports entre exécutif et législatif deviennent essentiellement les rapports entre gouvernement et majorité »[69], et dans ces rapports, la majorité décide tandis que la minorité est traitée par prétérition[70]. La faible

avait été initialement saisie ne sont recevables que lorsqu'ils sont conformes aux dispositions de l'article 98 de la Constitution délimitant le domaine de la loi. L'irrecevabilité des amendements est appréciée par le Président de la Commission et, en cas de doute, par son bureau. »

[68] OGOUTOLOU (M.), *Contribution de l'Assemblée nationale à l'enracinement du processus démocratique et à la bonne gouvernance au Bénin*, Mémoire présenté en vue de l'obtention du diplôme d'études supérieures spécialisées (DESS) en gouvernance et démocratie, Université d'Abomey-Calavi, Chaire Unesco des droits de la personne et de la démocratie, avril 2015, p. 62.

[69] POMPIDOU (G.), *Le Nœud gordien*, Paris, Plon, 1974, p. 70.

[70] AVRIL (P.), « Renforcer le parlement : qu'est-ce à dire ?, *Pouvoirs,* n° 146, 2013/3, p. 14.

performance législative de la minorité est néanmoins surmontée par sa détermination redoutée en matière de contrôle de l'action gouvernementale.

2. Un contrôleur redouté

Affirmer que la minorité parlementaire est un « contrôleur redouté » peut apparaître quelque peu exagéré, car, à vrai dire, il n'existe pas a priori un déséquilibre entre les différentes activités qui incombent aux députés. Cependant, l'on a souvent tendance à attribuer la fonction législative à la majorité parlementaire appelée à soutenir le gouvernement et le contrôle de l'action gouvernementale comme étant l'apanage de la minorité. En effet, Selon la doctrine, « le terme de contrôle désigne les activités politiques des assemblées par opposition à leur activité législative et recouvre une grande diversité d'opérations, qui vont de la mise en jeu de la responsabilité du Gouvernement aux activités informatives »[71]. Cette définition apparaît très large parce qu'elle détaille la fonction du contrôleur qui informe et sanctionne.

L'article 113 de la Constitution béninoise du 11 décembre 1990 offre au moins quatre moyens aux parlementaires pour demander des explications au gouvernement sur sa gestion et ses activités. Il s'agit de l'interpellation, la question écrite, la question orale avec ou sans débat non suivie de vote et la commission d'enquête parlementaire. Ainsi, les députés qui le désirent, peuvent utiliser l'un ou l'autre des moyens « dans les conditions déterminées par le Règlement intérieur de l'Assemblée nationale »[72]. Le contrôle de l'action gouvernementale n'étant pas une exclusivité de la minorité parlementaire, c'est une prérogative parlementaire que se partagent tous les députés qui souhaitent vérifier la gestion de l'exécutif. Mais force est de constater que les députés de la majorité sont le plus souvent réticents, voire réservés à enclencher une procédure de contrôle à l'encontre du gouvernement qu'ils soutiennent depuis le Parlement. *A contrario*, la minorité parlementaire, lorsqu'elle n'est pas instrumentalisée, utilise cette prérogative pour demander des comptes au pouvoir exécutif, indirectement à la majorité parlementaire qui valorise son programme d'action. C'est à ce titre que l'on pense que le contrôle de l'activité gouvernementale serait d'abord réservé à l'opposition voire à la minorité parlementaire qui devrait l'utiliser pour veiller à la bonne gouvernance parlementaire.

En faisant le point des initiatives prises par la minorité parlementaire en matière de contrôle de l'action gouvernementale, il est à souligner que sur un total de 286 questions écrites enregistrées entre la première et la sixième législature, 239 ont été posées par les députés de la minorité parlementaire contre 47 pour ceux de la majorité. S'agissant des 401 questions orales enrôlées de la première à la sixième législature, 222 émanent de l'opposition

---

[71] AVRIL (P.), GICQUEL (J. et J.-E.), *Droit parlementaire*, *op. cit.*, p. 325.

[72] Art. 113.alinéa 2 de la constitution béninoise du 11 décembre 1990.

parlementaire contre 179 pour la majorité. Enfin, 122 questions d'actualité ont été initiées par les députés de l'opposition contre 66 pour ceux de la majorité sur un total de 188 questions enregistrées de la première à la sixième législature[73]. Ces chiffres, qui sont à l'avantage de la minorité parlementaire, confirment la thèse de son effective implication en matière de contrôle de l'action gouvernementale. Son action est fortement appréciée lorsqu'elle porte sur des dossiers sensibles qui divisent par leur teneur la classe politique. Sont illustratives ici les affaires *Sonacop, OPT/Titan et Hamani Tijani* examinées à la troisième législature[74] ou encore celles de machines agricoles, CEN-SAD, ICC-services fortement discutées à la cinquième législature[75].

C'est en raison de leur grande capacité d'action que, dans certains contextes, des droits spécifiques sont reconnus aux députés de la minorité, voire de l'opposition pour leur permettre d'exercer sans crainte leur fonction parlementaire. En Grande-Bretagne, l'opposition est le parti minoritaire qui a obtenu moins de voix au terme des élections législatives[76]. Elle est une institution privilégiée qui jouit d'une grande estime de la part des populations parce qu'elle critique, prévient et contrebalance les errements du gouvernement dans l'espoir de devenir l'alternative au pouvoir. En raison de la nature parlementaire du régime britannique, l'opposition contrôle mais aussi sanctionne le gouvernement par la mise en jeu de sa responsabilité par une motion de censure. En France, la révision constitutionnelle du 23 juillet 2008 a permis aux règlements des assemblées de s'ajuster et de revaloriser le statut des groupes minoritaires et de l'opposition en leur accordant des droits spécifiques nouveaux aux fins de renforcer leur capacité de contrôle et d'évaluation des politiques publiques[77].

---

[73] Il s'agit d'un point qui part de la première législature à la sixième législature en cours à la date du 31 décembre 2014 (V. OGOUTOLOU (M.), mémoire précité, p. 62).

[74] Pour un résumé de ces différentes affaires, lire au besoin ADAMON (A. D.), *Le Parlement béninois en mouvement (1990-2015)*, Tome 2, Éditions du *Journal officiel*, Porto-Novo, 2016 : 190-194.

[75] ADAMON (A. D.), *op.cit.* : 266-268.

[76] Pour mémoire, les élections en Grande-Bretagne opposent généralement deux grands partis : les travaillistes et les conservateurs. Le parti qui perd les élections est officiellement considéré comme le parti d'opposition.

[77] Les articles 133, 134, 141,143 et 145 du règlement des Assemblées nationales renseignent sur ces droits nouveaux résumés comme suit : « La moitié des questions au gouvernement et des questions orales sans débat est attribuée à l'opposition, la première d'entre elles revenant de droit à un groupe d'opposition ou minoritaire (art. 133 et 134 RAN). Les missions d'information des commissions composées de deux membres doivent comprendre un député appartenant à un groupe d'opposition ; les missions composées de plus de deux membres doivent s'efforcer de reproduire la configuration politique de l'Assemblée (art. 145 RAN). De nouvelles règles de pluralisme sont instaurées au sein des commissions d'enquête (art. 143 RAN) et des missions d'information (art. 145 RAN), ainsi qu'en matière de suivi de l'application

C'est en exerçant son activité du contrôle de l'action gouvernementale que la minorité parlementaire peut jouer véritablement son rôle de contre-pouvoir en tant qu'alternative au pouvoir. Mais à l'analyse, il s'agit d'une catégorie juridique qui, à peine célébrée, commence à présenter des signes de lassitude.

II. Une catégorie juridique malaisée

L'analyse précédente a permis de démontrer qu' « une majorité, sans minorité opposante, peut-être le plus dangereux de tous les modes de gouvernement »[78]. La minorité parlementaire est ainsi valorisée comme une catégorie juridique protégée et célébrée. En tant que telle, la minorité parlementaire n'emporte pas toujours toutes les qualités qu'on croit lui reconnaître. Il s'agit d'une espèce encore fragile qui est non seulement instrumentalisée mais également indisciplinée.

A. Une minorité instrumentalisée

La minorité parlementaire évolue dans un environnement qui lui est souvent préjudiciable. Sa posture est exploitée contre elle au Parlement mais aussi en dehors du Parlement.

1. L'influence subie au Parlement

La faible représentativité des députés de la minorité fait l'objet de supputations voire de convoitises. En effet, les députés de la majorité gouvernementale comme ceux de l'opposition majoritaire ainsi que les leaders des partis représentés à l'hémicycle, peuvent profiter de leur nombre ou position pour exercer des influences subtiles ou visibles sur les députés de la minorité. Ces influences peuvent se manifester à l'occasion de l'élection du Bureau de l'Assemblée nationale, des travaux en commissions ou des débats en plénière.

Tout d'abord, l'influence de la majorité sur la minorité intervient dans le cadre de la démocratie majoritaire, c'est-à-dire un système politique dans lequel seule la volonté de la majorité doit primer sur toute autre forme de volonté. La démocratie ne fonctionne que par le principe majoritaire. Ce principe s'énonce comme un modèle d'organisation politique dans lequel les élections permettent de dégager-dans un contexte pluraliste-une majorité politique qui gouverne en même temps que la minorité s'oppose, en attendant

---

des lois (art. 145-7 RAN). L'opposition se voit reconnaître un « droit de tirage » en matière de commissions d'enquête, sauf opposition en séance à la majorité de 3 / 5e des membres de l'Assemblée et durant la dernière année de la législature (art. 141 RAN) ». Lire NABLI (B.), « L'opposition parlementaire : un contre-pouvoir politique saisi par le droit », *Pouvoirs* 2010/2 (n° 133) : 140.

[78] ESMEIN (A.), *Eléments de droit constitutionnel français et comparé*, 5e éd., Paris, Sirey, 1909, p. 274.

que les rapports de force s'inversent suivant les mêmes mécanismes[79]. Au fond, il s'agit d'une conception classique du parlementarisme français d'avant 1958 justifiée par le fait que les députés majoritairement représentés à l'Assemblée nationale étaient les seuls à incarner la légitimité pouvant dicter la conduite à suivre. La loi était pensée comme l'expression de la volonté générale, c'est-à-dire de la volonté du grand nombre. Il n'y avait de démocratie que lorsqu'elle est majoritaire[80]. Le principe de la majorité était la seule référence. Ainsi, comme l'observait Pierre Favre, « ...dans un groupe humain préalablement délimité, la décision qui sera considérée comme tant celle du groupe tout entier est celle qui a l'accord de la fraction la plus nombreuse du groupe »[81].

La tendance majoritaire de la démocratie s'est imposée comme la nouvelle donne de la plupart des États africains d'influence française sortis de la nuit des dictatures de la fin des années 1980. Pour ces États, ce sont les députés de la majorité qui, le plus souvent, initient des propositions de lois généralement adoptées, orientent les délibérations, opinent et tranchent sur des questions importantes pouvant requérir un avis de l'assemblée plénière par un vote. Le vote, qu'il soit personnel ou par procuration, à main levée ou secret, reflète toujours la vision des députés de la majorité. En raison de leur nombre et surtout de l'adhésion au programme d'action du gouvernement qu'ils soutiennent, les députés de la majorité méprisent en quelque sorte ceux de la minorité. Pour éviter l'arbitraire qui peut entacher éventuellement les délibérations émanant du camp majoritaire, le recours au juge constitutionnel devient inévitable comme le seul moyen pour exiger le respect des droits de la partie minoritaire ignorés.

Le droit à la saisine du juge constitutionnel par la minorité parlementaire n'a pas connu une trajectoire identique suivant les États.

Au Bénin, le recours au juge constitutionnel par la minorité ne fait pas l'objet de dispositions spéciales dans la Constitution béninoise du 11 décembre 1990. Il dérive de la large saisine de la juridiction constitutionnelle accordée à tous les citoyens béninois conformément à l'article 122 de ladite

---

[79] MELEDJE (F. Dj.), « Principe majoritaire et démocratie en Afrique », *op. cit.*, p. 22.

[80] Il s'agit d'une thèse qui défendait le « légicentrisme » ou de la souveraineté de la loi. Cette thèse sera mise en cause dans les années 1970, après que les constituants de 1958 ont créé les instruments du contrôle de la loi et que le Conseil constitutionnel ait appris à s'en servir : « la loi n'est l'expression de la volonté générale que dans le respect de la constitution » (Décision, 85-197 DC) ; Voir aussi MATHIEU (B.), *La loi*, 2e édit., Paris, Dalloz, 2004, p. 26.

[81] FAVRE (P.), « La décision de majorité, Paris, Presses de la Fondation nationale des Sciences Politiques, 1976, p. 13.

constitution[82]. En plus de cette disposition, ce sont les articles 114 et 117 qui indiquent les compétences de la Cour constitutionnelle comme juge de la constitutionnalité de la loi, meilleur protecteur des droits et libertés des citoyens et organe régulateur du fonctionnement des institutions et de l'activité des pouvoirs publics. Se fondant sur ces dispositions, la minorité parlementaire, mécontente d'un quelconque acte parlementaire, peut adresser sa plainte à la Haute juridiction qui rend une décision obligatoire insusceptible de tout recours[83]. Aussi, est-il important de rappeler que les différentes décisions examinées ci-dessus s'inscrivent dans cette démarche[84].

La large saisine accordée aux citoyens qui implique de facto les députés de la minorité n'a pas été la tendance qui a partout prévalu. Bien que Hans Kelsen rappelât, dans son célèbre article sur la garantie juridictionnelle de la constitution[85], qu'il est plus juste d'accorder aux minorités parlementaires la possibilité de recourir à l'arbitrage des juridictions constitutionnelles pour une meilleure protection de leurs droits, la France a beaucoup tergiversé[86] avant de reconnaître à la minorité la possibilité de saisir le Conseil constitutionnel. Ce n'est véritablement qu'avec la révision constitutionnelle du 29 octobre 1974 que la possibilité pour la minorité (l'opposition) de contester la constitutionnalité d'une loi avant sa promulgation va devenir une réalité. Ce droit de saisine a été plus qu'avantageux puisque « depuis 1974, le juge constitutionnel se prononce en moyenne plus de dix fois par an sur la constitutionnalité d'un texte législatif, soit autant qu'entre 1958 et 1974 »[87]. Cette tendance sera maintenue et renforcée avec la révision constitutionnelle du 25 juin 1992 relative au traité de Maastricht qui se singularise par le bénéfice des droits accordés non seulement à l'opposition parlementaire mais aussi au renforcement de l'institution parlementaire. Aussi, est-il important d'indiquer que la révision constitutionnelle de 2008 corrobore cette position par la reconnaissance à soixante députés ou soixante sénateurs de saisir le Conseil constitutionnel en cas d'application de l'article 16 de la Constitution de 1958 relatif aux pouvoirs exceptionnels du Président de la République.

Au Sénégal, le droit de la minorité parlementaire de saisir le juge constitutionnel remonte à la première législature 1976-1980 et l'opposition

[82] Art. 122 : « Tout citoyen peut saisir la cour constitutionnelle sur la constitutionnalité des lois, soit directement, soit par la procédure de l'exception d'inconstitutionnalité invoquée dans une affaire qui le concerne devant une juridiction… ».

[83] Art.124 de la Constitution béninoise du 11 décembre 1990.

[84] Voir *supra*, « fixation jurisprudentielle ».

[85] KELSEN (H.), « La garantie constitutionnelle de la constitution », *RDP*, 1928 : 197-257.

[86] La raison probable de ce retard est que l'on craignait une récupération politique de cet organe juridictionnel.

[87] JAN (P.), « Les révisions constitutionnelles et l'opposition » : 127, in *O. ROZENBERG*, *op. cit.*

pouvait déférer les lois devant la Cour suprême. Avec l'avènement du multipartisme, la modification de la constitution et du règlement intérieur vont conduire à une réaffirmation de ce droit de la minorité de contester les lois devant le conseil constitutionnel[88]. C'est cette réforme qui a permis à la minorité parlementaire sénégalaise de déférer à la censure du juge constitutionnel la loi organique n° 09-2003 portant création du Conseil de la République. Cette loi serait déclarée contraire à l'article 82 de la Constitution qui indique les propositions de loi ou des amendements faits pas des députés qui augmentent les dépenses publiques doivent être accompagnés de recettes compensatrices. Ce qui n'était pas le cas pour les députés de la minorité parlementaire qui ont eu gain de cause devant le conseil constitutionnel lequel a déclaré, dans sa décision du 29 août 2003, « non conforme à la constitution la loi organique n° 09-2003 portant fonctionnement du Conseil de la République »[89].

Ensuite, si la majorité influence naturellement la minorité parlementaire, l'opposition parlementaire majoritaire peut aussi instrumentaliser la minorité gouvernementale représentée à l'Assemblée. Le scénario décrit précédemment est identique en matière d'initiatives des textes que dans les cas des délibérations où la minorité est simplement marginalisée voire ignorée. Enfin, il est possible que les influences dont il est question proviennent de quelques individualités à l'Assemblée qui sont considérées comme des « députés personnalités » dont la position sociale peut intéresser. Ces derniers cherchent à démarcher sinon courtiser des députés de la minorité pour aider notamment à la constitution de leur groupe parlementaire ou à renforcer leur position pour la prise des décisions jugées importantes. De telles démarches peuvent conduire au phénomène de la transhumance politique[90], une sorte de gangrène qui bien qu'encourageant la liberté des députés à l'hémicycle à migrer de la minorité à la majorité ou vice versa, peut être nuisible à l'efficacité de travail parlementaire. Cette pratique est interdite notamment au Congo-Brazzaville, au Gabon, au Niger, en République Démocratique du Congo, au Rwanda et au Sénégal alors qu'elle est tolérée au Bénin. Au Niger, par exemple, c'est l'article 87 de la Constitution du 25 novembre 2010 qui interdit la transhumance politique en ces termes : « Chaque député est le représentant de la Nation. Tout mandat impératif est nul…Pendant la législature, tout député qui démissionne de son parti politique perd on siège et est remplacé par son

---

[88] DIOP (E. O.), *Partis politiques, démocratie et réalités sociales au Sénégal*, Dakar, Credila, 2011, p. 86.

[89] Conseil constitutionnel sénégalais, Décision 2/C/2003 du 29 août 2003.

[90] Encore appelé « nomadisme politique » par la doctrine, la transhumance politique est « l'attitude de l'homme politique qui migre d'un parti politique auquel il appartient au moment de son élection vers un autre parti pour des intérêts personnels, à l'instar de la migration périodique des troupeaux à la recherche d'espace plus favorable à leur alimentation et épanouissement… ». V. HOLO (Th.), « Le statut de l'opposition », in J. P. VETTOVAGLIA (dir.), *op.cit.* : 355-356.

suppléant … ». L'interdiction de la transhumance a une finalité pédagogique : empêcher la corruption des députés de la minorité en les obligeant à rester fidèles à leur conviction, seul gage d'opérer l'alternance. Bien que la déchéance du mandat parlementaire[91] soit la tendance qui se dessine dans la plupart des États africains, le Benin se distingue encore par son indifférence qui, bien que dénoncée, n'est pas encore juridiquement sanctionnée[92].

L'influence que subit la minorité parlementaire peut être aussi appuyée par ce qui s'observe en dehors du parlement qui vise à dévoyer cette catégorie juridique de sa posture.

2. L'influence subie hors du parlement

La minorité parlementaire ne devrait rien craindre en dehors du parlement pour la simple raison que l'environnement immédiat dans lequel elle est appelée à agir est ce cadre. Néanmoins, l'on constate que les députés de la minorité sont également influencés par des acteurs extérieurs à l'Assemblée nationale en raison de leur position stratégique qui pourrait être déterminante pour une délibération importante lorsqu'il est exigé par exemple un vote qualifié.

Dans la Constitution béninoise du 11 décembre 1990, le vote qualifié intervient par exemple lorsqu'il s'agit de réviser la Constitution. En pareille circonstance, le vote à la majorité des trois quarts pour la prise en considération du projet ou de la proposition de révision[93] et le vote de quatre cinquième des membres pour la révision proprement dite sont requis[94]. Le plus souvent, c'est vers les députés de la minorité que l'on se tourne pour rechercher la satisfaction d'une telle exigence en comptant sur leurs voix. Le Président de la République Guillaume Talon, pour donner une suite à son projet de réformes politiques et institutionnelles[95], a transmis à l'Assemblée

---

[91] Au Sénégal, la déchéance est automatique. Voir l'article 60 de la constitution sénégalaise de 2001 qui dispose : « Tout député qui démissionne de son Parti ou en est exclu en cours de législature est automatiquement déchu de son mandat ».

[92] Les initiatives en matière de la lutte contre le phénomène de la transhumance politique n'ont pas manqué d'exister. On peut notamment se référer à la proposition de loi contre la transhumance politique en date du 17 septembre 2004 déclarée, en plusieurs de ses dispositions, anticonstitutionnelle. En effet, la Cour constitutionnelle a, entre autres, estimé que « l'Assemblée nationale a opéré un transfert de la souveraineté nationale du peuple aux partis politiques, bridé la liberté d'opinion et d'expression et a violé les dispositions de l'article 80 qui interdit tout mandat impératif ». Voir Décision DCC 01-083 du 27 août 2001 de la Cour constitutionnelle du Bénin.

[93] Art. 154.2 de la constitution béninoise du 11 décembre 1990.

[94] Art. 155 de la Constitution béninoise du 11 décembre 1990.

[95] Cette réforme faisait partie d'une promesse ferme faite lors de la campagne électorale par le candidat Patrice TALON qui devait aboutir à une relecture profonde de la Constitution béninoise du 11 décembre 1990. Au nombre des aspects à réviser on peut, entre autres, rappeler les propositions liées à la réforme de la Cour constitutionnelle, à la durée du mandat du Président de la République, à la suppression

nationale aux fins d'être examiné et révisé le projet de loi portant révision de la constitution du 11 décembre 1990. Après étude en commission du projet et débat en session plénière, vingt députés de la minorité ont voté contre la recevabilité du projet en faisant ainsi échec au processus de révision de la constitution du 11 décembre 1990 qui venait d'être enclenché[96]. Dans cet exemple, il apparaît clairement que le vote négatif des députés de la minorité a été nuisible au projet de réforme politique et institutionnelle initié par le Président Patrice Talon. Malgré les pressions et influences diverses qui auraient pu l'intimider, la minorité parlementaire a refusé de donner une suite favorable à ce projet du Chef de l'État qui voulait d'une révision en procédure d'urgence[97]. Mais la suite est bien connue puisque les élections législatives d'avril 2019 organisées sans la moindre participation des partis de l'opposition et/ou de la minorité ont permis aux députés progouvernementaux élus, issus des deux partis politiques appartenant au camp présidentiel autorisés à participer à ces élections, de réviser à l'unanimité la constitution béninoise du 11 décembre 1990[98].

Les influences dont sont victimes la minorité parlementaire sont donc subtiles mais en règle générale, la palme d'or revient au gouvernement. En effet, il est généralement admis que tout gouvernement est porté à la recherche d'une majorité stable et qualifiée pour mener une gestion apaisée de son programme d'action. Le gouvernement est donc astreint à la recherche d'une majorité confortable pour gouverner : c'est le fait majoritaire. Pour réaliser ce vœu, le gouvernement est conduit à entrer en pourparlers avec toutes les forces politiques représentées à l'Assemblée nationale. Les députés de la minorité, puisqu'ils ont pour fonction de s'opposer, sont le plus souvent sollicités, l'objectif étant d'asseoir une gestion inclusive. La stratégie utilisée est de nommer au gouvernement ou à des postes de responsabilité stratégiques des députés ou leurs représentants émanant du groupe minoritaire. La formation d'un gouvernement de majorité élargie ou d'un gouvernement d'union nationale est souvent la solution de ralliement proposée. Alors que la majorité présidentielle et la majorité parlementaire obtenues des élections suffisent déjà

du Conseil économique et social, à la refondation de la Haute Cour de Justice. Lire au besoin in http: www//gouv.bj/remise-du-rapport-de-la-commission-djogbenou-au-chef-de-lÉtat-un-premier-pas-vers-les-reformes-institutionnelles-et-constitutionnelles-2/ consulté le 06 juin 2017.

[96] Assemblée Nationale, compte rendu de la séance plénière du mardi 4 mars 2017.

[97] C'est par procédure d'urgence que la révision de la constitution béninoise devrait s'opérer conformément aux vœux du chef de l'État. Les députés étaient en effet opposés à une démarche par précipitation qui ne prendrait pas en compte les véritables problèmes de la population en quête plutôt d'un mieux-être. Voir la synthèse du compte-rendu de la séance plénière de l'Assemblée nationale du mardi 04 avril 2017.

[98] Voir loi n° 2019-40 du 7 novembre 2019 portant révision de la constitution béninoise du 11 décembre 1990.

pour bien gouverner, le chef de l'État estime nécessaire d'y associer ses adversaires politiques. Parce qu'il « ... éprouve du mal sous les contraintes de l'environnement politique aussi bien à constituer seul le gouvernement qu'à gouverner seul »[99]. Le gouvernement d'union nationale s'appréhende comme une technique de gestion de pouvoir élargie aux forces politiques qui sont sorties perdantes des élections. C'est une dérogation à la gestion du pouvoir par les vainqueurs qui suppose donc la réunion de « trois éléments cumulatifs : l'existence d'une majorité présidentielle issue du suffrage universel qui s'appuie d'abord sur une majorité parlementaire absolue ou relative et s'ouvre sur une partie de la minorité pour gouverner »[100]. Cette nouvelle forme de gestion du pouvoir est pratiquée dans beaucoup de pays où l'on peine à réaliser une stabilité politique du fait des groupes d'oppositions ou de minorités très forts.

Le gouvernement d'union nationale est expérimenté dans beaucoup de pays. Par exemple, en Belgique, où il existe plusieurs oppositions parlementaires[101], l'inclusion de la minorité est souvent vue comme une nécessité pour espérer la faire disparaître progressivement ou totalement. Dans ce contexte, on pense que le gouvernement d'union nationale peut s'imposer en raison du péril ou d'une menace extérieure, par le souci de concevoir des politiques qui portent la marque d'une nation unifiée, par la nécessité de rassembler les majorités qualifiées[102].

Dans les États africains, on peut comprendre de deux manières au moins cette forme de partage du pouvoir selon qu'elle permet d'anticiper les crises ou de les régler lorsqu'elles sont déjà nées. Dans l'hypothèse d'anticipation des crises, le gouvernement d'union nationale vise à éteindre des crises imminentes avant même leur éclosion face aux mécontentements manifestés à l'Assemblée nationale par des groupes minoritaires, instigateurs d'actes répréhensibles ou de troubles à l'ordre public. L'Assemblée nationale est souvent considérée comme le point de départ de leurs agissements qui sont vite déjoués ou étouffés par des actes de récompenses de la part du gouvernement. Ceux qui ont gagné l'élection sont obligés de collaborer avec les groupes d'opposition ou de la minorité parlementaire pour gouverner. Est

---

99 DIOP (E. O.), « Partis politiques, Démocratie et réalité sociales au Sénégal », CREDILA, Dakar, 2011, p. 191.

100 FALL (I. M.), *La condition du pouvoir exécutif dans le nouveau constitutionnalisme africain : l'exemple des États francophones d'Afrique subsaharienne*, Thèse de doctorat d'État en droit présentée et soutenue le 22 décembre 2001, Université Cheikh Anta Diop de Dakar, p. 232.

101 L'État belge est un État fédéral où à côté des assemblées fédérales il y a des assemblées fédérées dont les délibérations ne coïncident pas forcément. Ceci peut générer plusieurs formes d'oppositions.

102 DELPEREE (F.), « Les oppositions parlementaires : le cas belge », in *O. ROZENBERG, op.cit.*, p. 142.

illustratif ici l'exemple sénégalais avec l'entrée au gouvernement notamment en 1991 et 1996 de certains leaders redoutables de l'opposition[103] dans une perspective de cogestion du pouvoir entre gouvernement et opposition[104]. Dans un autre cas, la formule du gouvernement d'union nationale intervient *a posteriori* c'est-à-dire après la naissance d'une crise dont l'issue est incertaine. La recherche d'une solution consensuelle conduit le plus souvent à solliciter les forces politiques adversaires à entrer au gouvernement. On pourrait assister à un arrêt des situations explosives. C'est dans le souci de trouver une solution définitive à la bipolarisation de la vie politique au Burundi, marquée par des affrontements réguliers entre les groupes ethniques opposés hutu et tutsi[105] qu'est intervenue la Constitution intérimaire post-transition de 2004[106]. Cette constitution a permis de définir un mécanisme de partage d'un pouvoir consensuel entre deux groupes qui s'excluaient mutuellement.

Qu'elle soit proposée avant ou à la naissance d'une crise, la formule de gouvernement d'union nationale constitue néanmoins une entorse au principe de la séparation des pouvoirs en même temps qu'elle remet en cause le respect de la loi de la majorité.

Belle théorie considérée comme le crédo de la démocratie libérale dont les idées ont été lancées par Aristote, entérinées par John Locke et systématisées par Montesquieu, la séparation des pouvoirs est le principe qui veut que les trois fonctions fondamentales de l'État soient remises à des organes distincts et séparés[107]. Élaborée à l'époque où les partis politiques n'existaient pas, la théorie de la séparation des pouvoirs est mise à rude épreuve avec l'émergence des démocraties modernes et contemporaines devenues des « démocraties de partis »[108]. La distinction classique entre les pouvoirs exécutif, législatif et judiciaire qui donne lieu parfois à une absorption d'un pouvoir par l'autre[109],

---

103 Au nombre de leaders on peut citer Abdoulaye WADE, Amath DANSOKHO et Abdoulaye BATHILY.

104 E. O. DIOP, *op. cit.*, p. 192.

105 Les rivalités entre les deux groupes ethniques ont été tragiques puisqu'elles ont coûté la vie au Président Melchior NDADAYE.

106 Cette constitution intérimaire résulte de l'Accord d'Arusha du 28 août 2000.

107 GAUDEMET (P.), « La séparation des pouvoirs. Mythe et réalité », Chronique XXIII, Recueil Dalloz, 1961, p. 121.

108 FELDMAN (J.-Ph.), « La séparation des pouvoirs et le constitutionnalisme. Mythes et réalités d'une doctrine et de ses critiques », *Revue Française de Droit Constitutionnel*, n° 83, 2010 : 488.

109 À l'origine de la thèse de Montesquieu, il n'existait pas de fonction judiciaire séparée de celle exécutive. D'ailleurs, cette fonction était considérée comme nulle. De même, la fonction exécutive absorbe celle législative dans la plupart des régimes parlementaires. Le cas du régime parlementaire est édifiant à ce sujet dans la mesure où le Parlement gouverne par l'entremise du cabinet.

devient alors caduque avec la réalité des partis politiques[110]. La séparation majorité/minorité apparaît désormais comme la meilleure alternative pour contenir les velléités du gouvernement, voire de l'exécutif. Or, en fonction de la nature du régime politique considéré, la réalité de la séparation majorité/ minoritaire est de plus en plus ruinée voire neutralisée par le fait majoritaire.

Que l'on soit dans un régime présidentiel comme aux États-Unis où le principe de « checks and balances » est valorisé où dans un régime parlementaire britannique où les actions du parti majoritaire sont contrebalancées par le pouvoir de contrôle reconnu à l'opposition ou encore dans le régime semi-présidentiel français où l'on peut distinguer deux périodes, l'une normale avec une majorité présidentielle et l'autre de cohabitation qui suppose une collaboration forcée avec l'opposition, l'on assiste dans tous ces cas de figure à une domination de l'exécutif sur le pouvoir minoritaire. Il ne serait pas exagéré de constater que l'on tend dans ces divers régimes politiques plus à l'unité de pouvoir qu'à une véritable séparation des pouvoirs entre majorité et minorité.

En outre, en recherchant une large audience pour gouverner avec les partisans du parti minoritaire, l'on assiste aussi à un musellement de cette catégorie qui sape les bases de la logique du principe majoritaire. Les vainqueurs des élections quand bien même ils envisagent un apaisement de la vie politique par une gestion sereine semblent tout de même aussi rester dans la posture de leur incapacité à gouverner seul et à assumer le choix des électeurs. Au lieu de chercher chaque fois à neutraliser les partis minoritaires par des avantages divers, le défi qui attend les gouvernements serait de doter les partis minoritaires et/ ou de l'opposition d'un véritable statut qui leur assure promotion en vue d'un effectif enracinement de la démocratie dans nos États.

En dehors de l'influence par le fait majoritaire, les minorités peuvent aussi voir leur position faiblir par les pressions que peuvent exercer sur elles certains hommes d'affaires qui ont un intérêt particulier dans un dossier pendant à l'Assemblée nationale. Ces hommes peuvent être considérés comme des sources potentielles de financement pour les actions menées par un groupe minoritaire au Parlement. Ils entretiennent ces députés dont ils peuvent soutenir éventuellement les candidatures futures[111].

---

[110] Lire au besoin PIMENTEL (C.-M.), « Le sanctuaire vide : la séparation des pouvoirs comme superstition juridique ? », *Pouvoirs*, n° 102, 2002 : 119-131 ; AVRIL (P.), « La séparation des pouvoirs est-elle un concept opératoire ?», in http: www.droitcondtitutionnel.org, consulté le 22 juillet 2016.

[111] L'homme d'affaires Patrice TALON, avant sa candidature à l'élection présidentielle qu'il a d'ailleurs remportée, aurait entretenu de très bons rapports avec les partis de l'opposition pour faire échec au projet de révision de la constitution du 11 décembre 1990 que le gouvernement du Président Yayi BONI avait initié. Les relations entre les deux hommes autrefois partenaires se seraient détériorées à la suite de cette situation.

Par ailleurs, il est important d'ajouter l'influence des partis politiques non représentés à l'Assemblée qui peuvent également sympathiser, voire influencer les groupes minoritaires dont la position est stratégique pour interférer dans les délibérations parlementaires. C'est par le biais des réseaux que ces partis politiques arrivent à atteindre leur objectif.

Enfin, la dernière forme d'influence émane de l'opinion publique voire de la société civile dont les réactions à la suite d'une délibération parlementaire peuvent conduire la minorité parlementaire à réorienter sa position initiale, à abandonner une stratégie en cours ou déjà acquise[112]. On voit là que l'environnement dans lequel cette société civile agit peut valablement conditionner l'existence de la minorité dans ses activités parlementaires.

Sur un autre registre, la minorité parlementaire pose elle-même des actes répréhensibles qui montrent qu'elle est purement et simplement indisciplinée.

B. Une minorité indisciplinée

Il n'est pas exagéré de soutenir l'idée que la minorité parlementaire est indisciplinée. En effet, dans presque tous les Parlements du monde, la minorité parlementaire est une catégorie juridique instable qui évolue au gré des circonstances. On pense qu'elle est sans conviction lorsqu'elle s'écarte de sa ligne de conduite ou occasionne une obstruction liée à ses propos ou actes.

1. L'infidélité à sa ligne de conduite

L'opposition minoritaire doit rester loyale et responsable. Il lui est fait obligation de respecter scrupuleusement la Constitution ainsi que les lois et règlements de la République[113]. Logiquement, elle ne devrait pas poser des actes violents de quelque manière que ce soit pouvant entraver ou remettre en cause les institutions de l'État. Les débats au Parlement, voire les manœuvres pour la course ou la conquête au pouvoir devraient se faire avec des moyens licites et démocratiques. Ces exigences démocratiques sont parfois mal comprises par les députés de la minorité qui croient fouler aux pieds les textes de l'Assemblée parlementaire.

Aux termes de l'article 4 de la loi n°2001-36 du 14 octobre 2002 portant statut de l'opposition au bénin, « Le rôle de l'opposition est de critiquer le programme, les décisions et les actions du gouvernement ; développer des programmes propres ; proposer des solutions alternatives à la nation et œuvrer

[112] Les marches organisées, les mouvements de grève observées, les pétitions initiées au lendemain de dépôt du projet de la révision de la Constitution béninoise du 11 décembre 1990 à l'Assemblée nationale ont, d'une manière directe ou indirecte, attiré l'attention des députés de la minorité à voter contre la recevabilité de ce projet qui s'est joué à deux voix près des députés de la minorité qui ont témoigné d'avoir sauvé de justesse la démocratie béninoise.

[113] Article 16 de la loi n° 2001-36 du 14 octobre 2002 portant statut de l'opposition.

pour l'alternance au pouvoir par des voies légales »[114]. La mission dévolue aux députés de la majorité se démarque nettement de celle de l'opposition minoritaire par le fait que cette dernière incarne l'alternative et peut « exprimer son opinion sur toute question d'intérêt national et sur toute décision de l'exécutif »[115]. Le statut de l'opposition a été obtenu dans la plupart des États africains au prix d'une longue et difficile lutte[116]. Alors qu'on s'attend que le député de l'opposition minoritaire en profite pour redorer son blason, il adopte plutôt une posture bizarre, voire étrange : il semble renoncer à l'exercice des droits et responsabilités qui constituent la substance du statut ; et il se livre à une véritable compromission avec le pouvoir par rapport auquel il devrait constituer une alternative crédible[117]. Quel résultat pourrait-on espérer d'un député de la minorité qui s'absente régulièrement des séances parlementaires sans motif justifié ou dont le seul objectif n'est peut-être que de bloquer le bon déroulement des activités parlementaires ?

Ayant des droits et obligations prévus par la loi[118], l'opposition minoritaire ne devrait pas s'écarter, voire s'éloigner de son statut juridique. Pourtant, l'on constate que les partis minoritaires de l'opposition posent des actes antinomiques qui les obligent à faire volte-face ou allégeance pour soutenir les actions du gouvernement qu'ils sont appelés à critiquer. Même si au nom de la liberté de mouvement[119], les partis d'opposition ont la possibilité de renoncer à l'appartenance à leur groupe politique initial à condition de faire

[114] Article 4 de la loi n°2001-36 du 14 octobre 2002 portant statut de l'opposition au Bénin.

[115] Article 9 de la loi n°2001-36 du 14 octobre 2002 portant statut de l'opposition au Bénin.

[116] Le statut de l'opposition repose soit sur une base constitutionnelle soit sur une base législative ou le deux à la fois. À titre illustratif, dans la Constitution sénégalaise du 22 janvier 2001, c'est le Titre V, art.58 al.1 qui en dispose : « La constitution garantit aux partis politiques qui s'opposent à la politique du gouvernement le droit de s'opposer » ; dans la Constitution de la République Démocratique du Congo du 18 février 2006, l'article 8.al.1 dispose : « L'opposition politique est reconnue en République Démocratique du Congo. Les droits liés à son existence, à ses activités et à sa lutte pour la conquête démocratique du pouvoir sont sacrés. Ils ne peuvent subir de limites que celles imposées à tous les partis et activités politiques par la présente constitution et loi. » Voir aussi la loi n° 020/PR/2009 du 15 septembre 2010 portant statut de l'opposition politique au Tchad, etc.

[117] SOHOUENOU (M. E.), « Le statut juridique de l'opposition politique dans les nouvelles démocraties africaines », *RBSJA*, n° 25, 2011 : 260.

[118] Voir Titre III de la loi n°2001-36 du 14 octobre 2002 portant statut de l'opposition.

[119] Cette liberté de mouvement qui est encore la pratique au Bénin est à relativiser car la tendance générale dans la plupart des États africains est l'interdiction du nomadisme politique. Voir *supra*.

une déclaration officielle de changement de position[120], force est néanmoins de constater que cette exigence légale n'est pas souvent respectée[121]. Cette situation conduit inéluctablement à une confusion de posture et, à terme, à une extinction progressive des partis minoritaires.

Le reproche que l'on fait aux députés de l'opposition est parfois interprété comme le fruit des intrigues politiciennes, voire des manœuvres politiques. À la Cinquième Législature (2007-2011), l'indiscipline parlementaire était si forte que les rapports d'activités du Président de l'Assemblée nationale n'avaient pas la caution des députés de la minorité. Par exemple, en 2008, lors de la présentation du rapport d'activités sur la période allant du 1er avril au 30 octobre de la même année, à l'ouverture de la première session ordinaire, le 10 avril 2008, le quorum n'était pas atteint du fait surtout des députés de l'opposition parlementaire. Et conformément aux dispositions de l'article 85 de la Constitution, l'ouverture de la session a été reportée. Mais par la suite, aucun des dossiers inscrits à l'ordre du jour ne sera examiné du fait de la crise entre majorité et minorité que connaissait le Parlement à l'époque. Et comme on devait s'y attendre, le rapport d'activités du Président Mathurin Coffi NAGO a été rejeté. La crise ainsi née a influé fortement sur la productivité législative qui était devenue de plus en plus faible. Il est remarquable de constater qu'au cours de la session ordinaire qui a duré du 31 octobre 2008 au 31 janvier 2009, sur les trente-sept (37) dossiers inscrits à l'ordre du jour et avec les vingt (20) séances plénières, il n'y a eu que dix (10) lois votées, soit trois (3) lois ordinaires et sept (7) lois d'autorisation de ratification[122]. La faible productivité constatée doit aussi s'arrimer avec le faible rendement au niveau des commissions compétentes prises en otage par les députés de la minorité qui profitent naturellement de leur position pour exercer des pressions sur le déroulement des activités parlementaires.

Quoi qu'il en soit, l'utilité des groupes minoritaires d'opposition n'est plus à démontrer en démocratie. Considérés comme les ferments de la démocratie, les députés de la minorité sont incontournables pour l'approfondissement des

---

[120] Aux termes de l'article 21 de la loi n°2001-36 du 14 octobre 2002 portant statut de l'opposition, « Tout parti politique est libre de quitter l'opposition. Cette déclaration est enregistrée au ministère chargé de l'Intérieur, qui fait publier l'enregistrement au *journal officiel*. La publication au *journal officiel* se fait dans les mêmes conditions qu'à l'article 6 ci-dessus. Ce changement de statut entraîne pour le parti politique la perte de tous les droits acquis au titre de la présente loi ».

[121] L'expérience au Bénin montre bien que les changements de posture politique évoluent au gré des circonstances en jeu soit à la veille des élections générales soit pendant la période des délibérations parlementaires dont l'issue peut conditionner les positionnements et les décisions politiques. Les partis de la minorité approchés mordent à l'hameçon aux opportunités qui leur sont offertes.

[122] Voir Assemblée nationale du Bénin, comptes rendus sommaires de la période du 1er avril 2008 au 31 janvier 2009

démocraties pluralistes en tant que faiseurs du jeu démocratique. Mais lorsqu'on en vient à constater que ces groupes ne jouent pas leur rôle ou sont peu ou pas visibles, la démocratie qu'ils sont appelés à fortifier par leur action qualitative en prend un grand coup. Georges Burdeau avait perçu à juste titre que démocratie et opposition sont indissociables lorsqu'il a affirmé que « L'existence d'une opposition libre, agissante est aujourd'hui encore tenue pour le critérium d'une démocratie véritable »[123].

Sur un autre plan, le comportement du député de la minorité s'analyse carrément comme une obstruction de l'activité parlementaire.

2. L'obstruction parlementaire

Le danger qui guette toute Assemblée parlementaire est l'usage fréquent de l'obstruction parlementaire qui est un procédé utilisé par la minorité parlementaire pour se faire entendre. Considérée comme une technique de blocage du travail parlementaire, l'obstruction parlementaire est « un ensemble de pratiques et comportements parlementaires dont l'objet est de faire obstacle à la progression de la délibération vers son terme qui est la décision majoritaire »[124]. Elle est donc le fait d'un groupe de parlementaires souvent de l'opposition minoritaire qui, par le truchement de dépôt de motions de procédure ou d'amendements répétitifs, de demandes de vérification de quorum ou de vote public, les rappels au règlement ou l'utilisation systématique du temps de parole[125] en viennent à contrôler en quelque sorte le travail parlementaire. Pour Kelsen, lorsqu'il y a obstruction, « la minorité abuse des règles de la procédure parlementaire, et en particulier des droits qu'elles lui reconnaissent, pour tenter de rendre plus difficile ou même d'empêcher le vote par la majorité des décisions auxquelles elle est hostile en paralysant momentanément le fonctionnement du mécanisme parlementaire par l'emploi de procédés conformes au règlement »[126]. En d'autres termes, c'est un moyen qu'utilise la minorité parlementaire pour se faire entendre par la majorité parlementaire et le gouvernement. Kelsen a, d'ailleurs, distingué deux formes d'obstruction parlementaire : l'une est technique et l'autre est physique. Alors que l'obstruction technique est l'emploi abusif par la minorité de règles de la procédure parlementaire, l'obstruction physique est un ensemble de procédés de violence directe ou indirecte utilisés pendant les séances plénières. Ces deux formes d'obstruction visent à empêcher le Parlement de statuer[127]. Les députés de la minorité croient s'appuyer sur leur

---

[123] BURDEAU (G.), *Traité de science politique*, Tome VI, Paris, LGDJ, 1987, p. 612.
[124] VILLIERS (M. de) et DIVELLEC (A. Le), *Dictionnaire du droit constitutionnel*, 7e éd., Paris, Sirey, 2009, p. 234.
[125] *Idem*.
[126] KELSEN (H.), *La Démocratie. Sa valeur. Sa nature*, traduction de Charles Eisenmann, 1932, Economica, rééd. 2004, p. 74.
[127] KELSEN (H.), *op. cit.*, p. 64.

pouvoir d'alerte des tiers, extérieurs au Parlement[128] pour poser des comportements répréhensibles.

La question se pose de savoir si l'obstruction parlementaire est contre-productive, voire une « pathologie parlementaire »[129]. Son usage peut-il être défendu ou refusé ? Retenons que la pratique de l'obstruction parlementaire n'est pas linéaire et varie suivant les États et les régimes politiques. Aux États-Unis, l'obstruction parlementaire, connue sous le nom de *filibustering*, n'est pas prohibée lorsqu'elle intervient pour ralentir une procédure menée au pas de charge par le gouvernement. Mais elle devient condamnable si son but est d'empêcher la majorité démocratiquement élue de décider. C'est donc une pratique recommandée en cas de besoin. En Grande-Bretagne, le recours à l'obstruction parlementaire est contrôlé. Dans le souci de rationaliser son utilisation, à la chambre des communes, on a recours à deux types de procédures : celles de la *guillotine* et du *kangourou*. La procédure de *la guillotine* est utilisée en cas d'urgence et consiste à limiter le temps consacré à la discussion d'un texte. Alors que la procédure du *Kangourou*, qui peut être déclenchée par le speaker ou un président de commission, permet de sélectionner les amendements les plus représentatifs des opinions exprimées par les députés dans le débat[130]. En France, le recours à la technique de l'obstruction parlementaire est expérimenté depuis la Cinquième République suite à l'initiative du groupe socialiste de l'Assemblée nationale à l'occasion des débats relatifs au projet de loi tendant à renforcer la liberté et la sécurité des personnes et, depuis lors, elle est devenue une pratique constante[131]. En effet, si l'article 48 ancien fait du gouvernement le maître de l'ordre du jour du Parlement[132], il n'est pas le maître du jour puisqu'il n'a pas la maîtrise de la durée des débats qui peut jouer contre lui. En réalité, le temps est un allié

---

[128] Le droit d'alerte des députés est un droit fondamental pour faire savoir à l'opinion sur ce qui inquiète les députés de la minorité. Ce droit s'exerce vis-à-vis du juge constitutionnel comme celui des populations. V. ROZENBERG (O.), « L'opposition parlementaire, espèce à protéger », *op. cit.*, p. 192.

[129] G. CARCASSONNE, Les Constitutions, coll., « Points Essais », Le Seuil, Paris, 11e édit., 2013, p. 218.

[130] VILLIERS (M. de) et DIVELLEC (A. Le), *Dictionnaire du droit constitutionnel, ibid.*

[131] GEYNET (Ch.), « L'obstruction parlementaire à travers la jurisprudence du conseil constitutionnel », in http://www.droitconstitutionnel.org/congreslyon/commLD/D-geynet8T2b.pdf consulté le 12 août 2017.

[132] Dans l'article 48 ancien de la Constitution du 4 octobre 1958, c'est le gouvernement qui disposait de la maîtrise de l'ordre du jour et il en profitait pour s'opposer à tout débat qui ne recueillerait pas son assentiment, surtout lorsque des propositions émanaient de l'opposition. La loi constitutionnelle du 23 juillet 2008 a modifié significativement la donne. Désormais, l'ordre du jour est fixé par chaque Assemblée. Voir le commentaire de l'article 48, in FORMERY (S-L.), *La Constitution commentée article par article*, 13e édit., 2010-2011, Paris, Hachette supérieur, pp. 102-103.

dont on est peu sûr. La minorité parlementaire, voire l'opposition, peut indéfiniment allonger une durée que le gouvernement et sa majorité veulent écourter. L'opposition a donc la latitude par la multiplication par exemple de la prise de parole, des amendements, de paralyser les intentions du gouvernement. Le député obstructeur a le secret de la paralysie du Parlement par toutes sortes de techniques qu'il peut utiliser. Yves Colmou décrit cette situation en ces termes : « L'obstruction, c'est en effet la possibilité pour un commando de bloquer l'avance de toute une division. Quelques députés compétents, organisés et déterminés sont à même de bloquer pendant un temps indéfini sinon infini le fonctionnement de la machine parlementaire. Dès lors, c'est la capacité du Gouvernement à diriger le pays, sa capacité à traduire en actes c'est-à-dire en lois ses discours et ses projets qui est atteinte par l'obstruction parlementaire. »[133] En tant qu'arme redoutable préjudiciable aux projets du gouvernement, l'obstruction parlementaire peut être contournée au Sénat en France par la procédure de la question préalable. À l'Assemblée nationale, les techniques utilisées sont entre autres la déclaration d'urgence[134], l'utilisation systématique des irrecevabilités, la procédure du vote bloqué[135].

Dans les Assemblées parlementaires africaines, aucune allusion n'est officiellement faite à l'obstruction parlementaire dans les textes législatifs. Toutefois, la pratique peut être déduite de la lecture de certaines dispositions des règlements intérieurs des assemblées et des statuts de l'opposition.

Aux termes de l'article 49.7 du Règlement intérieur de l'Assemblée nationale béninoise, « les attaques personnelles, les manifestations ou interventions troublant l'ordre ainsi que les interpellations de collègue à collègue sont interdites ». Cette première disposition s'insurge contre des actes et comportements des députés qui peuvent être de nature à porter atteinte à l'ordre qui doit régner à l'Assemblée et au bon déroulement du travail parlementaire. Aucun député, qu'il soit de la majorité ou de la minorité, ne saurait prétexter de sa situation pour poser des actes d'insécurité à l'Assemblée. L'article 66.1 du même règlement renchérit pour interpeller sur les blocages du travail parlementaire : « lorsqu'un député entreprend d'entraver la liberté des délibérations et des votes de l'Assemblée, et, après s'être livré à des agressions contre un ou plusieurs de ses collègues, refuse d'obtempérer au rappel à l'ordre du président, celui-ci lève la séance et convoque le Bureau ». L'interdiction de toute forme de violences venant de la part des députés est aussi prohibée dans la loi n°2001-36 du 14 octobre 2002 portant statut de l'opposition au Bénin[136]. La tendance qui se dégage dans les

---

[133] COLMOU (Y.), « Vade-mecum du député obstructeur », *Pouvoirs* n° 34, 1985 : 122.
[134] Voir art.C.45, al.2 de la loi constitutionnelle n° 2008-724 du 23 juillet 2008.
[135] Voir art. C.44, al.3 de la loi constitutionnelle n° 2008-724 du 23 juillet 2008.
[136] Aux termes de l'art.18.al 1 de la loi n° 2001-36 du 14 octobre 2002 portant statut de l'opposition au Bénin, il est proscrit l'intolérance, le régionalisme, l'ethnocentrisme,

textes parlementaires est à l'interdiction de cette pratique surtout dans sa forme physique assimilée aux voies de fait.

L'obstruction parlementaire n'est pas restée pour autant une pratique impunie. Des sanctions sont prévues et peuvent porter sur la censure simple et censure avec exclusion temporaire et, la privation de la moitié de l'indemnité parlementaire pendant six mois[137]. Dans les cas aggravés, le Procureur Général près la Cour d'Appel peut être saisie[138]. Ailleurs, notamment en France, le recours excessif à cette pratique a conduit le conseil constitutionnel à s'y pencher pour éviter qu'elle ne devienne un abus de droit[139].

L'obstruction parlementaire est le meilleur mécanisme d'écoute de la minorité parlementaire dans la mesure où le parlementaire de la minorité a besoin de se faire entendre hors de l'enceinte parlementaire faute de pouvoir être entendu à l'intérieur[140]. Bien qu'utile pour procéder à un rééquilibrage du travail parlementaire, cette pratique doit rester un moyen mesuré, voire modéré qui ne doit pas se muer en un moyen d'insécurité parlementaire.

Au terme de cette réflexion, la minorité parlementaire se révèle comme un objet d'intérêt juridique captivant dont la trajectoire d'évolution reste encore insaisissable. Si pendant longtemps elle a été marginalisée, la minorité parlementaire est devenue aujourd'hui une catégorie juridique célébrée. Ce revirement n'est pas spontané. C'est le résultat des luttes menées par divers acteurs de la vie politique qui, parfois au prix de leur vie, ont réussi à doter cette catégorie juridique d'un statut particulier. Désormais, la minorité parlementaire est distincte de la majorité parlementaire avec des droits et devoirs clairement définis. Alors qu'elle devrait incarner l'alternative, la minorité parlementaire semble s'éloigner de ce noble objectif en péchant par son manque de professionnalisme. Alors qu'elle devait constituer un « service public » suivant les termes de Marcel Prélot[141], elle est devenue une espèce de

---

le fanatisme, le racisme, la xénophobie, l'incitation et/ou le recours à la violence sous toutes ses formes.

137 Art. 66.2 du Règlement intérieur de l'Assemblée nationale du Bénin.

138 Art. 66.3 du Règlement intérieur de l'Assemblée nationale du Bénin.

139 Un certain nombre de décisions rendues par le conseil constitutionnel français visent en quelque sorte à l'encadrer. Voir Notamment l'article précité de Ch. GEYNET consacré à « L'obstruction parlementaire à travers la jurisprudence du Conseil constitutionnel ».

140 PONTHOREAU (M.-Cl.), « L'opposition comme garantie constitutionnelle », précité, p. 1153.

141 Selon M. PRELOT, « L'opposition dans le système démocratique est aussi nécessaire que le gouvernement ; elle n'est pas un élément hostile, un corps étranger au peuple qu'il faudrait s'efforcer de réduire et d'éliminer à tout prix ; elle accomplit un service public ; elle est faite pour contrôler, pour aiguillonner la majorité et éventuellement pour se substituer régulièrement à elle ». V. *Institutions politiques et Droit constitutionnel*, Paris, Dalloz, 1961, cité par E. THIERS, *op.cit.*, p. 63.

violence et de haine[142]. Le Parlement ne doit pas devenir une jungle où la majorité parce qu'elle est en grand nombre domine où la minorité pour se faire entendre doit exercer la violence. Il faut aujourd'hui restaurer l'image du Parlement pour qu'il devienne « le lieu privilégié où l'unité politique se forme, se déforme et se reforme... »[143]. La minorité parlementaire est appelée à devenir un véritable contre-pouvoir. Son avenir réside dans la compréhension de ce nouveau rôle où minorité et majorité doivent se compléter sans se repousser mutuellement. Pour ce faire, une actualisation des textes s'avère nécessaire car le nouveau droit parlementaire est le droit de la minorité, c'est-à-dire de la minorité opposante.

---

142 Éric Thiers, *op. cit.*, p. 63.

143 PONTHOREAU (M.-Cl.), « L'opposition comme garantie constitutionnelle », *RDP*, n° 4-2002 : 1139.

Les moyens juridiques de revendication des minorités dans l'exercice du pouvoir : l'exemple camerounais

Robert MBALLA OWONA

Agrégé de Droit public

Université de Yaoundé II, Cameroun

Introduction

Bien connu comme l'étude de la manière dont le pouvoir s'acquiert, s'exerce et se transmet au sein de l'État[1], le droit constitutionnel, « droit des droits »[2] et « fondement du droit de l'État et du droit dans l'État »[3] a émergé avec pour un objet unique l'étude descriptive des institutions politiques[4]. À la suite de la systématisation de l'ordre juridique autour du principe hiérarchique de la pyramide des normes par Hans Kelsen, on est passé d'un droit constitutionnel institutionnel à un droit constitutionnel normatif. L'autorité de la Constitution étant désormais garantie grâce au contrôle d'un juge constitutionnel, la politique pouvait être saisie par le droit[5]. L'aboutissement logique de cette saisie a été la sauvegarde des droits et libertés de l'individu, marquant ainsi le passage du droit constitutionnel normatif au droit constitutionnel substantiel.

En raison de la viscosité du champ politique et la diversité du champ social, l'étude des institutions, des normes et des droits de l'homme présentait encore des limites. En effet, ce droit constitutionnel politique et civique omettait allègrement la question de l'identité des sociétés politiques, pourtant si déterminante dans le fonctionnement de l'État. C'est dans ce sens que Marcel

---

[1] Selon la définition de G. BURDEAU, *Traité de science politique*, Paris, LGDJ, 3e édition, 1983.

[2] OWONA (J.), *Droits constitutionnels et institutions politiques du monde contemporain*, Paris, L'Hamattan, 2010, p. 8.

[3] TROPER (M.), *La théorie du droit, le droit, l'État*, Paris, PUF, 2001, p. 144.

[4] Président de la République, Parlement, autres corps constitués… Ladite description se limitait à l'organisation et au fonctionnement de ces institutions. La constitution se réduisait à un acte symbolique sans véritable autorité sur les corps constitués qui étaient alors aveuglés par le mythe de la perfection de la loi. Ce droit constitutionnel naissant gardait une étroite filiation avec la science politique. On le qualifiait tantôt de droit politique, tantôt de droit de la politique (M. DUVERGER, *Institutions politiques et droit constitutionnel*, 11e éd., Paris, PUF, 1970).

[5] FAVOREU (L.), *La politique saisie par le droit : alternances, cohabitation et conseil constitutionnel*, Paris, Economica, 1988, p.12.

PRELOT a jeté les bases d'un droit constitutionnel démotique, qui s'intéresse à l'étude du pouvoir étatique fondée sur le cadre territorial et les caractéristiques de la population[6]. Le droit constitutionnel est encore passé de cet objet triple[7] à un objet multiple. Cette approche privilégiant la maîtrise de l'individu, sujet du pouvoir, dans la diversité de ses appartenances concrètes et non dilué dans une nation unifiée justifie aujourd'hui la consécration d'un régime constitutionnel spécifique à des groupes particuliers et non à tous les citoyens au sein d'une nation plurielle. La réglementation concernant les minorités[8] et

---

[6] PRELOT (M.), *Institutions politiques et droit constitutionnel*, 3e éd., Dalloz, 1963, p.31 et s. V. également ONDOUA (A.), « La population en droit constitutionnel camerounais : le cas des pays d'Afrique francophone », *Afrique contemporaine*, n° 242 : 87-97 (spéc. p.93).

[7] FAVOREU (L.), « Le droit constitutionnel : droit de la constitution et constitution du droit », n° 1, *RFDC*, 1990, p. 88.

[8] À la vérité il n'existe pas de définition générale de cette notion. Pour cerner ce terme, le *Dictionnaire de droit international public* reprend la définition de Francesco CAPOTORTI, pour qui le terme « minorité » désigne un « groupe numériquement inférieur au reste de la population d'un État, en position non dominante, dont les membres (ressortissants de l'État) possèdent du point de vue ethnique, religieux ou linguistique, des caractéristiques qui diffèrent de celle du reste de la population et manifestent même de façon implicite un sentiment de solidarité, à l'effet de préserver leur culture, leurs traditions, leur religion ou leur langue ». CAPOTORTI (F.), *Étude des droits appartenant aux minorités ethniques, religieuses et linguistiques*, Nations unies, New York, 1979, p. 568 ; SALMON (J.) (dir.), *Dictionnaire de droit international public*, Bruxelles, Bruylant/AUF, 2001, p. 508. S'il faille dire un mot sur le terme minorité et les différentes catégories de minorités, l'on insistera sur le sens plus restreint du concept qui est celui utilisé en droit international, en particulier dans les instruments de protection des droits de l'homme et des droits des *« minorités »*. Ici le terme désigne les minorités ethniques, linguistiques ou religieuses (article 27 du Pacte international relatif aux droits civils et politiques), ou encore les minorités « nationales » (Convention-cadre du Conseil de l'Europe pour la protection des minorités nationales). Les qualificatifs « linguistiques ou religieuses » sont suffisamment clairs pour se passer d'explications ; par ailleurs, étant donné l'importance de la langue et de la religion pour l'identité culturelle, les minorités linguistiques et religieuses peuvent souvent être considérées comme étant plus généralement des minorités culturelles. Quant à l'adjectif « ethnique », il n'a en principe aucune connotation raciale et renvoie à un ensemble d'individus qui partagent certains traits de civilisation, notamment la communauté de langue et de culture. L'adjectif « nationale » semble renvoyer à un concept voisin : celui d'un groupe humain qui se caractérise par la conscience de son unité culturelle et par la volonté de vivre en commun. Le dénominateur commun de tous les qualificatifs utilisés pour désigner les minorités dans le sens spécialisé est donc qu'ils renvoient, directement ou indirectement, à l'unité et au particularisme culturel d'un groupe, à l'appartenance de ses membres à une même culture ou à certaines formes de celle-ci. WOEHRLING (J.), « Les trois dimensions de la protection des minorités en droit constitutionnel comparé », *RDUS*, n° 34, 2003 : 96-155 (spéc. p. 97 et s.)

d'autres catégories[9] participe de cette orientation. C'est dans cette perspective que le droit camerounais reconnaît et protège les minorités ethniques, bien qu'il n'en donne aucune définition[10].

Quel qu'en soit l'angle de perception, la question de la protection des minorités se rattache si non à la crise, du moins au renouvellement du modèle républicain. Forme d'organisation de l'État basée sur le droit gouvernement de la chose de tous avec puissance souveraine[11], la République exclut, entre autres, toute forme d'appropriation du pouvoir par un seul ou par quelques-uns ; tous les citoyens devant vivre avec intensité le sentiment d'appartenir à la communauté politique constituée en nation ou en multi-nation. Il apparaît donc qu'au fondement de la République se trouve l'idée d'égalité. Or reconnaître que tous les hommes sont égaux ne postule pas qu'ils soient partout identiques[12]. Lévi-Strauss écrivait justement à cet égard que « les grandes déclarations des droits de l'homme ont, elles aussi, cette force et cette faiblesse d'annoncer un idéal trop souvent oublieux du fait que l'homme ne réalise pas sa nature dans une humanité abstraite, mais dans des cultures traditionnelles où les changements les plus révolutionnaires laissent subsister

---

[9] Il en est ainsi des autochtones, des chefs traditionnels, des femmes (genre) etc. En effet, malgré sa vocation universelle à limiter le pouvoir et garantir la liberté (universalisme), le droit constitutionnel est appliqué dans chaque État en fonction des aspirations particulières de la société (relativisme culturel). Tant et si bien aujourd'hui, l'on identifie plusieurs traditions constitutionnelles les plus connues sont la tradition britannique portée vers le régime parlementaire, la tradition américaine appuyée sur le gouvernement présidentiel, la tradition française institutionnalisant le pouvoir de la nation et la tradition soviétique préconisant une société politique unanimiste structurée autour d'un parti unique.

[10] Le Premier ministre camerounais indiquait lors de la discussion générale au Parlement le 30 novembre 1995, à l'occasion de l'adoption de la Constitution du 18 janvier 1998, que « telles que prévues par le présent projet, de loi en étude, les minorités dans notre contexte sont des minorités ethniques et non linguistiques ou religieuses ». Voir le rapport présenté au nom de la Commission des lois constitutionnelles, des droits de l'homme et des libertés, de l'Honorable ETONG HILARION, sur le projet de loi n° 590/PJL/AN portant révision de la Constitution du 2 janvier 172, Assemblée nationale, 5e législature, année législative 15-19, Session extraordinaire (déc. 2005), document n° 2 205/AN, dactyl., 79 p. (ci-après : « Rapport ETONG Hilarion »), p. 13.

[11] Tels sont les éléments substantiels de la définition de J. BODIN dans, *Les Six Livres de la République* (1576) : « un droit gouvernement de plusieurs ménages et de ce qui leur est commun, avec puissance souveraine. »

[12] ROULAND (N.) (dir.), PIERRE-CAPS (S.) et POUMAREDE (J.), *Droit des minorités et des peuples autochtones*, Document numérique, 1996, coll. « Les classiques des sciences sociales », http ://classiques.uqac.ca, http ://bibliotheque.uqac.ca, p. 22.

des pans entiers et s'expliquent eux-mêmes en fonction d'une situation strictement définie dans le temps et l'espace. »[13]

Dès lors, les minorités, aux côtés d'autres groupes vulnérables tels que les peuples autochtones[14], se retrouvent souvent dans la situation de citoyens marginalisés, en conséquence de l'application du principe d'égalité. Relégués à des citoyens exclus ou à des sous-citoyens sur la pente glissante[15] de l'égalité, ils développent des frustrations qui conduisent à un repli identitaire emportant exacerbation des solidarités primaires par instinct de survie.

Les États africains, qui avaient tôt fait de reprendre, dès les indépendances, le modèle républicain français exaltant la conception volontariste de la nation au détriment de la conception ethnique allemande pour construire l'unité par la dilution de la diversité identitaire, se rendent à l'évidence qu'ils faisaient la politique de l'autruche. Les *« problèmes »* anglophone[16] au Cameroun et

---

[13] LEVY-STRAUSS (Cl.), *Race et histoire*, Paris, Denoël, rééd. 1982, p. 23.

[14] En tant qu'identité, l'autochtonie s'apprécie à partir de deux critères, l'un objectif et l'autre subjectif, qui se dégagent de l'article 1er de la Convention n°169 de l'Organisation International du Travail (OIT). D'un point de vue objectif, sont autochtones, « les peuples distincts des autres secteurs de la communauté nationale par leurs conditions socioculturelles et économiques ; régis totalement ou partiellement par leurs coutumes, traditions ou par une législation spéciale ; descendant des populations qui habitent le pays, ou une région géographique à laquelle appartient le pays, à l'époque de la conquête ou de la colonisation ou de l'établissement des frontières actuelles de l'État et ayant conservé leurs institutions sociales, économiques, culturelles et politiques propres ou certaines d'entre elles ». Le critère subjectif, fondé sur le sentiment d'appartenance indigène ou tribale, vise la préservation des éléments de la personnalité par un attachement mystico-religieux aux terres ancestrales. Dans son Avis juridique sur la Déclaration des Nations unies sur les droits des peuples autochtones, la CADHP estime que l'identité des peuples autochtones « prend en effet en charge les éléments constitutifs suivants […] : a) l'auto-identification ; b) l'attachement spécial et l'utilisation de leur territoire traditionnel alors que leurs terres ancestrales ont une importance capitale pour leur survie collective physique et culturelle en tant que peuple […] ». Selon l'idée avancée par le professeur Roger-Gabriel NLEP, au Cameroun, chacun est autochtone là où ses ancêtres se trouvaient à l'arrivée du colonisateur en 1884. Le point de vue de cet auteur situe l'autochtonie au Cameroun à partir de 1884.

[15] L'on transpose ici l'erreur d'argumentation qui, en épistémologie réside dans le fait qu'une idée pourtant vraie et louable au premier abord se révèle insoutenable lorsqu'on l'approfondit parce que ses conséquences ne sont pas souhaitables. Ainsi l'égalité souhaitable aboutit-elle dans certains cas comme celui des groupes vulnérables à des discriminations non souhaitables. V. not. GOLTZBERG, *L'argumentation juridique*, Paris, Dalloz, 2e éd., 2015, pp. 55-59.

[16] Les origines du problème « anglophone » sont lointaines notamment les « incompréhensions » nées de deux évènements majeurs à savoir la Conférence de Foumban tenue du 17 au 22 juillet 1961 et la réunification du 1er octobre 1961. Ce problème qui se traduit aujourd'hui par une crise sécuritaire dans les régions du

casamançais[17] au Sénégal en sont des illustrations. Menacées de bannissement tant sur le plan politique que sur le plan culturel, les identités jadis enfouies sous le principe d'une nation unifiée et homogène resurgissent[18] à travers des revendications persistantes. Les citoyens à part entière ou entièrement à part s'engagent à faire des réclamations de toutes sortes. Celles-ci vont de la simple reconnaissance de leur identité particulière à leur participation à la gestion des affaires publiques, non sans dégénérer à la sécession. Désormais exposés à cette nouvelle source d'instabilité, les États africains ont tâché de trouver des solutions juridiques susceptibles d'assurer reconnaissance et protection aux minorités en raison de leur situation particulière. En contrepartie, les minorités ne peuvent se prévaloir du droit des peuples à disposer d'eux-mêmes[19] en tant que peuple-société et non peuple politique[20].

Aussi est-il loisible d'observer que le droit constitutionnel démotique ne s'embarrasse pas de tabou[21]. Le nouvel ordre politique libéral que s'attèlent aujourd'hui à mettre sur pied les États multiculturels s'attache aux réalités sociologiques et culturelles. La distinction autochtone/allogène introduite en droit camerounais participe de cet élan. Hier stigmatisée parce que porteuse de relents tribalistes, l'ethnie est aujourd'hui célébrée et appréhendée sous le prisme de l'identité, d'un particularisme à protéger. Elle est désormais une donnée importante à prendre en compte dans l'organisation politique et dans l'exercice du pouvoir[22].

---

nord-ouest et du sud-ouest a simplement resurgi, en 2016, à la faveur des revendications corporatistes, notamment des avocats puis des enseignants. Plus tard, elles se sont transformées en demandes politiques. Depuis lors on a assisté à la naissance de deux tendances. Une radicale (menée par M. Julius SISSIKU AYUK TABE) qui ambitionnait à travers un projet de sécession de créer une République autonome dénommée *Ambazonie*. L'autre plutôt indépendantiste réclamait l'indépendance de la partie « anglophone » et un retour au fédéralisme.

[17] DIALLO (B.), *La Crise casamançaise. Problématique et voies de solutions*, Paris, L'Harmattan, 2009, p. 62.

[18] CONSTNATINESCO (V.) et PIERRE CAPS (S.), *Droit constitutionnel*, Paris, PUF, 6e éd. 2004, p. 303.

[19] *Idem*, p. 311.

[20] *Ibid*, p. 295.

[21] Le tabou est défini comme « quelque chose qu'on ne peut dire par gêne ou par pudeur, ou par croyance ». *La notion de tabou revêt deux formes en droit. Tantôt elle renvoie à l'impossibilité d'intellection ou de règlementation d'un phénomène : c'est* « l'innomé ou l'impensé ». Tantôt, la chose ou phénomène est nommé voire règlementé mais n'est jamais discuté : c'est « l'indiscuté ou l'indélibéré ». A. B. FALL, « Les tabous du constitutionnalisme en Afrique », Synthèse des travaux du Colloque de Lomé II, tenu du 16 au 19 juin 2011, p. 7.

[22] AKONO EVANG (S.-P.), « Contribution à une science africaine de l'ethnie à partir de l'expérience camerounaise », *Droit et société*, n° 86, 2014/1 : 157-174.

La question lancinante qui se pose est donc celle de savoir si au-delà des mécanismes et arrangements institutionnels qu'implique la démocratie consociative[23], les minorités ethnoculturelles disposent de moyens juridiques idoines pour revendiquer leur participation optimale à l'exercice du pouvoir ? En d'autres termes, existe-t-il dans les États africains, vus à travers le Cameroun, des voies de droit permettant à cette catégorie de groupe vulnérable de réclamer des pouvoirs publics l'accès des leurs à des postes d'autorité politique, administrative, juridictionnelle ou même traditionnelle afin de ne pas rester en marge de la République ?

Cette préoccupation est chargée d'un fort coefficient d'implications aux plans théorique et pratique. En premier lieu, elle vise à éveiller les minorités à la combativité juridique au lieu de se limiter à des jérémiades. Comme on le sait, les droits et libertés ne se donnent pas, ils s'arrachent. Fort justement, Rudolph Von IHERING prescrit dans son ouvrage de référence *Le combat pour le droit (1872)* que « toute personne se doit à elle-même et à la société de réagir juridiquement contre toute violation de ses droits et intérêts, de façon à contribuer au règne de la loi ». Ce combat pour le droit peut emporter tout à la fois un effet promotionnel et protecteur. C'est dire en second lieu que la recherche des moyens de revendication conduit à l'inclusion des minorités ; laquelle est susceptible de faire cesser les mouvements de contestation divers et les tensions sécessionnistes ; ceci ayant pour point de mire la stabilité de l'État et la cohésion sociale.

En examinant la situation sous la lunette du positivisme pragmatique[24], la perspective de réflexion se dessine sur un diagnostic préoccupant. En effet, une pluralité de moyens de revendication consacrés peut servir et faire valoir aux minorités leur cause (**I**) ; cependant, l'effectivité de ces moyens reste encore atténuée (**II**).

I. Une pluralité de moyens de revendication consacrée

Il existe une pluralité de moyens institutionnels qui ont pour fonction de garantir une participation effective des minorités à l'exercice du pouvoir. Ceux-ci leur permettent soit d'influencer, soit de retarder ou de bloquer le processus décisionnel. Les minorités peuvent exprimer leurs frustrations liées au déni du droit de participation politique au moyen de canaux non juridictionnels (A) et juridictionnels (B).

---

[23] La démocratie consociative se définit comme un ensemble de mécanismes et d'arrangement institutionnels permettant d'établir un modus vivendi dans les sociétés divisées par des clivages profonds. Voir à cet effet CONSTNATINESCO (V.) et PIERRE CAPS (S.), *Droit constitutionnel*, *op.cit*., p. 312.

[24] Voir à ce propos BRIMO (A.), *Les grands courants de la pensée juridique et de l'État*, Paris, Pedone, 1978, p. 279.

A. La revendication devant les instances non juridictionnelles

Les minorités peuvent s'imposer dans la gestion des affaires publiques par plusieurs moyens qui vont du droit de pétition aux requêtes et dénonciations en passant par la liberté de manifestation.

Appréhendé au sens générique comme un appel aux pouvoirs publics et aux autorités constitutionnelles pour solliciter leur intervention dans des circonstances et pour un objet qu'on leur expose[25], le droit de pétition se définit plus strictement comme le « droit d'adresser aux pouvoirs publics – exécutif ou assemblées législatives – des plaintes, des réclamations ou des suggestions »[26]. La pétition est alors constituée d'une demande présentée par écrit au président d'une Assemblée parlementaire par une ou plusieurs personnes, et tendant généralement à obtenir réparation d'une injustice dont elles s'estiment victimes[27].

L'avènement du droit de pétition remonte à la *Petition of Rights* de 1628 imposée à Charles Ier par le parlement, en échange du vote de crédits pour mener la guerre contre la France et l'Espagne[28]. Cette pétition visait à préserver les libertés fondamentales tout en affirmant les libertés individuelles. Dans le *Bill of Rights* américain de 1789, le Ier amendement magnifiait déjà l'importance majeure de la liberté de pétition[29]. Les minorités en ont trouvé en celui-ci un excellent moyen d'expression. Depuis la Société des Nations, elles exerçaient déjà un droit de pétition auprès de son Conseil[30]. Il est de nos jours considéré que dans la pratique onusienne, la pétition constitue pour les peuples et leurs membres un droit naturel[31]. La pétition a été pour les minorités du Bas-Canada et du Maine « un outil efficace pour véhiculer leurs aspirations

---

[25] LECLERC (J.), *Le droit de pétition, étude de droit public comparé*, Thèse de doctorat en droit public, Université de droit de Paris, Chatillon-sur-Seine, imprimerie Ernest Leclerc, 1913, p. 1.

[26] CONSTANT (J.-G.), « La réception parlementaire d'une pratique politique "périphérique". Le droit de pétition entre réfraction et réflexion », *CURAPP, PUF*, 1998, pp. 39-71, p. 40.

[27] AVRIL (P.) et GICQUEL (J.), *Lexique de droit constitutionnel*, Que-sais-je, PUF, 2016, 4e éd., 128 p, p. 78.

[28] LOCHAK (D.), « La proclamation des droits de l'homme », *Les droits de l'Homme*, 2009, pp. 17-27, p. 17.

[29] « Le Congrès ne fera aucune loi qui touche l'établissement ou interdise le libre exercice d'une religion, ni qui restreigne la liberté de parole ou de la presse, ou le droit qu'a le peuple de s'assembler paisiblement et d'adresser des pétitions au gouvernement pour la réparation de torts dont il se plaint ». (Ratifié le 15 décembre 1791).

[30] BOSSUYT (M.), « Protection internationale des minorités : le cas particulier de la Belgique », *RCAIDC*, vol. XII, 2003 : 15.

[31] NGANGO SANDJE (R.), *État et nation dans le constitutionnalisme africain : étude thématique*, Thèse de doctorat en Droit, Université de Bourgogne, 2013, 658 p., p. 321.

politiques »[32]. Qu'il soit expressément prévu dans certaines constitutions des États africains à l'instar du Burkina Faso et de la RDC[33]. Cette technique est spontanément utilisée aujourd'hui dans les États démocratiques comme un moyen naturel d'expression des aspirations des groupes, notamment dans les États multinationaux.

En effet, si « l'État assure la protection des minorités »[34], il est indéniable que celles-ci soient fondées à faire des revendications lorsque leurs droits et leur identité seraient bafoués. Celles-ci sont adressées soit aux pouvoirs publics constitutionnels ou à toute autre autorité publique à l'exception de l'autorité juridictionnelle. Ce droit peut être exercé tant devant les instances nationales qu'internationales. Par ce biais, les minorités luttent pour leur participation aux décisions. Le droit de pétition apparaît alors comme un correctif aux dérives de la démocratie représentative, dès lors qu'il permet de porter la voix des groupes minoritaires souvent « privés de l'exercice des droits politiques »[35] et de participation aux affaires publiques. Au niveau continental, la Commission africaine des droits de l'homme et des peuples a quelquefois examiné lors de ses sessions ordinaires des communications adressées à titre individuel ou collectif conformément à l'article 56 de la Charte. Dans le cadre de cette démarche audacieuse, la Commission a examiné la Communication n° 266/2003 Kevin MGWANGA GUNME et autres c/ État du Cameroun[36].

En dehors du droit de pétition, les minorités peuvent aussi revendiquer leur participation aux affaires publiques par la liberté de manifestation. Celle-ci est selon Bernard Stern, révélatrice du degré de participation des citoyens à la vie

---

[32] WATTS (S.) « Pétitions et démocratie : les cas du Bas-Canada et du Maine, 1820-1840 », *Bulletin d'histoire politique*, 2006, n° 14/2 : 51-62, p. 52.

[33] Ce droit est prévu à l'article 27 de la Constitution congolaise : « tout congolais a le droit d'adresser individuellement ou collectivement une pétition à l'autorité publique qui y répond dans les trois mois ».

[34] Préambule de la constitution camerounaise du 18 janvier 1996.

[35] PREUVOT (P.), « Le droit de pétition : mutation d'un instrument démocratique », *Jurisdoctoria*, n° 4, 2010, pp. 72-97, p. 79.

[36] « The African Commission therefore recommends as follows; […] 1. That the Respondent State: (i) Abolishes all discriminatory practices against people of Northwest and Southwest Cameroon, including equal usage of the English language in business transactions […] ». (paragr. 215). La Décision est présentée sous la forme d'un appendice de 45 p. (p. 148-192) sur la page internet : www.achpr.org/english/Decison_Communication/.../Comm.266-03.pdf (Consulté le 15 mai 2010). Le Document original de la Décision est également annexé (Annexe n° 4) au Rapport de la 15e session ordinaire du Conseil exécutif de l'Union africaine (UA) qui s'est tenue du 24 au 30 juin 2009 à Serte en Lybie. V. Le Doc. EX.CL/529 (XV). V. Pour quelques commentaires de cette décision, OLINGA (A.-D.) « La "question anglophone" devant le prétoire international des droits de l'homme » : 231-333, in *Le Cameroun devant le prétoire international*, Afrédit, 2015.

publique[37]. Au Cameroun, la liberté de manifestation est encadrée par la loi n°90/055 du 19 décembre 1990 fixant le régime des réunions et des manifestations publiques. Celles-ci sont soumises à l'obligation de déclaration préalable[38] et peuvent être interdites par l'autorité administrative lorsqu'elles sont suspectées de poser des problèmes d'ordre public[39]. En cela, la liberté de manifestation répond à l'exigence fixée par l'article 29 de la Déclaration universelle des droits de l'homme : « Dans l'exercice et la jouissance de ses droits, chacun n'est soumis qu'aux limitations établies par la loi exclusivement en vue d'assurer la reconnaissance et le respect des droits et libertés d'autrui et de satisfaire aux justes exigences de la morale, de l'ordre public et du bien-être général dans une société démocratique »[40].

La liberté de manifestation apparaît pour les minorités comme un instrument de lutte permettant d'exprimer des idées et de défendre des droits. C'est ce sens que lui donnent Hubert Alcaraz et Olivier Lecueq. Pour ces auteurs, « la réunion ou la manifestation sont en effet des canaux d'extériorisation, au premier chef de la liberté d'opinion et d'expression, mais au second plan d'autres fondamentaux, tels que les droits politiques... »[41]. Le choix de la revendication minoritaire à travers la liberté de manifestation se trouve justifié en ceci que l'espace public n'est pas seulement un lieu de circulation justifiant la liberté d'aller et de venir. Il est aussi « une sphère de participation des habitants à la vie publique, il est normal d'y laisser une place pour l'expression d'opinions »[42]. En Espagne, des manifestations sont généralement organisées par une partie de la population catalane estimant devoir faire faire prévaloir le « droit à décider » pouvant aller jusqu'à une sécession avec l'Espagne. Au Cameroun, le 1er octobre 2017, des avocats et enseignant de la minorité anglophone ont manifesté pour revendiquer la révision du code pénal, la traduction en anglais des actes uniformes OHADA et une participation efficiente à l'exercice du pouvoir. Cette manifestation a ouvert la porte aux tensions sécessionnistes qui sévissent dans les régions du Nord-Ouest et du Sud-Ouest jusqu'à ce jour[43]. Si la revendication minoritaire

---

[37] STIRN (B.), *Les libertés en question*, Paris, L.G.D.J., 2013, 158 p, p. 42.

[38] Art. 6 (1) de la loi n°90/055 du 19 décembre 1990 fixant le régime des réunions et des manifestations publiques.

[39] Art. 8 (2).

[40] Art. 29 de la Déclaration universelle des Droits de l'homme.

[41] ALCARAZ (H.) et LECUEQ (O.), « La liberté de manifestation dans l'espace public en Espagne », in *La liberté de manifester et ses limites : perspectives de droit comparé*, DUFFY-MEUNER (A.) et PERROUD (T.) (dir.), colloque international de la Chaire Louis Favoreu tenu le 18 mars 2016 à la Faculté de Droit et de Science politique d'Aix-en-Provence, pp. 5-19, p. 8.

[42] Tribunal constitutionnel espagnole, Arrêt 66/1995 du 8 mai 1995.

[43] Lire à propos KOAGNE ZOUAPET (A.), « La crise anglophone face à la problématique d'un droit de sécession en droit international », in *Cameroun. La crise anglophone sous le prisme du droit international*, L'Harmattan, 2019, pp. 73-113.

revêt une fonction sociale qui réside dans le fait qu'elle constitue un « support d'une opinion ou d'une revendication partagée et renforcée grâce à l'expression collective »[44], elle devrait toujours susciter de la prudence en raison de ses excès.

Également, les minorités peuvent revendiquer leur inclusion dans la vie publique à travers des requêtes et des dénonciations devant des administrations indépendantes. Par décret du 23 janvier 2017, il a été institué au Cameroun un organisme de protection des identités : la Commission Nationale pour la Promotion du Bilinguisme et du Multiculturalisme[45]. Par la mise en place de cette Commission, l'État camerounais marque un pas décisif pour faire tomber la pression des revendications identitaires. Marcelin Nguelé Abada faisait déjà remarquer dans ce sens que « Les pouvoirs, sous peine de capitulation, accordent des droits certes limités, mais toujours dans le sens d'une expression identitaire jamais appliquée auparavant »[46]. Organe consultatif doté de la personnalité juridique et de l'autonomie financière, la Commission Nationale pour la promotion Bilinguisme et le Multiculturalisme qui est chargée « d'œuvrer à la promotion du bilinguisme, du multiculturalisme au Cameroun »[47] reçoit dans ce sens des requêtes dénonçant des discriminations fondées sur l'irrespect des dispositions constitutionnelles relatives au bilinguisme et au multiculturalisme et en rend compte au Président de la République[48]. Elle peut à ce titre être considérée comme un exutoire des frustrations minoritaires au Cameroun.

De même, la Commission des droits de l'Homme du Cameroun joue un rôle similaire. Elle est une institution indépendante de consultation, d'observation, d'évaluation, de dialogue, de conciliation et de concertation en matière de promotion et de protection des droits de l'homme[49]. Dans sa mission de protection des droits de l'homme, elle traite des requêtes et dénonciations relatives aux allégations de violation des droits de l'homme[50]. Elle constitue une tribune déterminante pour les revendications minoritaires relatives au déni

---

[44] ALCARAZ (H.) et LECUEQ (O.), « La liberté de manifestation dans l'espace public en Espagne », in *La liberté de manifester et ses limites : perspectives de droit comparé, op. cit.*, p. 9.

[45] Décret n° 2017/013 du 23 janvier 2017 portant création, organisation et fonctionnement de la Commission Nationale pour la Promotion du Bilinguisme et du Multiculturalisme.

[46] NGUELE ABADA (M.), « Le cycle identitaire dans le droit : réflexion sur le fondement et l'expression des droits de l'homme dans les États africains au sud du Sahara », in *Ethnicité, identités et citoyenneté en Afrique centrale*, D. BOUKONGOU (dir.), *Cahiers africains des droits de l'homme*, n° 6-7, mars 2002 : 73-117, p. 96.

[47] Art. 3 (1).

[48] Art. 3 (2).

[49] Art. 1 (2) de la loi n° 2019/14 du 19 juillet 2019 portant création, organisation et fonctionnement de la Commission des Droits de l'Homme du Cameroun.

[50] Art. 6.

de leur droit à l'exercice du pouvoir. En cas de violations graves, récurrentes ou systématiques, elle pourrait même s'autosaisir[51].

Dans la même logique, le Conseil National de la Communication[52] rend des décisions et avis en matière de la promotion des langues et cultures nationales dans tous les médias, de la promotion des idéaux de paix, de démocratie et des droits de l'homme[53].

L'existence de moyens non juridictionnels tendant à donner échos aux revendications des minorités dans l'exercice du pouvoir, bien que déterminante, est accompagnée de moyens juridictionnels.

B. Les revendications devant les instances juridictionnelles

L'action des minorités en tant que force politique s'exprime soit au sein des partis politiques lorsque celles-ci sont géographiquement localisées, soit par le moyen des groupes de pression. La Commission africaine des droits de l'homme avait déjà, dans ce sens, suggéré à la SCNC[54] et à la SCAPO[55], deux mouvements revendiquant la sécession de la minorité anglophone au Cameroun, de « se constituer en partis politiques »[56] afin de mieux exprimer leurs aspirations. Par cette demande, la Commission entendait indiquer clairement que la seule forme d'expression légitime de leurs revendications réside dans leur inscription au cœur de la régulation politique et institutionnelle normale[57]. La non prise en compte du référent identitaire au sein des partis politiques a abouti au contentieux devant le juge électoral.

La revendication minoritaire a pour la première fois marqué le paysage judiciaire du Cameroun en 2004 dans l'affaire SDF contre État du Cameroun[58]. Était en cause dans cette espèce, le défaut de prise en compte des composantes sociologiques dans les listes électorales. En effet, la prise en compte des composantes sociologiques est un élément fondamental de représentation des

---

[51] *Idem*.

[52] Le Conseil national de la Communication est un organe régulateur et de consultation en matière de communication au Cameroun créé par Décret n° 2012/038 du 23 janvier 2012 portant réorganisation du Conseil National de la Communication.

[53] Art. 4 (1).

[54] Southern Cameroon National Council créé en 1995.

[55] Southern Cameroons Peoples Organization.

[56] Communication n° 266/2003 Kevin MGWANGA GUNME et autres c/ État du Cameroun.

[57] OLINGA (A.-D.) « La "question anglophone" devant le prétoire international des droits de l'homme », in *Le Cameroun devant le prétoire international, op. cit.*, p. 332.

[58] Cour suprême du Cameroun, Assemblée plénière, Arrêt n° 96/A/2003-2004 du 9 juin 2004 *Social Democratic Front (SDF) (Commune urbaine de Nkongsamba) EYEM François, MEUTCHI Joseph, ISSA SOULEMANE c. État du Cameroun (MINATD)*.

minorités posé par la loi électorale camerounaise[59]. Elle a pour « objet de faire participer toutes les composantes de la circonscription à la prise de décision »[60] ; composante majoritaire comme composante minoritaire. La cour suprême a décidé en l'espèce que *le parti politique SDF ne peut être admis à compétir à l'élection municipale du 13 juin 2004 avec la liste dont la disqualification a été prononcée par la Commission communale de supervision*[61]. Si l'on s'accorde avec James Mouangue Kobila sur ce que « la composition sociologique de la liste de candidats s'apprécie du point de vue socio-ethnique »[62], alors le juge électoral s'affirme en véritable garant de la participation politique des minorités. La sanction qu'il attache à la méconnaissance du respect des composantes sociologiques et le rejet pur et simple de la liste[63].

La composante sociologique semble sans nul doute être une donnée essentielle de la démocratie en Afrique. À en croire la Charte africaine de la Démocratie, des Élections et de la Gouvernance, « le respect de la diversité ethnique, culturelle et religieuse contribue au renforcement de la démocratie et de la participation des citoyens »[64]. Blaise Tchikaya renchérit en affirmant qu'elle constitue une préoccupation particulière de sociologie africaine. Dans une autre espèce, *Ngoh Ajong Dobgima (Candidate CPDM List Bali) and The State of Cameroon (MINATD)*, le juge électoral a consolidé sa position en disqualifiant la liste SDF de la localité de Bali pour non-respect des composantes sociologiques[65].

---

[59] La loi n° 2012/001 du 19 avril 2012 portant Code électoral, modifiée et complétée par la loi n° 2012/017 du 21 décembre 2012 prévoit des dispositions pertinentes pour la prise en compte des composantes sociologiques. Art. 171 (3) et 181 (2) pour l'élection des conseillers municipaux ; art. 151 (3) et 164 (4) pour l'élection des députés à l'Assemblée nationale ; art. 218 (3) pour les élections sénatoriales ; art. 246 (1) pour l'élection des conseillers régionaux.

[60] TCHEWA (J.-C.), « Droit constitutionnel étranger. Les principes directeurs du contentieux électoral camerounais : à propos de « l'influence significative sur le résultat du scrutin » dans sa mise en œuvre à l'occasion des élections législatives et municipales du 22 juillet 2007 », *RFDC*, 2011/2 n° 86 : 1-29, p. 17.

[61] Arrêt précité.

[62] MOUANGUE KOBILA (J.), « Droit de la participation politique des minorités et des populations autochtones. L'application de l'exigence constitutionnelle de la prise en compte des composantes sociologiques de la circonscription dans la constitution des listes de candidats aux élections au Cameroun », *RFDC*, 2008/3 n° 75, p. 629-664, p. 643.

[63] *Ibidem.*, p. 645.

[64] Article 8 alinéa 3 de la Charte Africaine de la Démocratie, des Élections et de la Gouvernance, pp. 515-528, p. 521.

[65] *Supreme Court of Cameroon, Administrative Bench, Jugment n° 026/06-07/CE of 12 June 2007.*

Le juge électoral surfe sur la même vague que le constituant et le législateur. En réalité, « l'octroi de droits spécifiques à des groupes minoritaires est destiné à favoriser la représentation politique de ceux-ci, leur participation à la vie publique et à ne pas faire l'objet de discriminations »[66]. Il participe de ce point de vue à la réalisation de l'autodétermination interne des peuples minoritaires[67]. Plus singulièrement, la prise en compte de la composante sociologique suppose la participation de toutes les couches sociologiques de la localité et partant, le respect des droits des minorités conformément au préambule de la Constitution et à la loi portant code électoral du Cameroun. La protection des minorités en matière électorale, se fait à travers l'exigence de la prise en compte des composantes sociologiques dans la constitution des listes des candidats, et réaffirmée dans la déclaration de candidature.

Les revendications minoritaires trouvent par ailleurs de l'écho dans la criminalisation des propos à caractère haineux. En effet, l'article 241 de la nouvelle loi camerounaise portant Code pénal criminalise les propos haineux sous l'appellation d'outrage aux races et aux religions[68]. Le législateur par ces dispositions semble viser les minorités raciales et religieuses selon la terminologie retenue par le *Dictionnaire de droit international public*[69]. C'est à la suite de l'élection présidentielle de 2018, contestée par une partie de l'opposition que le discours haineux s'est exacerbée au Cameroun tant par la voie des médias que celles des réseaux sociaux[70]. Ces tensions ont finalement

---

[66] OYONO (C.-S.), *Le principe de l'intangibilité des frontières et le droit des peuples à disposer d'eux-mêmes : réflexion à partir de l'exemple du Soudan du Sud*, Thèse de doctorat en Droit, Université de Yaoundé II, 2020, 450 p., p. 329.

[67] *Idem.,*

[68] Selon l'article 241 (1) de la loi n° 2016/ 007 du 12 juillet 2016 portant Code pénal du Cameroun, « est puni d'un emprisonnement de six (06) jours à six (06) mois et d'une amande de cinq (05 mille à cinq cent mille (500 000), celui qui commet un outrage, tel que défini à l'article 152 du présent Code, à l'encontre d'une race ou d'une religion à laquelle appartiennent plusieurs citoyens ou résidents. Si l'infraction est commise par voie de la presse ou de la radio, le maximum de l'amande est porté à vingt-cinq millions (25 000 000). Alinéa 2. Les peines prévues aux alinéas 1 et 2 sont doublées lorsque l'infraction est commise dans le but de susciter la haine ou le mépris entre les citoyens. Alinéa 3.

[69] D'après le *Dictionnaire de droit international public*, le terme « minorité » désigne un « groupe numériquement inférieur au reste de la population d'un État, en position non dominante, dont les membres – ressortissants de l'État – possèdent du point de vue ethnique, religieux ou linguistique, des caractéristiques qui diffèrent de celle du reste de la population et manifestent même de façon implicite un sentiment de solidarité, à l'effet de préserver leur culture, leurs traditions, leur religion ou leur langue ». SALMON (J.), (dir.), *Dictionnaire de droit international public*, préface de G. GUILLAUME, Bruxelles, Bruylant/AAUF, coll. « Universités francophones », 2001, p. 508.

[70] Lire sur ce point Rapport Afrique n° 2 95 du 3 décembre 2020 d'International Crisis Group, Apaiser les tensions ethno-politiques au Cameroun, en ligne et hors ligne.

pris une dimension ethnique[71] sapant ainsi les fondements de l'unité du Cameroun.

C'est dans une démarche prémonitoire que le législateur a, dans le Code pénal inclus une disposition criminalisant les outrages aux minorités ethniques ou religieuses. Il fait ainsi du juge pénal le défenseur de la cause minoritaire au Cameroun.

C'est le lieu d'évoquer l'action des minorités en tant que groupe identitaire. Ici les revendications trouvent leur essence dans « le droit à la protection, par les États, de leur existence et leur identité nationale ou ethnique, culturelle, religieuse ou linguistique »[72]. C'est la raison pour laquelle les revendications peuvent être portées par les victimes ou par les ONG. En dehors des juridictions nationales, ces dernières peuvent saisir les juridictions supranationales notamment régionales. La jurisprudence des mécanismes régionaux, africain et européen, de protection des droits de l'homme le confirme.

Loin du terrain des revendications relatives à la participation politique et à la prise de décision, la protection des minorités s'effectue par le biais de la répression des atteintes aux droits collectifs et individuels. Cela s'observe en Europe, mais davantage en Afrique. Sa résonnance et son efficacité impose ainsi sa mise en perspective. Dans sa décision relative aux *Lapons* de Norvège, le Commission Européenne des Droits de l'Homme a estimé qu'au regard de l'article 8 de la convention européenne des droits de l'homme[73], cette minorité nationale est fondée à revendiquer le respect de son mode de vie, puisqu'il s'agit de « sa vie privée »[74]. Toujours sur la base de cette disposition, dans une autre espèce, *Chapman contre Royaume-Uni*, la Cour Européenne des Droits de l'Homme fait observer que la vulnérabilité des *Tsiganes* implique d'« accorder une attention spéciale à leurs besoins et à leur mode de vie »[75].

Sur le continent africain, la Charte africaine des droits de l'homme et des peuples rend possible la protection des minorités au travers de l'existence des droits collectifs dont les « peuples » sont titulaires. L'on remarque néanmoins qu'en matière de protection des minorités nationales, la Commission s'appuie également sur la violation des droits individuels. Des illustrations concrètes prouvent qu'à la violation des droits collectifs des minorités peuvent se supposer la violation des droits individuels de ces membres. Le droit

---

[71] *Ibidem.*, p. 13-16.

[72] Article premier de la Déclaration des Nations unies sur les droits des minorités (résolution 47/135) de 1992. L'alinéa 2 de l'article 2 du même texte mentionne leur droit de participer pleinement à la vie culturelle, religieuse, sociale, économique et publique.

[73] Cette disposition qui impose aux États d'assurer le respect de la vie privée et familiale de chaque individu.

[74] Commission européenne des droits de l'homme, décision G. et E. c/ Norvège, 3 octobre 1983.

[75] CEDH, 18 janvier 2001, *Chapman c. Royaume-Uni*.

international africain des droits de l'homme protège donc aussi bien l'individu que le groupe auquel il appartient.

Dans l'affaire *Sudan Rights Organisation & Centre on Housing Rights and Evictions (COHRE) / Sudan* de 2009[76], la Commission constate la violation du droit au développement économique social et culturel des peuples ainsi que plusieurs dispositions protégeant les droits individuels[77]. Cette communication portait sur les exactions commises dans le Darfour par la milice *Janjaweed,* dont les membres sont majoritairement arabes. Les exactions visaient les tribus « d'origine africaine noire » minoritaires au Soudan, qualifiés par la Commission qualifient de « peuple du Darfour »[78]. Elle constate que les attaques et les déplacements forcés subis lui ont « dénié la possibilité de s'engager dans les activités économiques, sociales et culturelles »[79].

La Cour africaine des droits de l'Homme et des peuples[80] qui a rendu sa première décision le 15 décembre 2009 a pour mandat de juger le respect des droits de la Charte africaine des droits de l'Homme et des peuples et de tout autre instrument relatif à la protection des droits de l'Homme ratifié par un État. Elle sanctionne la violation des droits des « peuples » donc des minorités. La diversification des moyens de règlement des revendications des minorités témoigne de la sensibilité de la question. Saisie d'une requête relative à la violation d'un droit, la Cour peut conformément à l'article 9 du Protocole de Ouagadougou du 09 juin 1998, tenter de régler à l'amiable le cas qui lui est soumis. Dans le cadre d'une procédure contentieuse, que ce soit au moment de l'examen de la recevabilité ou à l'occasion du traitement au fond de l'affaire, elle peut user de sa fonction « diplomatique ». Elle peut tenter de trouver un accord entre les parties au litige qui, non seulement, plaise aux deux camps mais également soit conforme aux dispositions de la Charte africaine des droits de l'homme et de peuples.

La pratique de la Commission africaine aide à mieux cerner les contours de cette compétence. Dans l'Affaire *Association pour la défense des droits de l'Homme et des libertés c. Djibouti*[81], l'on faisait état des violations des droits perpétrés par les troupes gouvernementales djiboutiennes contre le groupe ethnique *Afar* dans les zones de combats avec le Front pour la Restauration de

---

[76] Communication 279/03-296/05, *Sudan Rights Organisation & Centre on Housing Rights and Evictions (COHRE)/ Sudan,* 27 mai 2009.

[77] Il a été constaté des violations de l'article 5 (droit de circuler librement et de choisir sa résidence), de l'article 6 (droit à la liberté et à la sécurité), de l'article 14 (droit de propriété), de l'article 16 (droit à la santé).

[78] Paragraphe 219 de la décision de la Commission.

[79] Paragraphe 224.

[80] La Cour est une instance intérimaire en attendant la mise en place de la Cour unique : la Cour africaine de justice et des droits de l'Homme.

[81] *Association pour la défense des droits de l'Homme et des libertés c. Djibouti,* 133/94, Commission africaine des droits de l'homme et des peuples,11 mai 2000.

l'Unité de la Démocratie (FRUD). Dans la foulée, le gouvernement djiboutien pour faire droit aux revendications des victimes civiles, des réfugiés et personnes déplacées du fait du conflit avait opté pour la signature d'un accord. Finalement, le protocole ayant été signé, la Commission en accord avec les parties, décida de clore la procédure « sur la base du règlement à l'amiable intervenu entre les parties ».

La Cour européenne des droits de l'Homme sur la base de l'article 38.1.b et 39 de la Convention européenne de sauvegarde des droits de l'Homme et des libertés fondamentales connaît également et utilise cette procédure de règlement à l'amiable des conflits.

Concernant l'action des ONG, elle n'est recevable que si l'État en cause a fait une déclaration au titre de l'article 34.6 permettant une saisine directe des individus et des ONG ayant le statut d'observateur auprès de la Commission africaine[82]. Les ONG qui au niveau interne se contentent en général des dénonciations et du lobbying, ont une plus grande marge de manœuvre. C'est ainsi que dans l'affaire relative à la communauté des *Ogiek* (Kenya), deux ONG (Centre for Minority Rights Development et le Minority Rights Group International) ont saisi tour à tour la Commission et la Cour pour dénoncer les atteintes aux droits de cette minorité nationale. Le 26 mai 2017, au terme d'une âpre bataille juridique qui aura duré huit ans, la Cour a décidé qu'en expulsant la communauté *Ogiek* de ses terres ancestrales, le gouvernement kenyan s'était rendu coupable de la violation de 7 des 68 articles de la Charte[83].

II. Une effectivité des moyens de revendication atténuée

Au risque de passer pour une sorte de miroir aux alouettes, la consécration des droits doit s'accompagner de garanties juridictionnelles et aboutir à leur réalisation sociale. La question de l'effectivité[84] des moyens de réclamation des minorités ethnoculturelles donne à voir deux dynamiques concurrentielles structurées par des revendications opératoires (A) qui tranchent nettement avec des réclamations aléatoires (B).

A. Les réclamations opératoires

Les moyens de revendication des minorités ethniques ne souffrent pas de justiciabilité. Le droit camerounais offre aux citoyens la possibilité de

---

[82] En effet, les personnes physiques et les organisations non-gouvernementales peuvent, sous certaines conditions, la saisir directement ou indirectement via la Commission africaine des droits de l'Homme et des peuples (articles 5.3 et 34.6 du Protocole de Ouagadougou).

[83] Voir Chronique de la jurisprudence de la Cour africaine des droits de l'homme et des peuples, *Revue trimestrielle des droits de l'homme,* n° 116, octobre 2018.

[84] L'effectivité étant entendue comme « L'aptitude d'un acte juridique à produire des effets de droit ». LASCOUMES (P.) et SEVERIN (E.), « Théories et pratique de l'effectivité du droit », *Droit et société*, n° 2, 198 : 127-150 (spéc. p. 125).

dénoncer les violations du principe du pluralisme par des entraves à la participation politique des groupes ethniques. Les recours à cet effet sont introduits tant auprès de certains organes consultatifs et de régulation qu'auprès des juridictions.

Comme organe consultatif, il y a la Commission Nationale pour la Promotion du Bilinguisme et du Multiculturalisme (CNPBM). Créée par le décret présidentiel n° 2017/013 du 23 janvier 2017, au plus fort de la « crise anglophone », cet organe consultatif placé sous l'autorité du Président de la République a pour mission, entre autres, de recevoir toute requête dénonçant les discriminations fondées sur l'irrespect des dispositions constitutionnelles relatives au bilinguisme et au multiculturalisme; de mener des investigations afin de proposer au Président de la République des mesures renforçant le bilinguisme et le vivre-ensemble harmonieux au Cameroun[85]. Simple dérivatif ou véritable aubaine pour l'intégration des communautés au sein du groupe national, son importance se perçoit clairement à la lecture de ses missions. Les minorités linguistiques que sont les anglophones sont censées trouver en elle une voie institutionnelle de promotion et de protection de leur langue de base ; dominée comme elle l'est dans la vie publique par le français, en dépit de la stricte égalité des langues officielles affirmée dans la Constitution : « La République du Cameroun adopte l'anglais et le français comme langues officielles d'égale valeur. »[86] Au-delà des langues officielles, la CNPBM pourrait s'inspirer de l'affaire *BALLANTYNE* où le Comité des droits de l'homme des Nations unies a indiqué que s'il est légitime qu'un État choisisse une ou plusieurs langues officielles, il ne l'est pas qu'il supprime, en dehors de la vie publique, la liberté de s'exprimer dans la langue de son choix[87].

De même d'autres minorités ethnoculturelles ont la possibilité de recourir à cette Commission pour tous leurs problèmes identitaires. Par exemple, lors de ses descentes dans les dix régions du Cameroun au mois de juin 2021, elle a recueilli de nombreuses doléances relatives au discours de la haine tribale, à la xénophobie et à la marginalisation de certaines minorités. L'une des plus remarquables a été formulée dans la région de l'Est. Il s'agissait du chef de la communauté Bororo (minorité nomade au Cameroun) qui se plaignait d'être avec les siens sous la menace de déguerpissement de leur site actuel par son homologue de la communauté Baya qui se prévaut d'être seule autochtone de

[85]Article 3 alinéa 2 du décret n° 2017/013 du 23 janvier 2017 portant création, organisation et fonctionnement de la Commission Nationale pour la Promotion du Bilinguisme et du Multiculturalisme

[86] Article 2 alinéa 3 de la Constitution du 18 janvier 1996 modifiée le 14 avril 2008.

[87] BALLANTYNE, DAVIDSON et MCINTYRE c. Canada, communications 359/1989 et 385/1989, 31 décembre 1993 ; Rapport du Comité des droits de l'Homme, Doc. Off. A.G. 48e session, n°40 aux pp. 337-356, Doc. N.U. A/48/40 (1993).

l'arrondissement de Mandjou[88]. La plainte a été enregistrée pour faire l'objet d'un traitement aussi sérieux que diligent.

Pour ce qui est des organes de régulation, le Conseil National de la Communication (CNC) et la Commission des Droits de l'Homme du Cameroun (CDHC) sont habilités à recevoir des dénonciations dans leurs domaines respectifs. En tant qu'institution indépendante de consultation, d'observation, d'évaluation, de dialogue, de conciliation et de concertation en matière de promotion et de protection des droits de l'homme[89], la CDHC[90], conformément à l'article 6 de la loi n°2019/014 du 19 juillet 2019, dispose d'un pouvoir d'auto-saisine, de même qu'elle reçoit des requêtes et dénonciations et mène des investigations sur les cas de violations des droits de l'homme. Ces droits de l'homme qui se sont adaptés pour mieux prendre en compte la dimension collective des droits des groupes. Son autorité ayant été renforcée dans la mesure où « est punie d'une amende de quatre mille (4 000) FCFA à vingt-cinq (25 000) FCFA et d'une peine d'emprisonnement de cinq (05) à dix (10) jours ou de l'une de ces deux peines, toute personne qui, dûment convoquée, refuse de déférer aux convocations » de cette institution. Elle peut également intervenir devant toute juridiction en qualité d'*amicus curiae* [91]. Pour rendre compte de ses activités, elle dresse des rapports qui peuvent être annuels, spéciaux ou thématiques sur la situation des droits de l'homme du Cameroun, ceux-ci étant adressés à tous les pouvoirs publics constitutionnels et à l'opinion nationale et internationale[92].

Le Conseil national de la Communication, organe de régulation et de consultation placé sous l'autorité du Premier ministre a pour mission principale de veiller au respect de la liberté de communication sociale. À ce titre, il veille au respect « de la paix sociale, de l'unité et l'intégration nationale dans tous les médias »[93] et conformément à l'article 6 de la loi n° 2019/014 du 19 juillet 2019 dispose d'un pouvoir de sanction à l'encontre des professionnels

---

[88] Requête introduite au cours de la séance publique du 25 juin 2021 dans la salle de conférence de la Délégation régionale de la fonction publique de l'Est.

[89] Alinéa 2 de l'article 1er de la loi n°2019/014 du 19 juillet 2019 portant création, organisation et fonctionnement de la Commission des droits de l'homme du Cameroun (CDHC).

[90] Créée par décret n° 90/1459 du 8 novembre 1990 en tant que Comité national des droits de l'homme et des libertés, l'institution va subir deux réformes. La première par la loi n°2004/016 du 22 juillet 2004 portant création, organisation et fonctionnement de la Commission nationale des droits de l'homme et des libertés (CNDHL), et la seconde par la loi n° 2019/014 du 19 juillet 2019 portant création, organisation et fonctionnement de la Commission des droits de l'homme du Cameroun (CDHC).

[91] Voir les articles 62, 6 et 7.

[92] Alinéa 1er de l'article 40.

[93] Alinéa 1 de l'article 4 du décret n° 2012/038 du 23 janvier 2012 portant réorganisation du Conseil national de la Communication.

de la communication sociale qui rendraient coupables de violation de la Constitution et des lois en vigueur. C'est sur ce fondement qu'elle a, à plusieurs reprises, sanctionné les journalistes pour des faits de manquement grave à la profession de journaliste[94], notamment lorsque ces manquements sont préjudiciables aux minorités. C'est dans ce sens que le 3 octobre 2017, une cinquantaine de journalistes « anglophones » avaient saisi le Conseil d'une plainte contre Ernest OBAMA, directeur de la chaîne de télévision privée Vision 4, l'accusant « d'incitation à la haine contre les anglophones » que ce dernier aurait qualifié de terroristes. Par décision du 19 décembre 2019, le CNC l'a sanctionné d'une suspension d'un mois.

L'on remarque depuis 1996, une nette recrudescence de recours juridictionnels portant sur la garantie des droits des groupes. L'application de l'exigence constitutionnelle de la prise en compte des composantes sociologiques de la circonscription dans le cadre des élections au scrutin de liste[95] (articles 151, 171 et 218 du code électoral) a depuis lors donné lieu à un contentieux brûlant aussi bien devant le juge administratif que devant l'instance constitutionnelle, comme le prouvent la jurisprudence évoquée plus haut. Les créanciers de ce droit peuvent donc à travers des recours devant le juge administratif en l'occurrence garantir son respect. Les affaires *NJOUME Victor (Commune rurale de Melong) c. État du Cameroun (MINATD)* de 1996[96] ; *NGOH AJONG DOBGIMA (Candidate CPDM List Bali v. State of Cameroon (MINATD)* de 2004[97] ; *Social Democratic Front (SDF) (Commune urbaine de Nkongsamba) EYEM François, MEUTCHI Joseph, ISSA Souleymane c. État du Cameroun (MINATD) de* 2004 ; *ENANDJOUM BWANGA et autres c. État du Cameroun et EPALE Roger Delore c. État du Cameroun*[98] ; ainsi que le contentieux des élections municipales du 9 février 2020 et celui de

---

[94] Dans son communiqué n° 00001/CNC/2021/PR/CCJ/CCT du 6 avril 2017, le CNC a sanctionné six responsables de presse et sept journalistes camerounais notamment les directeurs de publication des organes de presse « Le point Hebdo », « Le Miroir », « La Cloche » et les journalistes Sismondi BARLEV BIDJOCKA (promoteur de la station de radio RIS FM), Gilberte MEBE ATANGABA et Jean jacques MVIE.

[95] Élections des députés, des sénateurs des conseillers municipaux et des conseillers régionaux).

[96] Jugement n° 79/95-96 du 26 septembre 1996.

[97] Supreme Court of Cameroon. Administrative Bench, judgment n° 026/06 – 07/CE du 12 juin 2007. Par cette décision, le juge disqualifiait la liste du SDF pour l'élection municipale du 22 juillet 2007 dans la circonscription de Bali, au motif que parmi les 35 candidats figurant sur la liste de ce parti, il n'y avait aucun Bamiléké (Bawock).

[98] CA/CS jugement n° 33/95-96 du 9 mai 1996 ENANDJOUM BWANGO et autres c. État du Cameroun (MINAT) et CA/CS, Jugement n° 59/95-96 du 18 juillet 1996, Roger DELORE c. État du Cameroun (Commune Rurale de Baré – Mungo/SDF).

l'élection des conseillers régionaux de 2020[99] confirment la vivacité du contentieux y afférant.

L'exigence de la prise en compte de la composition sociologique de la circonscription électorale est également garantie par le juge constitutionnel, à l'occasion du contentieux des élections parlementaires, notamment le contentieux des candidatures. En effet, la constitution des listes et les déclarations de candidatures doivent respecter la représentativité sociologique.

Le juge judiciaire n'est pas en reste. En effet, la réforme de l'article 241 du code pénal par la loi n°2019/020 du 24 décembre 2019[100] a permis d'introduire une nouvelle infraction à savoir l'outrage à la tribu ou à l'ethnie. Désormais, « Est puni d'un emprisonnement d'un (01) à deux (02) ans et d'une amende de trois cent mille (300 000) à trois millions (3 000 000) de francs, celui qui, par quelque moyen que ce soit, tient des discours de haine ou procède aux incitations à la violence contre des personnes en raison de leur appartenance tribale ou ethnique. (2) En cas d'admission des circonstances atténuantes, la peine d'emprisonnement prévue à l'alinéa 1 ci-dessus ne peut être inférieure à trois (03) mois et la peine d'amende à deux cent mille (200 000) francs »[101]. Cette nouvelle incrimination donne alors la possibilité aux groupes ethniques minoritaires qui sont généralement stigmatisés de saisir le juge judiciaire le cas échéant.

B. Les réclamations aléatoires

S'exprimant principalement à travers des memoranda et les marches, les réclamations aléatoires peuvent être d'ordre général ou spécifique, comme celles relatives à l'accès à la fonction publique et aux postes de responsabilité.

Au Cameroun, les libertés d'expression et de manifestation prévues dans la Constitution ne se sont pas accompagnées d'un droit de pétition comme c'est le cas en RDC et au Burkina Faso[102]. De façon générale, la rhétorique des manifestations communautaires a souvent été la sous-représentation ou la

[99] À l'occasion du contentieux électoral des élections municipales du 09 février 2020, la liste du parti UDP (United Democratic Party) dans la circonscription du Donga Mantung a été rejetée pour non-respect de ladite exigence. De même, à l'occasion de l'élection des conseillers régionaux de décembre 2020, l'unique liste du commandement traditionnel dans le département de la Menoua a été rejeté par le Conseil électoral d''ELECAM, rejet confirmé par le juge administratif, au motif qu'elle n'avait pas de représentant traditionnel de la communauté *Mbo*.

[100] Loi n° 2019/020 du 24 décembre 2019 modifiant et complétant certaines dispositions de la loi n° 2016/007 du 12 juillet 2016 portant code pénal.

[101] Article 241-1.- (nouveau) Outrage à la tribu ou à l'ethnie.

[102] En effet, l'article 161 de la Constitution burkinabé du 2 juin 1991 dispose que « l'initiative de la révision de la Constitution appartient [...] au peuple lorsqu'une fraction d'au - moins trente mille (30.000) ayant le droit de vote, introduit devant l'Assemblée nationale, une pétition constituant une proposition rédigée et signée ».

marginalisation. Ces griefs ont été formulés au début de ce qu'il a été convenu d'appeler la « crise anglophone »[103]. Ces mêmes griefs ont été brandis à l'occasion de la marche dite « anti-Bamiléké » organisée le 10 février 1996 par les chefs traditionnels *Sawa* à Douala. Ces derniers dénonçaient l'exclusion politique des *Sawa* dans leur propre terroir, en ce qui concerne le contrôle des mairies. « Nous demandons que les postes de maires reviennent aux autochtones » avait déclaré ESSAKA EKWALLA ESSAKA, porte-parole des chefs traditionnels *Duala*[104]. Cette réclamation obtiendra réponse plus de 20 ans plus tard, puisque la loi n° 2019/024 du 24 décembre 2019 portant code général des collectivités territoriales décentralisées en son article 246 va consacrer la nécessaire autochtonie du « maire de la ville ».

Il convient de relever qu'au début des années 90 on assiste à des manifestations ayant pour but la réclamation des postes de responsabilité. De la même façon, on ne compte plus les memoranda, les lettres d'« élites »[105] et des lettres « ouvertes » dénonçant une supposée marginalisation des fils d'une région ou réclamant une meilleure répartition des postes administratifs voire électifs[106]. On dirait une sorte d'effet domino, puisqu'une revendication

[103] Pour une brève étude polémologique de l'origine de cette crise, voir *Cameroun : la crise anglophone à la croisée des chemins*, Rapport Afrique n° 250, 2 août 2017, International Crisis Group.

[104] *Cameroon Tribune*, n°6026 du mardi, 13 février 1996. Lire aussi *Le Messager*, n° 477, du 06 février 1996.

[105] C'est dans cette perspective que le quotidien *Cameroun Tribune* présente en 1993, le panorama des « positions » de ces instances de revendications diversement dénommées : les « populations du Sud », la « population de la Menoua », les « jeunes élites de la Mefou », les « populations du Mbam et Inoubou et du Mbam et Kim », les « élites de la Mefou Afamba » ; le « Roi Bamoun », les « élites de la province de l'Est », les « élites du Littoral », les « élites de l'Ouest », les « élites du Mfoundi » etc. Ces positions sont publiées pour l'essentiel dans le quotidien *Cameroun Tribune* dans une rubrique spéciale une rubrique spéciale, ouverte à l'occasion du « large débat national » sur la réforme constitutionnelle, au cours de l'année 1993, notamment du n° 5345 du 25 mars au n° 5395 du 11 juin.

[106] En effet, le 10 février 1996, il y a eu lieu dans la ville de Douala « une marche anti-Bamiléké » menée par les chefs traditionnels Sawa. Ces derniers dénonçaient l'exclusion politique des Sawa dans leur propre terroir, en ce qui concerne le contrôle des mairies. En 2002, les élites du « grand nord » adressent un mémorandum pour dénoncer la faible représentativité des « fils » de ce complexe ethnique dans l'administration d'État. Le même grief qui est invoqué dans la lettre de l'association culturelle *Laakam*, signée par les sieurs SINDJOUN POKAM et SHANDA TOMNE. S'appuyant sur le fait que le décret du 24 octobre 2017[106] ne nommait aucun *bamiléké* à un poste de responsabilité dans les services extérieurs du ministère de la Communication, ceux-ci vont dénoncer l'exclusion des « fils » de la région de l'Ouest, en l'occurrence les *bamiléké* dans les nominations et promotions officielles. En décembre 2008, les élites du « Grand Nord » ont exigé qu'un quota de 60 % des admis dans la nouvelle École Normale Supérieure créée par l'État à Maroua, le chef-

entraînant une autre. Toutes ces revendications ont un lien avec l'équilibre régional. Instituée avant l'indépendance par un décret de 1959, la politique d'équilibre régional est véritablement formalisée par le décret présidentiel n° 82/407 du 7 septembre 1982 et par l'arrêté n° 010467/MFP/DC du 4 octobre 1982 du ministre de la Fonction publique. Cet arrêté, pris en application du décret susmentionné fixe les quotas de places réservées aux originaires de chaque province ainsi qu'aux anciens militaires aux concours administratifs d'entrée aux différentes catégories de la fonction publique et aux concours donnant accès aux grandes écoles.

C'est elle qui constitue le fondement des revendications de 2008 des élites du « Grand Nord » 2008 qui exigeaient, au nom de l'équilibre régional, qu'un quota de 60 % des admis dans la nouvelle École Normale Supérieure Maroua, soit réservé aux fils du septentrion. Plus proche de nous dans le temps, en 2020, un mouvement dénommé « 10 millions de nordistes »[107] qui s'est fait porte-voix des fils du « Grand nord » s'est fait connaître par des dénonciations de la sous-représentation des « nordistes » et donc du non-respect des quotas ethno-régionaux dans le cadre des concours, recrutements et promotions[108].

L'équilibre régional est une politique de dosage ethnique encadrée par le droit. Il est structuré autour d'un système de quotas qui ne vise aucunement une égalité arithmétique de la représentation ethnique dans l'accès aux emplois publics et la distribution des postes de responsabilité. S'il participe de l'inclusion de toutes les identités dans la vie publique, il ne fait pas l'objet d'une application saine. Les dérives et frustrations induites de cette application donnent lieu à de simples dénonciations au sein de l'opinion, en lieu et place de recours formels. Raison pour laquelle son mésusage perdure.

---

lieu de l'une des régions du « Grand Nord » (Extrême Nord) soit réservé aux originaires ou « fils » de ce complexe ethnique. Une revendication similaire a vu le jour dans le mémorandum des « originaires de l'Est » du 20 janvier 2018, à la faveur de la création par Président de la République de l'École Normale Supérieure de l'université de Ngaoundéré à Bertoua (décret n° 2018/005 du 08 janvier 2018).

[107] Cette plateforme lancée par le directeur de publication de l'organe de presse « L'œil du sahel » GUIBAI GATAMA en juin 2020 sur les réseaux sociaux a été interdite par un arrêté de ministre de l'Administration territoriale daté du 18 novembre 2020.

[108] En effet, en octobre 2020, ce mouvement réclamait l'annulation des résultats du concours d'entrée à l'ENAM aux motifs qu'ils ne respectaient pas le quota régional prévue pour les régions septentrionales, une autre déclaration publiée en novembre 2020 faisait remarquer que sur les 35 chefs de missions diplomatiques du Cameroun à l'étranger, seulement 4 sont originaires du Grand nord. De même à la suite de la promotion des personnalités dans le corps de la magistrature par le Chef de l'État le 10 août 2020, le mouvement a dénoncé par une lettre datée du 13 août la sous-représentation des originaires du Grand nord (sur les 32 chefs de cours et assimilés, le septentrion n'en compte que 5), tout en interpelle le Président de la République à corriger cela.

Conclusion

Au vu de ce qui précède, il se dégage la réalité implacable selon laquelle si l'uniformisation de la composante humaine de l'État reste utopique, son hétérogénéité tant combattue est à relativiser[109]. Contrairement à l'opinion d'une partie de la doctrine, le droit camerounais des minorités a bel et bien de la substance et des créanciers identifiés, à savoir les minorités ethniques[110]. L'existence de moyens formels (juridictionnels et non juridictionnels) de revendication l'atteste à suffisance. Au bénéfice de cette considération, la prégnance du recours aux moyens « informels » comme les marches (non autorisées), les lettres et les memoranda d'associations ou d'élites illustrent certes la vitalité de ces revendications, mais contribue à ajouter de l'amalgame dans la détermination des minorités titulaires des droits prévus. En effet, le droit camerounais reconnaît et protège les minorités ethniques, mais ne les identifie pas et ne définit pas les critères permettant de le faire. Le même flou affecte la détermination de la composition sociologique de la circonscription. Il n'existe pas de bréviaires de la composition sociologique des circonscriptions ni de répertoire officiel des minorités ethniques. C'est sans doute l'une des raisons pour lesquelles les revendications de ces minorités empruntent davantage le terrain politique. Au lieu d'accréditer la thèse de la *lex imperfecta*, il est clair qu'à l'heure actuelle une identification des minorités ethniques serait non seulement impossible[111] mais constituerait une entreprise dangereuse puisque la réalité sociologique n'est pas figée. Considérant les changements incessants qui l'affectent, conjugués à l'extrême variété et fluidité du phénomène identitaire au Cameroun, l'on risquerait d'enfermer l'écrit législatif dans une formule implacable de dosages chiffrés. L'inexistence de bréviaires et de répertoires officiels d'ethnies minoritaires s'apprécie davantage sous le prisme de la prudence. Comme l'écrivait le Doyen PORTALIS, la loi ne doit pas tout prévoir, « sous peine de figer l'évolution des règles »[112].

---

[109] Voir en ce sens ROULAND (N.), PIERRE-CAPS (S.) et POUMAREDE (J.) (dir.), *Droit des minorités et des peuples autochtones*, Document numérique, 1996, coll. « Les classiques des sciences sociales », http ://classiques.uqac.ca/, http ://bibliotheque.uqac.ca/, p. 22.

[110] Lire NGANDO SANDJE (R.), « Le droit des minorités et des peuples autochtones au Cameroun : une lecture actuelle et éventuelle », *Droit et cultures*, n° 66, 2013 : 149-178 ; DONFACK SOKENG (L.), *Le droit des minorités et des peuples autochtones au Cameroun*, Thèse de Doctorat en Droit, Université de Nantes, 2001, 527 p.

[111] En effet, en dehors du recensement de la population de 1976 (premier recensement et sur lequel s'appuie le système des quotas régionaux) qui avait une base ethnique, aucun autre recensement général de la population (1987 et 2005) n'a pu déterminer le poids démographique des ethnies au Cameroun.

[112] PORTALIS (J.-M. E.), *Discours préliminaire du code civil*, cité par P. LASCOUMES et E. SEVERIN, « Théories et pratique de l'effectivité du droit », *op. cit.*, p. 128.

La participation des minorités à l'exercice du pouvoir politique

Mor FALL

Docteur en Droit public, Maître de Conférences assimilé

Université Cheikh Anta Diop de Dakar, Sénégal

Introduction

La diversité ethnique, linguistique et religieuse constitue une donnée structurelle des sociétés plurales africaines qui peut légitimement justifier l'expérimentation d'une ingénierie constitutionnelle grâce à des techniques d'aménagements adaptés à la réalité sociologique[1]. Sous ce rapport, le constat fait par certains observateurs montre que les États africains ne reposent pas sur une nation homogène établie[2].

Dans une société plurale, la conquête et l'exercice du pouvoir politique restent un enjeu capital pour les différents groupes en lice durant les élections qui représentent l'un des temps forts de la vie d'une Nation. Ainsi, le ou les groupes qui remportent ces élections ont tendance à exercer le pouvoir sans partage afin d'asseoir leur domination.

Dès lors, les groupes ethniques, linguistiques et religieux risquent d'être écartés du jeu politique du seul fait de leur situation minoritaire d'autant plus que les techniques électorales choisies ne sont pas véritablement favorables à la représentation des groupes minoritaires.

Naturellement, les partis politiques épousent sensiblement les clivages ethniques malgré l'interdiction constitutionnelle de s'identifier à une race, à une ethnie, à une religion ou à une région. La réalité est tout autre. *De facto*, les partis politiques ont du mal à s'y conformer. Le processus de démocratisation en cours peine à trouver la voie consensuelle devant permettre la construction d'une démocratie stable.

C'est la logique concurrentielle qui prévaut sur fond de conflits et de contestations au lendemain des élections. Les règles du jeu semblent avoir été mises en veilleuse. C'est le réflexe clanique qui prend le dessus.

Cette méthode d'exercice exclusif du pouvoir a généralement cours dans les sociétés homogènes dont la configuration de l'arène politique laisse apparaître deux tendances dominantes de partis ou de groupes de partis bien

---

[1] TSHIYEMBÉ (M.), « L'État en Afrique : crise du modèle importé et retour aux réalités. Essai sur la théorie de l'État multinational » : 504, *in État, société et pouvoir à l'aube du XXIe siècle*, *Mélanges François Borella*, PUN, Nancy, 1999.

[2] CONSTANTINESCO (V.) et PIERRÉ-CAPS (S.), *Droit constitutionnel français*, Presses universitaires de France, 2009, p. 347.

structurés qui s'opposent sur une base ethnique, linguistique, idéologique… avec une possibilité d'alternance au pouvoir. Cela se traduit aisément par la vision de Georges VEDEL selon laquelle « La démocratie, dans le contexte des systèmes majoritaires, renvoie à l'exercice du pouvoir d'État par la majorité sous le contrôle de l'opposition et de l'arbitrage du peuple »[3].

En réalité, il est d'une tendance naturelle que les groupes de partis qui gagnent les élections pourront volontairement écarter les autres partis minoritaires durant toute la mandature tout en sachant que cesdits partis manifestent souvent l'intention de participer au processus décisionnel pour défendre leurs intérêts. Il va de soi que des tensions naissent dans cette situation de confrontation d'où le caractère conflictuel du pluralisme socio-politique africain tel que l'a bien décrit Pierre MOUKOKO MBONJO[4]. Pour tirer profit de ce pluralisme, il importe de trouver une formule permettant de concilier les deux exigences a priori contradictoires. Il s'agit, d'une part, du respect de l'expression de la volonté générale incarnée par la majorité et, d'autre part, la nécessité de garantir la protection des minorités.

Par ailleurs, la démocratie majoritaire qui serait la traduction institutionnelle du constitutionnalisme libéral reste inadaptée à la configuration sociologique de certains pays africains dont les clivages ethniques, linguistiques et religieux militent en faveur d'une forme d'aménagement institutionnel adapté au pluralisme socio-politique.

Or, dans la plupart des cas, les constituants africains, sous l'effet du mimétisme, ont reproduit le modèle qui n'épouse pas les contours des sociétés à composition sociologique hétérogène. C'est la raison pour laquelle Alain ONDOUA parle de « myopie constitutionnelle »[5] pour décrire une telle situation paradoxale.

Dès lors que le constitutionnalisme classique est manifestement incapable de trouver une formule susceptible d'accommoder le pluralisme socio-politique africain, il importe de privilégier les concepts de « droit constitutionnel démotique »[6], qui « s'attache […] à la détermination du cadre territorial et

---

[3] G. VEDEL cité par E. H MBODJ, « Les garanties et éventuels statuts de l'opposition en Afrique », *Actes de la quatrième réunion préparatoire au symposium de Bamako*, « la vie politique », mai 2000, p. 1 non publié ; EMMANUEL (D. E.), « L'institutionnalisation de l'opposition dans les États d'Afrique francophone », *Nouvelles annales africaines*, 2012, n° 3, p. 47.

[4] MOUKOKO MBONJO (P.), « Pluralisme socio-politique et démocratie en Afrique : l'approche consociationnelle ou du power-sharing », in *Afrique 2000*, novembre 1993-15, pp. 39-54.

[5] ONDOUA (A.), « La population en droit constitutionnel. Le cas des pays d'Afrique francophone », *Afrique contemporaine* 2012/2, (n° 242) : 88.

[6] PRÉLOT (M.) et BOULOUIS (J.), *Institutions politiques et droit constitutionnel*, Paris, Dalloz, 11e éd., 1990, pp. 28-33.

humain de la société politique et de son pouvoir »[7] ; ou de « peuple-société »[8] pour une meilleure articulation entre démocratie constitutionnelle[9] et pluralisme des sociétés africaines.

En dépit du malaise conceptuel qui découle des différentes tentatives de définition, le terme de minorités peut être défini comme « Tout groupe de citoyens, en nombre suffisamment important, en position non dominante et dotés de caractéristiques linguistiques, ethniques, religieux dont les membres sont solidaires les uns des autres et se trouvent marginalisés dans l'exercice du pouvoir politique en raison uniquement des traits identitaires qui les distinguent du reste de la population, et manifestent, fût-il implicitement, une volonté de préserver leur culture, leur tradition, leur langue et visant l'égalité en droit et en fait avec le reste de la population ».

À la lumière de ces considérations, il en découle précisément la problématique suivante : dans certains pays confrontés à la gestion de la problématique minoritaire, les constitutions prévoient-elles des mécanismes permettant de garantir effectivement la participation des groupes minoritaires à l'exercice du pouvoir politique ?

En effet, le pluralisme socio-politique doit être la trame de fond du nouveau constitutionnalisme africain. Sous ce rapport, il faut au préalable que la classe politique et les parties prenantes s'inscrivent dans une dynamique consistant à admettre la richesse que pourrait générer cette diversité. Au surplus, ceci favorise donc un esprit de solidarité, de compromis, bref un climat favorable pour une collaboration réciproquement bénéfique dans le respect des identités de chaque cartel et les symboles qui forgent l'unité du pays.

Dans cette perspective, l'expression de cette volonté de collaboration trouve sa matérialisation dans la composition de l'attelage gouvernemental, organe chargé de mettre en application la volonté dictée par la majorité qui gouverne. Cette instance gouvernementale apparaît comme le cadre privilégié permettant aux leaders des groupes minoritaires de participer au processus décisionnel afin de corriger les déséquilibres quantitativement défavorables aux minorités.

Il s'avère difficile de trouver des mécanismes d'accommodation dans les sociétés plurales d'autant plus que la situation devient inextricable selon le degré de pluralisme. Pierre MOUKOKO MBONJO a décrit cette situation de fort belle manière lorsqu'il affirme que « L'un des traits marquants du processus de démocratisation des systèmes politiques africains au cours de ces

---

[7] CONSTANTINESCO (V.) et PIERRÉ-CAPS (S.), *Droit constitutionnel*, 5e éd. 2011, p. 309.

[8] *Ibid.* p. 310.

[9] STARCK (C.), « La théorie de la démocratie constitutionnelle » : 87-92, *in Mélanges Patrice Gélard, Droit constitutionnel*, Paris, Montchrestien.

trois dernières années est la multiplication des crises politiques au lendemain d'élections pluralistes et compétitives »[10].

La démocratie consociative se manifeste par le biais de l'aménagement d'une technique de partage du pouvoir qui prend la forme d'une collaboration dont l'objectif est d'associer les minorités à l'exercice du pouvoir politique (**I**) mais certaines difficultés peuvent affecter la mise en œuvre des mécanismes de participation (**II**).

I. Les techniques de participation des minorités

Dans une logique consociative, la participation peut, d'abord, prendre la forme d'une grande coalition gouvernementale susceptible de garantir aux différents leaders des factions politiques de la majorité comme de l'opposition la participation à l'exercice du pouvoir exécutif. Dans cette logique, on peut citer la mise en place d'un cabinet de grande coalition dans un système parlementaire, un grand conseil à caractère consultatif ou une grande coalition regroupant le Président et d'autres responsables issus des groupes minoritaires dans un système présidentiel largement représentatif (**A**). Ensuite, les garanties de représentation parlementaire des groupes politiques sont un préalable nécessaire devant leur permettre de prendre part au processus décisionnel dans le cadre du travail législatif (**B**).

A. Un pouvoir exécutif largement représentatif

De manière générale, la prise en compte des différentes composantes politiquement significatives dans le fonctionnement des institutions incarnant le pouvoir politique laisse apparaître une volonté de collaboration matérialisée par un pouvoir exécutif partagé (**1**) et des techniques inclusives de formation de l'attelage gouvernemental (**2**).

1. Un pouvoir exécutif partagé

Au Burundi, la Constitution du 18 mars 2005 en son article 122 exige que le Président de la République soit assisté de deux vice-présidents appartenant à des groupes ethniques et des partis politiques différents[11] dans le souci du respect de l'équilibre politico-ethnique. En réalité, le constituant s'est largement inspiré de la dualité politico-ethnique qui avait marqué la période de transition (G10 pour les partis à dominante tutsie et le G7 pour les partis à dominante hutue).

---

[10] MOUKOKO MBONJO (P.), « Pluralisme socio-politique et démocratie en Afrique : l'approche consociationnelle ou du power-sharing ». *op. cit.*, p. 39.

[11] Article 124 de la constitution burundaise du 18 mars 2005. Toutefois avec la réforme constitutionnelle intervenue par voie référendaire en date du 17 mai 2018, le constituant a prévu à travers l'article 93 que le Président est assisté dans ses fonctions par un vice-président de la République.

Au sortir des élections de 2005 et de 2010, la grande coalition présidentielle a été effectivement mise en place. Le Président de la République était Pierre NKURUNZIZA, hutu du parti CNDD/ FDD (Conseil National pour la Défense et la Démocratie Forces pour la Défense de la Démocratie), le poste de premier vice-président était occupé par Terence SINUNGURUZA, tutsi du parti UPRONA (Union Pour le Progrès National, et le deuxième vice-président revenait à Gervais RUFYIKIRI, hutu du parti CNDD / FDD). Il faut rappeler que cette coalition a traversé des crises politiques récurrentes.

Au Nigeria, dans le souci de garantir le respect de l'équilibre ethnique et régional ainsi que le partage du pouvoir, l'application du dosage ethnique était de mise. Il s'agit d'une règle non écrite, résultat d'une certaine pratique généralisée dont le respect s'impose politiquement en dehors de règles écrites au point de constituer une sorte de convention de la Constitution [12] à laquelle doivent se conformer les principaux acteurs de la vie politique d'un État respectueux de l'équilibre ethnico-régional.

À ce propos, le Nigeria fait figure d'exemple dans la mesure où lorsque le Président de la République fédérale est du Nord, le vice-président est du Sud[13]. En réalité, on peut retenir : « De ce fait, la revendication de cette identité musulmane au Nord opposée à un Sud chrétien et animiste a toujours induit une idée d'alternance à la présidence entre ressortissants du Nord et du Sud connue sous le nom de « zoning ». C'est un système informel de rotation qui associe un Président du Sud à un vice-président du Nord et vice versa. »[14]

L'histoire récente du Burundi a été marquée par un cycle infernal de violence opposant les Hutus majoritaires et les Tutsis minoritaires. Pour mettre fin à cette situation dramatique illustrée par les évènements de 1988[15], le Président BUYOYA a jugé nécessaire d'initier une politique visant à associer les hutus à l'exercice du pouvoir[16].

Manifestant une volonté de décrispation allant dans le sens de la promotion de l'idéologie de l'unité nationale, plusieurs étapes ont jalonné le processus

---

[12] CAMBY (J.-P.), « À propos des "conventions" de la Constitution », *Revue du droit public et de la science politique en France et à l'étranger*, 1998, n° 1 : 5-11.

[13] Afin d'apaiser les conflits entre musulmans du nord et chrétiens du sud, les politiciens nigérians avaient appliqué, jusqu'à l'élection de l'ex-président Good Luck Jonathan en 2011, une règle non écrite reposant sur une alternance entre le Nord et le Sud à la tête de l'État fédéral.

[14] BACH (D. C.), « Fédéralisme et modèle consociatif : l'expérience nigériane » : 117-140, *in États d'Afrique noire. Formation, mécanismes et crise, Paris, Karthala*, 1991; AHADZI-NONOU (K.), « Retour sur un mythe fondateur : la nation building en Afrique subsaharienne », DJEDJRO (F. M.), BLEOU M. et KOMOIN (F.) (dir.), *Mélanges dédiés au doyen Francis V. Wodié,* p. 43.

[15] REYNTJENS (F.), « L'ingénierie de l'unité nationale. Quelques singularités de la Constitution burundaise de 1992 », *op. cit.*, p. 141.

[16] *Ibid., id.*

constituant qui devait aboutir à l'adoption de la Constitution de la Troisième République. Il s'agit de la mise en place du gouvernement paritaire de 1988 avec un premier ministre hutu ; de la publication de la Charte de l'unité nationale en avril 1991 adoptée en février 1990, la finalisation des travaux de la Commission constitutionnelle dont le rapport avait été déposé en août 1991.

Pour la minorité tutsie, cette politique contenait en elle-même les risques d'une domination dès lors que la majorité démographique devienne une majorité politique[17]. Cette situation avait été maîtrisée durant la période du parti unique incarné par l'UPRONA. Cependant, le contexte d'ouverture démocratique devait justifier la nécessité de trouver des mécanismes de contrôle susceptible de garantir l'équilibre et le dosage dans la répartition du pouvoir entre les différentes forces politiques en lice.

Au tournant des années 1990, les pays d'Afrique d'expression française ont, sous l'effet du mimétisme, tendanciellement reproduit le modèle constitutionnel de la Cinquième République. Toutefois, le constituant burundais de 1992 semble avoir pris une option audacieuse en s'inscrivant relativement dans une trajectoire constitutionnelle de rupture.

En plus des dispositions classiques[18], on a pu noter la consécration des règles innovatrices dans un souci d'encadrer techniquement l'expression politique de la dualité sociologique afin de garantir le respect de l'équilibre dans l'exercice du pouvoir.

Le constituant burundais de 1992 a le mérite de ne pas se limiter à une consécration purement théorique du principe de l'unité nationale en tant qu'objectif à valeur constitutionnelle[19].

Ce principe irradie une bonne partie du dispositif constitutionnel et emporte obligation de tenir compte des diverses composantes de la population burundaise.

Cette exigence est intégrée dans plusieurs dispositions : « Chaque candidat aux élections présidentielles doit être présenté par un groupe de personnes formé dans un esprit d'unité en tenant compte des diverses composantes de la Nation burundaise[20]. Le gouvernement doit être composé dans un esprit d'unité nationale en tenant compte des diverses composantes de la population burundaise[21] , les membres du conseil de l'unité nationale sont choisis « dans les diverses composantes de la Nation burundaise. »[22]

---

[17] *Ibid., id.*

[18] REYNTJENS (F.), « L'ingénierie de l'unité nationale. Quelques singularités de la Constitution burundaise de 1992 », *op. cit.*, p. 141.

[19] *Ibid.*, p. 142.

[20] Article 65 de la Constitution burundaise de 1992.

[21] Article 84 de la Constitution burundaise de 1992.

[22] Article 158 de la Constitution burundaise de 1992.

En réalité, il semble difficile de bien cerner ce que recouvre l'expression suivante : « Les diverses composantes de la population ». Pourtant, il est possible de trouver des indices d'interprétation en se basant sur le rapport de la Commission constitutionnelle qui précise qu'« Il s'agit d'inviter les partis à regrouper des gens des différentes ethnies et de différentes régions »[23].

Au Bénin, le clivage Nord/Sud est souvent pris en compte dans la formation de l'attelage gouvernemental en vue de respecter l'équilibre régional dans la distribution du pouvoir politique. En effet, de 1967 à 1991 : les postes sont distribués comme suit : lorsque le Président de la République est du Nord, le Président de l'Assemblée nationale est du Sud.

Au Liban, l'organisation du bicéphalisme[24] de l'exécutif reflète le caractère multiconfessionnel du système politique. En effet, tous les six ans, l'Assemblée nationale procède à l'élection du Président, un Maronite qui désigne au poste de Président du Conseil des ministres un membre de la communauté Sunnite et la Présidence de la chambre des députés revient aux Chiites[25].

En Afrique du Sud, la Constitution intérimaire devait servir de cadre d'aménagement d'un système de *power-sharing* conformément aux grandes orientations fixées par les principes constitutionnels qui débouchent, en termes d'application, à la mise en place d'une coalition présidentielle dans le respect de certaines conditions. Tout parti disposant d'au moins 80 députés à l'Assemblée nationale a le droit de nommer un vice-président[26]. Si aucun parti ou un seul n'atteint ce seuil, le parti ayant le plus de voix et le second nomment un vice-président.

Au Nigéria, l'idée d'instaurer un système de rotation de la fonction présidentielle devenait de plus en plus une attraction ou une recette de gestion du pouvoir pour les partis politiques comme le NPN qui avait procédé à un

---

[23] République du Burundi, *Commission constitutionnelle, Rapport sur la démocratisation des institutions et de la vie politique au Burundi*, Bujumbura, août 1991, p. 56.

[24] GEORGES (N.), « Minorités et liberté religieuse dans les Constitutions des États de l'Orient arabe », *Égypte/Monde arabe* [En ligne], Troisième série, Les élections de la révolution (2011-2012), mis en ligne le 10 février 2014, consulté le 20 juin 2017, p. 2. L'article 95 de la Constitution libanaise prévoit le respect de la parité dans la formation du gouvernement. « À la différence des autres constitutions dans le monde arabe, celle du Liban est fondé sur le principe de la représentation religieuse ».

[25] BENJAMIN (J.), *Les Camerounais occidentaux. La minorité dans un État bicommunautaire*, Montréal, Presses de l'Université de Montréal, 1972, p. 3 ; WOEHRLING (J.), « Les trois dimensions de la protection des minorités en droit constitutionnel comparé », *RDUS*, 2003, vol. 34, p. 151.

[26] Article 83-1 de la constitution intérimaire de 1993.

découpage de quatre zones géo-culturelles[27] sur la base desquelles devait se faire la répartition des fonctions importantes de l'État[28].

Cette pratique qui a largement contribué à la victoire du parti aux élections de 1979 comporte des limites lorsque les acteurs politiques refusent de jouer le jeu. En effet, Shehu SHAGARI, ressortissant du Nord, fut nommé candidat pour un second mandat malgré les vives contestations des cadres des partis originaires des autres aires géographiques.

Dans certains pays, il s'agit d'arrangements sans aucune base formelle. Ils relèvent d'une simple tradition. C'est le cas au Canada où on note une tradition d'alternance entre francophones et anglophones pour certains postes comme celui de Gouverneur général ou de juge en chef de la Cour suprême du Canada.

2. Une composition gouvernementale inclusive

Au Cameroun, à partir de 1991, on a assisté à la création d'un poste de Premier ministre dont le titulaire était toujours un ressortissant de la région méridionale.

Pour apporter une solution à la crise anglophone, la formule de compromis consistait : « […] à la nomination en avril 1992 de Simon ACHIDI au poste de Premier ministre, chef du gouvernement, et d'Inoni EPHRAIM à celui de secrétaire général adjoint de la présidence de la République. Tous deux sont des anglophones ressortissants des provinces du Nord-Ouest pour le premier et du Sud-Ouest pour le second. Il s'agit d'une pratique rétributive au sein de l'État unitaire : de juillet 1972 à décembre 1991, la présidence de l'Assemblée nationale et les ministères constituent les positions d'affirmation dirigeante des anglophones. La constitution d'une identité anglophone centrifuge a entraîné le reclassement gouvernemental des élites dirigeantes anglophones. »[29]

Au Burundi, l'Accord global d'Arusha pour la paix et la réconciliation définissait, dans une perspective consociative, un système de partage du pouvoir qui devait, par la suite, être consacré par la Constitution définitive à travers l'article 129 qui dispose que le gouvernement est ouvert à toutes les composantes ethniques[30]. Il comprend au plus 60 % des ministres et de vice

---

[27] Les quatre aires géoculturelles avaient été délimitées comme suit : le Nord (les dix États de l'ancienne région septentrionale), l'Est (Imo et Anambra), l'Ouest (États de Lagos, Oyo, Ondo et Ogun) et le centre (Bendel, Rivers et Cross River).

[28] Lors des élections de 1979, les candidats du parti à la présidence et à la vice-présidence de la Fédération ont été respectivement choisis dans les zones Nord et Est, le président du NPN et le candidat à la présence du Sénat étant issus des zones ouest pour le premier, Centre pour le second.

[29] MANÉ (I.) (dir.), *État, démocratie, sociétés et culture en Afrique*, Éditions Démocratie Africaines - Institut Africain pour la démocratie, Dakar, p. 113.

[30] VANDEGINSTE (S.), « Théorie consociative et partage du pouvoir au Burundi », *in* F. REYNTJENS et S. MARYSSE (eds.), *L'Afrique des Grands Lacs. Annuaire 2005-2006. Dix ans de transitions conflictuelles*, Paris, L'Harmattan, 2006, p. 204.

ministres hutus et au plus 40 % de ministres et de vice-ministres tutsis. Il est assuré un quota minimum de 30 % de femmes[31].

Bien avant la signature de cet accord en 2000, le Burundi avait connu une expérience en la matière. À la suite des évènements de Ntega-Marangara[32], le Président avait jugé nécessaire de procéder à un remaniement ministériel de son gouvernement majoritairement composé de Tutsis en vue de partager le pouvoir avec les Hutus sous forme de quota allant de 30 %[33] à 50 %[34].

La tenue d'un forum réunissant les partis politiques allait aboutir à la conclusion d'une convention de gouvernement qui fixait des limites au pouvoir du Président en matière de nomination dans la mesure où un quota de 45 % de postes à pourvoir devait être réservé à l'opposition.

Ainsi, c'est la voie de la révision constitutionnelle qui a été empruntée pour arriver à cette fin sans pour autant bouleverser fondamentalement l'équilibre de l'armature institutionnelle du régime en place. Cette révision avait permis de pacifier le climat qui régnait entre l'opposition et la majorité. On pourrait la qualifier alors de *révision consolidante*[35] pour reprendre l'expression d'Ismaïla Madior FALL.

Pour la mise en place d'une coalition gouvernementale[36] entre les différents partis politiques qui le désirent, l'article 129 de la Constitution précise que les membres du gouvernement proviennent des différents partis politiques ayant réuni plus d'une vingtième de votes. Cette disposition précise que lorsque le Président révoque un ministre, il est procédé à son remplacement après consultation de son parti politique d'origine.

Un gouvernement de coalition est ainsi prévu dans la mesure où les partis ayant réuni un cinquième de votes ont droit à un pourcentage, arrondi au

---

[31] Article 129 de la Constitution burundaise du 18 mars 2005.

[32] CHRÉTIEN (J.-P.), GUICHAOUA (A.) et LE JEUNE (G.), « La crise politico-ethnique du Burundi à l'ombre de 1972 », *Politique africaine*, n° 32, 1988 : 105.

[33] Gouvernement du 1er octobre 1987, cité par KAZOVIYO (G.), *et al. Entre rejet catégorique et soutien ferme de l'Accord d'Arusha : analyse de discours politiques burundais*. Universiteit Antwerpen, Institute of Development Policy (IOB), 2017, p. 8.

[34] Gouvernement du 19 octobre 1988.

[35] FALL (I. M.), *Les révisions constitutionnelles au Sénégal. Révisions consolidantes et révisions déconsolidantes de la démocratie sénégalaise*, Dakar, CREDILA, 2011, 218 p.

[36] En Europe, le gouvernement de coalition résulte d'un processus de sélection par voie électorale tandis qu'en Afrique, la formation des coalitions gouvernementales découle d'un processus de négociation plus ou moins diplomatique influencée par les rapports de forces militaires, par la réputation de représentativité de certains groupes ou par l'imputation à certains individus des qualités charismatiques, etc. Cf. SINDJOUN (L.), « Le gouvernement de transition : éléments pour une théorie politico constitutionnelle de l'État en crise ou en reconstruction », *Démocratie et liberté : tension, dialogue, confrontation, Mélanges offerts à Slobodan Milacic*, 2008. p. 973.

chiffre inférieur, du nombre total des ministres au moins égal au nombre de sièges qu'ils occupent à l'Assemblée nationale[37].

Aussi convient-il de soulever une certaine difficulté. En réalité, les différents partis politiques ayant manifesté une volonté d'entrer dans la coalition n'ont, au préalable, pas défini un cadre d'échange et d'harmonisation pour mettre en place, d'un commun accord, un programme à réaliser[38].

La Constitution consacre une sorte de coalition ethnique en retenant la distribution des postes de responsabilité sous forme de quotas proportionnellement équilibrés en fonction de l'appartenance ethnique. En outre, il est important de préciser que les ministères de la Défense nationale et de la Sécurité publique[39] doivent être confiés à des personnes appartenant à des ethnies différentes.[40]

Si bien que la Constitution n'ait pas réservé un poste de responsabilité dans le gouvernement au profit de l'ethnie Twa, il est possible, dans une perspective inclusive, d'intégrer un membre de l'ethnie Twa dans l'attelage gouvernemental à condition qu'il soit membre d'un parti politique.

En Afrique du Sud, le gouvernement dans sa composition devait refléter la diversité ethnique et raciale durant le processus de transition démocratique. Dans cette perspective, les partis politiques ayant obtenu au moins vingt sièges pouvaient, s'ils le souhaitent, réclamer un nombre de postes au sein du gouvernement proportionnellement à leur poids démographique.

Le Président de la République, dans l'exercice de son pouvoir de nomination, devait également procéder à une consultation[41] des leaders des partis représentatifs dans le souci de préserver un climat consensuel[42]. En prenant l'exemple de la Somalie, la composition du gouvernement est établie sur la base du principe de la représentation proportionnelle. Ainsi, les 4 clans considérés comme majoritaires que sont les Darod, les Digil, Mirifle, les Dir et les Hawiye, ont chacun 22,22 % des postes, tandis que les autres clans minoritaires se partagent les 11,12 % restant.

Dans un autre registre, il convient de souligner la mise en œuvre de la parité homme/femme au sein du gouvernement. Ainsi, en Éthiopie, le gouvernement

---

[37] Article 129 de la Constitution burundaise du 18 mars 2005.

[38] MANIRAKIZA (A.), « L'approche consociative dans la constitution du 18 mars 2005 et ses implications sur le régime politique burundais », *Konrad-Adenauer-Stiftung (ed) KAS African Law Study Library*, 2011, vol. 7, p. 6.

[39] Au Burundi, les forces de Défense et de Sécurité comprennent la Force de Défense Nationale (FDN) et la Police Nationale du Burundi.

[40] Art. 130 de la Constitution de 18 mars 2005. Ainsi, les ministères de la Défense nationale et de la Sécurité publique ont été, à l'époque, respectivement, confiés à Germain Niyoyankana (militaire tutsi) et Salvatore Ntacobamaze, (CNDD-FDD, hutu).

[41] Section 88-4 de la Constitution sud-africaine.

[42] Section 88-5 de la Constitution sud-africaine.

de 20 membres formé le 16 octobre 2018 par le Premier ministre Abiy AHMED compte 10 hommes et 10 femmes. C'est le même cas au Rwanda dont l'actuel gouvernement est paritairement composé de 13 hommes et de 13 femmes[43].

Dans une perspective comparative, la Belgique peut servir de laboratoire en matière de gestion de la diversité linguistique. La parité linguistique est observée au sein du Conseil des ministres. Les néerlandophones et les francophones ont le même nombre de représentants au sein du gouvernement à l'exception du Premier ministre et des secrétaires d'État. Cette parité linguistique est également de mise dans la composition de la Cour constitutionnelle et du Comité de concertation entre le gouvernement fédéral, les communautés et les régions[44].

En Suisse, l'article 95 de la Constitution fédérale indique que le nombre de membres du Conseil fédéral est de sept tout en précisant à l'article 96 qu'« on ne pourra toutefois choisir plus d'un membre du Conseil fédéral dans le même canton ». À travers cette disposition, le constituant entend mettre en échec la prééminence d'un canton sur les autres[45]. Cependant elle ne saurait garantir une représentation effective des minorités linguistiques au sein du gouvernement[46].

B. Des techniques électorales proportionnellement inclusives

Pour éviter la brutalité des effets résultant de l'application du scrutin majoritaire dans une société plurale, les ingénieurs consociatifs militent en faveur du scrutin proportionnel (**1**) assorti de certaines mesures de correction par la prise en compte de l'appartenance ethnique (**2**).

1. Le recours au scrutin proportionnel

Dans les démocraties contemporaines, les partis ou coalitions de partis politiques assurent, entre autres fonctions, l'intermédiation entre, d'une part, les intérêts qu'expriment les membres du corps social et, d'autre part, la physionomie des institutions publiques. En d'autres termes, certains membres de groupes ethniques, religieux ou linguistiques ont tendance à adhérer à des formations politiques qui seraient pour eux l'occasion de mettre sur pied des institutions publiques façonnées dans le but de défendre leurs intérêts.

---

[43] HOLO (Th.), « L'opposition : l'oxygène de la démocratie. L'oubliée de la conférence nationale du Bénin », *in* F. J. AÏVO, J. DU BOIS DE GAUDUSSON, C. DESOUCHES et J. MAÏLA (dir.), *L'amphithéâtre et le prétoire. Au service des droits de l'homme et de la démocratie, Mélanges en l'honneur du Président Robert Dossou*, Paris, L'Harmattan, 2020, p. 670.

[44] SINARDET (D.), « Le fédéralisme consociatif belge : vecteur d'instabilité ? », *Pouvoirs* 2011/1, n° 136 : 31.

[45] LEVRAT (N.), « La protection des minorités dans les systèmes fédéraux », *Revue trimestrielle des droits de l'homme*, 1997, vol. 8, n° 30, p. 262.

[46] *Ibid.id.*

Les règles régissant la formation et le fonctionnement des partis politiques jouent un rôle fondamental dans la capacité des groupes minoritaires à s'assurer une représentation au parlement. Par ailleurs, la plupart des démocraties contemporaines interdisent la formation de partis politiques sur une base ethnique, linguistique et religieuse en vue de contenir les risques d'irrédentisme et de favoriser l'intégration nationale[47].

C'est une règle restrictive en matière de création de partis politiques et généralement reprise dans la plupart des textes constitutionnels africains. Cette remarque est particulièrement évidente en Afrique subsaharienne, région dans laquelle la gestion politique du pluralisme ethnique constitue un véritable problème. Il faut noter que les pays ethniquement hétérogènes ont tendance à recourir à des procédés tels que les restrictions légales sans pour autant chercher à créer des techniques d'ingénierie devant permettre aux groupes minoritaires de former des partis dans le strict respect des principes de la souveraineté de l'État.

L'application du principe de la proportionnalité dans la représentation parlementaire des groupes segmentaires fait partie des caractéristiques d'une démocratie consociative[48]. C'est un modèle de démocratie inclusive plus ou moins adaptée aux sociétés plurales, contrairement au modèle de démocratie exclusive de type occidental propre aux sociétés relativement homogènes caractérisées par l'absence de lignes de clivage entre les différentes composantes sociologiques de la Nation.

Au Burundi, pour garantir la représentation des groupes ethniques au prorata de leur poids démographique au sein de l'Assemblée nationale, le législateur a dû recourir à une technique d'ingénierie électorale intéressante, à double titre, au regard de la théorie consociative.

D'une part, aux termes de l'article 164 de la Constitution[49], l'Assemblée nationale est composée d'au moins 100 députés, à raison de 60 % de Hutus et de 40 % de Tutsis, y compris un minimum de 30 % de femmes et de 3 députés issus de l'ethnie Twa cooptés conformément au Code électoral. Assurément, la cooptation est un moyen alternatif de choix visant à assurer une représentation respectueuse de la diversité ethnique. Toutefois, le vote reste le principal fondement de légitimité[50] des représentants politiques.

---

[47] Article 78 de la Constitution burundaise du 18 mars 2005.

[48] LIJPHART (A.), « Changement et continuité dans la théorie consociative », *in Revue internationale de politique comparée*, vol. 4, n° 3, décembre 1997, p. 683.

[49] Article 164 de la Constitution burundaise du 18 mars 2005.

[50] PERRINEAU (P.), « Les usages contemporains du vote », *Pouvoirs* 2007/1, n° 120 : 31.

Et, d'autre part, le recours à la technique de la liste bloquée[51]ne permet pas à l'électeur de modifier l'ordre de présentation des candidats dans les listes. En vertu d'un tel procédé, les candidats sont présentés de telle sorte que pour 3 candidats inscrits à la suite sur une liste, 2 seulement appartiennent au même groupe ethnique et au moins 1 sur 4 soit une femme[52].

L'application de cette technique dans une société plurale où la majorité risque d'imposer sa volonté à la minorité parlementaire revêt un intérêt capital dans la mesure où elle vise à atténuer les effets néfastes inhérents à la logique majoritaire. Le législateur ne s'est uniquement pas borné à appliquer la proportionnalité ouverte, il verrouille systématiquement l'ordre de présentation des candidats sur les listes afin que les résultats laissent entrevoir une photographie de l'opinion publique. Il s'agit alors d'une proportionnalité corrigée[53].

En République Démocratique du Congo, les négociations consociationnelles[54] ont servi de cadre de réflexion et d'échange devant aboutir à la conclusion de l'Accord global et inclusif qui a fixé, suivant une logique consensuelle, la répartition des sièges au sein des deux chambres du Parlement. Ainsi, les 500 sièges composant l'Assemblée nationale étaient répartis comme suit : 94 à chacune des 5 composantes, 15 au Rassemblement Congolais pour la Démocratie-Mouvement de Libération en proie à des scissions, 5 au Rassemblement Congolais pour la Démocratie-National et 10 aux Maï-Maï. En ce qui concerne le Sénat composé de 120 membres dont 22 pour chacune des composantes, 4 RCD-ML, 2 RCD-N et 4 Maï-Maï.

Par ailleurs, les postes de présidents de l'Assemblée nationale et du Sénat revenaient respectivement au Mouvement de Libération du Congo et à la société civile avec la participation, à titre égalitaire, de tous les acteurs impliqués dans le processus de négociation.

Les modalités d'application de l'exigence de prise en compte des composantes sociologiques de la circonscription demeurent importantes pour les partis politiques qui doivent s'y conformer au moment de la constitution de leurs

---

[51] NINDORERA (E.) et NYAMOYA, *et al. Conférence-Débat sur le système électoral au Burundi.* 2004, p. 6.

[52] Article 118 de la loi n° 1/22 du 18 septembre 2009 portant révision de la loi n° 1/015 du 20 avril 2005 portant Code électoral.

[53] VANDEGINSTE (S.), « Burundi : entre le modèle consociatif et sa mise en œuvre », *L'Afrique des Grands Lacs. Annuaire*, 2007, vol. 2008, p. 56.

[54] Ces négociations ont abouti à l'élaboration de la Constitution de 2006 dont le caractère inclusif est manifeste. Pour plus d'informations, V. MBODJ (E. H.), « Émergence d'une culture constitutionnelle inclusive en Afrique ? Expérience vécue du processus d'élaboration de la Constitution de la République démocratique du Congo du 18 février 2006 », *in* A. SALL et I. M. FALL (dir.), *Actualités du droit public et de la science politique en Afrique, Mélanges en l'honneur de Babacar Kanté*, Sénégal, L'Harmattan, 2017, p. 221.

listes aux élections municipales et aux législatives. C'est une condition de validité et de recevabilité des listes de candidats des partis politiques.

En effet, il ne s'agit pas de respecter un équilibre en tenant compte de la taille démographique de chaque composante, mais plutôt d'assurer leur présence effective.

Sous ce rapport, il convient de souligner l'importance des différentes composantes sociologiques dans le processus de légitimation et de qualification des listes avant d'en tirer la conséquence logique suivante : « Il suffit, en effet, que dans une circonscription donnée, quelques groupes ethniques d'un poids certain soient délibérément hostiles à un parti pour que ce dernier ne puisse point y présenter des listes représentatives. »[55]

En Afrique du Sud, la répartition des sièges à la chambre basse se fait d'après la détermination du quotient électoral nécessaire à l'attribution d'un siège. Il est calculé en divisant le nombre des suffrages exprimés par le nombre des sièges à attribuer à la province plus un. Les deux cents sièges sont attribués en fonction des résultats obtenus au plan national par chaque parti. Le calcul est fait en divisant le nombre total de suffrages exprimés par 401, l'addition d'une unité au nombre réel des sièges dans le calcul du quotient conduit à abaisser ce dernier et à donner ainsi une prime aux petits partis auxquels bénéficie également le système du plus fort reste.

L'attribution des sièges restant au plus fort demeure limitée à cinq, au-delà ils bénéficient aux partis qui ont le plus fort pourcentage de voix pour les sièges déjà attribués[56]. D'un point de vue politique, le système mis en place renforce le poids des partis politiques les mieux représentés dans les provinces les moins peuplées. Le scrutin de la représentation[57] proportionnelle fait partie des principes constitutionnels intangibles que l'Assemblée constituante ne peut modifier. Le choix de ce mode de scrutin fait partie intégrante des « clauses de coucher du soleil »[58], c'est-à-dire déclin du pouvoir blanc ou coucher du soleil définitif du pouvoir blanc.

---

[55] OLINGA (A.-D.), « La protection des minorités et des populations autochtones en droit public camerounais », *RADIC*, 1998, vol. 10, n° 2, p. 282.

[56] DARBON (D.), « United in our diversity : la protection voilée des minorités occultées en Afrique du Sud » : 454, in *Minorités et organisation de l'État* Université de Moncton, École de droit, Centre international de la Common Law en français, Bruxelles, Bruylant, 1998.

[57] PHILLIPE (X.), « Afrique du Sud », *Annuaire international de justice constitutionnelle*, 2004, vol. 19, n° 2003 : 85.

[58] HANF (T.), « De ladite concordance en Afrique du Sud », *Revue internationale de politique comparé*, volume 4, n° 3, 1997 : 666.

2. La prise en compte de l'appartenance ethnique

Au niveau du Sénat burundais, l'application d'un mode de scrutin de type particulier conduit naturellement au respect de la parité Hutu/Tutsi sans compter les 3 sénateurs cooptés de l'ethnie Twa et les 4 anciens chefs d'État qui en sont membres.

Aux termes de l'article 180 de la Constitution, le Sénat est composé de deux délégués de chaque province, élu par un collège électoral composé de membres des conseils communaux de la province considérée provenant des communautés ethniques différentes et élus par un scrutin distinct. Ce mode de scrutin tend à favoriser une représentation paritaire dans la mesure où chaque province a droit à deux représentants au Sénat dont 1 Hutu et 1 Tutsi. Cependant, dans la pratique, le Sénat était dominé, après les élections de 2005, par la majorité du Conseil national pour la Défense de la Démocratie /Forces de Défense de la Démocratie[59].

Tout État fixe librement les conditions d'attribution de la nationalité[60]. Dès lors, un État qui ne voudrait pas que les minorités vivant sur son territoire aient la possibilité de jouir des droits civils et politiques peut discrétionnairement fixer des conditions restrictives applicables aux personnes appartenant aux groupes minoritaires pouvant aller jusqu'au refus systématique d'octroi de la nationalité. Dans cette perspective, l'Estonie et la Lettonie offrent l'exemple de pays où la minorité russophone est privée de la nationalité en dépit du fait qu'elle y réside habituellement.

La fin de la Première Guerre mondiale a coïncidé avec le début d'un long processus de négociations entre les puissances alliées et les États vaincus qui devaient aboutir à la conclusion des premiers traités portant sur la protection des minorités[61]. À l'époque, bien qu'ils fussent importants au regard des minorités, la garantie d'une représentation au sein des Parlements n'était pas une préoccupation fondamentale qu'il fallait prendre en compte. Toutefois, parmi ces traités, seuls ceux qui ont été conclus à Sèvres avec la Turquie, la Grèce et l'Arménie constituent un cas exceptionnel « en ce qu'ils reconnaissent

---

[59] Après cooptation par la Commission électorale nationale indépendante, le Sénat était composé en 2005 de 49 sénateurs dont 32 sont du CNDD-FDD.

[60] On sait toutefois que l'octroi de la nationalité n'est pas pour autant discrétionnaire, comme cela ressort de l'arrêt Nottebohm rendu par la CIJ le 6 mars 1952 (rec., 1955, p.23) cité par F. BENOIT-ROHMER, « La représentation des minorités dans les Parlements d'Europe centrale et orientale », *Revue française de droit constitutionnel*, 1993, n° 15 : 501. On peut noter que cette situation s'explique par les rapports entre les pays baltes et leur ancienne puissance coloniale, la Russie, car ces pays ont durement ressenti les périodes de domination soviétique.

[61] FEINBERG (N.), *La question des minorités à la conférence de la paix de 1919-1920 et l'action juive en faveur de la protection internationale des minorités,* Paris, Conseil pour les droits des minorités juives, 1929.

aux minorités ethniques une représentation proportionnelle ou équitable dans les corps électifs de l'État »[62].

Au Liban, il est intéressant, par ailleurs, de souligner que les lois électorales prévoient une répartition des sièges parlementaires, dans chaque circonscription, selon des quotas spécifiques aux différentes communautés qui y sont présentes en fonction de leur taille démographique.

Au total, les techniques ou arrangements institutionnels imaginés par les ingénieurs consociatifs ont du mal à produire les effets escomptés dans la pratique.

II. Les difficultés de mise en œuvre de la participation

Dans les pays divisés, en phase de transition démocratique, à la suite d'une crise socio-politique sur fond de clivages identitaires structurelles, la constitution devait servir de réceptacle pour donner une onction constitutionnelle aux différentes décisions consensuelles qui découlent du processus de négociation politique à laquelle les différentes forces politiquement organisées ont pris part.

Ces garanties constitutionnelles ont des vertus pacificatrices qui dépendent largement du bon vouloir des différents acteurs. Toutefois, certains facteurs conjoncturels imprévisibles peuvent bouleverser les leviers sur lesquels repose l'équilibre du système. En outre, les changements de majorité pouvant intervenir au gré de certaines circonstances sont à l'origine des atteintes qui affectent l'arsenal normatif qui devait encadrer durablement la collaboration dans le sens d'une logique d'instrumentalisation. Ainsi, la rupture du contrat de confiance est constatée. Elle se manifeste techniquement par une faiblesse des garanties constitutionnelles de représentation des minorités (**A**) en sus de risques de perturbations pouvant déboucher sur des blocages (**B**).

A. La faiblesse des garanties constitutionnelles de représentation

En dépit de la pertinence des arrangements institutionnels expérimentés dans certains pays à composition sociologique complexe, il n'en demeure pas moins que certains facteurs insaisissables parviennent à remettre en cause l'esprit de représentativité et d'inclusivité qui a prévalu lors de la mise en place des institutions présidentielle (**1**) et gouvernementale (**2**).

[62] BENOIT-ROHMER (F.), « La représentation des minorités dans les Parlements d'Europe centrale et orientale », *op. cit.*, p. 507.

1. La remise en cause du caractère représentatif de l'institution présidentielle

La pertinence de l'approche consociative reste cependant remise en cause par un chef d'État qui tenait les propos suivants : « Ce serait une dangereuse illusion que certains de nos compatriotes prétendent avoir des droits et des privilèges particuliers, notamment dans le processus de nomination à des fonctions importantes, en dehors des critères autres que leurs compétences, leur engagement au service de l'État et de la Nation, leur loyalisme et leur fidélité à l'égard des institutions ainsi que l'exemple qu'ils sauront montrer et répandre par leurs comportements de leur conscience professionnelle et du respect de la légalité républicaine. »[63]

Au Nigeria, la question de la gestion du pouvoir à travers un système de rotation allait déboucher sur une tension apparente suite à l'arrivée au pouvoir de Good Luck EBELE JONATHAN en 2011, un Président venant d'une ethnie minoritaire du Sud. L'opinion populaire prétend que les élites politiques du Nord croyaient que la présidence leur reviendrait selon la formule de la « présidence rotationnelle » entre le Nord et le Sud.

Cette formule de « zoning », proposée au gouvernement d'ABACHA en 1995, a été adoptée dans les règles internes du Parti Démocratique du Peuple (PDP), le parti hégémonique au pouvoir depuis 1999.

Bien que la formule n'ait pas été adoptée dans la Constitution de 1999, les pratiques politiques portent à croire qu'il y avait un consensus tacite sur sa nécessité pour garantir une certaine stabilité politique. La candidature de Good Luck JONATHAN à la présidence était donc perçue par certains comme une violation du principe officieux de la présidence rotationnelle.

Par conséquent, les dirigeants politiques du Nord, membres de PDP, s'étaient réunis à la fin du mois de novembre 2010 et avaient désigné Atiku ABUBAKAR (l'ancien vice-président du Président Obasanjo) comme leur « consensus candidate », rival de Jonathan le candidat du Sud[64].

Les émeutes liées à l'élection présidentielle de 2011 semblent être le résultat indirect du non-respect de la politique officieuse de la *présidence rotationnelle*[65].

---

[63] BAYART (J.-F.), « La société politique camerounaise (1982-1986) », *Politique africaine*, 1986, n° 22 : 8.

[64] NKUME-OKORIE (N.), *La réduction des inégalités et politiques éducatives : une analyse comparée de la mise en œuvre du principe du caractère fédéral au Nigeria*, Thèse de Doctorat, Université Montesquieu-Bordeaux IV, 2013, p. 24.

[65] *Ibid.*, p. 54. Le régime du Général Abacha a évoqué l'idée de présidence rotationnelle entre les six zones géopolitiques. De retour à la démocratie, bien que cette politique ne soit pas inscrite dans la Constitution de 1999, le Parti Démocratique du Peuple (PDP) l'a adopté comme sa politique interne. Une analyse des compromis entre les

Dans le contexte nigérian, l'idée d'institutionnaliser un système de rotation des fonctions présidentielle et vice-présidentielle (hautes responsabilités dans l'administration) avait suscité beaucoup d'espoir au sein de la classe politique dirigeante en dépit du coût financier qu'allait engendrer sa mise en œuvre. Toujours dans ce même ordre d'idées, ce système connaît des limites en raison de certains obstacles, notamment la durée d'attente, l'ordre de rotation, le risque d'élargissement du champ d'application qui peuvent évoluer au gré de certaines circonstances politiques difficilement maîtrisables.

Ce système pourrait être un facteur d'exacerbation de conflits politiques sur fond de clivages Nord/Sud.

Dans le passé, ce système avait déjà fait l'objet d'une expérimentation par la Yougoslavie dans les années 1975-1979 sous le régime de TITO. L'objectif était de neutraliser le risque d'implosion et de domination d'une région après le départ de celui-ci.

Toutefois, ce mécanisme était à l'origine de la crise financière du printemps de 1987 avec la montée en puissance de certaines pratiques comme la corruption, la concussion et le clientélisme politique.

Au Liban, la distribution ethnique du pouvoir aux trois communautés[66] de base rend difficile toute initiative d'adaptation des règles constitutionnelles.

Les réaménagements constitutionnels pouvant entraîner la diminution des pouvoirs attribués à l'un des trois Présidents sont mal perçus par la communauté dont il est issu.

En outre, les trois communautés peuvent neutraliser l'État car les trois présidents[67] (de la République, du Conseil des ministres et de l'Assemblée) ont fini par accaparer, plus encore en leur personne qu'en leur charge, la fonction de représentation communautaire au détriment des institutions qu'ils président.

On note ainsi une certaine patrimonialisation de la fonction publique dans la mesure où les postes sont considérés comme appartenant à telle ou telle communauté plutôt que comme existant dans l'intérêt général. C'est la raison pour laquelle ce système est contesté par une partie de la population, notamment les jeunes qui militent en faveur de son démantèlement et de l'instauration d'une citoyenneté de droit commun en dehors de tout lien communautaire.

élites politiques pendant ces 12 ans de la démocratie nigériane démontre une acceptation tacite de la présidence rotationnelle. La mort du Président Yar'Adua (musulman du Nord) et l'arrivée de Good Luck Jonathan (chrétien du Sud) semble avoir remis en cause cette politique officieuse.

[66] PICARD (E.), « Les habits neufs du communautarisme libanais », *Cultures et droits*, n° 15-16 (autonome-hiver), 1994, pp. 1-13.

[67] *Ibid.*, p. 4.

2. La remise en cause de l'inclusivité gouvernementale

Depuis l'ouverture démocratique de 1988, la parité ethnique semblait être de mise. Par ailleurs, la situation risque de connaître une impasse dans la mesure où la famille politique hutue serait-elle disposée à accepter une clé de répartition au-delà de la période de transition ? Et, au même moment, le régime en place n'accepterait pas l'idée de quotas.

En outre, ce constat laisse présager en filigrane un autre problème relatif au rejet[68] par les autorités politiques de l'identification ethnique[69].

Dans pareille situation, il s'avère difficile de trouver un critère objectif de contrôle de la mise en œuvre du principe. Sous ce rapport, Filip REYTJENS a raison de soulever la question suivante : Comment dans ces conditions décider par exemple si, dans la composition de ses instances dirigeantes, un parti politique tient compte « des diverses composantes de la population burundaise ? À la limite, un parti dirigé exclusivement par des Hutus pourrait prétendre que la moitié de son comité exécutif sont des Tutsis, sans que le ministre de l'Intérieur, compétent pour agréer les partis politiques, puisse se baser formellement sur cette constatation pour refuser sa reconnaissance, puisqu'officiellement, on ne reconnaît pas les ethnies »[70].

Le risque de blocage est réel dans la mesure où l'application de ce principe est mal aisée dans un contexte où les deux principaux groupes ethniques sont d'inégale importance sur le plan démographique.

Conformément à l'article 129 de la Constitution burundaise du 18 mars 2005, seuls les partis CNDD /FDD, FRODEBU et UPRONA avaient rempli les conditions nécessaires [71] au sortir des élections de 2005 pour entrer dans le gouvernement dont la composition révèle la présence de certaines formations politiques comme le PARENA (Parti pour le Redressement National), le MRC (Mouvement pour la Réhabilitation du Citoyen) et le MSP INKINZO (Mouvement Socialiste Panafricain).

Fort de ce constat, le FRODEBU a pris l'option de saisir par requête [72] la Cour constitutionnelle aux fins de demander l'annulation du décret portant nomination des membres du gouvernement en invoquant les motifs suivants :

---

[68] Le président de la Commission nationale chargé d'étudier la question de l'unité nationale disait que « le Burundi avec son homogénéité multidimensionnelle ne constitue en fait qu'une ethnie », cf. République du Burundi, *Commission constitutionnelle, Rapport sur la démocratisation des institutions et de la vie politique au Burundi, Bujumbura, août 1991,* p. 125.

[69] REYNTJENS (F.), « L'ingénierie de l'unité nationale : quelques singularités de la constitution burundaise de 1992 », *op. cit.*, p.143.

[70] *Ibid., id.*

[71] Ce sont les partis qui ont recueilli 5 % des suffrages au niveau de l'Assemblée nationale, cf. article 129 al. 2.

[72] La requête a fait l'objet d'un rejet. Cf. *Arrêt RCCB 164* du 22 août 2006.

violation de l'article 129 de la Constitution, l'absence de nomination des membres du FRODEBU et surtout le manque de proportionnalité dans la distribution des postes de responsabilité au sein du gouvernement.

La stabilité gouvernementale a été, à plusieurs reprises, mise à rude épreuve lorsque les deux grandes formations politiques, en l'occurrence le FRODEBU et l'UPRONA, ont respectivement quitté le gouvernement en mars 2006 et en juillet 2007 pour ensuite revenir à la suite d'un remaniement ministériel[73].

Aux termes des dispositions de l'article 129 de la Constitution burundaise de 2005, la formation de la grande coalition présidentielle et gouvernementale est pratiquement rendue obligatoire par le respect des conditions fixées par la réglementation. Cette pratique est légitimée par la nécessité de prendre en compte les différentes familles politico-ethniques dans l'exercice du pouvoir afin de garantir une certaine stabilité du pays. Toutefois, il n'en est rien.

Il s'agit d'une coalition conjoncturelle source d'instabilité dans la mesure où elle ne repose pas sur un programme consensuel de gouvernement largement partagé par les différents acteurs au cours des négociations. Ce constat est également possible dans l'hypothèse de coalitions classique voire structurelle reposant sur une entente préétablie. Dans ce sillage, CHAGNOLLAUD a raison de préciser que « la première difficulté sérieuse disloquera la coalition, les majorités se faisant et défaisant au gré des circonstances »[74].

B. Des risques éventuels de blocage

Le Parlement est soumis au respect de certaines exigences procédurales dans le cadre du processus législatif. Par ailleurs, lorsqu'il intervient dans des matières éminemment importantes, il est souhaitable de recourir au renforcement de majorité (**1**) qui nécessite l'adhésion des groupes minoritaires sans lesquelles une minorité de blocage peut naturellement se former (**2**).

1. Les lois à majorité spéciale

Le travail législatif au sein de l'Assemblée parlementaire obéit généralement à un rituel procédural devant aboutir à l'élaboration de la loi. Compte tenu de l'importance de celle-ci, il serait souhaitable que l'œuvre du législateur requière au préalable l'adhésion des différentes familles politiques y compris la minorité. À cet effet, des conditions de majorité sont exigées en fonction de la place qu'occupe la norme dans la hiérarchie kelsénienne.

---

[73] MANIRAKIZA (A.), « L'approche consociative dans la constitution du 18 mars 2005 et ses implications sur le régime politique burundais », *Konrad-Adenauer-Stiftung (ed) KAS African Law Study Library*, 2011, vol. 7, p.13.

[74] CHAGNOLLAUD (D.), *Droit constitutionnel contemporain*, Tome1, théorie générale, les grands régimes étrangers, Paris, Armand Colin, 2001, p. 112.

Ainsi, des mesures de précaution encadrant le processus de production normative ont pour but d'éviter que la logique majoritaire porte atteinte aux intérêts vitaux de la minorité. Tel est l'objectif du constituant burundais qui précise à travers l'article 175 que « Les lois sont votées à la majorité des 2/3 des députés présents ou représentés. Les lois organiques sont votées à la majorité des 2/3 des députés présents ou représentés, sans que cette majorité puisse être inférieure à la majorité absolue des membres composant l'Assemblée nationale »[75].

Cette exigence de majorité est applicable dans le cadre de la procédure d'adoption des lois au Sénat. En guise d'analyse, cette exigence procédurale traduit une volonté de créer un facteur bloquant. Cette technique a pour effet d'éviter que la loi organique soit adoptée sans qu'il ait reçu une forte adhésion des différentes forces politiques.

Selon la théorie du droit constitutionnel, il appartient au pouvoir constituant originaire de fixer dans la Constitution les conditions dans lesquelles le pouvoir constituant dérivé procède à la modification du texte constitutionnel. En vertu du principe de la mutabilité des constitutions, la révision ou amendement devait avoir pour objectif d'adapter le texte constitutionnel aux circonstances changeantes ou évolutives[76].

Les conditions procédurales encadrant le processus de révisions constitutionnelles participent de la volonté de neutraliser les velléités pouvant permettre à la majorité de remettre en cause les principes fondamentaux auxquels la minorité parlementaire avait pourtant adhéré lors du processus constituant.

L'article 300 de la Constitution burundaise précise que « Le projet ou la proposition d'amendement de la Constitution est adoptée à la majorité des quatrième cinquième (4/5) des membres qui composent l'Assemblée nationale et des deux tiers (2/3) des membres du Sénat »[77].

En Belgique, la réforme constitutionnelle de 1970 a permis d'instaurer une technique de protection des groupes linguistiques à travers la loi à majorité spéciale. C'est un mécanisme particulier qui renforce davantage les conditions d'adoption de certaines lois en vue de la mise en œuvre des principes constitutionnels relatifs à la répartition des compétences et des ressources financières entre les différents niveaux de pouvoir.

C'est une procédure qui exige une double majorité dans les deux Chambres législatives : une majorité simple dans les deux groupes linguistiques[78]. Cette technique vise à protéger la minorité francophone. Il semble important de

---

[75] Article 175 de la Constitution burundaise du 18 mars 2005.

[76] FALL (I. M.), *Les révisions constitutionnelles au Sénégal. Révisions consolidantes et révisions déconsolidantes de la démocratie sénégalaise, op. cit.*, p. 7.

[77] Article 300 de la Constitution du Burundi.

[78] Une majorité des membres des deux groupes linguistiques étant présents.

souligner que la réforme de l'État en 2001 a été adoptée suivant cette procédure spéciale sans pour autant passer par la voie de la révision constitutionnelle.

Il s'agit alors d'un véritable arrangement consociatif dans la mesure où il permet d'asseoir une base consensuelle aux décisions institutionnelles cruciales prises par les deux communautés linguistiques[79]. Notons simplement que ce mécanisme ne joue que pour les francophones et les néerlandophones et non au profit des germanophones[80] qui, néanmoins, bénéficie d'une large autonomie en matière culturelle et sociale.

Au Canada, la Constitution de 1867 contenait à une certaine époque des dispositions constitutionnelles prévoyant que certaines circonscriptions électorales à forte population anglophone ne pourraient être redécoupées qu'à la suite d'un vote de la législature québécoise adopté à une double majorité : la majorité des membres de la législature et la majorité des députés représentant les circonscriptions en cause[81].

En Belgique, si au moins les 3/4 des membres d'une communauté linguistique estiment qu'une proposition de loi pourrait « gravement menacer les relations entre les deux communautés »[82], ils peuvent mettre en branle la procédure de la « sonnette d'alarme » en déposant une motion motivée qui intervient après l'introduction du rapport de la Commission parlementaire et avant le vote en séance plénière. Dans cette hypothèse, la procédure parlementaire est suspendue et la motion est envoyée au Conseil des ministres[83] qui doit donner son avis motivé à la chambre dont émane la motion dans un délai de trente jours. Cette dernière se prononce « soit sur l'avis, soit sur le projet ou la proposition éventuellement amendés »[84]. Il faut préciser que cette procédure n'est pas applicable aux lois à majorité spéciale et celles portant sur le budget.

C'est un mécanisme controversé en raison des différences de points de vue exprimées par les deux communautés linguistiques. En effet, pour la majorité flamande, il s'agit d'un véritable verrou qui peut éventuellement jouer un certain rôle dans le processus de réconciliation en cas de crise. Tandis que les

---

79 SINARDET (D.), « Le fédéralisme consociatif belge : vecteur d'instabilité ? », *op. cit.*, p. 29.

80 Ils constituent le groupe le plus minoritaire avec 0,7 % de la population.

81 Article 80 de la Constitution canadienne de 1867.

82 Article 54 de la Constitution belge.

83 Cet organe est paritairement composé de francophones et de néerlandophone. Cf. article 99 de la Constitution. Cette disposition indique que le Conseil des ministres ne peut compter plus de quinze membres, et dans le cas d'un gouvernement comptant un nombre pair de ministres, le Premier ministre n'est pas pris en compte pour l'établissement de la parité.

84 Article 54, al.2.

francophones y voient les caractéristiques d'un véto pour faire face aux assauts de la majorité flamande.

Après l'expiration du délai de trente jours, la procédure reprend son cours. Si le Conseil des ministres n'est pas parvenu à trouver un consensus alors la proposition peut être adoptée à la majorité simple. Par ailleurs, la pratique révèle le caractère dissuasif qu'elle revêt dans la mesure où elle n'a été utilisée que deux fois en 1985 pour une question secondaire et en 2010 concernant l'épineux dossier de la scission de l'arrondissement électoral de Bruxelles-Hal-Vilvorde considéré comme le moteur de la crise politique belge ces dernières années[85].

Suivant une logique consociative, cette procédure de la « sonnette d'alarme » est un instrument devant permettre à la communauté linguistique de défendre ses intérêts. Sous ce rapport, elle semble avoir les caractéristiques d'un droit de véto dès lors qu'elle imprime une dynamique consensuelle au processus de recherche de solutions à une crise politique qui peut être de nature à nuire aux relations entre les deux communautés linguistiques.

Il existe un autre mécanisme dit des conflits d'intérêts accordant la possibilité à un groupe linguistique de faire blocage à la mise en œuvre d'une décision prise par un niveau de pouvoir s'il estime que ces intérêts sont lésés par ladite décision. Cette procédure peut durer au moins 120 jours. Elle est mise en branle par les 3/4 des membres du Parlement du niveau de pouvoir lésé. Ainsi, le dossier est soumis à l'appréciation du Comité de concertation entre les différents gouvernements qui a 60 jours pour trouver une solution. En cas de difficulté, le Sénat entre en jeu pendant 30 jours à la recherche d'un compromis entre les différents acteurs des groupes linguistiques en conflit[86].

En matière de protection des minorités, la Hongrie a élaboré un ensemble de mécanismes institutionnels originaux dont la mise en œuvre lui permet d'être en avance sur les autres pays confrontés aux problèmes de minorités. En effet, il a été mis sur pied un Commissaire parlementaire des droits des minorités nationales et ethniques[87] investi d'une mission qui consiste à examiner les risques d'abus ou de dérives préjudiciables aux groupes minoritaires portés à sa connaissance.

---

[85] SINARDET (D.), « From Consociational Consciousness to Majoritarian Myth. Consociational Democracy, Multi-level Politics and the Belgian Case of Brussels-Halle-vilovorde », *Acta Politica. International Journal of Political Science*, Basingstoke, Palgrave Macmillan, 2010, vol.45, n° 3 : 346-369 ; BLÉRO (B.), « Bruxelles-Hal-Vilvorde, Couronne d'épines de l'État fédéral belge », *in Pouvoirs*, n° 136, 2011 : 97-123.

[86] SINARDET (D.), « Le fédéralisme consociatif belge : vecteur d'instabilité ? », *op. cit.*, p. 30.

[87] Article 32 b/2 de la Constitution. Hors d'Europe, l'on peut toutefois noter une institution comparable en Chine.

Ce commissaire peut, dans l'exercice de ses fonctions, prendre des initiatives en vue de chercher des solutions pour remédier à de telles situations. Par ailleurs, l'exigence d'une majorité des 2/3 des députés[88] pour l'élection de ce Commissaire à la suite d'une proposition faite par le Président de la République témoigne de la volonté de prendre en compte la position desdites minorités.

Dans le contexte burundais, l'Ombudsman[89], institution d'origine suédoise[90], trouve sa place dans le modèle institutionnel d'inspiration consociative[91] issu de l'Accord d'Arusha. Ce modèle est susceptible d'être affecté par des crises politiques d'où la nécessité d'envisager des cadres de conciliation et de médiation par l'intermédiaire de l'Ombudsman. Cette institution assure, entre autres attributions, une mission d'enquête, de médiation, de conciliation et d'observation[92].

Sous ce rapport, l'ombudsman reçoit des plaintes et mène des enquêtes concernant la violation des droits des citoyens ; il assure une médiation entre l'administration et les citoyens et joue le rôle d'observateur concernant le fonctionnement de l'administration[93].

En outre, l'ombudsman a la possibilité de saisir la Cour constitutionnelle lorsqu'il estime qu'une mesure réglementaire ou législative est inconstitutionnelle conformément aux dispositions de l'article 230 de la Constitution[94].

2. La formation d'une minorité de blocage

Le Parlement demeure le cadre naturel au sein duquel les différentes sensibilités ou familles politiques expriment librement leur opinion dans le respect de certaines conditions procédurales. Toutefois, dans une société hétérogène, le libre jeu démocratique risque de tourner en faveur des forces politiques majoritaires. Face à cette situation, les groupes minoritaires n'ont aucune arme stratégique en vue de limiter ou de contenir la brutalité de la logique majoritaire durant le processus de délibération.

---

[88] Article 32/4 de la Constitution hongroise.

[89] Loi n° 1/3 du 25 janvier 2010 portant organisation et fonctionnement de l'Ombudsman. Au Burundi, le premier ombudsman du nom de Cheick Mohamed Rukara Khalfan a été élu en novembre 2010.

[90] S. JAGERSKIOLD cité par P. MANIRAKIZA, « La nouvelle institution d'ombudsman au Burundi : Potentialités et défis » : 482, *in Revue juridique et politique*, n° 4, 2012.

[91] D. SULLIVAN, « the Missing Pillars: A look at the failure of peace in Burundi Through the Lens of Arend Lijphart's theory of consociational democracy », *Journal of Modern African Studies*, 2005, volume 43 n° 1: 75-95.

[92] MANIRAKIZA (P.), « La nouvelle institution d'ombudsman au Burundi : Potentialités et défis », *op. cit.,* p. 488.

[93] Lire Constitution du Burundi, art. 237.

[94] Article 230 de la Constitution du Burundi.

En dehors d'un droit de véto formellement reconnu à la minorité, il convient de noter que la fixation des quotas ethniques dans les instances parlementaires du Burundi et l'exigence d'une majorité qualifiée sont de nature à conférer à la minorité ethnique un véto de fait. Dans pareil cas, la prise de certaines décisions importantes implique un soutien de la minorité pour atteindre la majorité exigée. À défaut d'un tel soutien, certaines décisions initiées par la majorité risquent d'être compromises. Assurément, le véto apparaît comme une forme d'expression d'un véritable contre-pouvoir[95].

La loi n'est forcément pas l'expression de la volonté générale[96] mais plutôt l'expression de la volonté d'une majorité passagère[97] voire circonstancielle. Cette remarque trouve toute sa pertinence dans les démocraties majoritaires. En réalité, la formation de la majorité dépend en grande partie de certains facteurs conjoncturels ou contingents.

En définitive, dans le contexte burundais, la configuration du Parlement laisse entrevoir l'existence d'un pôle majoritaire incarné par les Hutus tandis que la posture de minorité parlementaire revient aux Tutsis. Au Sénat, la composition doit se faire de manière paritaire avec 50 % pour chaque ethnie.

En l'absence d'un consensus ou d'unanimité pour la prise de certaines décisions, le constituant avait assurément jugé nécessaire de recourir à la technique du renforcement des majorités, ce qui devait conduire de fait à la constitution d'une minorité de blocage en faveur de l'ethnie minoritaire, en l'occurrence des Tutsis.

Plus la norme occupe une place importante dans la hiérarchie des normes, plus la condition de majorité exigée est renforcée et assortie de facteur bloquant. C'est le cas des lois organiques et lois portant révision de la Constitution. Dans une telle situation, cette minorité de blocage prend la forme d'un droit de véto comme moyen de défense de ses intérêts vitaux.

La Constitution burundaise de 2005 est fortement sous l'emprise d'une inspiration consociative en vertu de laquelle on ne saurait admettre qu'une seule famille politique puisse disposer d'une majorité renforcée lui permettant de prendre seule des décisions éminemment importantes. Pour constituer une minorité de blocage la loi électorale a dû recourir à la technique de cooptation si un parti politique réussit à engranger les 3/5 des sièges mis en compétition.

---

95 BIDEGARAY (Ch.) et ÉMERI (Cl.), « Du pouvoir d'empêcher : véto ou contre-pouvoir », *in RDP*, 1994, p. 336 ; G. GLÉNARD, « La doctrine publiciste française et la faculté d'empêcher » : 99-118, *in Revue d'histoire des facultés de droit*.

96 CARRE DE MALBERG (R.), *La loi expression de la volonté générale*, Paris, Economica, 1984, 228 p ; KANTÉ (B.), « Les juridictions constitutionnelles et la régulation des systèmes politiques en Afrique » : 265-276, *in Constitutions et pouvoirs, Mélanges en l'honneur de Jean Gicquel*, Paris, Montchrestien, 2008.

97 ODENT (P.), *Commentaire sur la Constitution fédérale des États Unis*, Tome II, Paris, Joubert Librairie de la Cour de Cassation, 1843, p. 341.

Dans ce cas de figure, la loi électorale autorise la cooptation de 18 à 21 membres à raison de deux personnes par parti au cas où 7 partis politiques réuniraient les conditions requises.

Le véto est, dans la théorie consociative, considéré comme une arme par laquelle les groupes minoritaires peuvent s'appuyer pour défendre leurs intérêts lorsqu'ils se trouvent être menacés par les dérives ou abus de la majorité. Un tel privilège dont pourraient bénéficier les minorités n'est pas acquis à l'avance dans la mesure où les rapports de force peuvent, au gré de certaines circonstances, tourner en faveur du groupe majoritaire.

La brutalité du système majoritaire favorisant le jeu à somme nulle[98] ne laisse aucune possibilité à la minorité de faire valoir ses intérêts. De manière générale, la majorité entend jalousement garder le dernier mot sur certaines questions qu'elles jugent substantielles. Le droit de véto est une sorte de concession que la majorité a bien voulu faire en vue d'améliorer le fonctionnement de la démocratie dans le respect de la diversité culturelle.

En Afrique du Sud, la Constitution tri-camérale de 1983 avait aménagé un mécanisme qui consistait à reconnaître au profit de chacune des trois communautés un droit de véto car toute législation concernant les affaires communes devait reposer sur un accord préalable des trois communautés.

Toutefois, la possibilité offerte au Conseil présidentiel dominé par les Blancs, en cas de désaccord entre les communautés, de légiférer dans ce domaine avait fini de réduire considérablement la portée d'un tel mécanisme consociatif. Le Conseil présidentiel était conçu de telle sorte qu'il puisse mettre en échec sans difficulté toute velléité de blocage. C'est justement la raison pour laquelle il était considéré comme un « deadlock breacking mecanism »[99].

Dans le contexte du Burundi, l'esprit du constituant de 2005 révèle l'existence d'une volonté de recherche d'un mécanisme dont la vocation consisterait à faire en sorte qu'une seule famille politique ne dispose pas d'une majorité confortable pour imposer sa volonté dans le cadre du processus décisionnel durant la première phase post-transition[100]. Cette préoccupation est prise en charge à travers l'article 303 de la Constitution.

Conformément à cette disposition, à titre exceptionnel et aux seules fins des premières élections des députés et uniquement si un parti a remporté plus des 3/5 des sièges au suffrage direct, un total de 18 à 21 membres supplémentaires sont cooptés en nombres égaux à partir des listes de tous les partis ayant enregistré au moins le seuil fixé pour les suffrages, ou à raison de

---

[98] OTAYEK (R.), *Identité et démocratie dans un monde global*, Paris, Presse de science po, 2000, p. 102.

[99] HANF (T.), « De ladite concordance en Afrique du Sud », *op. cit.*, pp. 660-661.

[100] MANIRAKIZA (A.), « L'approche consociative dans la constitution du 18 mars 2005 et ses implications sur le régime politique burundais », *op. cit.*, p. 17.

deux personnes par parti au cas où plus de 7 partis réuniraient les conditions requises. Les modalités seront déterminées par la loi électorale. Cette technique d'ingénierie électorale a, naturellement, pour effet de doter les groupes minoritaires d'un moyen de neutraliser la volonté de la majorité.

Dans un système consociatif, le droit de véto est utilisé comme un instrument de protection des segments minoritaires dans le processus de délibération d'une Assemblée largement dominée par un segment majoritaire. En réalité, la combinaison des quotas ethniques et des fortes majorités semble produire inéluctablement l'effet d'un véto de fait. Sous ce rapport, les lois sont votées à la majorité des 2/3 des députés présents ou représentés. Les lois organiques sont votées à la majorité des 2/3 des députés présents ou représentés, sans que cette majorité puisse être inférieure à la majorité absolue des membres composant l'Assemblée nationale.

C'est la même majorité qui est requise pour le vote des résolutions, recommandations et décisions importantes[101].

En ce qui concerne le Sénat, c'est relativement la même procédure de vote qui est retenue. Les décisions sont votées à la majorité des 2/3 des sénateurs présents ou représentés. Les lois organiques sont votées à la majorité des 2/3 des sénateurs présents ou représentés, sans que cette majorité ne puisse être inférieure à la majorité absolue composant le Sénat[102].

Le but recherché dans la fixation d'une forte majorité est d'éviter que le groupe ethnique majoritaire puisse faire passer sans aucun problème les projets ou propositions de loi ou de modifier la Constitution à sa guise au détriment du groupe ethnique minoritaire. En réalité, l'Assemblée nationale comprend 60 % d'Hutus et 40 % de Tutsis et que le Sénat doit être paritairement composé de 50 % de Tutsis et de 50 % Hutus. Les Hutus n'ont pas cette marge de liberté leur permettant d'imposer certaines décisions sans le soutien des Tutsi qui constituent une minorité de blocage.

Conclusion

Dans une perspective de transition démocratique,[103] les accords politiques peuvent apporter une contribution significative dans le processus constituant post-conflictuel en imprimant une dynamique de partage du pouvoir grâce à

---

[101] Article 175 de la Constitution burundaise.

[102] Article 186 de la Constitution burundaise.

[103] SEIDMAN (G.), « La transition démocratique en Afrique du Sud : construction d'une nouvelle nation et genre de l'État », *Clio. Femmes, Genre, Histoire*, 2000, n° 12, 21 pages ; GUÈYE (B.), « La démocratie en Afrique : succès et résistances », *op. cit.*, pp. 5-26 ; DALOZ (J.-P.) et QUANTIN (P.) (dir.), *Transitions démocratiques africaines : dynamiques et contraintes (1990-1994)*, Paris, Karthala, 1997, 313 p.

des arrangements inclusifs d'inspiration consociative sous la direction de médiateurs[104].

La mise en œuvre de ces accords politiques implique nécessairement l'intégration des forces politiques minoritaires grâce à la mise en place de larges coalitions dans l'optique de formation de gouvernement d'union nationale en respectant une sorte de dosage ethnico-régional.

Au surplus, la nécessité de trouver une technique d'accommodation de la diversité grâce à une ingénierie constitutionnelle érigeant en principe la participation des minorités significatives à l'exercice du pouvoir politique reste une préoccupation qu'il faut prendre en charge dans la mesure où elle contribue à créer une situation de stabilité dans le sens du renforcement de la cohésion et de la réconciliation nationales.

Cependant, toute la difficulté réside dans sa mise en œuvre. Alors, il importe de voir dans quelle mesure le constitutionnalisme africain pourrait sécréter des mécanismes de sauvegarde de certaines garanties constitutionnelles en tenant compte de la trajectoire historique des pays marqués par un pluralisme socio-politique conflictuel.

En définitive, aucune entité segmentaire ne saurait abuser de sa position dominante pour remettre en cause les modalités de participation des minorités à l'exercice du pouvoir politique. Il s'agit des nouveaux chantiers que le droit constitutionnel africain doit investir pour au moins apporter une contribution dans la voie de la construction d'un patrimoine constitutionnel commun des sociétés politiques[105].

---

104 Pour bien comprendre le rôle joué par les médiateurs ou pèlerins constitutionnels lors des moments des transitions, voir ANDZOKA ATSIMOU (S.), *L'utilisation de l'ingénierie constitutionnelle pour la sortie de crise en Afrique à travers les exemples de l'Afrique du Sud, La République démocratique du Congo, le Congo-Brazzaville et le Burundi*, *op. cit.*, pp. 72-80.

105 FOUCHER (P.) et SINDJOUN (L.), *La formation du patrimoine constitutionnel commun des sociétés politiques, Éléments pour une théorie de la civilisation politique internationale*. Dakar, CODESRIA, 1998, 72 p. *Études internationales*, 1999, vol. 30, n° 4 : 815-817.

THÈME 4

MINORITÉS ET ÉLECTIONS

L'"ethnicisation" du vote en Afrique noire francophone

Henri Martin Martial NTAH A MATSAH

Docteur en droit public, Maître-Assitant CAMES

Université de Yaoundé II, Cameroun

Introduction

« Les régimes sont dits démocratiques parce qu'ils sont consacrés par les urnes, le bon gouvernement est naturellement l'objectif de tout électeur »[1]. Ainsi, l'on peut se demander qui vote pour qui et pourquoi ? Cette interrogation marque l'existence des modèles explicatifs du choix électoral dans les États d'Afrique noire francophone. Dans cette partie du continent, une variable indépendante de l'acte électoral entretenant le paradigme du vote reste et demeure l'ethnie.

Rappelons que le vote est l'acte par lequel les gouvernés procèdent à la désignation et à la légitimation de leurs gouvernants et manifestent à leur demande approbation ou désapprobation à l'égard des projets qu'ils leur soumettent. Il se présente en quelque sorte comme la pierre d'angle de la démocratie[2].

L'ethnie quant à elle, est un groupement humain rattaché par un certain nombre de caractères de civilisation dont la culture et la langue.

Ainsi, dans le champ des compétitions électorales, les positions des électeurs sont influencées par des sentiments éprouvés à l'égard des groupes ethniques auxquels appartiennent les candidats. Il s'agit de l'"ethnicisation" du vote[3]. C'est une expérience africaine qui fait exister le groupe ethnique comme catégorie politique servant de pôle d'action et de mobilisation.

Une telle ethnicisation du vote en Afrique noire francophone explique donc la politisation identitaire permettant d'opérer le clivage entre minorité ethnique politique et majorité ethnique politique. C'est une distinction qui trouve son fondement et s'explique bien dans le cadre d'une démocratie consociative, qui selon Julien LACBANNE est une variante démocratique

---

[1] Lire ROSANVALLON (P.), *Le bon gouvernement*, Éditions du Seuil, 416 p.

[2] KAKAI (S. H. F.), *Le vote ethnique au Bénin*, Thèse, Science politique, Université d'Abomey-Calavi (Bénin), 2011, p. 37 et s. ; Lire également KAKAI (S. H. F.), « La citoyenneté démocratique au Bénin et en Roumanie » in SOSSA Dorothé (ed.), *Nouvelles démocraties et socialisation politique. Étude comparée des cas du Bénin, du Burkina Faso et de la Roumanie*, Paris, L'Harmattan, 2012.

[3] KAKAI (S. H. F.), *Le vote ethnique au Bénin*, *op. cit.*, p. 47 et s.

adoptée par les pays aux populations hétérogènes[4]. Il s'agit des pays dans lesquels les clivages ethniques ont tendance à engendrer des divisions profondes susceptibles de renverser la structure étatique. C'est le cas en Belgique où le fédéralisme consociatif est vecteur d'instabilité comme le démontre Dave SINARDET[5].

Toutefois, il est inadmissible aujourd'hui de penser la démocratie sans l'organisation d'élections libres, qui en sont même le symbole. Dans ce cas, le citoyen vote pour un candidat parce que son programme se rapproche le plus de ses préférences politiques. Son choix est donc objectif. Ce choix peut aussi être fondé sur des critères subjectifs tenant, entre autres, à la provenance régionale ou ethnique des candidats. Dans ce cas, le fait ethnique aura une influence des plus significatives et explicatives de l'action électorale des électeurs.

En effet, l'ethnie fait partie des premières formes d'organisation de la société. Elle est une institution primaire[6] suivant le sens donné par S. ROMANO. Elle peut majoritairement ou minoritairement influencer le champ des compétitions électorales. Elle constitue au même titre que la langue, les chefferies traditionnelles, la religion et l'environnement un objet du constitutionnalisme africain. Ainsi, apprécier uniquement le versant juridique du droit constitutionnel revient à mettre en doute son origine à travers les faits socio-politiques qu'il encadre aussi. C'est en cela que la prise en compte d'un droit constitutionnel dit « démotique »[7] en Afrique se justifie de plus en plus.

Aussi, au vu des réalités sociales qu'elle renferme et du substrat humain qu'elle représente dans les États d'Afrique noire francophone, un critère subjectif anime et justifie le vote des minorités ethniques au sein du champ politique africain.

---

[4] LACABANNE (J.), *La démocratie consociative : forces et faiblesses du multiculturalisme*, Editions Persée, Coll « L'arbre du savoir », 2016, pp. 3 et s.

[5] SINARDET (D.), « Fédéralisme consociatif belge : vecteur d'instabilité ? » *Pouvoirs*, n° 136, 2011. Un premier élément de la démocratie consociative réside dans son caractère non majoritaire : le pouvoir politique ne peut pas reposer sur une simple majorité de représentants politiques, mais doit reposer sur une majorité aussi large que possible, incluant au moins les représentants des différents groupes (francophone, néerlandophone, germanophone) considérés comme importants dans une société particulière. Lire aussi CROISAT (M.), *Le fédéralisme dans les démocraties contemporaines*, Paris, Montchrestien, 1992.

[6] MILLARD (E.), *Sur les théories italiennes de l'institution*, Paris, LGDJ, 2004, pp. 31-46. Dans le même sens, lire toujours MILLARD (E.), « Hauriou et la théorie de l'institution », *Droit et Société*, n° 30/31, Ed. Persée, p. 381 et s.

[7] PIERRE-CAPS (S.), *La VIe République et la notion de "constitution démotique"*, Presse Universitaire de Toulouse 1, Capitole, 2007, p. 127-135. CONSTANTINESCO (V.) PIERRE-CAPS (S.), *Droit constitutionnel*, *op. cit.*, pp. 293 et s.

Par admission du critère subjectif qui n'est que l'expression des sentiments éprouvés à l'égard des groupes ethniques auxquels appartiennent les candidats, c'est-à-dire leur provenance régionale ou ethnique lors d'une compétition électorale, le vote devient un instrument contrasté de participation au pouvoir par les élections en Afrique noire francophone. La faiblesse de cette démocratie représentative libérale à la pratique africaine est qu'elle ne promeut pas la participation des minorités ethniques.

Cette étude renferme un double intérêt. Sur le plan théorique comme pratique, elle permet d'une part de théoriser davantage l'ethnie dans le constitutionnalisme africain, et d'autre part de la considérer comme un critère de détermination du vote en Afrique. Car, de nombreux résultats électoraux en en dépendent, malgré l'existence des institutions non juridictionnelles et juridictionnelles de contrôle des opérations électorales.

Dès lors, la question qui se pose est la suivante : l'appartenance à une minorité ethnique limite-t-elle la clarté des compétitions électorales en Afrique noire francophone ?

En Afrique noire francophone, l'ethnie influence les compétitions électorales. Cela ne fait plus l'ombre d'un doute. La démocratie en Afrique peut aussi être recherchée à travers des considérations d'ordre ethnique. Le consocialisme vécu dans les États africains est de plus en plus poussé.

Dès lors, « les élections sont devenues des moments de cristallisation des identités ethniques… »[8], et on ne les organise pas pour les perdre, pour reprendre cette formule de l'ex président de la République Pascal LISSOUBA en 1993[9]. La prégnance du fait ethnique et la faiblesse de la culture civique due à l'analphabétisme, poussent effectivement l'électeur à privilégier le vote en faveur du « fils du terroir »[10] parce qu'il appartient à sa communauté ethnique et lui fait spontanément confiance afin d'apporter des solutions à ses

[8] KAKAI (S. H. F.), *Le vote ethnique au Bénin*, *op. cit.*, pp. 47 et s.

[9] L'ouverture démocratique, fondée sur le pluralisme politique, suppose que la dévolution du pouvoir se fasse dans le cadre d'élections concurrentielles et les règles organisant la concurrence politique doivent viser à assurer l'authenticité du suffrage. Or, selon le Président congolais, Pascal LISSOUBA, parlant d'expérience *"on n'organise pas les élections pour les perdre''*.

[10] AHADZI-NONOU (K.), *Les défis du gouvernement démocratique en Afrique subsaharienne depuis 1990*, L'Harmattan- Sénégal, 2020, pp. 232 et s. ; Lire AHADZI-NONOU (K.), « Réflexion sur la notion de peuple », *in Afrique et politique*, n° 1, janvier-juin 2002, pp. 86 et s. ; Lire également PIERRE-CAPS (S.), « Constitution, nation et minorités : exemples européens et asiatiques », *in* Académie Internationale de Droit Constitutionnel (AIDC), *Droit constitutionnel et minorités*, Recueil cours, vol. XXII, Campus universitaire, Tunis 2003, pp. 55 et s. ; DEL PRADO (J. G.), « Droit constitutionnel et peuples autochtones », *in* AIDC, *Droit constitutionnel et minorités*, Recueil cours, vol. XXII, Campus universitaire, Tunis 2003, pp 55 et s.

problèmes. Cette propension naturelle est fortement encouragée par les hommes politiques qui trouvent là un moyen facile de mobilisation électorale.

Or, cette pratique basée sur la cristallisation des identités ethniques provoque une marginalisation des minorités ethniques sur le champ du jeu politique, au point où il est possible de relever une canalisation du vote par la reconnaissance des minorités ethniques d'une part (I), et d'autre part, une banalisation du vote démocratique du fait de l'appartenance aux minorités ethniques (II).

I. La canalisation du vote par la reconnaissance des minorités ethniques

Il est possible de penser une démocratie par l'ethnie en Afrique. Toutefois, le consocialisme dans les États africains avance de manière prudente. C'est ainsi, qu'en Afrique noire francophone en particulier, le vote ethnique est une catégorie électorale qui fait un alliage entre considérations et considérations universalistes du vote, à savoir les orientations idéologiques des candidats, le contenu des programmes politiques, la pertinence des politiques publiques, la justice sociale, la défense des libertés. Cela conduit d'une part, à la cristallisation du vote ethnique (A), qui d'autre part, oriente les choix électoraux des membres appartenant à une communauté ethnique donnée (B).

A. La cristallisation du vote ethnique

La partialité des ethnies dans la participation aux élections porte à admettre que le vote ethnique se cristallise dans le champ politique africain. Il prend corps et l'on note de part et d'autre la prégnance du fait ethnique (1) justifiée par la faiblesse d'une culture civique de la part des électeurs (2).

1. La prégnance du fait ethnique

La domination du fait ethnique dans les compétitions électorales en Afrique est une réalité. Cette prégnance ne fait plus l'ombre d'un doute. Elle va même jusqu'à créer un manque de transparence dans le processus électoral. Ce constat remet en question l'intégrité du processus de consolidation des résultats de l'élection.

L'examen des luttes politiques en Afrique conduit de plus en plus au constat de la prégnance du fait identitaire résultant soit de la langue, soit de la culture et notamment de l'ethnie. Ainsi, dans la plupart des États africains, l'on constate une concurrence permanente entre identités ethniques sur le champ de la compétition politique. La liste des États africains coutumiers de telles turpitudes électorales peut être allongée davantage.

Toutefois, il convient de relever qu'aucun pays d'Afrique subsaharienne ne semble finalement épargné. Cela fait montre de quelques limites du processus de démocratisation en cours depuis 1990.

La compétition électorale, mode pacifique par excellence d'arbitrage populaire des choix politiques proposés par les différents courants d'opinion, devient un facteur de déstabilisation sociale. À leur approche, s'installe une atmosphère de tension propice au développement des réflexes identitaires dans une société où les sentiments d'appartenance tribale demeurent extrêmement vivaces. Le tribalisme plonge certes ses racines dans le tréfonds sociologique du continent noir, mais sa récupération à des fins politiques est la preuve de la manipulation identitaire dont il reste l'objet.

Une telle pratique révèle la faiblesse de la culture démocratique des élites dirigeantes qui se servent de leurs ethnies lors des compétitions électorales, et ne reculent devant rien pour conquérir le pouvoir ou pour le conserver.

2. La faiblesse de la culture civique

Une tendance doctrinale africaine relative à une étude basée sur « les défis du gouvernement démocratique en Afrique subsaharienne depuis 1990 », réalisée par le Professeur K. AHADZI-NONOU[11] fait constater la faiblesse de la culture civique en ce qui concerne le vote ethnique. Ce constat rappelle le caractère indispensable de l'éducation à la diversité ethnique et civique. Ainsi, les programmes d'enseignement doivent mettre l'accent sur la diversité ethnique comme une donnée dont la connaissance doit déterminer des attitudes favorables à une diversité ethnique non conflictuelle.

Cependant, l'ethnicisation du vote en Afrique noire francophone favorise par ailleurs le développement des dons électoraux. Autrement dit, il s'agit de la marchandisation du vote. Laquelle ne permet pas aux minorités ethniques de s'exprimer convenablement sur le champ des compétitions politiques. Une telle pratique clientéliste est utilisée aussi bien par le pouvoir que par l'opposition aux fins de fidéliser leur électorat ou de débaucher celui de l'adversaire. En fait, « cette stratégie des dons électoraux trouve son sens dans un contexte où le taux d'analphabétisme est élevé, l'absence d'instruction civique et la paupérisation galopante attisent l'appétit des clients électoraux ». Aussi, l'on note que la recherche de l'appât de gain facile permet un échange de voix d'une ethnie à une autre.

C'est fort de cela qu'en 1994 au Rwanda comme au Burundi, le venin ethnique installé par la puissance coloniale eut amplifié ses effets mortels à tel point que, héritières du pouvoir, les élites des deux pays, dirigeants comme opposants, ont continué à manipuler les liens ethniques à des fins de puissance, ce qui occasionnera des massacres tribaux et des génocides à répétition.

Dans le contexte de l'Afrique du Renouveau démocratique, il s'agit d'un processus qui doit permettre au continent noir de se doter d'un mode d'organisation et de régulation du vivre ensemble, puis d'une pratique

---

[11]AHADZI-NONOU (K.), *Les défis du gouvernement démocratique en Afrique subsaharienne depuis 1990*, *op. cit*, pp. 185 et s.

électorale capable de gérer la diversité ethnique par l'intégration civique, malgré la persistance de l'orientation des choix électoraux influencés par l'appartenance ethnique.

B. L'orientation des choix électoraux

Vote à la majorité ethnique ou vote à la minorité ethnique en Afrique noire, tout porte à croire que les électeurs s'identifient d'abord à leur ethnie d'appartenance (1), puis par rapport à la manifestation sans vergogne de leur préférence pour le candidat de même ethnie (2)

1. L'identification des électeurs à l'ethnie

L'ethnicisation du champ électoral est également fonction de l'appartenance ethnique des électeurs. En fait, le cadre ethno-électorale dans n'importe quel pays d'Afrique francophone subsaharienne montre que la pluriethnicité est un facteur identifiant du découpage des circonscriptions électorales. Il s'agit d'une sorte de Gerrymandering à l'africaine, permettant alors d'identifier les électeurs appartenant à des groupes ethniques majoritairement représentés, d'avoir une influence considérable sur le résultat du vote. Toutefois, les électeurs minoritairement représentés ne contribuent pas de manière égalitaire à la légitimation de la compétition électorale. Ils se sentent de plus en plus exclus et incapables d'accéder au pouvoir du fait de leur faible représentativité, surtout que l'ethnicisation du vote sévit dans le champ électoral africain à l'état endémique[12],

En Afrique, dans quelque pays, le droit constitutionnel peut connaître un essor épistémologique à partir des référentiels du constitutionnalisme africain au rang desquels l'ethnie occupe une place importante. Ce qui en pratique contribue aussi à la mise en œuvre d'un "droit constitutionnel démotique"[13] par la prise en compte du substrat humain de l'État, notamment de la « population »[14], lorsque l'on est sans ignorer que les « États africains ne

---

[12] Pour d'autres exemples, voir entre autres, PRUNIER (G.), « Les élections ougandaises de 1996 », *Politique Africaine*, n° 63, octobre 1996 : 128 ; de BRITO (L.), « Des élections pour la paix au Mozambique », *Politique Africaine*, décembre 1994, p. 146 ; MEYERFIELD (B.), « Six clés pour comprendre les élections générales au Kenya », *Le Monde Afrique* 3 août 2017, www.lemonde.fr/afrique/article/2017/08/03, consulté le 18 août 2018 ; FOUCHARD (L.), « Violence et ordre politique au Nigéria », *Politique Africaine*, n° 106, 2007 : 5-28 ; HUMAN RIGHT WATCH, « Des policiers ont tué et blessé des manifestants à la suite de l'élection », www.hrw.org/fr/news/2017/10/15, consulté le 16 août 2021.

[13] PIERRE-CAPS (S.), « La VIe République et la notion de "constitution démotique », *op. cit.*

[14] ONDOUA (A.), « La population en droit constitutionnel : le cas des pays d'Afrique francophone » : 87-97, in *Les tabous du constitutionnalisme en Afrique francophone*, *Afrique contemporaine*, 2012, n° 242.

reposent pas sur une nation homogène établie »[15]. Cette donne favorise les choix électoraux lors des compétitions électorales. Ainsi, les questions politiques posées au sein de l'État sont très vite saisies par les communautés africaines. Mobiliser par exemple le concept de population dans la compréhension et la construction des sociétés politiques à substrat humain complexe, à l'exemple des pays d'Afrique francophone contribue aussi bien à l'affirmation d'un droit constitutionnel post-moderne en Afrique, qu'à sa mise en pratique. Ce qui favorise la préférence des électeurs au choix du candidat de même ethnie.

2. La préférence pour le candidat de même ethnie

La préférence des électeurs pour le candidat de même ethnie poussent effectivement ceux-ci à privilégier le vote en faveur du « fils du terroir »[16] parce qu'ils lui font spontanément confiance du fait de leurs liens ethniques. Ils ont convenance par ces liens que le candidat appartenant à leur ethnie est celui qui apportera des solutions à leurs problèmes. Dans une étude consacrée au Cameroun, au Sénégal, au Bénin, au Togo et à Madagascar, mais dont les conclusions peuvent être généralisées à toute l'Afrique noire, des auteurs africains notent à cet égard que l'existence des crispations identitaires a souvent engendré des crispations politiques lors des compétitions électorales. Ces indicateurs ethno-politiques consolident le vote ethnique qui se construit autour des déterminants socioculturels tels que : la région, l'ethnie, le clan, la religion.

---

[15] CONSTANTINESCO (V.) PIERRE-CAPS (S.), *Droit constitutionnel*, Paris, 3e éd., PUF, pp. 349 et s.

[16] Séverin ADJOVI définit la notion comme « une sorte d'affiliation que partagent les membres d'une même communauté (ethnie, tribu, clan ou région) et qui les pousse à porter leur choix sur un des leurs qui prétend à un poste électif. La raison et la particularité essentielle de ce choix, c'est que toutes ces personnes natives de cette ethnie, tribu, clan ou région donnée, sans considération de leur rang social, professionnel ou de leurs idées. Il y a à la base de ce phénomène un compte qui est presque exclusivement tenu du lien de parenté qui repose sur le lien de sang. Plus précisément, ce lien est plus valorisé. Par ailleurs, ce phénomène ne se produit que dans le cas d'un poste électif, c'est-à-dire lorsque la liberté de désigner le chef est souverainement et directement du ressort de la communauté. Mieux c'est lorsque le suffrage est exprimé de façon quasi unanime par la communauté qu'on peut soupçonner l'existence de cette tendance », in *Election d'un Chef d'État en Afrique,* Paris, L'Harmattan, 2003, p. 261, cité par KOULONG (D. E.) et RAHARINAIVO (R. S.), « Réflexions sur le vote ethnique en Afrique. Construction et déconstruction d'un imaginaire politique : cas du Togo et de Madagascar », www.diacronia.ro/indexing/details/v1813, consulté le 16 août 2021.

Aussi, le vote ethnique est devenu primordial dans la participation politique grâce aux stratégies empruntées par les entrepreneurs identitaires[17]. Pour eux, ce qui importe en Afrique, c'est l'identification des électeurs au leader du parti censé défendre les intérêts des « fils du terroir », ou à un candidat natif du terroir. On pense que seul le fils du terroir peut promouvoir le développement de la localité, assurer la survie et la sécurité du groupe une fois élu. Cette stratégie de mobilisation politique est bien expressive dans la constitution camerounaise, qui en son article 57 en matière de décentralisation, exige aussi bien pour la composition des listes électorales, que pour la formation du Conseil Régional, une prise en compte des composantes sociologiques des circonscriptions. Cette disposition constitutionnelle est la preuve que la loi fondamentale camerounaise encourage les minorités ethniques à la participation politique. Elle exige d'ailleurs que le Conseil régional soit présidé par une personnalité autochtone de la région[18].

L'autre but est d'éviter l'accroissement du développement inégal des régions et la confiscation du pouvoir par une minorité, la marginalisation des groupes ethniques particuliers, la marchandisation du vote et la dynamique des fils du terroir dans la conquête du pouvoir politique. Car, de plus en plus, l'on note l'existence d'une banalisation du vote démocratique du fait de l'appartenance aux minorités ethniques.

---

[17] La manipulation identitaire prend des formes aussi multiples que variées présente le répertoire en ces termes. Le parti au pouvoir de par sa forte prégnance ethnique pour la plupart des cas fait adopter un code électoral taillé sur mesure et qui lui est largement favorable et dissuasif pour ses adversaires. L'instauration de climat de terreur dans les zones favorables à l'opposition, dont les électeurs ne peuvent exercer leur droit de vote, l'élimination des adversaires les plus redoutables par des moyens législatifs tels que l'obligation de résidence continue, la nationalité des parents, l'âge d'éligibilité, le parrainage par des élus, le cautionnement extravagant au regard du niveau de vie, l'arrestation des candidats qui échappent aux mailles de la loi et réussissent cette course d'obstacles, le recensement fantaisiste du corps électoral, la distribution sélective des cartes d'électeurs, le monopole des médias et autres ressources de l'État pour la campagne, les entraves à la libre circulation des opposants interdits de campagne dans les fiefs du parti au pouvoir, sont autant d'actions menées par les gouvernants pour gagner les élections. En outre, le contrôle de la Commission électorale et de la Cour constitutionnelle, la gardienne de la régularité du scrutin, assure le Président sortant de la conservation du pouvoir, car le plus important dans ce système, ce n'est plus celui qui met le bulletin dans l'urne, mais celui qui compte les bulletins et proclame les résultats. Le peuple peut désavouer dans les urnes le candidat du parti au pouvoir, celui-ci sera toujours proclamé vainqueur.

[18] Lire art. 57 (3) de la constitution camerounaise.

II. La banalisation du vote démocratique du fait de l'appartenance aux minorités ethniques

La banalisation du vote démocratique du fait de l'appartenance aux minorités ethniques est possible à travers la marginalisation de certains groupes ethniques à la participation politique d'une part, (A) et à travers la confiscation du pouvoir par certaines minorités ethniques, d'autre part (B).

A. La marginalisation de certains groupes ethniques

Marginaliser certains groupes ethniques dans la conquête du pouvoir politique est un fait réel en Afrique. Il peut se justifier soit par la marchandisation du vote (1), soit par la représentation de la dynamique de "fils du terroir" (2).

1. La marchandisation du vote dans la conquête du pouvoir politique

La provenance régionale ou ethnique des candidats justifie la marchandisation du vote dans la conquête du pouvoir politique. Le repli identitaire qui se manifeste en période électorale en est la preuve[19]. Il est souvent question pour les membres des groupes ethniques de "vendre leurs voix" à ceux des candidats qu'ils aspirent représenter.

Pris au piège entre fraudes, ethnicisation et marchandisation, le pouvoir de suffrage se trouve fortement dévalorisé. Ajouté aux dysfonctionnements

[19] La carte électorale des pays d'Afrique sub-saharienne recoupe fidèlement les clivages ethno-régionalistes. C'est ainsi qu'au Cameroun, lors de l'élection présidentielle de 1992, Paul BIYA a gagné 94,82 % de voix dans le Sud, sa région d'origine, et 39,17 % de suffrages exprimés au plan national ; John FRU NDI, son adversaire le plus sérieux, a recueilli 86, 30 % de votes dans le Nord-Ouest, son fief natal, et 36,6 9 % dans la totalité du pays ; BELLO BOUBA MAIGARI a, pour sa part, remporté 50,42 % de voix dans le Nord dont il est originaire, et 19,21 % dans l'ensemble du Cameroun »[19]. Au Bénin, dans une thèse consacrée à la question, il a été démontré méthodiquement que de 1991 à 2006, les différents candidats aux élections présidentielles de 1991, 1996, 2001 et 2006 ont systématiquement réalisé leurs meilleurs scores dans leurs régions d'origine. Ainsi dans l'Atakora situé dans le Nord, en 1991, 1996 et 2001, Mathieu KEREKOU, originaire de la région, a recueilli respectivement 84,56 %, 86,51 % et 93,23 % des voix contre 6,67 %, 6,88 % et 1,92 % pour son rival, Nicéphore SOGLO. Dans le Borgou également localisé dans le Nord, il a obtenu 86,47 %, 80,82 %, 76,19 % de votes contre 8,47 %, 12,31 % et 5,26 % pour Nicéphore SOGLO. Dans les départements de l'Atlantique, de l'Ouémé, du Mono et du Zou situés au Sud, les scores sont inversés. Nicéphore SOGLO, fils de la région, a obtenu dans l'Atlantique en 1991, 1996 et 2001 les résultats suivants : 62,48 %, 60,79 %, 53,38 % contre 6,18 %, 15,23 % et 27,61 % pour Mathieu KEREKOU ; dans l'Ouémé les votes s'établissent comme suit 17,70 %, 17,24 % et 8,08 % contre 3,13 %, 14,83 % et 37,71 %[19] ; dans le Mono, les statistiques se présentent de la manière suivante : 23,02 %, 26,2 % et 13,64 %, contre 7,89 %, 14,39 %, 27,89 %[19] ; au niveau de l'Atlantique, les résultats suivants sont enregistrés : 70,16 %, 61,14 % contre 10,63 %, 17,33 %, 28,75 %.

de l'État de Droit, cet affaiblissement contribue au désenchantement du Renouveau démocratique.

Les maux identifiés relèvent pour l'essentiel de la responsabilité des élites dirigeantes, de leur manque de sens patriotique ; d'où la nécessité de revoir de fond en comble la gouvernance à la lumière de cette vertu indispensable à une saine gestion des affaires publiques.

L'ethnicisation du vote favorise par ailleurs le développement des dons électoraux autrement dit la marchandisation du vote. C'est aussi l'occasion pour le candidat de vendre son rêve aux membres de la communauté dont il est le digne fils, afin de renforcer en eux leur sentiment d'appartenance ethnique.

2. La représentation de la dynamique de "fils du terroir" dans la conquête du pouvoir politique

Le fait ethnique est assez dynamique dans la conquête du pouvoir politique en Afrique noire francophone. Il conduit l'électeur à privilégier le vote en faveur du candidat de même ethnie. On fait confiance au « fils du terroir » qu'on considère comme un messie, celui-là qui apportera des solutions aux problèmes de la communauté. Le vote repose dans ce cas dans une tendance ethno-régionale qui explique les choix électoraux des populations comme en 2006 au Bénin[20] et au Togo lors des législatives 2007 et 2013[21]. Pour les

[20] La tendance ethno-régionale des résultats électoraux s'est confirmée en 2006. BONI YAYI, originaire du centre-nord et vainqueur de l'élection présidentielle, a fait ses scores les plus élevés dans l'Atacora et le Borgou avec respectivement 62, 43 % et 68,90 % des voix. Dans l'Ouémé, c'est Adrien HOUNGBEDJI, un leader régional, qui l'a emporté avec 63,34 % des votes. Dans le Mono, c'est un autre haut responsable local, Bruno Amoussou, qui est arrivé en tête avec 71,95 % des suffrages. En revanche, dans le Zou et dans l'Atlantique, malgré son profil régional, BONI YAYI est arrivé en tête avec 31,45 et 37,60 % des votes. Les origines sudistes de son épouse, le retrait simultané de Nicéphore SOGLO de l'élection par suite de la limite d'âge fixée à soixante-dix ans, les divisions familiales pour assurer sa succession, deux de ses fils se portant candidats, le profil technocratique de BONI YAYI, tous ces facteurs, semblent avoir joué en faveur de ce dernier. Cette exception n'infirme pas cependant la tendance au vote régional bien ancrée au Bénin

[21]Au Togo, la répartition des sièges lors des législatives de 2007 et de 2013 l'illustre amplement. En effet, sur les cinquante sièges remportés par le Rassemblement du Peuple Togolais, ex-parti unique identifié à tort ou à raison au Nord, trente-sept l'ont été dans les trois régions septentrionales (Savanes, Kara, Centrale), l'opposition représentée par l'union des Forces de Changement (UFC), parti présenté comme sudiste, n'y gagnant qu'un seul siège. Dans les plateaux situés au Sud, le RPT remporte douze sièges contre dix à l'opposition par suite du caractère ethniquement composite de cette région et aussi du fait que la mère du Chef de l'État, Faure GNASSINGBE, en est originaire. L'on notera cependant d'après le tableau 1 ci-dessous que c'est l'élection de deux députés kabyès (ethnie du Nord) par suite de la présence d'une forte colonie kabyè dans la région, qui a permis au RPT de devancer

membres de la communauté ethnique, ce qui importe en Afrique, c'est leur identification au leader du parti censé défendre leurs intérêts. Ils privilégient le candidat natif du terroir. On pense que seul le fils du terroir peut promouvoir le développement de la localité, assurer la survie et la sécurité du groupe une fois élu.

Par crispations identitaires, les hommes politiques trouvent là un moyen facile de mobilisation électorale. Ces entrepreneurs identitaires empruntent donc des stratégies de vote ethnique devant les porter au pouvoir. Il en résulte que la carte électorale des pays d'Afrique sub-saharienne recoupe fidèlement les clivages ethno-régionalistes. La tendance ethno-régionale des résultats électoraux est donc une réalité en Afrique. Cette affirmation relative à la tendance au vote régional bien ancrée au Bénin[22]. Il en va d'ailleurs de même au Togo et le Cameroun.

Toutefois, un risque plane telle une épée de Damoclès. Il s'agit de celui de noter une confiscation du pouvoir par certaines minorités ethniques

B. La confiscation du pouvoir par certaines minorités ethniques

La confiscation du pouvoir par certaines minorités ethniques est une réalité en Afrique. L'on note une absence de leadership patriotique dans les compétitions électorales, freinant ainsi l'essor de la démocratie. C'est une technique antidémocratique (1) qui, dans la plupart des cas est source de conflits politiques (2).

1. Une technique antidémocratique

La carence d'une gouvernance impulsée par des élites animées par l'amour de la patrie fait faillite à l'installation d'une politique vertueuse face au repli identitaire. Le manque de volonté de se dévouer et, au besoin, de se sacrifier pour la défense des intérêts de l'État de droit a considérablement freiné l'essor de la démocratie. Car, la promotion du vote ethnique encourage dans la plupart des cas, la confiscation du pouvoir par certaines minorités ethniques. Il convient de relever que jusqu'en 2010 l'opposition togolaise était dominée par l'Union des Forces de Changement (UFC) dirigée par Gilchrist Olympio. À l'issue de l'élection présidentielle de 2010 gagnée par Faure Gnassingbé du

---

l'opposition sudiste. Dans la région maritime, en revanche, dominée par les ethnies du Sud, l'opposition remporte vingt sièges sur vingt-et-un. Lors des élections législatives de 2013, le vote régionaliste s'est maintenu sur les soixante-deux sièges obtenus au plan national, le parti Union pour la République (UNIR), successeur du RPT, en a gagné trente-trois dans son fief du Nord, vingt-deux dans les Plateaux, région d'origine de la mère de son leader, et sept dans la région maritime. L'opposition recomposée, mais toujours dominée par les partis sudistes a remporté dix-huit sièges dans la région maritime sur vingt-neuf du total, gagnés sur l'ensemble du territoire national.

[22] KAKAI (S. H. F.), *Le vote ethnique au Bénin*, *op. cit*, p. 348 et s.

Rassemblement du Peuple Togolais (RPT), un accord de gouvernement a été signé entre les deux partis. Une frange de l'UFC a fait sécession et a pris le nom d'Alliance Nationale pour le Changement (ANC). Identifiée comme sudiste, cette formation a fédéré autour d'elle un ensemble d'organisations de la société civile et de partis politiques dont certains considérés comme du Nord (Alliance pour la Démocratie et le Développement Intégral, Pacte Socialiste pour le Renouveau). Cette coalition s'est présentée aux élections législatives de 2013 sous l'appellation de Collectif « Sauvons le Togo ». Une seconde coalition de l'opposition dénommée ARC-EN-CIEL et comprenant des partis issus du Nord (Parti Démocratique Panafricain, Mouvement Citoyen pour la Démocratie et le Développement), et du Sud (Comité d'Action pour le Renouveau, Convention Démocratique des Peuples Africains…), a également pris part aux législatives de 2013. Le résultat qui en a été issu s'est révélé une source de conflits politiques, car la récurrence du fait identitaire joue un rôle antidémocratique qui ne favorise pas toujours la transparence du vote. En fait, de semblables statistiques ethno-électorales peuvent aisément se retrouver dans n'importe quel pays d'Afrique subsaharienne, car l'ethnicisation du vote sévit dans tout le sous-continent à l'état endémique.

C'est ainsi que, pris au piège entre fraudes, ethnicisation et marchandisation, le pouvoir de suffrage se trouve fortement dévalorisé[23]. Ajouté aux dysfonctionnements de l'État de Droit, cet affaiblissement contribue au désenchantement démocratique qui a succédé aux immenses espoirs suscités dans les années 1990 au début du Renouveau démocratique. Ce qui conduit dans certains cas aux conflits politiques.

2. Une source de conflits politiques

Le vote ethnique engendre dans la plupart des cas la confiscation du pouvoir par une communauté minoritaire. C'est une situation qui est à l'origine des conflits politiques dans certains États d'Afrique noire francophone. Les cas du Rwanda et du Burundi sont parfaitement illustratifs des manœuvres ethniques qu'une puissance coloniale, la Belgique en l'occurrence, a pu utiliser pour contrer la lutte anticoloniale ou pour en maîtriser l'issue en plaçant les élites favorables à sa vision au pouvoir au moment de l'indépendance. Tout d'abord, au Rwanda, la colonisation belge a créé, sur la base de différenciations socio-économiques, les ethnies hutu (majoritaire) et tutsi (minoritaire) alors que ces deux entités sociales partageaient la même langue,

[23] Lire BANEGAS (R.), « Marchandisation du vote, citoyenneté et consolidation démocratique au Bénin », *Politique Africaine*, 1998, pp. 75-88 ; KOULONG (D. E.) et RAHARINAIVO (R. S.), article cité ; SINDJOUN (L.), « Élections et politique au Cameroun : concurrence déloyale, coalitions de stabilité hégémonique et politique d'affection », *African Journal of Political Science*, n° 1, 1997. PENAR (P.) et autres, *La gestion des élections en Afrique, Synthèse de politique*, n° 35, Afrobaromètre, septembre 2016, p. 22.

la même religion et la même culture formant ainsi le peuple des Banyarwandas. Afin d'asseoir sa domination, la Belgique s'est, dans un premier temps, appuyée sur l'élite tutsi dont était issue la royauté qui dirigeait le Rwanda avant la colonisation. Dès lors la haine ethnique se déchaîna, entraînant des violences intercommunautaires.

Au Burundi voisin, la Belgique utilisa les mêmes méthodes dans un contexte sociologique identique.

Au Burundi l'évolution politique postindépendance sera également marquée par des violences ethniques incessantes qui atteindront un pic avec le génocide des Hutus en 1972 ; ces violences se poursuivront par des massacres tribaux en 1988, 1991, et un nouveau génocide, cette fois-ci, contre les Tutsis, en 1993. Ce génocide est consécutif à l'assassinat du Président hutu, Melchior Ndadaye, démocratiquement élu, par des éléments de l'armée majoritairement dominée par lesTutsi. Il s'ensuivit une guerre civile qui ne prendra fin qu'en 2000. En 2003 de nouveaux massacres se déroulèrent. Entre 2005 et 2015 une relative accalmie fut enregistrée. Mais depuis lors, les troubles sanglants ont recommencé consécutivement à la volonté politique du Président Nkurunziza, d'origine hutu, de se maintenir au pouvoir après avoir épuisé les deux mandats auxquels la constitution de 2005 lui donnait droit. À souligner cependant que cette fois-ci ils mettent aux prises le pouvoir et une opposition composée à la fois de Hutu et de Tutsi. Mais au Burundi une éruption interethnique demeure toujours latente[24].

Modèle du genre dans la propagande ethnique, ce texte renferme des stéréotypes ou une vision simplificatrice de la réalité[25]. Il décrit le Hutu sous les traits généraux d'un patriote à qui revient dès lors les postes de prestige ; il dépeint en revanche le Tutsi comme un espion, un malhonnête, un fourbe, un suprémaciste et un égoïste qui ne pense qu'aux « siens », en somme un traitre à la patrie, à qui le Hutu ne doit pas faire de pitié.

Comme le note Alain Lancelot, « les stéréotypes sociaux, idées reçues » d'objets sociaux, peuvent déterminer des attitudes sociales « toutes faites » ou stéréotypées ; les idées reçues politiques, des attitudes politiques stéréotypées.

---

[24] Sur l'évolution politique du Rwanda et du Burundi ; il existe une littérature abondante. Nous citons, notamment, CHRETIEN (J.-P.), *L'Afrique des Grands Lacs : deux mille ans d'histoire*, Paris, Flammarion, 2001 ; BRAECKMAN (C.), *Rwanda. Histoire d'un génocide*, Paris, Fayard, 1994 ; LAROQUE (A.), *Historiographie et enjeux de mémoire au Burundi*, Thèse, Histoire, Université Panthéon Sorbonne, Paris, 2013.

[25] « Le stéréotype est une manière d'appréhender la réalité et de penser par cliché. Face à une surabondance d'informations, l'individu a besoin de simplifier. Les stéréotypes s'acquièrent souvent dès la petite enfance… ou par les différents groupes sociaux auxquels les individus appartiennent. Ils sont transmis de génération en génération. Les individus les intègrent de manière inconsciente et les reproduisent de telle façon qu'ils génèrent et perpétuent des préjugés ».

C'est ainsi que le Tutsi (et son semblable le Hutu modéré) a pu être traité de « cafard », de « rat », de « serpent », c'est-à-dire une bête nuisible qu'il fallait éliminer ; d'où le génocide de 1994.

Cette vision manichéenne de la société évacue toute rationalité et tout sens critique de l'individu. Elle fait uniquement appel à son affect et façonne ainsi des personnalités politiques à l'horizon borné essentiellement par les normes diffusées par le groupe ethnique d'appartenance. Il se crée dès lors une société fondée sur l'exclusion ethnique, ce qui explique le caractère hautement conflictuel du pluralisme social en Afrique. C'est cette culture de la conflictualité qu'il faut faire évoluer vers une culture de la convivialité.

Ce sombre tableau qui dépeint la vie politique du Rwanda et du Burundi depuis la colonisation jusqu'à nos jours correspond pratiquement à la situation qui prévaut dans la plupart des pays subsahariens sans toutefois atteindre les mêmes extrémités.

Conclusion

Au regard du bilan globalement décevant du processus de démocratisation, il apparaît manifeste que l'Afrique subsaharienne souffre d'une gestion politique largement dominée par la prégnance ethnique. L'élite dirigeante[26] s'acharne à remettre en cause les principes de l'État de Droit et de la démocratie libérale, même lorsqu'elle arrive au pouvoir par la voie des urnes sans user de tricherie. Seuls priment ses intérêts partisans et l'accaparement personnel ou ethnique du pouvoir au prix souvent du délitement de l'État et du tissu social national.

Toutefois, l'État de droit impose aussi qu'en Afrique, l'on gouverne par l'ethnie. On peut donc déplorer une absence de leadership patriotique et démocratique, c'est-à-dire une gouvernance impulsée par des communautés ethniques animées par l'amour de la patrie, la volonté de se dévouer et, au besoin, de se sacrifier pour la défense de ses intérêts. Faute de cette politique vertueuse, l'essor de la démocratie est considérablement freiné. Mais en plus, l'éclosion de tout sentiment national est annihilée dans des États qui en sont privés depuis leur accession à la souveraineté internationale. La nécessité d'un tel leadership relève dès lors de l'urgence, car elle seule peut favoriser la mise en œuvre d'un programme de modernisation sociale et politique fondé, d'une part, sur l'éducation aux valeurs de la modernité politique, d'autre part, sur la construction d'un cadre de vie plus adapté à un vivre ensemble apaisé. Bref,

[26] La notion d'élite dirigeante est courante en sociologie politique. Elle est définie par Charles WRIGHT MILLS comme « ces cercles politiques, économiques et militaires qui, dans un ensemble de coteries entrecroisées, partagent les décisions d'importance nationale. Dans la mesure où les évènements nationaux font l'objet de décisions, l'élite est l'ensemble des personnes qui les prennent ». V. *L'élite du pouvoir*, 1969, cité par SCHWARTZENBERG (R.-G.), *Sociologie politique*, Paris, Montchrestien, 1998, p. 589.

en acceptant les réalités sociologiques, il est possible de faire la démocratie en Afrique par l'ethnie. Le vote ethnique est donc une catégorie juridique à prendre en compte dans le constitutionnalisme africain. Le constat de l'importation des modèles inutiles ne cadrant pas avec les réalités sociologiques et électorales des États d'Afrique noire francophone, il est temps de construire des systèmes électoraux de protection des minorités ethniques en Afrique afin que la participation politique au pouvoir obéisse à l'idée d'égalité de suffrages sur le champ des compétitions électorales.

La démocratie électorale à l'épreuve de la participation des minorités

Mamadou Hady DÈME

Maître de Conférences assimilé en Science politique
Département Science politique, FSJP/UCAD, Sénégal

Introduction

En 1993, en plein effervescence des travaux sur les transitions[1] des régimes autoritaires vers des régimes plus démocratiques[2], Daniel Gaxie publiait *La démocratie représentative*[3]. Mais déjà en 1978, *Le Cens caché*[4], mettait en relief les inégalités culturelles et ségrégations politiques.

Pour lui, les démocraties contemporaines fonctionneraient de fait comme des systèmes censitaires du XIXe. Les citoyens ne sont pas égaux face à la politique. Ceux disposant du capital[5] économique, mais aussi social et scolaire le plus important, reçoivent les clefs pour décrypter le jeu politique. De ce fait, ils sont plus à même de s'intégrer politiquement et de participer, tandis que les moins nantis, les moins éduqués sont souvent exclus du jeu démocratique. Ces inégalités se sont en outre renforcées dans la mesure où, une bonne part des ressources permettant la participation, n'est non pas acquise par le biais de l'école ou de programmes d'éducations civiques, mais sont héritées du milieu social[6].

---

[1] Le paradigme transitologique a posé le défi de l'institutionnalisation de la démocratie électorale. Réussir à organiser des élections plurielles, compétitives, transparentes et pouvant aboutir à des changements pacifiques de régimes n'a pas été un pari toujours facile à gagner.

[2] La décennie 90, s'ouvre avec l'effervescence des transitions démocratiques. La science politique et le droit constitutionnel ont essayé de rendre intelligibles ces mutations politiques qui annonçaient l'instauration de la démocratie libérale en Afrique notamment.

[3] GAXIE (D.) et CHAGNOLLAUD (D.), *La démocratie représentative*, Paris, Montchrestien, 1993.

[4] GAXIE (D.), *Le Cens caché : Inégalités culturelles et ségrégation politique*, Paris, Seuil, 1978.

[5] Empruntée à l'appareil conceptuel de l'économie, la notion de capital désigne en première analyse l'ensemble des ressources dont disposent les individus et les groupes et qui affectent leurs trajectoires, notamment dans les domaines scolaire, professionnel, matrimonial et familial. La sociologie contemporaine se saisit le plus souvent du concept pour en souligner les différentes espèces : capital économique, capital culturel et capital social, principalement.

[6] PITSEYS (J.), « Démocratie et citoyenneté », *Dossiers du CRISP*, vol. 88, n° 1, 2017 : 9-113.

De plus, la position largement dominante de certains groupes sociaux aux hautes fonctions politiques renforce symboliquement l'image d'un jeu politique auquel les citoyens ne correspondant pas à ce modèle n'y auraient pas accès. C'est le cas des plus fragiles économiquement et socialement, mais aussi des groupes socialement minoritaires[7].

Les démocraties contemporaines sont largement analysées en termes de participation[8]. Si elles traversent aujourd'hui une crise, cette dernière n'est rien d'autre qu'une crise de participation[9]. Les critiques contemporaines[10] peuvent conduire à un « désenchantement démocratique »[11] qui se traduit concrètement par une croissance régulière de l'abstention, une volatilité de l'électorat, la progression des partis extrémistes, le développement des votes et des actions protestataires[12].

La participation des minorités pose la question de la qualité de la démocratie. Puisque cette dernière prétend que la souveraineté appartient au peuple[13]. Ici, le peuple est pris comme une entité totalitaire sans possibilité de distinctions.

La démocratie, un concept central en science politique et en droit constitutionnel, mais ô combien complexe à définir compte tenu de ses différentes variations. Plusieurs auteurs ont établi des distinctions, voire des classifications au sein des démocraties avec comme critères d'évaluation, l'élection, le respect des libertés fondamentales, la participation… ainsi on peut distinguer la démocratie électorale, la démocratie libérale, la démocratie participative, délibérative ou même la démocratie égalitaire.

La démocratie électorale[14], renvoie uniquement à l'idée de l'élection de représentants par le peuple au travers d'un scrutin libre et juste. Cette simple autorisation à gouverner donnée aux élus suffit à parler de démocratie. Mais là aussi faudrait-il que la possibilité de désigner des représentants soit inclusive, or dans certaines démocraties africaines il n'est pas rare de voir

---

[7] Dans groupes socialement minoritaires nous mettons l'accent sur les aspects démographiques, linguistiques et religieux.

[8] La participation politique des citoyens constitue le baromètre de performance des démocraties contemporaines. Les actes politiques du citoyen peuvent être de nature fort diverse, depuis les actes qui consistent à manifester sa position ou son orientation politique dans un vote, ou en signant une pétition, en allant manifester, faisant grève.

[9] La crise de la participation se nourrit d'un des partis politiques, d'une méfiance à l'égard des syndicats, du discrédit du personnel politique.

[10] Il y a eu des critiques anciennes de la démocratie….

[11] PAZARELLI (M.) et LATENDRESSE (A.), « Penser les conditions de la démocratie participative », *Nouvelles pratiques sociales*, 18(2), (2006), pp. 15-23.

[12] SARDY (B.), *Bilan et perspectives de la démocratie représentative*, Thèse présentée et soutenue publiquement le 18 décembre 2007, Université de Limoges.

[13] Un principe que l'on retrouve dans toutes les Constitutions démocratiques.

[14] Modèle de démocratie qui a recours aux processus électoraux pour déterminer quels citoyens se verront confier la responsabilité fondamentale de gouverner.

souvent certains groupes sociaux privés de possibilités de choisir des représentants. Ces groupes sont souvent appelés les minorités ethniques, religieuses et linguistiques. C'est certes une perspective assez restrictive de la démocratie, mais dans les pays africains en quête de consolidation[15], la démocratie y est fortement liée à l'élection. Pour Pascal Mukonde Musulay « le fonctionnement même du principe majoritaire suppose le droit à l'existence de la minorité et la possibilité pour celle-ci d'exercer une influence dans le processus de décision, du moins dans le système de démocratie représentative, et plus particulièrement de démocratie parlementaire »[16].

La problématique de la démocratie électorale, qui suppose une participation politique encadrée et garantie à l'ensemble des citoyens sans distinction, prend en compte alors la question essentielle de la place des minorités[17] dans les différents processus de prise de décision.

Globalement donc, la démocratie est à la fois un idéal à poursuivre et un mode de gouvernement à appliquer selon des modalités traduisant la diversité des expériences et des particularités culturelles, sans déroger aux principes, normes et règles internationalement reconnus.

Elle est donc un état, ou une condition, sans cesse perfectionné et toujours perfectible dont l'évolution dépend de divers facteurs, politiques, sociaux, économiques et culturels. En tant qu'idéal, la démocratie vise essentiellement à préserver et à promouvoir la dignité et les droits fondamentaux de l'individu, à assurer la justice sociale, à favoriser le développement économique et social de la collectivité, à renforcer la cohésion de la société ainsi que la tranquillité nationale et à créer un climat propice à la paix internationale[18].

Une difficulté majeure réside dans la définition de cet objet très fluctuant. La difficulté de parvenir à une définition largement acceptable du concept de minorités est due à la diversité des situations que connaissent ces groupes. Certaines vivent regroupées dans des zones bien définies, séparées des groupes dominants de la population. D'autres sont dispersées dans tout le pays. Certaines minorités ont un fort sentiment d'identité collective et une histoire connue ; d'autres n'ont que des notions fragmentées de leur héritage commun. Dans cet effort de définition des minorités, parfois le critère

---

[15] La démocratisation en Afrique est largement tributaire d'un processus de consolidation. Les transitions entamées au début des années 1990 ont buté sur une consolidation qui a échoué à plusieurs niveaux.

[16] MUKONDE MUSULAY (P.), *Démocratie électorale en Afrique subsaharienne : entre droit, pouvoir et argent*, Genève : Globethics.net, 2016.

[17] Le respect des droits des minorités, notamment le droit de vote, doit aussi passer par la mise en place de mécanismes particuliers pouvant faciliter leur accès aux différentes phases des processus électoraux.

[18] Union interparlementaire, *La démocratie : principes et réalisation*, Genève 1998.

quantitatif est important à souligner. Dans ce cas, les minorités sont les groupes numériquement inférieurs par rapport à la majorité.

Par ailleurs, elles se reconnaissent par leur extrême vulnérabilité, l'exclusion dans les différents processus sociaux et politiques. À côté de ces minorités ethniques et linguistiques, les minorités politiques dans les systèmes représentatifs posent aussi clairement le débat de la participation politique de ces dernières.

En lieu et place d'une définition du concept de minorité, nous optons pour une construction conceptuelle qui privilégie les critères d'identification permettant de distinguer les minorités du reste de la population. À ce titre, nous privilégions deux dimensions qui paraissent fondamentales : il s'agit d'une part, du nombre[19] et d'autre part, de l'espace géographique[20].

De façon générale on parle de minorités pour désigner des groupes humains spécifiquement installés loin des grands centres urbains. Ces ethnies minoritaires peuplent le sud du Sénégal, principalement la Casamance il s'agit (des Baïnouk, des Balantes, des Manjaques, les Mancagnes) tandis que d'autres sont rattachés au grand groupe des Mandingues (Malinkés, Socés, Bambaras, Soninkés)[21]. Certains sont installés sur les hauteurs du Sénégal oriental, autour de Kédougou (Bassaris, Bédiks, Coniaguis, Badiarankés) au moment où les Lébous, très proches des Wolofs, vivent quant à eux sur la Presqu'île du Cap-Vert, dans la région abritant la capitale sénégalaise[22]. Cette situation explique sans nul doute le fait que le Sénégal, dès son accession à la Souveraineté internationale, a inscrit la diversité culturelle dans le préambule de sa Constitution[23].

Dans l'imaginaire collective l'évocation de certaines localités renvoie justement à cette idée de distances, de méconnaissance et de peuples minoritaires y vivant. Par ailleurs, on note au sein de ces groupes une réelle volonté de préserver leurs différences culturelles, religieuses ou ethniques et un attachement fort à leur espace géographique. Ceci se traduit parfois par un repli sur soi.

Les membres de minorités nationales ou ethniques, religieuses ou linguistiques sont également souvent victimes de formes multiples de

---

[19] Les aspects numériques de reconnaissance. Les minorités sont des groupes numériquement inférieurs.

[20] Les aspects géographiques permettent aussi de définir et d'identifier les minorités.

[21] SENE (A.), « Relations interethniques et affinités culturelles dans l'agglomération de Bourofaye », *International Journal of Humanities and Social Science,* vol. 5, février 2020.

[22] *op. cit.*

[23] Constitution sénégalaise de janvier 2001.

discriminations et peuvent ne pas avoir accès, notamment, à un logement adéquat, à la terre et à la propriété, voire à une nationalité[24].

Quelle articulation faire entre démocratie électorale donc dimension participative et minorité ?

Il s'agit ici en réalité d'interroger le degré de participation électorale des minorités donc leur intégration au système politique en question. Ce degré de participation est faible à plusieurs égards. Dans les démocraties africaines, les minorités participent faiblement.

Plusieurs raisons peuvent être évoquées pour justifier la faiblesse de la participation politique des minorités. Certaines raisons, externes aux groupes minoritaires, relèvent des techniques d'inclusion insuffisantes, alors que les autres raisons sont inhérentes aux groupes minoritaires et résultent de tendance à l'auto-exclusion des systèmes politiques.

I. Des dynamiques d'inclusion insuffisantes

L'élément clé de l'exercice de la démocratie est la tenue à intervalles périodiques d'élections libres et régulières permettant l'expression de la volonté populaire. Ces dernières doivent avant tout être inclusives et concurrentielles[25]. La démocratie électorale est avant tout une question d'inclusion sociale. À ce niveau, un grand défi doit être relevé par les États africains.

En lieu et place de dynamique inclusive et participative, la problématique de la démocratie en Afrique se pose en termes d'exclusion. Les dynamiques d'exclusion sont notées aussi bien dans le processus de construction de l'État[26] que la problématique du pluralisme politique[27] qui dans certains cas ont exacerbé les divisions ethniques et par ricochet la remise en question des droits de certaines catégories sociales notamment les minorités.

A. Construction de l'État déficit d'inclusion social

La faible prise en charge des droits politiques des minorités dans les systèmes représentatifs s'explique avant tout par un déficit d'inclusion social congénital au processus de construction de l'État africain lui-même. L'État au sens de Norbert Elias[28] reste avant tout une réalité historique et socio-

---

[24] HCDH, « Droits des minorités : Normes internationales et indications pour leur mise en œuvre », Genève 2010.

[25] BRAUD (Ph.), HERMET (G.), BIRNBAUM (P.), BADIE (B.), *Dictionnaire de science politique et des institutions politiques*, Paris, 8e éd. Armand Colin, 2015.

[26] Le défi dans le processus de construction de l'État en Afrique, a été de fondre des groupes ethniques disparates dans un État-nation auquel les individus s'identifieraient. Cela s'est soldé par un échec. L'État africain s'est construit sur des diversités ethniques, qui ont particulièrement remis en cause toutes les dynamiques d'inclusion.

[27] La construction du pluralisme démocratie a quelque part repris les fractures sociales avec des partis politique à véritable assises ethniques.

[28] ELIAS (N.), *La dynamique de L'Occident*, 1975.

anthropologique. Construction étatique et construction nationale ne sont simultanées en Afrique. L'État devait jouer le rôle originel de construction et de consolidation d'une identité nationale inclusive et sans discrimination, dans laquelle les minorités allaient prendre part aux différents processus politiques et économiques.

Le processus de construction de l'État a fortement buté en Afrique sur la diversité ethnique. Pour asseoir l'idée mythique d'un État-nation au cœur d'États multiethniques[29], les États africains indépendants ont déclaré que la diversité culturelle était facteur de division, et l'unité a été posée comme postulat. Cette unité va se révéler difficile à réaliser, puisque plus tard les structures étatiques seront perméables aux clivages ethno-régionalistes[30].

L'espoir suscité par les transitions démocratiques des années 90[31], n'a pas fait disparaître un problème fondamental qui a accompagné le processus de construction de l'État en Afrique, celui de la construction et de l'unité nationale.

Le terme de « construction nationale » renvoie à une approche constructiviste de la nation. La nation est en effet une notion européo-centrée, née au XIXe siècle de la pensée de théoriciens français et allemands[32], et marquée tant idéologiquement que politiquement.[33]

Ces théoriciens ont en commun de considérer une existence objective de la nation qui, mise au service d'un projet politique, vise à définir et légitimer un État existant ou revendiqué. La perspective africaine est tout autre. Dans une perspective constructiviste, l'État va jouer un rôle important dans la construction sociale de la nation.

---

[29] HOUDA (B. H.), et RAMONDY (K.), « Mémoires et constructions nationales en Afrique », *Matériaux pour l'histoire de notre temps*, vol. 117-118, n° 3-4, 2015.

[30] C. THIRIOT a utilisé cette expression pour analyser l'ethnicisation des armées en Afrique et leurs rapports complexes avec le pouvoir.

[31] Les transitions démocratiques ont suscité l'espoir de l'instauration irréversible de la démocratie libérale.

[32] Dans la tradition allemande, la nation est une identité naturelle qu'incarnent et perpétuent les membres d'une communauté ethnoculturelle définie par la langue, le sang, la « race » ou la terre de naissance. V. HERDER (J. G.), *Histoire et cultures : une autre philosophie de l'Histoire*, Paris, Flammarion, 2000, 201 p. ; En réaction, s'est développée en France une définition alternative qui a promu une conception politico-élective de la nation, comme un principe spirituel inscrit à la fois dans le passé (conscience partagée d'un passé commun) et dans le présent (désir clairement exprimé de perpétuer le vivre-ensemble). Cf. SIEYES (E.), *Qu'est-ce le Tiers-État ?*, Paris, Flammarion, 1988, 188 p. ; RENAN (E.), *Qu'est-ce qu'une nation ?*, Paris, Mille et une nuits, 1997. 47 p.

[33] HOUDA (B. H.), et RAMONDY (K.), *op.cit.*

Par contre, l'État en Afrique s'est construit sur des sociétés plurales et multi-ethniques. Ainsi Bertrand Badie et Pierre Birnbaum[34], estiment-ils que l'État africain serait un pur produit d'importation dont la greffe en Afrique n'aurait pas, même si dans une perspective historiographique avec notamment Jean François Bayart[35] il existait dès la période précoloniale des formations politiques, la période coloniale ne représentant qu'une étape supplémentaire dans l'historicité propre au développement de l'État dans les pays africains. Toujours est-il que la construction de véritables État-nation en Afrique a buté sur les différentes sortes de pluralismes.

La faible dynamique inclusive se traduit manifestement aussi à partir du problème de construction de véritables nations homogènes comme évoqué plus haut. Un grand défi s'est posé, celui d'asseoir l'idée d'un État-nation au cœur d'États multiethniques. Le défi était alors de fondre des groupes ethniques disparates dans un État-nation auquel les individus s'identifieraient.

À ce problème de construction d'un État-nation, s'est greffé un autre problème, celui de la faible présence de l'État dans tout l'espace géographique. Dans un tout autre registre, la faible présence de l'État partout à travers son espace territoriale. Des pays comme le Mali, le Niger, la Mauritanie… font chacun plus d'1 million de Km^2.

Conséquence, l'État est quasi absent dans une bonne partie de son territoire. Au-delà de la question minoritaire, certain pays sont aujourd'hui déstabilisés par le fait que l'État ne couvre pas de sa présence tout son territoire (institutions administratives, locales, force de défense et de sécurité). Un maillage administratif insuffisant aussi bien dans le cadre des administrations déconcentrées que des administrations décentralisées.

Cette faible présence conduit inéluctablement à une faible prise en charge de la problématique de l'état civil et ceci dès la naissance, conduisant ainsi à une rupture dans la dynamique d'acquisition d'une citoyenneté politique. La citoyenneté politique envisagée ici comme l'ensemble des mécanismes permettant au citoyen de participer à la vie politique de son pays. Entre autres être électeur et être aussi éligible.

Par ailleurs, il est aussi important de constater que plusieurs États ont détourné les minorités ethniques soit pour exercer une domination politique – par le truchement – d'alliances et de manipulations électoralistes, soit pour faire participer ou exclure du pouvoir politique des groupes historiquement dominants ou importants numériquement.

---

[34] BADIE (B.), *L'État importé : l'occidentalisation de l'ordre politique,* Paris Fayard, 1992.
BADIE (B.) et BIRNBAUM (P.), *Sociologie de L'État*, Paris, Grasset 1985.
[35] BAYART (J.-F.), « La démocratie à l'épreuve de la tradition en Afrique subsaharienne », *Pouvoirs* 2009/2 (n° 129) : 27 à 44.

B. Pluralisme politique et faible inclusion des minorités

Le pluralisme politique acquis[36] avec les transformations politiques suscité par les transitions a buté sur la question de l'intégration des minorités ethniques dans les différents processus de démocratisation, notamment en matière de participation électorale.

Les droits dont sont dotés les minorités (soit en tant que groupe, soit en tant qu'individus) et qui devraient gouverner l'élaboration de tout système électoral, sont entre autres, le droit de participer à la vie publique et celui de ne pas être discriminé. Cela implique que chaque groupe minoritaire doit faire l'objet d'un traitement équitable.

Tout aussi important est le droit pour chaque minorité d'être reconnue en tant que telle, qu'elle soit une minorité religieuse, linguistique ou ethnique. Cela implique que si une minorité est reconnue en tant que telle par un système électoral, toutes les minorités présentant des caractéristiques similaires devront l'être également.

À ce niveau, sur le plan empirique, les exemples de mécanismes particuliers de promotion de la participation électorale des minorités existent, par l'élaboration de techniques juridiques particulières.

D'abord aux États-Unis, Daniel Sabbagh, dans un article intitulé «La représentation électorale des minorités ethno-raciales aux États-Unis » publié en 2004[37] indique que la loi électorale prend la question de la race en compte pour effectuer le découpage électoral, avec des dispositions juridiques faisant valoir qu'il est injuste pour des groupes auparavant privés de droits de ne pas pouvoir élire de représentants de leur groupe spécifique.

Ce redécoupage électoral était destiné à accroître le nombre des élus noirs et hispaniques en favorisant la concentration des membres de ces deux groupes dans des circonscriptions spécialement délimitées à cette fin. Ainsi les Américains d'ascendance africaine et les Américains d'origine latino-américaine sont, dans certains cas, autorisés à avoir des circonscriptions électorales qui maximisent le nombre d'électeurs issus de la minorité en question, afin de leur permettre d'élire des candidats de leur choix.

En outre, l'article 10.1 de la Constitution croate de 1992[38] disposait que tout groupe formant plus de 8 % de la population devrait « être représenté au Parlement de manière proportionnelle à sa participation au sein de la population dans son ensemble ».

---

[36] Ce pluralisme fait référence au retour du miltipartisme dans les Constitutions africaines des années 90.

[37] SABBAGH (D.), « La représentation électorale des minorités ethno-raciales aux États-Unis », *Revue internationale de politique comparée*, vol. 11, 2004.

[38] Constitution croate de 1992.

Lorsque la minorité serbe n'a eu aucun élu au Parlement en 1992, treize Croates d'origine ethnique serbe ont été rajoutés au Parlement. Au Kosovo, 17 % des 120 sièges parlementaires étaient réservés aux minorités[39].

De tels techniques, si elles n'existent pas encore dans nos différents arsenaux constitutionnels et législatifs pourraient suffisamment être pensés dans le contexte de nos États, dans lesquels la construction de la démocratie reste encore un long processus. Le processus de démocratisation en cours peine à trouver la voie consensuelle devant permettre la construction d'une démocratie stable.

Les partis épousent sensiblement les clivages ethniques malgré l'interdiction constitutionnelle dans certains pays comme le Sénégal de s'identifier à une race, à une ethnie, à une religion ou à une région. La réalité est tout autre. Dans certains pays les partis politiques sont nés des cendres de défuntes associations de ressortissants d'une région ou d'une ethnie.

Les groupes dominants contrôlent la vie des partis politiques et donc la possibilité de participation soit en tant qu'électeur ou en tant qu'élu. Par exemple en Guinée l'UFDG et le RPG presque composé respectivement des Peuls de la Moyenne-Guinée et des Malinkés de la Haute-Guinée (ethnie majoritaire). Les minorités largement éparpillées en Guinée forestière sont quasi absents de ses deux grandes formations politiques qui depuis quelques années dictent le tempo de la vie politique guinéenne.

Cet engagement dans les partis politiques est important compte tenu du rôle important qu'ils jouent en démocratie. Dominique Chagnollaud[40] a fait une synthèse des fonctions des partis politiques en démocratie. Il en résulte que les partis politiques offrent à la démocratie et à la participation de fait de véritables creusets de sélection du personnel politique.

En Afrique où on note souvent une forte prégnance du clientélisme [41]dans l'exercice du pouvoir politique, le facteur nombre, capacité de mobilisation, sont des éléments essentiels pour les communautés pour se faire entendre et leur revendication être prise en charge par les pouvoirs publics.

Les communautés qui sont capables de se mobiliser en nombre important pour peser sur les processus électoraux sont celles qui voient leurs revendications prises au sérieux par les gouvernants en place. Ainsi, les élections en Afrique apparaissent-elles comme des concours de clientélisme.

---

[39] REYNOLDS (A.), « Protection et participation des minorités et systèmes électoraux », https://minorityrights.org/wp-content/uploads/2015/07/MRG_Rep_Electoral_FRE.pdf, 40 pages, consulté en septembre 2021.
[40] CHAGNOLLAUD (D.), *Manuel de science politique,* Paris Dalloz, 1999.
[41] TAFANI (P.), « Du clientélisme politique », *Revue du MAUSS*, vol. n° 25, 2005.

La question principale est de savoir si le multipartisme et la démocratisation ouvrent de nouvelles perspectives à ces groupes dominés, ou, dans le cas contraire, si ce changement politique minerait plutôt davantage leur position.

Il s'agit d'ouverture en termes de participation à la vie politique (candidature aux élections, intégration dans les structures des partis politiques, acquisition des mandats électoraux, influence et gestion directe de la chose publique, etc.).

Cette ouverture devrait déboucher sur une amélioration de leurs conditions de vie (dotations infrastructurelles, prise en compte de leurs intérêts dans les mécanismes décisionnels, etc.), dans la perspective des mouvements sociaux, en termes d'organisation et de création d'associations de défense de leurs intérêts. Cette question évidemment reste entière au vu de la tournure de l'ouverture démocratique suscitée par les transitions démocratiques des années 90.

L'examen des pratiques électorales dans la plupart des pays divisés par des clivages ethniques, linguistiques ou religieuse a permis de constater la nature conflictuelle du pluralisme socio-politique en Afrique.

La conquête et l'exercice du pouvoir politique deviennent pour chaque groupe ethnique un objectif qu'il faut atteindre. Dès lors, les groupes ethniques, linguistiques et religieux risquent d'être écartés du jeu politique du seul fait de leur situation minoritaire d'autant plus que les techniques électorales choisies ne sont pas véritablement favorables à la représentation des groupes minoritaires.

Aujourd'hui, protéger les droits des minorités, c'est relever un tout autre défi : celui de favoriser la diversité culturelle ; promouvoir la richesse des valeurs appartenant aux groupes ethniques ; combattre l'exclusion sociale, économique et politique ; et respecter les droits de tous les groupes ethniques en matière de développement, conformément aux droits fondamentaux développés en droit international. Autant de mesures qui mènent à la protection et promotion des droits humains et contribuent à contrer la manipulation des identités ethniques à des fins politiques.

II. Des dynamiques d'auto-exclusion constatées

La faiblesse de la participation des minorités dans les démocraties électorales est perceptible dans différents processus d'auto-exclusion des groupes minoritaires eux-mêmes. Cette fois les facteurs bloquant sont à chercher à l'intérieur du groupe minoritaire lui-même, et le déterminant majeur est le déficit d'intégration sociale qui contribue grandement à l'abstention des minorités.

A. La faiblesse de la culture politique

Le constat peut aussi être fait de la faiblesse de la culture politique chez certaines minorités. Cette culture politique résulte elle-même du processus de socialisation, au cours duquel ces normes et valeurs sont transmises et intériorisées dans le corps social. La démocratie nécessite une culture politique particulière.

L'étude de référence à ce niveau est celle de Gabriel Almond et Sidney Verba, (The Civic Culture : political attitudes and democracy in five nations, 1963). Il s'agit d'une enquête par sondage, menée entre 1958 et 1962 simultanément dans cinq pays différents (États-Unis, Royaume-Uni, Mexique, RFA, Italie) et qui a pour ambition d'identifier les fondements culturels de la démocratie[42].

Les auteurs cherchent à comprendre pourquoi le système démocratique a mieux résisté au cours du XXe siècle dans certains pays (États-Unis, Royaume Uni) que dans d'autres (Allemagne, Italie). Les questions qu'ils se posaient étaient les suivantes : quels types de comportements et d'attitudes politiques sont nécessaires pour que la démocratie fonctionne ? Quel type de « culture civique » la démocratie appelle-t-elle ?

Les auteurs y distinguent trois grands types de culture politique : la culture paroissiale, la culture de sujétion, la culture de participation. La culture de participation implique non seulement une certaine connaissance et adhésion au système politique mais de surcroît des attitudes d'engagement dans le fonctionnement de ce système, par la participation politique (élections, manifestations, pétitions, etc.) (culture très présente aux États-Unis, ainsi qu'en Grande-Bretagne).

Ainsi donc, les cultures politiques différeraient selon les sociétés, ces différences de cultures politiques pouvant être repérées à partir d'une étude des attitudes politiques. La culture politique d'une société n'est ni autonome (c'est-à-dire complètement isolée des autres composantes de la culture), ni unique, ni homogène (il existe des sous-cultures politiques), ni figée (elle est le produit d'interactions héritées ou en cours entre les différentes composantes de la société et est de ce fait susceptible d'évoluer). La notion de culture politique a été élaborée dans le contexte de la décolonisation, dans le cadre d'une réflexion sur les fondements culturels de la démocratie.

Des auteurs comme Huntington considèrent l'existence d'une telle culture comme une condition préalable nécessaire pour accéder à la démocratie[43]. L'auto-exclusion des groupes minoritaires se traduit aussi par une sous-représentation de ces derniers dans les partis politiques. La crise de l'engagement partisan est certes un des grands problèmes des démocraties

[42] ALMOND (G. A.) et SIDNEY (V.), *The Civic Culture : political attitudes and democracy in five nations,* Princeton University, 1963.

[43] TESSLER (M.) et GAO (E.), « La démocratie et les orientations de la culture politique des citoyens ordinaires. Typologie pour le monde arabe et peut-être pour d'autres régions », *Revue internationale des sciences sociales,* 2007/2 (n° 192) : 219-231.

contemporaines, mais elle est davantage plus complexe en Afrique où plusieurs partis ont une assise ethnique ou tribale.

Les représentations constitutives de la culture politique correspondent aux connaissances et croyances relatives au fonctionnement de l'organisation politique et sociale. Les valeurs et les normes constitutives de la culture politique sont au fondement de la capacité des individus à formuler des jugements de valeur sur la sphère politique (qui renvoient aux catégories de l'efficace/inefficace, juste/injuste, légitime/illégitime, …). La culture politique modèle les attitudes politiques.

L'imprégnation dans une culture politique détermine largement les attitudes politiques. Les attitudes politiques sont des dispositions à penser et à agir d'une façon plutôt que d'une autre, qui sont intériorisées au cours de la socialisation (le concept d'attitudes politiques peut être rapproché du concept d'habitus chez Bourdieu[44] ou de dispositions chez Bernard Lahire[45]). C'est la rencontre entre les attitudes politiques et une situation donnée qui conduit l'individu à produire des comportements politiques et des opinions politiques. La faible de la culture politique déteint inévitablement sur la socialisation politique des groupes minoritaires, souvent éloignés des centres politiques, et l'effervescence des querelles de positionnement.

Les différentes cultures politiques sont transmises par l'intermédiaire de la socialisation politique, qui peut être définie comme un processus de formation et de transformation des attitudes politiques d'un individu. La socialisation politique est mise en œuvre par différents agents de socialisation et ne conduit pas nécessairement à la reproduction sociale des attitudes politiques d'une génération à l'autre[46].

Les agents de socialisation politique comme l'école, les médias, les partis politiques sont éloignés des zones géographiques à forte concentration de groupes minoritaires. Ainsi, une des caractéristiques des minorités, c'est effectivement le faible degré de scolarisation, ou d'abandon précoce dû aux manques de moyens.

Les couvertures médiatiques, surtout ceux du privé sont très faibles et dépassent rarement les grands centres urbains. De fait certains groupes sociaux du fait de leur éloignement ont un accès très limité à l'information politique, et à la longue finissent par se sentir ne pas être concernés par ce qui se fait dans le domaine de la gouvernance politique et par ricochet une absence de participation[47].

Les partis politiques, agents de socialisation politique, jouent faiblement ce rôle. Pour l'essentiel, les partis politiques n'ont pas un maillage territorial

---

44 LANCELOT (A.) et MEYNAUD (J.), *Les attitudes politiques*, Paris PUF, 1974.

45 BRECHON (P.), *Comportements et attitudes politiques*, PUG, 2006.

46 LANCELOT (A.), MEYNAUD, *op.cit.*

47 CUCHE (D.), *La notion de culture dans les sciences sociales*, Paris PUF, 2010.

parfait. En conséquence, ils contribuent faiblement à la formation civique des citoyens et à la divulgation des idéologies partisanes.[48]

Cette démocratie de participation se transforme rapidement en une démocratie d'exclusion, d'accumulation, de rejet, de confrontation et de contestation[49].

B. Un processus de socialisation politique et capital symbolique faibles

Il est peu important d'observer la question sous l'angle du capital symbolique cher à Bourdieu. Pour le sociologue français, des citoyens s'auto-excluent du système car estimant ne pas disposer suffisamment de compétences, ou d'aptitude symbolique (niveau d'éducation) à comprendre le jeu politique. Ces aptitudes et compétences particulières représentent chez Bourdieu « le capital ». Il peut être économique, symbolique ou culturel, mais toujours indispensable dans détermination de l'engagement politique.

La première analyse systématique du concept de capital social se trouve dans un article de Pierre Bourdieu, qui l'a défini comme « l'ensemble de ressources actuelles et potentielles qui sont liées à la détention d'un réseau durable de rapports plus ou moins institutionnalisés de connaissance et reconnaissance mutuelle »[50]. Autrement dit, le capital social serait un attribut de l'individu dans un contexte social.

De nos jours, on assiste d'ailleurs globalement à une remise en cause, voire un désintérêt et des citoyens vis-à-vis de la démocratie électorale. Ce désintérêt est lié à une méfiance et à une hostilité vis-à-vis du système politique, aussi bien dans les grandes démocraties que dans les systèmes politiques des États africains. Les systèmes africains sont caractérisés par leur fragmentation et l'absence d'un corps politique homogène.

Le baromètre de la confiance politique du CEVIPOF[51] montre que 85% des personnes interrogées estiment que les responsables politiques ne se préoccupent pas d'elles et 74% que le personnel politique est corrompu.[52]

L'approche restrictive de certains travaux portant sur la politisation circonscrit la politique aux pratiques et aux discours centrés sur l'élection, l'offre électorale et le vote, autrement dit aux éléments de définition de la démocratie représentative. Dans son ouvrage sur l'instauration du suffrage universel en France, Alain Garrigou définit ainsi la politisation comme « le

---

48 BRECHON (P.), *op. cit.*

49 MUKONDE MUSULAY (P.), *op. cit.*

50 BOURDIEU (P.), « Le capital social », *Actes de la recherche en sciences sociales*, Vol. 31, janvier 1980.

51 Le « Baromètre de la confiance politique » est une enquête académique devenue l'enquête de référence française sur la question de la confiance des Français dans la politique.

52 Baromètre CEVIPOF de la confiance politique, 2019.

mouvement par lequel les populations se sont intéressées et ont participé à la politique »[53].

Plusieurs travaux analytiques ont porté sur les procédés de politisation de certaines catégories que l'on peut valablement, à partir du nombre, qualifié de minorités. Les travaux de Laurent Le Gall sur la politisation des paysans en France, comme l'article sur les « Processus de politisation dans les campagnes françaises (1830-1914). Esquisse pour un état des lieux », publié dans Jean-Claude Caron, Frédéric Chauvaud (dir.), *Les campagnes dans les sociétés européennes : France, Allemagne, Espagne, Italie*, en sont une parfaite illustration. À cela s'ajoute l'article de Michel Offerlé sur « Mobilisation électorale et invention du citoyen. L'exemple du milieu urbain français à la fin du XIXe siècle », publié dans Daniel Gaxie (dir.), *Explication du vote. Un bilan des études électorales en France*.

L'indifférence et la défiance citoyenne sont donc des phénomènes politiques centraux dans les démocraties contemporaines. Elles sont accentuées dans les systèmes qui peinent à intégrer toutes les composantes sociales et caractérisés par les fractures sociales récurrentes.

La question se pose à savoir comment mesurer concrètement la compétence politique. Une tentative de réponse peut se trouver dans la problématique du degré de politisation[54] des citoyens en général et des minorités en particulier.

On note dans les démocraties électorales des inégalités de politisation. Plusieurs études font apparaître une relation entre niveau de politisation et position sociale[55]. Le niveau de politisation augmente fortement avec la position des individus dans la hiérarchie sociale. Or, à ce niveau il a été question dans les analyses précédentes, que l'un des éléments de distinctions des minorités est justement la faiblesse de l'accès à l'éducation. Ces travaux de recherche permettent de comprendre le processus complexes de politisation et capacités de participation des minorités.

Politisation, participation et vote demeurent très liés dans les démocraties électorales. Ce lien témoigne d'une bonne santé de la démocratie. Par ailleurs, une faible participation liée à des formes d'exclusion quelconques témoigne à suffisance d'une atonie de la démocratie.

---

[53] GARRIGOU (A.), *Le vote et la vertu. Comment les Français sont devenus électeurs*, Paris, Presses de Sciences Po, 1992.

[54] AIT-AOUDIA (M.), BENNANI-CHRAIBI (M.) et CONTAMIN (J.-G.), « Indicateurs et vecteurs de la politisation des individus : les vertus heuristiques du croisement des regards », *Critique internationale*, vol. 50, n° 1, 2011 : 9-20.

[55] Jean-Yves DORMAGEN……

Conclusion

Les minorités sont identifiables à l'aspect numérique, socio-linguistique, religieux et géographique. Leur intégration aux différents systèmes politiques reste un défi majeur pour les démocraties contemporaines.

L'élection constitue un baromètre par lequel se mesure la bonne santé d'une démocratie. Or, il arrive souvent que certaines catégories sociales soient privées, pour des raisons diverses de possibilité de participer au processus de légitimation de ceux qui doivent exercer le pouvoir politique.

En Afrique, compte tenu de la fragilité des systèmes politiques, on note souvent une conception restrictive de la démocratie, la limitant à l'organisation des élections. Ce qui explique sans doute le succès de la démocratie électorale. Cette dernière à l'instar de la démocratie représentative traverse des crises[56], notamment en termes d'inclusion et de participation. C'est pourquoi l'un des défis à relever pour les démocraties est d'assurer par des techniques diverses la participation de toutes les catégories sociales aux processus électoraux. À ce titre les minorités doivent bénéficier d'une attention particulière. Avoir une compréhension claire de la situation de toutes les minorités (ethniques / nationales, religieuses et linguistiques) qui se trouvent dans le pays peut fortement aider à améliorer le système électoral d'un pays.

Dans un contexte de démocratie dans des sociétés plurales, les minorités ont le droit d'influer sur la formation et la mise en œuvre des politiques publiques, ainsi que d'être représentées par des personnes originaires du même contexte social, culturel et économique qu'elles-mêmes. Pour qu'un système politique soit véritablement démocratique, il doit permettre aux minorités d'avoir une voix propre, de faire part de leurs préoccupations particulières et d'obtenir compensation, pour poser les bases d'une démocratie réellement participative.

---

[56] Les démocraties représentatives doivent favoriser une plus grande participation des citoyens à la délibération et à la décision : tirage au sort, référendum d'initiative populaire et autres formes de démocratie participative apparaissent comme des solutions à la crise de la représentation politique.
Face aux difficultés rencontrées par la démocratie représentative, l'alternative d'une démocratie plus participative, où les citoyens seraient invités à intervenir de façon plus directe et plus régulière dans l'élaboration des décisions publiques, est souhaitée.

Minorité et élections locales en Afrique noire francophone

Cyrille MONEMBOU

Agrégé des Facultés de Droit

Faculté des Sciences Juridiques et Politiques

Université de Yaoundé II, Cameroun

Résumé[1]

Le pluralisme politique qui constitue aujourd'hui l'une des conditions *sine qua non* de l'État de droit et de la démocratie en Afrique noire francophone peut-il être en phase avec des dérogations législatives permettant de tenir compte des spécificités et des particularismes ? Peut-on entrevoir le sacro-saint principe de l'universalisation du suffrage en admettant l'existence des spécifications pouvant relativiser le caractère universel du suffrage ? Doit-on au nom de la promotion de la démocratie négliger les spécificités culturelles protégées aujourd'hui par les corpus juridiques internationaux et appelés minorités ?

Telles sont les interrogations qu'on peut avoir dès l'entame d'une réflexion portant sur « **Minorités et élections locales en Afrique noire francophone** ». La question revêt un intérêt plus poignant dès lors qu'on sort du champ national pour se retrouver dans le champ local. La décentralisation est souvent présentée comme la politique publique chargée de permettre à l'État de mieux tenir compte des spécificités locales dans l'atteinte de ses objectifs notamment la démocratie locale. Avec la décentralisation, la question de la prise en compte des minorités se pose avec acuité. Il s'agira alors de questionner le lien entre minorité et élection locale pour montrer qu'il y a une prise en compte perceptible des minorités en matière d'élections locales en Afrique noire francophone **(I)** bien que cette prise en compte soit perfectible **(II).**

---

[1] Le « Résumé » que voici a été envoyé au Comité scientifique, par notre regretté collègue Cyrille MONEMBOU, quelques semaines avant la tenue du Colloque « État de droit et minorités en Afrique ». Après avoir pris part activement aux différents échanges et gratifié à l'assistance une communication de haute facture, à cette occasion, les 8 et 9 juillet 2021, le Pr. MONEMBOU allait avoir rendez-vous avec l'inéluctable « faucheuse », deux jours après, à Yaoundé (Cameroun). L'ASDC se fait le devoir de saluer sa mémoire, en reproduisant fidèlement les linéaments de l'« ultime leçon » délivrée par cet esprit brillant et alerte, que fut notre collègue Cyrille MONEMBOU. Paix à son âme.

THÈME 5

PROTECTION DES MINORITÉS

La démocratie inclusive ou l'exemple de la société anonyme dans la gestion des inégalités

Cheikh Abdou Wakhab NDIAYE

Agrégé en Droit privé,

Maître de Conférences, UCAD, Sénégal

Introduction

« Entre le fort et le faible, la volonté opprime et la loi libère ». Par le droit qu'elles se dotent, les sociétés modernes se veulent des terrains d'équilibre et de protection malgré les inégalités. À l'image de l'État, la société commerciale n'échappe pas à la règle. S'il est vrai que le monde des affaires n'est pas celui des philanthropes, il n'est pas non plus « ndoumbélane » (« la jungle »). Même dans son expression la plus capitaliste, la société anonyme, il se veut un creuset où fort et faible sont protégés. En effet, haut lieu d'exercice du pouvoir, cette forme sociale est le théâtre d'un choc d'intérêts que le droit a tenté de préserver.

De par les apports effectués, les associés se voient attribuer des titres sociaux qui donnent, proportionnellement, des droits politiques et pécuniaires. En principe, le nombre de titres détenus définit les droits et obligations de chaque associé et permet de les catégoriser en égalitaire ou en majoritaire et minoritaire. Mais les minoritaires sont-ils des minorités ?

La notion de minorité est polysémique. Certains auteurs y voient « un groupe numériquement inférieur au reste de la population d'un État, dans une position non dominante, dont les membres ressortissants de cet État possédant des caractéristiques ethniques ou linguistiques différentes de celles du reste de la population et manifestent, ne serait-ce qu'implicitement, un esprit de solidarité et une volonté de préserver leur culture, leurs traditions, leur religion ou leur langue »[1]. Pour d'autres, c'est « un groupe de citoyens d'un État, en minorité numérique et en position non dominante dans cet État, dotés de caractéristiques ethniques, religieuses ou linguistiques différents de celles de la majorité de la population, solidaires les uns des autres, animés fût-ce implicitement, d'une volonté de survie et visant à l'égalité en fait et en droit avec la majorité »[2]. Mais, au-delà des divergences, s'installe une constante.

---

[1] CAPOTORTI (F.), *Étude des droits des personnes appartenant aux minorités ethniques, religieuses et linguistiques*, 1977, Genève Nations unies, Série d'études sur les droits de l'homme n° 5, 1991) § 568.

[2] Résolution 1984/62 dans E/1984/14-E/CN.4/1984/77.Voir aussi Proposition concernant une définition du terme « minorités », UN Doc. E/CN.4/Sub.2/1985/31. DESCHÊNES (J.), « Qu'est-ce qu'une minorité ? », *Les Cahiers de droit*, 27 (1), 1986 : 291.

La minorité implique le nombre, une position non dominante et une volonté de survie. Les associés minoritaires peuvent ainsi être qualifiés de minorité, d'où l'intérêt de s'interroger sur le sort qui leur est réservé dans les sociétés anonymes.

Vecteur par excellence des investissements, la société anonyme se distingue par *l'intuitu pecuniae* qui l'innerve. Elle est un véritable mariage de raison où la recherche du profit demeure la religion de chaque intervenant. Ainsi, sans conteste, les minoritaires peuvent y souffrir des agissements des actionnaires majoritaires. La protection que nécessite leur situation n'est cependant pas un blanc-seing. La réalité des faits montre que, par leur action ou leur inaction, les associés minoritaires peuvent aussi porter atteinte aux intérêts des majoritaires, voire de la société, par exemple en bloquant la prise de décisions nécessitant une certaine majorité ou même une unanimité. Quelle solution pour préserver les droits des différentes parties sans pour autant bouleverser ce qui fait l'essence des sociétés anonymes ?

L'intérêt de l'interrogation dans le cadre de la société anonyme est double. D'une part, c'est la forme sociale réservée en principe aux affaires de grande dimension car elle offre aux investisseurs ou épargnants les perspectives de gains financiers, sans autre risque que la perte totale ou partielle de la valeur des actions[3].

D'autre part, la société anonyme est la forme sociale d'intervention de l'État. En effet, en cela que « l'intérêt général n'est pas incompatible avec la rentabilité attendue de la gestion privée »[4], l'État peut être actionnaire[5].

À l'analyse, la réponse semble résider dans la recherche de l'équilibre. En effet, l'AUSCGIE par lui-même et par autorisation tente d'encadrer les effets que l'inégalité entre les associés pourrait engendrer. En d'autres termes, l'inégalité est légalement équilibrée (I) et cet équilibre peut être conventionnellement ajusté (II).

I. Une inégalité légalement équilibrée

Dans les sociétés de capitaux, malgré l'inégalité née du nombre de titres sociaux détenus par chaque associé, un certain équilibre est retrouvé dans

---

[3] Pour une étude approfondie, V. NDIAYE (C. A. W.), *Droit des sociétés de capitaux*, Dakar, L'Harmattan, 2019.

[4] TONYE (A.), *Pratique juridique des financements structurés en Afrique*, précité, p. 13.

[5] Avec la loi n° 90-07 du 26 juin 1990 relative à l'organisation et au contrôle des entreprises du secteur parapublic et au contrôle des personnes morales de droit privé bénéficiant du concours financier de la puissance publique (*Journal officiel* du 7 juillet 1999), l'État peut être l'actionnaire unique (la société sera qualifiée de société nationale) ou majoritaire (c'est la société anonyme à participation publique majoritaire) dans une société anonyme. Sur la question, V. NDIAYE (C. A. W.), « La société nationale après le dialogue des normes », *Revue ERSUMA* 2021-1 n° 14 : 277 et s.

l'exercice des droits politiques. Le droit à l'information (A) et le droit à l'expression (B) sont le terrain d'une protection des associés indépendamment de leur qualité de minoritaire ou de majoritaire.

A. Un équilibre trouvé dans l'exercice du droit à l'information

Constituée par les associés, la société peut ne pas être gérée par eux. Pourtant, elle constitue le fruit de leur investissement. Ainsi, pour les préserver, la loi accorde à chaque associé le droit d'être informé sur la gestion de la société.

La divulgation obligatoire d'informations est une technique de gouvernance fondamentale pour pallier les risques découlant des conflits d'intérêts. Elle contribue à renforcer la transparence en droit des sociétés.

Le droit à l'information se décline en information quérable et en information portable. Cependant, dans les deux situations, l'impact de la différence du nombre de titres sociaux est minimisé, voire neutralisé.

D'une part, l'exercice du droit à l'information suggère la préservation des droits des minoritaires dans l'information quérable. Celle-ci se matérialise dans l'alerte et dans l'expertise de gestion.

La procédure d'alerte est destinée à détecter très rapidement les signes annonciateurs des difficultés afin d'éviter l'évolution vers une situation de cessation des paiements. L'alerte est déclenchée par le commissaire aux comptes[6] ou par les associés.

Dans les sociétés par action[7], tout associé peut, deux (2) fois par exercice, poser des questions au président du conseil d'administration, au président-directeur général ou à l'administrateur général, selon le cas, sur tout fait de nature à compromettre la continuité de l'exploitation[8]. Le nombre de titre détenu n'a pas d'importance.

Le dirigeant répond par écrit, dans le délai de quinze (15) jours, aux questions posées. Dans le même délai, il adresse copie de la question et de sa réponse au commissaire aux comptes.

Si la société refuse de communiquer, la juridiction compétente statue à bref délai sur ce refus, à la demande de l'actionnaire. Elle peut ordonner à la société, sous astreinte, la communication des documents à l'actionnaire[9].

Le contrôle par l'information est beaucoup plus accentué avec l'expertise de gestion. C'est un outil visant à renforcer le contrôle de la société. C'est un préalable à des actions en responsabilité contre le management. L'expertise

---

[6] Art. 153 et s. AUSCGIE.

[7] Art. 158-1 AUSCGIE.

[8] Art. 158 et 158-1 AUSCGIE. Dans les sociétés autres que les sociétés par actions, le droit est reconnu aux associés non gérant ; art. 157 AUSCGIE.

[9] Art. 528 AUSCGIE.

de gestion permet aux actionnaires de se protéger contre toute dérive des dirigeants.

Contrairement à l'ancien Acte uniforme qui exigeait, pour l'expertise de gestion, que les associés solliciteurs représentent au moins le cinquième du capital social, le nouvel Acte uniforme allège la condition tenant au pourcentage. Un ou plusieurs associés représentant au moins le dixième du capital social peuvent, soit individuellement, soit en se groupant sous quelque forme que ce soit, demander à la juridiction compétente du siège social, statuant à bref délai, la désignation d'un ou de plusieurs experts chargés de présenter un rapport sur une ou plusieurs opérations de gestion[10]. La volonté de préserver les droits des minoritaires est ainsi manifeste.

La désignation d'un expert de gestion est permise dans toutes les sociétés commerciales et même dans le groupement d'intérêt économique par les dispositions générales de l'acte uniforme. Mais, seuls les associés peuvent le demander.

La demande d'expertise ne peut porter sur toute la gestion de la société. La loi exige qu'elle porte sur une ou plusieurs gestions des opérations. Le demandeur devra alors soulever des faits précis qui fondent sa demande. Sera alors mal fondé, le requérant qui sollicite « une expertise de gestion tendant de manière générale à auditer les comptes et à vérifier la sincérité des états financiers de synthèse (de ces sociétés pour l'exercice 2007) sans identifier précisément la décision de gestion critiquée ni même rapporter les éléments pouvant présumer de l'irrégularité de ladite décision »[11].

S'il est fait droit à la demande, la juridiction compétente détermine l'étendue de la mission et les pouvoirs des experts. Les honoraires des experts sont supportés par la société. Une telle mesure permet d'encourager la pratique de l'expertise de gestion. En effet, même si c'est l'actionnaire qui déclenche l'opération, il n'aura pas à débourser pour la rémunération. En outre, une telle initiative le protège d'une action en responsabilité. D'une part, la saisine du juge n'est pas un acte réprimé et, d'autre part, cela permet de pouvoir ultérieurement agir sur le fondement d'informations objectives.

Le nombre d'experts à désigner dépend en principe de la nature et de la complexité des gestions d'opérations en cause.

Le rapport est adressé au demandeur et aux organes de gestion, de direction ou d'administration ainsi qu'au commissaire aux comptes.

D'autre part, l'exercice du droit à l'information fait place à la préservation des droits des minoritaires dans l'information portable. En effet, la société doit à ses actionnaires une information permanente concernant les comptes sociaux

[10] Art. 159 AUSCGIE.
[11] CCJA, arrêt n° 056/2013 du 13 juin 2013.

mais aussi une information occasionnelle liée à la réunion des différentes assemblées qui animent régulièrement la vie des sociétés.

Concernant les assemblées, l'actionnaire a le droit d'être informé de la date, du lieu de la réunion et l'ordre du jour au moins quinze (15) jours avant la tenue de l'assemblée.

Aux termes des dispositions de l'article 525 AUSCGIE, en ce qui concerne l'assemblée générale ordinaire annuelle, tout actionnaire a le droit, par lui-même ou par le mandataire qu'il a nommément désigné pour le représenter à l'assemblée, de prendre connaissance au siège social :

✓ de l'inventaire, des états financiers de synthèse et de la liste des administrateurs lorsqu'un conseil d'administration a été constitué ;

✓ des rapports du commissaire aux comptes et du conseil d'administration ou de l'administrateur général qui sont soumis à l'assemblée ;

✓ le cas échéant, du texte de l'exposé des motifs, des résolutions proposées, ainsi que des renseignements concernant les candidats au conseil d'administration ou au poste d'administrateur général ;

✓ de la liste des actionnaires ;

✓ du montant global certifié par les commissaires aux comptes des rémunérations versées aux dix (10) ou cinq (5) dirigeants sociaux et salaries les mieux rémunérés selon que l'effectif de la société excède ou non deux cents salariés.

Sauf en ce qui concerne l'inventaire, le droit pour l'actionnaire de prendre connaissance emporte celui de prendre copie à ses frais. Le droit de prendre connaissance s'exerce durant les quinze (15) jours qui précèdent la tenue de l'assemblée générale.

En ce qui concerne les assemblées autres que l'assemblée générale ordinaire annuelle, le droit de prendre connaissance porte sur le texte des résolutions proposées, le rapport du conseil d'administration ou de l'administrateur général selon le cas et, le cas échéant, le rapport du commissaire aux comptes ou du liquidateur.

Tout actionnaire peut, en outre, à toute époque prendre connaissance et copie :

✓ des documents sociaux visés à l'article 525 AUSCGIE concernant les trois (3) derniers exercices ;

✓ des procès-verbaux et des feuilles de présence des réunions du conseil d'administration ;

✓ des procès-verbaux et des feuilles de présence des assemblées tenues au cours de ces trois derniers exercices ;

✓ des conventions règlementées conclues par la société ;

✓ de tous autres documents, si les statuts le prévoient.

Le droit de communication appartient également à chacun des copropriétaires d'actions indivises, au nu-propriétaire et à l'usufruitier d'actions.

Si la société refuse de communiquer tout ou partie des documents d'information, la juridiction compétente statue à bref délai sur ce refus, à la demande de l'actionnaire. La juridiction compétente peut ordonner à la société, sous astreinte, de communiquer les documents à l'actionnaire.

B. Un équilibre recherché dans l'exercice du droit à l'expression

Le droit à l'expression se décline en droit des sociétés par le droit de participer aux décisions collectives et le droit de voter.

S'agissant de la liberté de participer aux décisions collectives, elle reste un droit reconnu. En effet, sauf disposition contraire de l'AUSCGIE, tout associé a le droit de participer aux votes des décisions collectives[12]. Le droit de participer aux assemblées est aujourd'hui un droit dépendant de l'existence du droit de vote. Cependant, s'il est reconnu, sa violation entraîne une sanction pénale. En effet, « encourent une sanction pénale, ceux qui, sciemment, ont empêché un actionnaire ou un associé de participer à une assemblée générale »[13]. La sanction sera un emprisonnement d'un mois à un an et une amende de 250 000 à 1 000 000 FCFA ou de l'une de ces peines[14].

Dans l'Acte uniforme de 1997 sur les sociétés commerciales, les statuts pouvaient subordonner l'accès aux assemblées générales à la détention d'un nombre minimal d'actions, à condition que ce nombre n'excède pas dix[15]. Cependant, cette possibilité n'a pas été reprise par la réforme. Le silence de l'AUSCGIE signifie-t-il une autorisation pour les actionnaires ? La participation aux assemblées étant, pour les actionnaires, subordonnée à la détention d'un droit de vote, la liberté ne semble plus être laissée pour exiger un nombre minimum d'actions. D'une combinaison des articles 125 AUSCGIE qui dispose que « sauf disposition contraire du présent Acte uniforme, tout associé a le droit de participer aux votes des décisions collectives » et 129-1 AUSCGIE, « est nulle toute délibération ou décision prise en violation des dispositions régissant les droits de vote attachés aux actions ou parts sociales », la législation semble avoir évoluée.

S'agissant du droit de vote, il apparaît ici orienté. Dans les démocraties en effet, chacun vote librement. En d'autres, il n'existe pas une police de la motivation des électeurs même s'il est permis de penser que l'intérêt général

---

[12] Art. 125 AUSCGIE.

[13] Art. 891-3 AUSCGIE.

[14] Art. 38 de la loi sénégalaise de 2018 relative à la répression des infractions prévues par les Actes uniformes adoptés en application du Traité relatif à l'Harmonisation du Droit des Affaires en Afrique.

[15] Art. 548 al. 2 AUSCGIE de 1997.

gouvernera les actes. Cependant, même si, sur beaucoup de points, il emprunte à l'organisation sociale, le droit des sociétés a préféré encadrer strictement le sens du vote. Dans une société commerciale, le vote doit toujours être guidé par l'intérêt social sous peine de sanction.

Notion difficile à cerner[16], l'intérêt social a été le théâtre de beaucoup de controverses, de beaucoup de combats d'idées[17]. Un débat s'est posé sur sa fonction de fondement de l'action de la société. L'intérêt social est l'intérêt commun des associés ou celui de toutes les parties prenantes ?

Aux termes des dispositions de l'article 4 de l'Acte uniforme, la société commerciale est créée dans l'intérêt commun des associés[18]. Le droit OHADA a-t-il pris position ? Comme le souligne un auteur averti, « il n'est pas certain, ni même souhaitable, que l'intérêt de la personne morale s'identifie, au moins à court terme, à celui des associés »[19]. La société n'est pas, du moins toujours, un mariage de cœur entre les associés, mais souvent une union de raison. Les associés, comme les autres acteurs du monde des affaires, sont, surtout dans les sociétés de capitaux, des hommes d'affaires. L'altruisme n'est pas très souvent leur religion. La société est le plus souvent un creuset d'intérêts personnels. Mais, peut-on créer une société sans un projet commun ? L'intérêt social devrait alors être appréhendé comme une notion dont le sens et la fonction, varient en considération du moment. Intérêt des associés au moment de la création de la société, il devient l'intérêt commun en cours de vie sociale.

La personne qui use de son droit de vote dans un sens contraire à l'intérêt social en abuse. Commet une faute par abus de droit celui qui use de son droit dans la seule intention de nuire à autrui, ou qui en fait un usage contraire à sa destination[20].

Alors que l'Acte uniforme de 1997 sur les sociétés commerciales et les groupements d'intérêts économiques consacrait deux (02) abus par rapport à l'exercice du droit de vote (l'abus de majorité et l'abus de minorité), l'actuel Acte uniforme sur la question ajoute celui d'égalité.

Il y a abus de majorité lorsque les associés majoritaires ont voté une décision dans leur seul intérêt, contrairement aux intérêts des associés minoritaires et que cette décision ne puisse pas être justifiée par l'intérêt de la société[21]. Il doit ainsi pouvoir être caractérisé en cas de vote systématique de

---

[16] PEROCHA (D.) et MARTIN (D.), « Regard sur l'intérêt social », *Rev. soc.* 2012, p. 475.

[17] M. GERMAIN, Sur une jurisprudence de l'intérêt social, in *Mélanges en l'honneur du professeur Paul Le CANNU, Le droit des affaires à la confluence de la théorie et de la pratique*, précité, p. 289.

[18] Art. 4, al. 2 AUSCGIE.

[19] DONDERO (B.) et Le CANNU (P.), *Droit des sociétés*, précité, p. 213.

[20] Art. 122 COCC.

[21] Art. 130, al. 2 AUSCGIE.

la mise en réserve des bénéfices par des dirigeants associés majoritaires qui s'attribuent au même moment un salaire faramineux.

Les conséquences de l'abus de majorité s'apprécient par rapport à l'acte déjà pris mais aussi par rapport à l'auteur.

D'une part, les décisions collectives constitutives d'un abus de majorité sont nulles. En d'autres termes, les minorités peuvent solliciter le juge pour l'annulation de la décision. D'autre part, la responsabilité des associés ayant voté la décision constitutive de l'abus peut être engagée par les associés minoritaires pour la réparation du préjudice en résultant à leur égard. En effet, est responsable, celui qui par sa faute cause un dommage à autrui.

« Face à la superbe des forts, il faut compter avec la tyrannie des faibles »[22].

Il y a abus de minorité ou d'égalité lorsque, par leur vote, les associés minoritaires ou égalitaires empêchent l'adoption d'une décision nécessaire dans l'intérêt social alors qu'ils ne peuvent pas justifier d'un intérêt légitime[23]. Supposons par exemple qu'il y ait perte de plus de la moitié du capital d'une SA, que l'Assemblée des associés soit convoquée pour décider d'une mesure à prendre pour sauver la société telle que la réduction du capital. Les minoritaires qui votent contre cette décision commettent un abus de minorité si leur vote n'est pas justifié par un motif légitime. L'abus de minorité est donc la « tyrannie des faibles »[24].

L'abus de minorité ou d'égalité peut aussi être fondé par la seule volonté de « se faire entendre » pour des raisons extérieures à la société. Il pourra en être ainsi, par exemple, de la situation du couple, actionnaire égalitaire en procédure de divorce, qui voudrait transférer le conflit conjugal dans la société.

Le droit des sociétés est ainsi un terrain où l'équilibre des pouvoirs est recherché malgré le choc des intérêts. Il offre aussi aux associés la possibilité, par des conventions, de renforcer cet équilibre.

II. Un équilibre conventionnellement ajustable

La loi ne peut pas tout prévoir. Elle peut cependant permettre à ses destinataires de la compléter afin de mieux pouvoir atteindre les objectifs recherchés. C'est le cas avec l'AUSCGIE. La répartition du pouvoir dans les sociétés n'est pas figée. Sur le terrain de la liberté contractuelle, des réaménagements sont possibles par le truchement des pactes d'actionnaires (A) et de la prime de fidélité (B).

---

[22] COZIAN (M.), VIANDIER (A.) et DEBOISSY (F.), *Droit des sociétés*, 15e éd., Litec, 2002, n° 444.

[23] Art. 131 al. 2 AUSCGIE.

[24] CONSTANTIN (A.), « La tyrannie des faibles – De l'abus de minorité en droit des sociétés », in *Mélanges en l'honneur de Yves Guyon, Aspects actuels du droit des affaires*, Dalloz, 2003, p. 2013.

A. Un possible rééquilibrage des pouvoirs par les pactes d'actionnaires

Les sociétés de capitaux sont fortement marquées par l'*intuitus pecuniae*. Il y définit le pouvoir et les privilèges. Cependant, dans la pratique, cette vérité est de plus en plus nuancée surtout avec les pactes d'actionnaires.

Aux termes de l'article 2-1 AUSC, les associés peuvent conclure des conventions extrastatutaires en vue notamment d'organiser, selon des modalités qu'ils ont librement arrêtées :

- les relations entre associés ;
- la composition des organes sociaux ;
- la conduite des affaires de la société ;
- l'accès au capital social ;
- la transmission des titres sociaux.

Ces conventions extrastatutaires sont communément appelées pactes d'actionnaires. Le pacte d'actionnaires est un contrat écrit, modifiable par avenant à l'unanimité, signé entre les actionnaires et les investisseurs de l'entreprise, qui complète les statuts de la société et a pour but de garantir des droits aux signataires et de définir leurs engagements, en fonction des clauses qu'il contient. Il pose les règles du jeu relatives aux relations entre les principaux actionnaires, en termes de répartition des pouvoirs, de protection des minoritaires et d'évolution de l'actionnariat. Le pacte vise ainsi à organiser la coopération des actionnaires pour un temps limité[25].

En d'autres termes, il offre l'occasion d'aménager des droits préalablement identifiés ou à venir des associés notamment les droits de vote, les droits à l'information, les droits financiers, les droits au boni de liquidation. En effet, la proportionnalité des droits et obligations de chaque associé à son apport n'est qu'un principe. Une marge est laissée à la liberté contractuelle de les organiser. La seule limite est la clause.

Conformément à l'article 54 alinéa 2 de l'AUSCGIE, sont réputées non écrites les clauses attribuant à un associé la totalité du profit procuré par la société ou l'exonérant de la totalité des pertes, ainsi que celles excluant un associé totalement du profit ou mettant à sa charge la totalité des pertes.

Les pactes d'actionnaires se caractérisant par leur objet qui touche, soit au fonctionnement de la société dont les cocontractants sont membres, soit à l'exercice de leurs droits sociaux, devront, à ce titre, respecter les dispositions légales impératives du droit des sociétés, et plus généralement l'ordre public propre au droit des sociétés, lequel tend notamment à protéger l'ordre social.

---

[25] Quand un investisseur rentre dans une société, ce n'est pas seulement pour toucher des dividendes, c'est aussi pour en sortir à un moment donné.

L'« impérialisme statutaire »[26] se manifeste à la fois par l'existence d'un domaine réservé aux statuts, ce qui signifie que parfois l'accord de volonté des associés ne peut être localisé que dans les documents statutaires, et par une emprise des stipulations statutaires sur les conventions extérieures. Dans le respect de l'ordre public statutaire, l'imaginaire des parties devra leur permettre une bonne gestion du capital par des clauses relatives à la gestion de la société, à la composition de son actionnariat et à la sortie d'un actionnaire.

Relativement au droit de vote attaché aux actions de capital ou de jouissance, les statuts peuvent limiter le nombre de voix dont chaque actionnaire dispose dans les assemblées, à condition que cette limitation soit imposée à toutes les actions. En d'autres termes, un plafonnement statutaire des droits de vote est possible. Il sera possible alors d'avoir, par exemple, une société dans laquelle les actions donnent chacune une voix, mais dans la limite de dix (10) voix pour chaque actionnaire.

B. Un possible rééquilibrage des pouvoirs par la prime de fidélité

Dans l'Acte uniforme de 1997, comme dans celui révisé, le législateur OHADA permet d'accorder une « prime de fidélité » aux actionnaires par rapport au droit de vote. En effet, aux termes des dispositions de l'article 544 AUSCGIE, un droit de vote double de celui conféré aux autres actions, eu égard à la quotité du capital social qu'elles représentent, peut être attribué, par les statuts ou par une assemblée générale extraordinaire ultérieure, à toutes les actions entièrement libérées pour lesquelles il est justifié d'une inscription nominative depuis deux (2) ans au moins, au nom d'un actionnaire. En outre, en cas d'augmentation de capital par incorporation de réserves, bénéfices ou de primes d'apports, d'émission ou de fusion, le droit de vote double peut être conféré, dès leur émission, aux actions nominatives attribuées gratuitement à un actionnaire à raison d'actions anciennes pour lesquelles il bénéficie de ce droit.

Le droit de vote double installe une atténuation de la relation capital-pouvoir. Le minoritaire dans le capital peut être le décideur dans la société. Mais encore faudrait-il qu'il conserve les actions.

Toute action nominative convertie en action au porteur ou transférée en propriété perd le droit de vote double qui peut lui être attaché. Toutefois, le transfert par suite de succession, de liquidation de communauté de biens entre époux ou de donation entre vifs au profit d'un conjoint ou d'un parent au degré successible, ne fait pas perdre le droit acquis. La fusion de la société aussi est sans effet sur le droit de vote double qui peut être exercé au sein de la société absorbante si les statuts de celle-ci le prévoient.

---

[26] VELARDOCCHIO-FLORES (D.), *Les accords extrastatutaires entre associés*, PUAM, 1993, n° 58.

Le droit de vote double consacré par l'article 544 AUSCGIE (réaffirmé par l'article 752 AUSCGIE) ne saurait être confondu avec celui pouvant résulter des actions de préférence. Il a existé en droit OHADA avant la consécration d'un régime juridique des actions de préférence. En outre, contrairement à ces dernières, d'abord, il est accordé par les statuts ou une assemblée générale extraordinaire ultérieure. Ensuite, l'action à laquelle il est attaché doit être inscrite au nom de l'actionnaire depuis au moins deux (02) ans. Le droit de vote double ne peut donc pas être accordé définitivement dès la constitution de la société. Les statuts peuvent juste le prévoir sous condition. Enfin, l'action ne peut pas être au porteur ou transférée en propriété au risque d'une perte du droit.

L'article 544 consacre ainsi une prime de fidélité aux anciens actionnaires. Cependant, l'utilisation de l'adverbe « au moins » permet de considérer que le délai de deux (02) ans est un minimum que les statuts pourraient allonger.

Les instruments juridiques et les constructions sociales dans la protection des minorités au Sénégal. L'exemple des personnes vivant avec un handicap

Ndèye Astou NDIAYE

Docteure en Science politique

Université Cheikh Anta DIOP de Dakar, Sénégal

Résumé

Le droit réfléchit sur ce qui doit être, la science politique, elle, met l'accent et explore ce qui est. À ce titre, la réalité au XXIe siècle est que le terme « minorités », au-delà de sa conception juridique marivauderait avec la « sociologie ». Cet article, met l'accent sur l'aspect « politologique » des minorités qui dès lors évolue avec le temps et dans l'espace.

La notion de minorité pourrait de la sorte, être définie sociologiquement, comme « un groupe d'individus avec une ou plusieurs caractéristiques communes, numériquement inférieur au reste d'une population donnée dans un lieu donné et subissant délibérément ou inopportunément des discriminations » Cette ébauche de définition, nous permet dans cet article, de nous intéresser aux personnes vivant avec un handicap comme étant une minorité répondant à deux types de modèles : social et médical. Le modèle social considérant que l'origine du handicap et ses modalités de construction se situent dans la société. Le modèle médical supposant que le handicap doit être appréhendé du point de vue de la déficience et de l'incapacité. La personne vivant avec un handicap l'est donc parce que la société en a décidé ainsi et/ou parce que médicalement, elle répondrait aux critères fixés. Partant de là, cette analyse a pour objectif de mettre l'accent sur le poids des normes sociales dans le respect des instruments de protection des minorités à l'instar des personnes en situation de handicap.

Mots-clés : minorités, protection, constructions sociales, personnes vivant avec un handicap, instrumentation de l'action publique

Abstract

Law reflects on what should be, while political science emphasizes and explores what is. As such, the reality in the twenty-first century is that the term "minorities", beyond its legal conception, would be a mockery of "sociology". This article emphasizes the "political" aspect of minorities which therefore evolves over time and in space.

The notion of minority could thus be defined sociologically, as "a group of individuals with one or more common characteristics, numerically inferior to the rest of a given population in a given place and suffering deliberately or inappropriately from discrimination" This draft definition, allows us in this article, to focus on people living with a disability as a minority responding to two types of models: social and medical. The social model considering that the origin of disability and its construction methods are located in society. The medical model assuming that disability must be understood from the point of view of impairment and incapacity. The person living with a disability is therefore because society has decided so and / or because medically, he would meet the criteria set. On the basis of this, this analysis aims to emphasize the weight of social norms in respecting the instruments for the protection of minorities such as people with disabilities.

Keywords : minorities, protection, social constructions, people living with a disability, instrumentation of public action

Introduction

Le concept de « minorité » n'est pas un objet prisé dans les études de politologie nous rappelle Bernard Voutat. Dès lors, « Que faire des minorités ? » est la principale question que se posent les politologues à la place de « Qu'est-ce qu'une minorité ? ». En effet, la science politique estime que les juristes, par le truchement du droit international public, donnaient un contenu au vocable « minorité ». Seulement, celui-ci n'est pas figé. Il a évolué et évoluera certainement encore selon les lieux et dans le temps. Serait-il dès lors judicieux pour les sociologues que nous sommes, de limiter nos réflexions sur les minorités au seul contenu qu'en donne le droit international avec Capotorti en 1979 puis en 1985 avec Deschênes[1] ? Bien évidemment la réponse reste négative. Puisqu'il est bien connu qu'au moment où le droit analyse ce qui doit être, la science politique met l'accent et explore ce qui est. Et la réalité au XXIe siècle est que le vocable « minorités », au-delà de sa conception juridique marivauderait avec la « sociologie ». Par conséquent, plus qu'un contenu, une tentative de définition prenant en compte l'évolution du vocable s'impose. D'abord, il faudra mettre l'accent sur le construit social, ce que recouvrent sociologiquement « les minorités » d'une société à une autre. Il s'agit dans un premier temps, de mettre en avant le caractère numérique, le quantitatif, les minorités constituent un groupe. Ensuite s'y ajoute la marque discriminatoire délibérée ou non. Et enfin, l'aspect situationnel, c'est- à- dire « on est considéré comme « minorités » par rapport à un ou d'autres groupes numériquement plus importants et rentrant dans les normes sociales.

La notion de minorité pourrait de la sorte, être définie comme « un groupe d'individus avec une ou plusieurs caractéristiques communes, numériquement

---

[1] Les minorités comprennent des groupes qui selon CAPOTORTI, 1977 et DESCHENES, 1985.

- Comptent moins de membres que le reste de la population d'un pays ;
- Sont en position non dominante ;
- Résident dans le pays, comme nationaux ou groupe entretenant des relations historiquement étroites avec celui-ci ;
- Possèdent des caractéristiques ethniques, religieuses ou linguistiques différentes de celles du reste de la population ; et
- Font preuve, même si ce n'est qu'implicitement, de solidarité pour ce qui concerne la sauvegarde de leur identité collective distincte.

inférieur au reste d'une population donnée dans un lieu donné et subissant délibérément ou inopportunément des discriminations » Cette ébauche d'explication, nous permet dans cet article, de nous intéresser aux personnes vivant avec un handicap comme étant une minorité répondant à deux types de modèles parmi d'autres : social et médical. Le modèle social considérant que l'origine du handicap et ses modalités de construction se situent dans la société. Le modèle médical supposant que le handicap doit être appréhendé du point de vue de la déficience et de l'incapacité. La personne vivant avec un handicap l'est donc parce que la société en a décidé ainsi et/ou parce que médicalement, elle répondrait aux critères fixés. L'Unicef définit les personnes handicapées comme celles « qui présentent des incapacités physiques, mentales, intellectuelles ou sensorielles durables dont l'interaction avec diverses barrières peut faire obstacle à leur pleine et effective participation à la société sur la base de l'égalité avec les autres. »

Inutile donc de mettre l'accent sur la définition juridique de « minorité » excluant, les minorités sexuelles, les femmes dans le milieu académique par exemple, les jeunes comme minorité dans la participation politique mais aussi les personnes vivant avec un handicap. D'ailleurs, José Woehrling, Professeur à la Faculté de Droit de l'Université de Montréal nous dira que « peuvent par exemple être considérés comme formant une minorité les personnes handicapées (sur le plan physique ou mental), les jeunes, les personnes âgées, les chômeurs, les personnes homosexuelles, les malades, les minorités de couleur, les femmes, les étrangers, les assistés sociaux, les sans domicile fixe, et l'on pourrait ajouter longtemps à la liste[2]. »

Pour ce qui est de la protection, Robert Lafore[3], la définit comme l'ensemble des mesures, dispositifs et prestations qui se proposent de réduire à l'échelle d'une collectivité humaine, les incertitudes de l'existence, en prémunissant ses bénéficiaires contre les risques socialement, juridiquement, politiquement identifiés et individuellement perçus.

L'intérêt de réfléchir sur la protection des personnes handicapées au Sénégal relèverait à rapprocher quatre disciplines : celle du droit international, des politiques publiques, de la sociologie du développement et celle de la sociologie politique avec la démocratie et la participation politique au centre. Il est à noter que le Sénégal est connu pour avoir coutume d'adopter et de ratifier les conventions internationales mais qu'en est-il avec celle sur la protection des handicapés ? Quelle est la place de cette catégorie humaine dans la recherche sénégalaise ? À part une étude du Laboratoire LARTES avec le

---

[2] Rapport général présenté aux Journées mexicaines de l'Association Henri Capitant à Mexico et Oaxaca du 18 au 25 mai 2002.

[3] LAFORE (R.), « La protection sociale, une valeur ? Dans le cadre d'un "vivre ensemble" démocratique. », *Informations sociales*, 2006, pp. 84-95

Pr Abdou Salam FALL[4], la situation des personnes handicapées n'a pas suscité un grand intérêt chez les chercheurs, ces dernières années. Il serait en conséquence, légitime de s'interroger sur la manière dont la protection cette catégorie se présente au Sénégal en termes de processus, d'accessibilité et de réalisabilité ?

Le postulat de départ serait que la protection ne serait pas effective malgré les textes existants et les décisions prises par les autorités publiques.

En faisant appel au New Public Management (NPM) avec son construit hybride, processuel et évolutif, il est d'abord fait état d'un traitement relevant de la protection des handicapés avec l'instrumentation de l'action public sous le prisme du droit. **(I)** Par instrumentation il est entendu le choix et les usages des techniques de régulation et des modes d'opération des autorités publiques avec d'autres acteurs, partenaires[5] ensuite le dialogue de sourd existant entre la sociologie de l'action publique et la sociologie dans la protection des personnes handicapées au Sénégal. **(II)**

I. La protection des minorités avec l'instrumentation de l'action publique sous le prisme du droit

Deux niveaux juridiques peuvent être importants en interrogeant le cas du Sénégal : l'international (A) et l'interne (B).

A. Le niveau international avec les traités et conventions signés et ratifiés par le Sénégal

Sur le plan international, la protection des humains est une priorité pour la communauté depuis le texte de San Francisco[6] instituant les Nations unies. Dans cette logique, en 2006, le 13 décembre fut adoptée par l'Assemblée générale de l'Onu, la Convention des Nations unies relative aux Droits des Personnes Handicapées. En plus des définitions introductives, Davin note que « Est appelée personne handicapée tout individu qui, pour des causes héréditaires, congéniales, acquises, présente des déficiences d'ordre sensoriel, physique, mental et/ou social plus ou moins profondes. Ces déficiences placent l'individu dans une situation de dépendance morale, physique, sociale ou économique. Une aide médicale, physique, sociale, psychologique, des mesures de réadaptation et de rééducation spécifiques. Selon le cas, sont indispensables pour sa réinsertion sociale et la reconquête de son autonomie »[7].

---

[4] TCHAMWA (A. N.), FALL (A. S.), « Repenser le handicap au Sénégal : analyse des normes et discours sur le handicap », *Analyse des données qualitatives*., LARTES-IFAN, nov. 2020.

[5] HALPERN (Ch.), LASCOUMES (P.) et LE GALES (P.), *L'instrumentation de l'action publique*, Paris : Presses de Sciences Po, 2014, 526 p.

[6] Charte des Nations unies de juin 1945.

[7] DAVIN (J.), *et al.*, *Une voix à vivre avec les personnes handicapées mentales*, Centurion, Paris, 1989.

À cet effet, la convention n'affecte pas de nouveaux droits au profit des personnes handicapées. Elle se limite à consacrer l'essentiel des droits fondamentaux de la personne humaine contenus dans les principaux instruments de droit international, sur la base de l'égalité entre les personnes, handicapées ou non. Son premier article énonce son but : « la convention vise à « promouvoir, protéger et assurer la pleine et égale jouissance de tous les droits de l'homme et de toutes les libertés fondamentales par les personnes handicapées et à promouvoir le respect de leur dignité intrinsèque ». Elle fait référence aux textes internationaux cités ci-dessus et vise plusieurs droits fondamentaux. Toujours dans cette logique de protection au niveau international, les vocables autour du handicap n'ont cessé d'évoluer en faisant de plus en plus de concessions. D'aliéné, à infirme, invalide ou encore fou, l'expression utilisée depuis 2013[8], est « personne en situation de handicap ».

C'est une terminologie socialement correcte qui entreprend d'arrondir les angles, nourrie par un argument novateur : le handicap ne survient que lorsque l'environnement n'est pas adapté et qu'il place la personne « en situation de handicap ». Ce néologisme a donc le mérite de ne plus désigner seulement les personnes atteintes d'un handicap permanent mais d'élargir la notion de handicap à tout individu pouvant éprouver une difficulté à accomplir une tâche dans un contexte donné. Le handicap devient donc une question de circonstance en France depuis 2005 ensuite dans le reste de l'Europe et du monde. Qu'en est-il maintenant de la situation du Sénégal en termes de considération et de protection.

B. Le niveau interne : des directives gouvernementales aux textes de lois votées par les parlementaires

Bien avant la Convention internationale relative aux droits des personnes handicapées (CDPH) de 2006, le Sénégal a songé à la protection des personnes vivant avec un handicap. En effet, c'est en octobre 2001, lors d'un conseil interministériel que l'autorité publique publiait dix-neuf directives pour la protection des personnes handicapées physique, motrice et mentale. Seulement, il faudra attendre janvier 2009, pour qu'en conseil des ministres un projet de loi d'orientation relative à la promotion et la protection des droits des personnes handicapées soit adoptée. Ce projet prévoyait plusieurs dispositions à savoir :

– l'accès aux soins, la mise en œuvre d'actions sociales et de prévention, l'éducation et la formation professionnelle,

– l'accès à la terre, à l'habitat, aux transports, aux moyens de communication, le droit au sport, aux loisirs, aux arts et aux activités culturelles, et la célébration de journées à l'intention des personnes handicapées.

---

[8] www.informations.handicap.fr

Le 26 mai 2010 le texte définitif est voté à l'Assemblée nationale après avoir été examiné par différentes commissions et discuté en plénière. Cette Loi d'Orientation Sociale (LOS) relative à la promotion et la protection des droits des personnes handicapées vise à « garantir l'égalité des chances des personnes handicapées ainsi que la promotion et la protection de leurs droits contre toutes formes de discrimination »[9]. Elle donne en son article 1, une définition de la personne handicapée : « Par personnes handicapées, on entend toutes les personnes qui présentent des incapacités physiques, mentales, intellectuelles ou sensorielles durables dont l'interaction avec diverses barrières peut porter atteinte à leur pleine et effective participation à la société sur la base de l'égalité ». Une définition prenant en compte les évolutions du handicap et « le socialement correct ».

En outre, une des avancées majeures de cette loi est la création d'une « carte d'égalité des chances » (article 3), « prouvant son handicap » et délivrée par le « ministère chargé de l'Action sociale sur proposition des commissions techniques départementales ». Un décret pris à la date de parution du livret, précise « la création, la composition, les attributions et les modalités de fonctionnement desdites commissions techniques ». Cette carte aurait dû permettre à son titulaire de « bénéficier des droits et avantages en matière d'accès aux soins de santé, de réadaptation, d'aide technique, financière, d'éducation, de formation, d'emploi, de transport, ainsi qu'à tout autre avantage susceptible de contribuer à la promotion et à la protection des droits des personnes handicapées ».Or, le 9 octobre 2019, lors de la journée mondiale du handicap plusieurs associations sénégalaises de personnes vivant avec un handicap se sont levées afin de dénoncer la non-utilité de cette carte d'égalité des chances[10]. Les interviewés mettaient l'accent sur les difficultés qu'ils avaient à étudier, se soigner, s'intégrer en entreprise, à fonder une famille sans stigmate, entre autres. Même si une « Haute Autorité », logée à la Présidence de la République, est créée (article 48) pour garantir « la Promotion et la Protection des Droits des personnes handicapées et ayant pour objectif d'appuyer les efforts de l'État dans l'élaboration des politiques nationales et les stratégies sectorielles dans tous les domaines touchant le handicap ». Sa dénomination, sa composition, ses attributions et modalités de fonctionnement sont fixées par décret. En sus de ce nouveau texte clé, il y a aussi lieu de mentionner certains textes juridiques d'ampleur générale qui sont des sources de droits applicables aux personnes handicapées. C'est singulièrement le cas du texte fondateur de l'édifice juridique sénégalais qu'est la Constitution. En effet, ce texte du 22 janvier 2001 affirme son adhésion à un certain nombre de textes internationaux précités (Déclaration

[9] Article 2 de la Loi d'Orientation sociale.

[10] Se référer aux quotidiens *L'observateur* et *Sud quotidien* qui ont interviewé des personnes en situation de handicap qui se plaignaient de la non prise en compte de leurs difficultés aussi bien par la société que les autorités publiques.

universelle des Droits de l'Homme, Convention sur l'Élimination de toutes les formes de discrimination à l'égard des femmes, Convention relative aux Droits de l'Enfant, Charte Africaine des droits de l'Homme et des Peuples) et proclame le respect des libertés fondamentales et des droits du citoyen comme base de la société sénégalaise, le rejet et l'élimination, sous toutes ses formes d'injustice, des inégalités et des discriminations.

Aussi, en 2018, le 13 février un autre Conseil interministériel s'est tenu sur le suivi de la mise en œuvre de la Loi d'Orientation sociale (LOS). L'accent était mis sur le respect et l'acceptation de cette LOS par les autorités publiques, les personnes vivant avec un handicap elles-mêmes et par les populations. Le constat était sans commune mesure l'atermoiement entre les textes et la réalité. Ce qui nous fera basculer vers notre second point concernant le dialogue de sourd entre la sociologie de l'action publique, la sociologie et la démocratie sociale.

II. Le dialogue de sourd entre la sociologie de l'action publique, la sociologie et la démocratie sociale au Sénégal

Penser politiquement à la condition des minorités comme les personnes vivant avec un handicap, produire les textes concrétisant la protection et rendre effectif ces instruments ne serait pas la logique au Sénégal. En effet, il est fait état dans ce pays d'un réel paradoxe entre les constructions sociales et les instruments juridiques dans la protection des minorités (A) et ce désaccord toucherait même la dimension de la démocratie sociale (B).

A. Paradoxe entre les constructions sociales et les instruments juridiques dans la protection des personnes vivant avec un handicap

L'interrogation sur le « changement » que ce soit celui des politiques publiques et au-delà celui des régimes politiques, est itérative dans le domaine de la Science politique. De fait, l'approche par les instruments constitue un excellent traceur de changement postérieur au volontarisme des acteurs et aux volubilités politiques. Dans ce sens, cette approche représente un nouveau regard méthodologique pour l'étude de l'action publique. De même, elle favorise une entrée par l'observation et l'analyse de dimensions aussi discrètes que significatives ; ce qui constitue une appréhension de l'action publique dans la matérialité. L'analyse des instruments réglementaires, techniques et scientifiques caractérise à la fois les effets propres ainsi que la mobilisation des acteurs et celle de la société. Dans cette partie de notre travail, il y est fait référence en prenant en compte les instruments juridiques mis en place dans la protection et la promotion de la situation des personnes vivant avec un handicap au Sénégal. Il s'agit essentiellement de la Convention relative aux droits des personnes handicapées et de la Loi d'Orientation Sociale (LOS). Comment ces deux textes sont appliqués dans l'État aussi bien sur le plan social voire sociétal que juridique. Si on se réfère à l'étude du Lartes, « les mesures prises pour sensibiliser le public sur les droits des personnes en situation de handicap restent la célébration des journées dédiées aux personnes handicapées prévues par la LOS ». À ce titre, les personnes en situation de handicap, pensent souvent n'exister qu'au moment de commémorer ces journées qui leur sont dédiées[11]. En effet, au Sénégal il n'existe aucune mesure visant à promouvoir la sensibilisation fondée sur une approche du handicap basée sur les droits de l'homme conformément à la Convention. La sensibilisation menée par le secteur privé (OI, ONG, Associations…) et, plus particulièrement, par les média publics et privés pour combattre les stéréotypes et promouvoir une perception positive des personnes handicapées n'est pas souvent prise en compte par les populations : elle passe inaperçue. Sur ce, l'œil du sociologue s'arrête sur le fossé existant entre les principes du sommet de l'État et l'effectivité de l'action publique comme le souligne Delville Lavigne[12] dans son article « pour une socio-anthropologie de l'action publique en faisant référence au terrain africain. Se pose dès lors la question des dispositifs porteurs de sens, de la quantification des rapports sociaux, mais aussi celle du type de dialogue existant si bien entendu, il y a une possibilité de dialogue. Quel est l'apport de la sociologie du développement à la sociologie de l'action publique et vice-versa ? Mais aussi comment se présente la manière dont on travaille avec les instruments d'action publique en Afrique et au Sénégal dans ce cas bien précis. Quel usage en fait-on ? Ce sont là des brèches ouvertes et sur lesquelles il est possible de soulever quelques dissonances :

– *Première dissonance* : tous les instruments existants sont rédigés en français là où selon l'ANSD[13] 54 % de la population sénégalaise est analphabète et 76 % des personnes handicapées le sont au même titre ;

– *Deuxième dissonance* : les superstitions vis-à-vis du handicap : l'étude du Lartes nous enseigne qu'une personne sur quatre au Sénégal pense encore que le handicap est une malédiction, une punition divine et qu'en tant que croyant, il n'est pas admissible de protéger ceux que Dieu ou les dieux ont décidé de punir ;

– *Troisième dissonance* : qui vient compléter la seconde c'est le rapport avec le handicap et les différents types de handicap, en général la place de la personne handicapée est à la maison ou au pire des cas dans la rue à faire la manche.

---

[11] D'après l'étude du Professeur Abdou Salam FALL, sur le plan socio-culturel, les personnes vivant avec un handicap témoignent souvent de leur sentiment d'insécurité conséquence des croyances culturelles, de la stigmatisation qu'elles subissent.

[12] LAVIGNE-DELVILLE (Ph.), « Pour une socio-anthropologie de l'action publique dans les pays sous régime d'aide », *Anthropologie & développement*, 45, 2017.

[13] Rapport Agence nationale de la Statistique et de la Démographique (ANSD), *Recensement Général de la Population et de l'Habitat, de l'Agriculture et de l'Élevage* (RGPHAE 2013).

Ces considérations sur le handicap vont-elles de pair avec les instruments mis en place par les autorités ? Visiblement, la réponse reste négative. Il est aussi important de noter qu'il n'y a pas de logique encore moins une tradition évaluative au Sénégal et donc point de dialogue entre les socio-anthropologues et les décideurs dans un cadre général et sur cette problématique précisément. En réalité, les discordances existantes laisseraient croire à une non-intégration des populations dans la prise de décision et subséquemment un défaut de démocratie sociale.

B. La dimension de la démocratie sociale : faire participer les citoyens dans la prise de décision

Il est fait constat d'un paradoxe existant entre les instruments[14] mis en place pour protéger les personnes vivant avec un handicap et les normes sociales au Sénégal. Il est néanmoins important de souligner que malgré les efforts mis en place pour plus de démocratie, les décisions publiques prises sont usuellement en déphasage avec les croyances socio-culturelles. La promotion d'une démocratie sociale, davantage participative permettrait ainsi d'adopter des mesures répondant plus aux réalités de la société correspondante. La démocratie sociale promeut la construction d'une citoyenneté sociale et l'adoption par le gouvernement, de la participation des citoyens à la vie publique surtout à les intégrer dans la prise de décision. Mais qui est socialement considéré comme un citoyen ou un usager au Sénégal ? Le citoyen est quelqu'un qui habite sur un territoire, une ville ou un pays et qui en reconnaît les lois. Mais tous les habitants d'un pays ne sont pas systématiquement citoyens du territoire. Il faut remplir des conditions pour obtenir ce statut qui confère des droits et devoirs. Concernant l'usager, c'est un concept traditionnellement lié à la notion de service public par opposition au client qui fait appel au privé. À moins de considérer les personnes en situation de handicap comme des êtres à part, au sein de leur société, elles peuvent être, si les conditions sont remplies, des citoyens de tous les jours et parfois des usagers par rapport à certains services. Comment rendre ce statut de citoyen et d'usager, concret ? Faudrait-il bousculer l'ordre social ainsi que les normes pour y arriver ? Soulignons qu'il y a une absence de controverses et de polémiques autour du problème identifié comme un risque, notamment comme un « risque collectif », comme cela a été le cas de la problématique de la parité homme/femme au niveau des instances électives et semi-électives. Protéger certains droits ou les acquérir demande quelquefois une certaine occupation de l'espace public au sens « habermassien »[15] du terme, afin de se faire entendre et de faire avancer le dialogue entre le triptyque sociologie de

[14] LASCOUMES, P. Les instruments d'action publique, traceurs de changement : l'exemple des transformations de la politique française de lutte contre la pollution atmosphérique (1961-2006). *Politique et Sociétés*, 2007 : 73-89.

[15] J. HABERMAS, « "L'espace public", 30 ans après », *Quaderni*, n° 18, 1992 : 161-191.

l'action publique sous le prisme du droit, sociologie et démocratie sociale. C'est aussi l'utilité du « claming »[16] en sociologie de l'action publique. Dès lors, d'une part, il faut que la dimension collective soit suffisamment prégnante pour justifier l'intervention des autorités publiques. D'autre part, elles ne peuvent pas répondre à toutes les demandes car leurs ressources sont limitées. Pour ces raisons, certains problèmes sont mis à l'agenda, c'est-à-dire traités par elles et faisant l'objet de politiques publiques, et pas d'autres.

C'est l'image de l'ampleur qui fait défaut à la problématique de la protection et de la promotion des personnes handicapées. Elles ne connaissent pas encore l'éveil sans doute du fait de leur infime minorité avec 5,9%[17] de la population, de leur situation économique, mais surtout social. En 2013, un rapport de l'ANSD mettait l'accent sur la non-intégration sociale des personnes handicapées due à des superstitions : malédiction, punition divine : près de 65% d'entre elles ne se marient pas, ne vont pas jusqu'au bout de leur scolarité, ne participent pas à la vie politique, parce qu'elles s'auto-excluent.

Concernant les handicapés physiques avec une mobilité réduite : ils sont presque absents de la fonction publique malgré les avancées, il n'y a pas de ministre en situation de handicap physique, pas de député non plus. L'exception serait la présence d'une ministre conseillère[18] présente à la présidence. À cet effet, au Sénégal, peu importe, le nombre de personnes handicapées, leur présence se remarque beaucoup plus dans les rues de la capitale en faisant la manche plutôt qu'ailleurs et certaines parmi elles se complairaient même dans cette situation. Dans une démarche prospective : il serait d'abord nécessaire de les insérer socialement en dépassant certaines croyances afin de les voir naturellement atteindre certains échelons. Subséquemment, la question de l'intégration politique des personnes vivant avec un handicap serait une résultante à celle de l'intégration sociale.

Conclusion

Tout compte fait, la protection des personnes handicapées comme celles de toute autre minorité ne peut être effective qu'avec la compréhension et le respect des instruments de l'action publique. Ce qui est un problème public pour les

---

[16] La réclamation ("*claiming")* : c'est l'étape de la formulation d'une revendication auprès des autorités publiques, moment correspondant à la publicisation du problème. Dans"The Emergence and Transformation of Disputes : *Naming, Blaming, Claiming*" (1980-81), Richard Abel, Bill Felstiner et Austin Sarat identifient trois étapes dans la construction des problèmes publics : *le Naming le Blaming et le Claming.*

[17] Rapport de l'Agence de la Statistique et de la Démographie produit en 2017.

[18] Madame Aïssatou CISSE nommée ministre conseillère à la Présidence depuis 2013 est une personne en situation de handicap visible.

autorités l'est-il pour les populations et vice-versa ? La société est-elle consciente de son nouveau rôle et l'État central jacobin par essence est-il prêt à lâcher du lest pour une participation citoyenne effective à l'action publique avec un dépassement des barrières sociologiques, linguistiques, culturelles ?

Rappelons tout de même que le terme minorité est absent du texte constitutionnel comme cela a été le cas dans les esprits jusqu'il y a quelques années. Avec le Président Sall au pouvoir depuis 2012, à plusieurs reprises « le *ndeduko bandum* » (ce qui est à nous le reste) a été agité pour rappeler que le pouvoir était concentré aux mains des Pulaars , ensuite il a été question de la rareté de Chrétiens (minorité religieuse) dans les hautes sphères de la République sans pour autant oublier qu'à la dernière élection présidentielle pour la première au Sénégal, une étude produite par une équipe pluridisciplinaire de politistes, géographes et journalistes a fait état de vote ethnique en croissance. Serait-il le moment d'en débattre et de soulever la problématique ou devrions-nous fortifier la devise du pays : *Un peuple, un but, une foi* ?

Peuples autochtones d'Afrique noire et droits d'accès au foncier

Mamadou DIANGAR

Docteur en Droit public
Enseignant-chercheur, FSJP/UCAD, Sénégal

Introduction

Dans son allocution à l'ouverture de la sixième session de l'Instance permanente des Nations unies sur les questions autochtones la présidente, Victoria Tauli-Corpuz, affirmait ceci : « [...] Partout dans le monde, la terre est le fondement des vies et des cultures des peuples autochtones. Sans accès à leurs terres, leurs territoires et leurs ressources naturelles, et sans le respect de leurs droits sur ces éléments, les cultures spécifiques des peuples autochtones et la possibilité de déterminer leur propre développement et leur propre avenir se trouvent amoindries[1] ». Ces propos témoignent à suffisance de l'importance de l'accès au foncier des peuples autochtones. Ces derniers « sont, pour la plupart, dépendants des terres qu'ils occupent et des ressources naturelles de ces terres et ils ont développé des pratiques de subsistance dont dépendent leur économie et leur environnement »[2]. Plus qu'un moyen de subsistance, la terre constitue pour eux la base de leur identité culturelle et de leur bien être spirituel et social[3]. Cette place vitale de la terre dans la vie des peuples autochtones est de nos jours, de plus en plus, amoindrie en Afrique noire par les grands projets d'agro-business, les programmes de conservation, de promotion du tourisme ou d'exploitation forestière intense, ainsi que les exploitations à grande échelle des ressources naturelles. D'où la réflexion autour des droits d'accès des peuples autochtones au foncier.

Le terme « peuple autochtone » est apparenté à celui de minorité, et la différence entre les deux concepts n'est pas toujours évidente. En effet, l'autochtone est « le membre d'une population installée sur un territoire donné avant tous les autres, qui a établi des relations particulières, anciennes et

---

[1] TAULI-CORPUZ (V.), Présidente, Instance permanente des Nations unies sur les questions autochtones. Allocution à l'ouverture de la sixième session de l'Instance permanente sur les questions autochtones, 14 mai 2007.

[2] Voir Comprendre la convention (n° 169) relative aux peuples indigènes et tribaux, 1989. Manuel à usage des mandants tripartites de l'OIT / Bureau international du Travail, Département des normes internationales du travail. – Genève : BIT, 2013, p. 24.

[3] Voir Rapport d'intersession du groupe de travail sur les populations/communautés autochtones en Afrique, 52e Session Ordinaire de la Commission Africaine des Droits de l'Homme et des Peuples, Yamoussoukro - Côte d'Ivoire, 09-22 Octobre 2012, p. 15, disponible en ligne sur : http://www.achpr.org/fr_sessions-sessionsp?id=147, consulté le 18 juin 2021.

toujours actuelles avec ce territoire et son environnement, et qui a des coutumes et une culture qui lui sont propres »[4]. Cette définition met en avant l'autochtonie qui renvoie à « qui est issu du sol même où il habite, qui est censé n'y être pas venu par immigration »[5]. Cette caractéristique principale qu'est l'autochtonie doit être cumulée à un autre élément majeur qu'est la position de vulnérabilité pour pouvoir rapprocher « peuple autochtone » à « minorité ». Car « […] c'est la posture minoritaire du peuple en question eu égard aux critères de référence admis pour désigner une minorité[6] » qui crée le plus l'assimilation des deux concepts. Ainsi, l'autochtone est surtout considéré comme membre d'une population dominée à qui il faudrait rendre justice pour le mal qu'elle a subi. En tant que « dominé », il s'apparente au membre d'une minorité, elle aussi dominée. C'est alors « l'élément de « non-dominance » qui se rapproche du concept de vulnérabilité et qui peut entraîner un certain rapprochement entre les minorités au sens propre du droit international et l'ensemble des groupes vulnérables dans une société »[7]. Ce faisant, la catégorie de peuple autochtone se ramène entièrement à celle des minorités ethniques. Elle ne présente pas de traits distinctifs substantiels[8]. Donc, le recours au concept de peuple autochtone dans la présente réflexion va dans le sens de la désignation des segments de la population les plus défavorisés, désavantagés et économiquement marginalisés. Il s'agit de l'application du critère de la « position non dominante » tel qu'il ressort de la définition de minorité par Francesco CAPATORTI[9].

Au niveau international, le concept de peuples autochtones ne fait pas l'objet d'une définition universelle. Au demeurant, l'Organisation des Nations unies et la communauté internationale reconnaissent que les peuples autochtones vivent dans le monde entier, notamment en Afrique, et leur sort est largement discuté dans les forums internationaux[10]. Une définition

---

[4] LESPINAY (Ch. de), « Les concepts d'autochtone (indigenous) et de minorité (minority) », *Droit et Cultures* [En ligne], 72/ 2016-2, mise en ligne le 06 juin 2016 : http://www.journals.openedition.org/droitcultures/3870, consulté le 18 juin 2021.

[5] Définition donnée au terme « autochtone » par le *Petit Robert.*

[6] FALL (M.), *La protection constitutionnelle des minorités en Afrique : les exemples de l'Afrique du Sud, du Burundi et du Cameroun. Contribution à l'étude du droit constitutionnel des minorités*, Thèse, UCAD, 2020, p. 19.

[7] WOEHRLING (J.), « Les trois dimensions de la protection des minorités en droit constitutionnel comparé », *RDUS*, 2003, vol. 34 : 104.

[8] ACHOUR (Y. B.) cité par TCHIKAYA (B.), « Le droit international et le concept de minorité », in *Miskolc journal of International law*, volume 5, n° 2, p. 8.

[9] CAPOTORTI (F.), *Étude des droits des personnes appartenant aux minorités ethniques, religieuses et linguistiques,* 1977, Genève Nations unies, Série d'études sur les droits de l'homme n° 5, 1991, § 568.

[10] Voir Groupe de la Banque Africaine de Développement, Développement et Peuples Autochtones en Afrique, Série sur les sauvegardes et la durabilité, Volume 2 Publication 2, août 2016, p. 8, disponible en ligne sur : http://www.afdb.org/fileadmin/

préliminaire a alors été fournie par le Groupe de travail des Nations unies sur les populations autochtones, notamment par COATES. Pour ce dernier, « Les communautés autochtones, les peuples et les nations sont celles ayant une continuité historique avec les sociétés pré-invasion et précoloniales qui se sont développées sur leurs territoires, se jugent distinctes des autres éléments des sociétés qui dominent présentement sur leurs territoires ou parties de celles-ci. Ils sont à présent des éléments non dominants de la société et sont déterminés à conserver, développer et transmettre aux générations futures leurs territoires ancestraux et leur identité ethnique comme base de leur survie en tant que peuples, conformément à leurs propres modèles culturels, à leurs institutions sociales et à leurs systèmes juridiques »[11]. De même, en 1972, le Rapporteur spécial de la Sous-Commission de la lutte contre les mesures discriminatoires et de la protection des minorités, José Martinez COBO, a retenu une définition qui s'inscrit dans la même logique que celle du Groupe de travail[12].

Il ressort de ces différentes définitions des caractéristiques donnant des indices d'identification des peuples autochtones. On peut en retenir leur distinction en termes de mode de vie, de culture, de situation sociale par rapport aux groupes dominants de la société ; leur liaison aux sociétés pré-coloniales ; leur attachement particulier à leurs terres et à la transmission de ces dernières aux générations futures ; leur sentiment d'appartenance à leur groupe et leur auto-identification comme autochtones ; leur marginalisation et leur discrimination par les groupes dominants de la société[13]. À partir de ces éléments caractéristiques, on pourrait considérer, du point de vue du système des Nations unies, comme peuples autochtones les populations qui sont liées par une continuité historique avec la pré-invasion et avec les sociétés précoloniales qui se sont développées sur leurs territoires et qui se jugent distinctes des autres éléments des sociétés qui vivent actuellement sur ces territoires, ou des parties de celles-ci.

---

uploads/afdb/Documents/Publications/Developpement_and_Indgenous_People_in_Africa_Fr_-_v2-.pdf, consulté le 18 juin 2021.

[11] *Ibid.*

[12] SHULTE- TENCKHOFF (I.), *La question des peuples autochtones*, Bruxelles, Bruylant, 1997, p. 7. V. Del PRADO GOMEZ (J.-L.), « Droit constitutionnel et peuples autochtones », in *Droit constitutionnel et minorités en Afrique, Académie International de Droit Constitutionnel*, XVIIIe Session 8-21 juillet, Recueil des cours Volume XII, 2002 : 141-163.

[13] Voir Forest Peoples Programme, La protection du droit à la terre et ressources naturelles en droit international et régional africain: Trousse d'information à l'intention des ONG de la République Démocratique du Congo, 2013, p. 4, disponible en ligne sur : http://www.forestpeoples.org/sites/default/files/publication/2013/05/pdf-note-protection-internationale-2013_0.pdf, consulté le 5 juillet 2021.

Ces définitions préconisées en droit international ont suscité un malaise, tenant à plusieurs facteurs, dans le contexte africain. Il y a parmi ces facteurs l'absence d'une définition convenue à l'échelle régionale et la confusion autour de la notion de peuples autochtones ; le sentiment que la définition est importée d'autres continents et qu'elle a une signification différente dans le contexte de l'Afrique ; les préoccupations que la définition est lourde et source de discorde politique en Afrique ; et enfin l'idée que si les peuples autochtones doivent être définis, ils devraient être identifiés au niveau des pays[14]. Ainsi, le concept de peuple autochtone est très controversé en Afrique. Car certains considèrent que tous les Africains sont des autochtones libérés des puissances coloniales, alors que d'autres soulignent simplement qu'il est très difficile de déterminer qui est autochtone en Afrique[15]. Ce sont donc des sociétés qui existaient avant la colonisation, avec des caractéristiques, normes et identités uniques comme suggérés dans la définition fournie par l'ONU[16]. Cela soulève donc une forte objection parmi les pays africains à l'utilisation de la notion de populations autochtones comme un concept qui distingue certaines communautés par rapport à d'autres. Cette position a été reflétée dans les débats de l'Assemblée générale des Nations unies sur l'adoption de la Déclaration des Nations unies sur les droits des populations autochtones en 2007. Les États africains, dans une décision adoptée en 2007, lors de la réunion de l'Assemblée des chefs d'État et de gouvernement de l'Union africaine ont pris la position que la grande majorité de la population de l'Afrique est indigène à l'Afrique[17].

Cet échec à déterminer clairement qui sont les peuples autochtones en Afrique pose ensuite une autre question plus importante, à savoir la reconnaissance légale.

Au plan international et continental, les peuples autochtones sont reconnus respectivement par le système des Nations unies, plus précisément la

[14] Voir Groupe de la Banque Africaine de Développement, Développement et Peuples Autochtones en Afrique, Série sur les sauvegardes et la durabilité, Volume 2 Publication 2, août 2016, p. 2, disponible en ligne sur : www.afdb.org/fileadmin/uploads/afdb/Documents/Publications/Developpement_and_Indgenous_People_in_Africa_Fr_-_v2-.pdf, consulté le 18 juin 2021.

[15] NNAH NDOBE (S.), « Les expériences des peuples autochtones d'Afrique en matière de politiques de sauvegarde : les exemples du Cameroun et du Bassin du Congo » (28 avril 2013), en ligne : Forest Peoples Programme, http://www.forestpeoples.org, consulté le 28 juin 2021.

[16] Voir Groupe de la Banque Africaine de Développement, Développement et Peuples Autochtones en Afrique, Série sur les sauvegardes et la durabilité, Volume 2 Publication 2, août 2016, *préc.*

[17] Voir décision et les déclarations de l'Assemblée de l'Union africaine. Huitième session ordinaire http://www.au.int/en/sites/default/files/decisions/9556-assembly_en_29_30_january_2007_auc_the_african_union_eighth_ordinary_session.pdf, 29-30 janvier 2007.

Déclaration des Nations unies sur les droits des peuples autochtones de 2007, l'OIT avec sa Convention n° 169 de 1989, et la Charte Africaine des Droits de l'Homme et des Peuples.

Au niveau national, « très peu d'États africains reconnaissent officiellement les populations autochtones dans leurs constitutions ou législations internes »[18]. C'est le cas de la République du Congo qui a adopté le 30 décembre 2010 une loi pour la promotion et la protection des droits des peuples autochtones, entrée en vigueur en 2011[19]. C'est le cas aussi de la République de Centrafrique qui a ratifié le 30 août 2010 la Convention n° 169 de l'OIT relative aux peuples indigènes et tribaux. Il en est de même du Cameroun qui fait obligation à l'État dans le préambule de la Constitution de préserver « les droits des populations autochtones conformément à la loi »[20]. La République Démocratique du Congo s'inscrit également dans cette mouvance avec l'adoption récente, le 7 avril 2021, au niveau de l'Assemblée nationale d'une proposition de loi portant protection des droits des peuples autochtones pygmées en RDC. Enfin, au Kenya, on constate une sorte de reconnaissance implicite des peuples autochtones à travers la nouvelle constitution de 2010 qui prévoit une mise en place par l'État des programmes d'action en faveur des groupes minoritaires et marginalisés[21], à qui appartiennent les peuples autochtones.

Cette reconnaissance non généralisée des peuples autochtones découle de la croyance des États que tous les Africains sont indigènes à l'Afrique et que la question des peuples autochtones pourrait semer la discorde. Leur préoccupation principale est que l'utilisation du terme « peuple autochtone » peut entraîner l'octroi de droits spéciaux ou prérogatives à certains groupes ou peut empêcher l'État de poursuivre ses initiatives de développement d'intérêt national qui auraient une incidence sur les droits à la terre et aux ressources

---

[18] Voir Rapport d'intercession du groupe de travail sur les population/communautés autochtones en Afrique, 52e Session Ordinaire de la Commission Africaine des Droits de l'Homme et des Peuples, Yamoussoukro – Côte d'Ivoire, 09- 22 octobre 2012, p. 11, disponible en ligne sur :
http://www.achpr.org/public/Document/file/French/activity_report_wgip_fr.pdf, consulté le 18 juin 2021.

[19] Voir Loi n° 5 - 2011 du 25 février 2011 portant promotion et protection des droits des populations autochtones, *Journal officiel*, 2011-03-03, n° 9, pp. 315-318, disponible en ligne sur :
https://www.ilo.org/dyn/natlex/natlex4.detail?p_isn=88187&p_lang=fr, consulté le 5 juillet 2021.

[20] Voir Loi n° 96/06 du 18 janvier 1996 portant révision de la Constitution du 02 juin 1972, modifiée et complétée par la loi n° 2008/001 du 14 avril 2008, portant Constitution de la République du Cameroun.

[21] Voir article 56 de la loi fondamentale du 28 août 2010 portant Constitution du Kenya.

de ces groupes particuliers de personnes[22]. De même, les gouvernements africains sont également préoccupés par la question des frontières postcoloniales des pays africains qui pourraient surgir avec la reconnaissance des peuples autochtones sur le continent africain dès lors que ces groupes vivent de part et d'autre des frontières[23].

Au regard de ces contraintes, la Commission Africaine des Droits de l'Homme et des Peuples (CADHP), à travers son Groupe de travail sur les peuples autochtones, a publié un rapport en 2003 qui déclare « qu'il n'est pas nécessaire ni souhaitable de fournir une définition stricte des peuples autochtones, car une telle définition pourrait être exclusive et pourrait avoir une incidence sur certains groupes[24] ». Car le continent africain a une multitude de groupes qui pourraient être classés comme vulnérables ou marginalisés pour des raisons historiques, sociales, économiques ou politiques. Privilégier un groupe pourrait être considéré comme discriminatoire et pourrait éventuellement générer des conflits sociaux. Cela pourrait également conduire à des revendications par d'autres groupes pour des politiques autonomes pour leur protection. Au regard de ces craintes, la Commission Africaine des Droits de l'Homme et des Peuples considère qu'« il est beaucoup plus pertinent et constructif d'essayer de relever les principales caractéristiques qui peuvent nous aider à identifier qui sont les peuples et les communautés autochtones en Afrique »[25]. Elle déclare ainsi que les caractéristiques globales des groupes s'identifiant comme autochtones sont que leurs cultures et leurs modes de vie diffèrent considérablement de ceux de la société dominante et que leurs cultures sont menacées, au point de l'extinction dans certains cas[26]. À cela s'ajoutent les caractéristiques tenant à leur situation moyen développée et moins avancée que les autres groupes dominants de la société, et à leur position de victimes de domination et d'exploitation à l'intérieur des structures politiques et économiques mises en place.

En définitive, du moment où « il n'y a pas de consensus global sur sa définition unique finale »[27], il faut plutôt se référer à des éléments caractéristiques propres aux peuples autochtones pour les identifier. Il s'agit

---

[22] Voir Groupe de la Banque Africaine de Développement, Développement et Peuples Autochtones en Afrique, Série sur les sauvegardes et la durabilité, préc., p. 9.
[23] *Ibid.*
[24] Voir CADHP et l'IWGIA 2006, les peuples autochtones en Afrique : les peuples oubliés ?
[25] Voir Rapport du Groupe de Travail d'experts de la Commission Africaine des Droits de l'Homme et des Peuples sur les populations/communautés autochtones, 2005, pp. 97-98, disponible en ligne sur :
http://www.iwgia.org/images/publications/African_Commission_book_French.pdf, consulté le 18 juin 2021.
[26] *Ibid.*
[27] *Ibid.*

donc de recourir à la technique de définition de l'auto-identification[28], qui a été privilégiée par la Convention n° 169 de l'OIT[29]. Ainsi, les peuples autochtones en Afrique seraient essentiellement des populations qui ont un attachement spécial à leurs terres ancestrales qui ont une importance pour leur survie collective physique et culturelle en tant que peuple ; qui sont victimes de discrimination, de domination et de marginalisation constituant ainsi une violation de leurs droits humains en tant que peuples, menaçant la pérennité de leurs cultures et modes de vie et les empêchant de participer véritablement à la prise de décisions sur leur avenir et leurs formes de développement.

Parmi ces différents traits des peuples autochtones, il y en a un qui est considérée comme une caractéristique clé pour la plupart d'entre eux. Il s'agit de celle faisant état de la dépendance des autochtones à la reconnaissance de leurs droits d'accès à leurs terres et à leurs ressources naturelles traditionnelles. Ce trait dominant montre qu'« au cœur de l'identité des peuples autochtones se trouve, en fait, la relation avec les territoires ancestraux et les ressources connexes, qui constituent la base de leurs moyens d'existence [...] »[30]. Dès lors, la terre est l'élément déterminant de l'identité, de la culture et de la relation que les peuples autochtones entretiennent avec leurs ancêtres et avec les générations futures. Pour eux, les droits fonciers sont souvent intergénérationnels et, de ce fait, comportent une obligation de préservation au profit des membres actuels et futurs et fondent la continuité de leur existence en tant que peuple[31].

Si le droit foncier est entendu comme l'ensemble des règles juridiques qui régissent l'accès par les hommes à la terre et aux ressources naturelles qui y sont directement attachées, leur utilisation par eux ainsi que leur circulation entre eux, les droits fonciers renvoient aux « droits des personnes sur les terres, à titre individuel ou collectif[32] ». Il s'agit des différents droits sur la terre et

[28] NDAYAMBAJE (O. D.), « La contribution de la reconnaissance des droits des peuples autochtones à la protection de l'environnement à la lumière de l'affaire Endorois c Kenya », *Revue québécoise de droit international*, Vol. 29, numéro 2, 2016, p. 174, disponible en ligne sur : https://www.erudit.org/fr/revues/rqdi/2016-v29-n2-rqdi03712/1046512ar.pdf, consulté le 26 juin 2021.

[29] Voir article 1 (2) de la Convention n° 169 du l'OIT sur les peuples tribaux et indigènes de 1989.

[30] Voir Les droits collectifs des peuples autochtones sur les terres, les territoires et les ressources naturelles Enseignements tirés des projets appuyés par le FIDA, 2018, disponible en ligne sur : http://www.banquemondiale.org/fr/topic/indigenouspeoples, consulté le 18 juin 2021.

[31] Voir Le droit à la terre tel que consacré par la Déclaration des Nations unies sur les droits des peuples autochtones : une approche axée sur les droits de l'homme, Étude réalisée par le Mécanisme d'experts sur les droits des peuples autochtones, Conseil des droits de l'homme, Quarante-cinquième session, 14 septembre-2 octobre 2020, p. 3.

[32] Voir Rapport Oxfam, Coalition internationale pour l'accès à la terre, Initiative des droits et ressources. 2016. Terres communes : Sécuriser les droits fonciers et protéger

sur les ressources naturelles connexes dont jouissent des personnes ou des groupes de personnes, dont les peuples autochtones. Ces droits peuvent consister en des droits d'accès et de gestion des terres, en des droits sur diverses ressources naturelles, à la surface du sol ou sous la surface (arbres, faune sauvage, eau, minéraux). Cet ensemble de droits fonciers des peuples autochtones est qualifié de droits fonciers coutumiers. En tant que tels, ils ne réduisent pas à la seule réglementation des prérogatives qui naissent de l'appropriation ou de l'utilisation de la terre. Ces droits s'organisent autour d'une multitude de rapports qui ne sont pas nécessairement juridiques même si le droit intervient pour en assurer l'ordonnancement et qui en constituent à la fois les fondements et la fin. Ces rapports sont de trois ordres : les rapports de l'homme au sacré par la médiation de la terre, les rapports de l'homme aux différents groupes sociaux dont il est membre et qui définissent son statut juridique, social et fonctionnel, les rapports de l'homme à la terre en tant que moyen de production[33].

Il ressort de ces rapports qui définissent les droits fonciers coutumiers que les peuples autochtones sont « inextricablement liés aux terres sur lesquelles ils vivent et aux ressources naturelles dont ils dépendent »[34]. Ils doivent alors jouir de ces droits d'accès et de gestion des terres, et de ces droits d'utilisation ou d'exploitation des ressources naturelles. Au regard de cette dépendance au foncier, ils « sont particulièrement vulnérables lorsque leurs terres et leurs ressources sont transformées, empiétées ou sensiblement dégradées »[35]. C'est pourquoi il est fondamental de sécuriser leur accès aux terres, aux territoires et aux ressources naturelles. D'où la question suivante : *Les peuples autochtones d'Afrique noire bénéficient-ils suffisamment de protection juridique en matière d'accès et de gestion de leurs terres, en matière d'utilisation et d'exploitation des ressources naturelles connexes ?*

La protection juridique des droits d'accès des peuples autochtones à leurs terres et ressources naturelles est une problématique fondamentale au regard de la course actuelle aux terres agricoles, due à une tension mondiale. En effet, face à l'augmentation de la population mondiale, qui est de 7,63 milliards

---

la planète. Oxford : Oxfam., p. 13, publié en mars 2016, disponible en ligne sur : http://oxfamilibrary.openrepository.com, consulté le 5 juillet 2021.

[33] Voir à ce propos KOUASSIGAN (G. A.), « Objet et évolution des droits fonciers coutumiers », in *Les droits fonciers coutumiers, Encyclopédie juridique de l'Afrique*, NEA, 1982, p. 30.

[34] Voir Cadre environnemental et Social pour les opérations de FPI, NES n° 7 : Peuples autochtones/Communautés locales traditionnelles d'Afrique subsaharienne historiquement défavorisées, Note d'orientation à l'intention des emprunteurs, Première édition, juin 2018, p. 1, disponible en ligne sur : http://pubdocs.worldbank.org, consulté le 18 juin 2021.

[35] *Ibid.*

depuis janvier 2018, projetée à 9,8 milliards en 2050[36], et à l'impératif de produire plus[37], les facteurs de production, notamment la disponibilité des terres devient une véritable contrainte pour les pays du Nord. L'Afrique est le continent qui dispose encore de réserves foncières[38]. En sus, « suite à la crise financière de 2008, les investisseurs, les États, les fonds souverains cherchent un refuge plus sûr que la bourse et se tournent vers la terre »[39]. L'Afrique ayant déjà connu une spoliation de ses terres, comme le rappelle la Déclaration des Nations unies sur les droits des peuples autochtones du 13 septembre 2007[40], il est souhaitable de préserver les populations autochtones d'une telle situation dans ce contexte de besoins accrus de terres cultivables.

Une protection spécifique des droits de ces peuples s'est développée dans le système des Nations Unies ces deux dernières décennies à travers un ensemble de politiques, de stratégies et de plans d'action[41]. Au niveau régional africain, la protection des droits des peuples autochtones se fait remarquer au niveau de la Charte Africaine des Droits de l'Homme et des Peuples et à travers la Commission Africaine des Droits de l'Homme et des Peuples. Au niveau national, certains États ont commencé à reconnaître les spécificités et les besoins particuliers des populations autochtones, à légiférer et à élaborer des politiques et des programmes visant la promotion spécifique de ces groupes marginalisés. En revanche, d'autres États ne reconnaissent pas l'existence même de ces peuples, ni leurs droits fonciers coutumiers en tant que véritables droits de propriété. C'est pourquoi nous envisageons cette réflexion autour, d'une part, des efforts de garantie juridique des droits d'accès

---

[36] Voir Statistique : Croissance de la population mondiale (naissance-décès), Planetoscope, disponible en ligne sur : http://www.planetoscop.com, consulté le 5 juillet 2021.

[37] La FAO rappelle qu'il faudra augmenter la production vivrière totale de 70 % pour nourrir une population mondiale de 9 milliards. Voir à ce propos, La FAO au XXIe siècle – Assurer la sécurité alimentaire dans le monde, Partie 1 - Principaux défis du point de vue de la sécurité alimentaire et de l'agriculture, FAO 2007, p. 14, disponible en ligne sur : http://www.fao/org, consulté le 5 juillet 2021.

[38] Voir à ce propos *Accaparement des terres en Afrique de l'Ouest*, Étude réalisée par CICODEV Afrique, décembre 2011, p. 14, disponible en ligne sur : http://www.hubrural.org, consulté le 5 juillet 2021.

[39] *Ibid*, p. 5.

[40] Voir Résolution 61/295. Déclaration des Nations Unies sur les droits des peuples autochtones, adoptée le 13 septembre 2007, disponible en ligne sur : http://www.un.org, consulté le 5 juillet 2021.

[41] Il s'agit entre autres de la création en 2000 de l'Instance permanente des Nations unies sur les questions autochtones (UNPFII) ; de l'établissement d'un rapporteur spécial des Nations unies sur les droits des peuples autochtones en 2001 ; de l'adoption de la Déclaration des Nations unies sur les droits des peuples autochtones (UNDRIP) en 2007 ; et l'établissement en 2008 par le Conseil des Droits de l'Homme de l'ONU d'un mécanisme d'experts sur les droits des peuples autochtones (EMRIP).

au foncier des peuples autochtones **(I)** et, d'autre part, de la survivance de pratiques discriminatoires sur ces droits **(II)**.

I. Des efforts de garantie juridique des droits d'accès au foncier

La garantie juridique des droits d'accès au foncier des peuples autochtones se mesure à travers la reconnaissance normative de ces droits qui ne cesse de s'élargir **(A)** et leur protection juridique et institutionnelle solidifiée **(B)**.

A. Une reconnaissance normative progressive des droits d'accès au foncier

La reconnaissance normative des droits des peuples autochtones à l'accès à la terre et aux ressources naturelles est bien ancrée au niveau international **(1)** et s'établit de façon continue au niveau continental africain **(2)**.

1. Une reconnaissance normative ancrée au niveau international

Le respect du droit à la terre est directement lié au respect de plusieurs droits humains, tels le droit à la propriété, à la nourriture, à la culture, au développement[42]. C'est pourquoi, au niveau international, les droits fonciers des peuples autochtones sont reconnus et énoncés dans des instruments relatifs aux droits humains, notamment des conventions et des déclarations.

Au titre des conventions internationales, il y a le Pacte international relatif aux droits civils et politiques et le Pacte international relatif aux droits économiques, sociaux et culturels. Ces deux Pactes partagent une disposition commune ayant trait aux droits à la terre et aux ressources naturelles des peuples autochtones et qui affirme : « 1. Tous les peuples ont le droit de disposer d'eux-mêmes. En vertu de ce droit, ils déterminent librement leur statut politique et assurent libre ment leur développement économique, social et culturel. 2. Pour atteindre leurs fins, tous les peuples peuvent disposer librement de leurs richesses et de leurs ressources naturelles, sans préjudice des obligations qui découlent de la coopération économique internationale, fondée sur le principe de l'intérêt mutuel, et du droit international. En aucun cas, un peuple ne pourra être privé de ses propres moyens de subsistance »[43]. En substance, cette disposition commune aux deux pactes reconnaît le droit des peuples à l'auto-détermination et à disposer librement de leurs richesses et de leurs ressources naturelles. Il y a également la Convention internationale sur l'élimination de toutes les formes de discrimination raciale qui constitue

---

[42] Voir Forest Peoples Programme, La protection du droit à la terre et ressources naturelles en droit international et régional africain : Trousse d'information à l'intention des ONG de la République Démocratique du Congo, 2013, p. 3, disponible en ligne sur : http://www.forestpeoples.org/sites/default/files/publication/2013/05/pdf-note-protection-internationale-2013_0.pdf, consulté le 5 juillet 2021.

[43] Voir article premier. 2. du Pacte International relatif aux Droits Civils et Politiques du 19 décembre 1966 ; article premier du Pacte international relatif aux droits économiques, sociaux et culturels du 16 décembre 1966, disponibles en ligne sur : http://treaties.un.org consulté le 6 juillet 2021.

un instrument juridique international phare dans la reconnaissance des droits fonciers des peuples autochtones. En effet, en 1997, le Comité pour l'élimination de la discrimination raciale[44], a adopté une recommandation générale appelant les États à reconnaître les droits des peuples autochtones à leurs terres et ressources ainsi qu'à leur restituer les terres dont ils ont été privés sans leur consentement ou, si cela s'avère impossible, leur octroyer une compensation adéquate[45]. À cela s'ajoute la Convention n° 169 de l'OIT de 1989 sur les peuples indigènes et tribaux. Cette Convention qui « est basée sur le respect des cultures et des modes de vie de ces peuples »[46], reconnaît leur droit à la terre et aux ressources naturelles ainsi que leur droit de définir leurs propres priorités en matière de développement[47]. Il y a enfin la Convention sur la diversité biologique, adoptée en 1992. Cette convention, qui a trait entre autres aux savoirs et pratiques traditionnels des populations autochtones dans le domaine de la gestion et de la conservation de l'environnement[48], est d'une pertinence singulière dans la reconnaissance de ces populations comme les véritables gardiens de leurs terres ancestrales et de leurs ressources naturelles.

Au titre des déclarations internationales, la Déclaration des Droits de l'Homme du Citoyen de 1789 affirmant le droit individuel et collectif à la propriété et le droit à la protection contre toute privation arbitraire de sa propriété[49] reconnaît indirectement le droit à la terre et aux ressources naturelles des peuples autochtones du moment où ce droit est intrinsèquement lié au droit de propriété. De même, la Déclaration universelle des droits de l'Homme du 10 décembre 1948 renferme plusieurs articles qui sont pertinents dans la reconnaissance des droits à la terre et aux ressources des peuples autochtones et communautés locales. C'est une lecture qu'il est possible de faire au niveau de ses articles 1, 2 et 6 traitant de l'égalité et de la non-discrimination, de son article 17 relatif au droit individuel et collectif à la propriété et au droit à la protection contre toute privation arbitraire de sa propriété, de son article 25 portant sur le droit à un niveau de vie suffisant, et

---

[44] C'est ce comité qui est responsable du suivi et de la mise en œuvre de la Convention.

[45] Voir Recommandation générale n° 23 du Comité pour l'élimination de la discrimination raciale.

[46] Voir Comprendre la convention (n° 169) relative aux peuples indigènes et tribaux, 1989. *Manuel à usage des mandants tripartites de l'OIT* / Bureau international du Travail, Département des normes internationales du travail – Genève : BIT, 2013, p. 1, disponible en ligne sur : https://www.ilo.org/wcmsp5/groups/public/---ed_norm/---normes/documents/publication/wcms_211976.pdf, consulté le 1er juillet 2021.

[47] Voir article 14 de la Convention N° 169 de l'OIT sur les peuples indigènes et tribaux de 1989.

[48] Voir articles 8 (j) et article 10 (c) de la Convention sur la diversité biologique du 5 juin 1992, disponible en ligne sur : https://www.cbd.int/doc/legal/cbd-fr.pdf, consulté le 1er juillet 2021.

[49] Voir article 17 de la Déclaration Universelle des Droits de l'Homme et des Peuples du 26 août 1789.

de son article 27 consacré au droit de participer à la vie culturelle de la communauté. Enfin, de façon plus récente, en 2007, les Nations unies ont adopté une Déclaration sur les droits des peuples autochtones qui « représente un instrument clé pour la reconnaissance des droits des peuples autochtones à leurs terres et ressources »[50]. Cette déclaration reconnaît dans son préambule que la dépossession des terres, territoires et ressources des peuples autochtones « les a empêchés d'exercer leur droit au développement conformément à leurs besoins et intérêts » et exprime la « nécessité urgente de respecter et de promouvoir les droits intrinsèques des peuples autochtones [...] en particulier leurs droits à leurs terres, territoires et ressources ». Dans le dispositif, elle réserve une place prédominante au droit des peuples autochtones à leurs terres et ressources.

La mouvance notée au niveau international en termes de reconnaissance des droits fonciers des peuples autochtones se dessine également au niveau continental africain.

2. Une reconnaissance normative continue au niveau continental africain

Les droits des peuples autochtones à la terre et aux ressources naturelles font l'objet d'une reconnaissance par des textes à dimension régionale et à dimension nationale.

Au niveau régional africain, la reconnaissance normative des droits fonciers des peuples autochtones est bien établie. C'est la Charte Africaine des Droits de l'Homme et des Peuples, le document clé qui définit le cadre de protection des droits humains sur le continent africain, qui offre une illustration de cette reconnaissance. C'est une charte qui « a le mérite de souligner l'importance des droits des « peuples », sans toutefois mentionner explicitement l'expression « peuples autochtones »[51]. En effet, elle contient plusieurs dispositions qui sont relatives à l'égalité des peuples, au droit des peuples à l'autodétermination, au droit des peuples à la libre disposition de leurs richesses et ressources naturelles et à la récupération de leurs biens ou l'indemnisation en cas de spoliation, au droit des peuples au développement et à un environnement satisfaisant[52]. Ces différents droits, civils et politiques,

---

[50] Voir Forest Peoples Programme, La protection du droit à la terre et ressources naturelles en droit international et régional africain : Trousse d'information à l'intention des ONG de la République Démocratique du Congo, 2013, p. 14, préc.

[51] NDAYAMBAJE (O. D.), « La contribution de la reconnaissance des droits des peuples autochtones à la protection de l'environnement à la lumière de l'affaire Endorois c Kenya », *Revue québécoise de droit international*, Volume 29, numéro 2, 2016, p. 174, disponible en ligne sur : https://www.erudit.org/fr/revues/rqdi/2016-v29-n2-rqdi03712/1046512ar.pdf, consulté le 26 juin 2021.

[52] Voir respectivement les articles 19, 20, 21, 22 et 24 de la Charte Africaine des droits de l'Homme et des Peuples du 27 juin 1981, disponible en ligne sur :

économiques, sociaux et culturels, individuels et collectifs, intéressent particulièrement les populations autochtones africaines, notamment en ce qui concerne l'accès, l'utilisation et l'exploitation des terres est des ressources naturelles connexes.

La Commission Africaine des Droits de l'Homme des Peuples a confirmé cette reconnaissance en retenant que les gouvernements qui font une négation sur les droits des peuples autochtones sur leurs terres et ressources violent ladite charte. Elle l'a affirmé dans sa décision de 2001 relative au peuple Ogoni au Nigéria. La Commission a déterminé que le gouvernement du Nigéria, impliqué dans l'exploration pétrolière sur les terres des Ogoni, avait notamment violé l'article 21 de la Charte africaine qui concerne le droit d'un peuple à la libre disposition des ressources étant donné qu'il n'avait pas impliqué les Ogoni dans la prise de décision[53]. La Commission a également eu la même position en 2010 dans l'affaire opposant les Endorois au gouvernement du Kenya. Ce dernier a été retenu comme ayant violé les articles 8, 14, 17, 21 et 22 de la Charte, relatifs respectivement au droit à la pratique religieuse, à la propriété, à la culture, à la libre disposition des ressources naturelles et au développement. Ainsi, il se lit à travers ses recommandations au gouvernement du Kenya une véritable reconnaissance des droits des Endorois à la terre et aux ressources naturelles[54]. À travers ces importantes décisions, la Commission a reconnu la validité de l'appartenance collective des autochtones à leurs terres ancestrales, aussi bien que le droit des communautés autochtones aux ressources naturelles, ainsi que le droit au développement par elles-mêmes[55]. En 2017, la Cour Africaine des Droits de l'Homme et des Peuples a renforcé cette reconnaissance des droits fonciers des peuples autochtones à travers sa décision sur la communauté autochtone des Ogiek au Kenya. En statuant, la Cour a retenu que le gouvernement du

---

http://au.int/fr/treaties/charte-africaine-des-droits-de-lhomme-et-des-peuples, consulté le 26 juin 2021.

[53] Voir décision de la Commission africaine des droits de l'homme et des peuples du 27 octobre 2001 sur l'affaire 155/96 : Social and Economic Rights Action Center (SERAC) and Center for Economic and Social Rights (CESR) / Nigeria, disponible en ligne sur : https://www.achpr.org/public/Document/file/French/achpr30_155_96_fra.pdf, consulté le 30 juin 2021.

[54] Voir Décision de la Commission Africaine des Droits de l'Homme et des Peuples du 2 février 2010 sur l'affaire 276/03 : Centre for Minority Rights Development (Kenya) and Minority Rights Group (on behalf of Endorois Welfare Council) / Kenya, disponible en ligne sur : https://www.achpr.org/public/Document/file/French/achpr46_276_03_fra.pdf, consulté le 30 juin 2021.

[55] SING'OEI (K.), *Manuel sur la promotion et protection des droits des populations communautés autochtones à travers le système africain des droits de l'homme*, Banjul et Copenhague, CADHP et IWGIA, 2012, p. 9.

Kenya, qui a émis un avis d'expulsion en octobre 2009 demandant aux Ogiek de quitter la forêt de Mau dans un délai de 30 jours, a violé le droit de propriété, la liberté de religion, le droit à la culture, le droit à la libre disposition des richesses et ressources naturelles et le droit au développement[56]. Ce faisant, la Cour a rendu un jugement confirmant les droits relatifs à la terre et aux ressources naturelles du peuple Ogiek. Elle établit ainsi et sans équivoque que « la forêt de Mau est le territoire ancestral des Ogiek et qu'ils ont le droit de l'utiliser et de l'occuper »[57]. Ce qui constitue une reconnaissance manifeste des droits fonciers des populations autochtones.

Au niveau interne des États, la reconnaissance normative des droits à la terre et aux ressources naturelles des peuples autochtones s'établit de façon progressive.

Dans les États d'Afrique centrale, australe et de l'Est, il existe une reconnaissance constitutionnelle des droits fonciers des populations autochtones. C'est le cas au Cameroun où le constituant affirme que « L'État assure la protection des minorités et préserve les droits des populations autochtones conformément à la loi »[58]. C'est le cas également en Ouganda à travers la Constitution du 8 octobre 1995 qui déclare explicitement que « les terres d'Ouganda appartiennent aux citoyens d'Ouganda »[59]. A l'analyse, il est retenu que cette disposition de la Constitution « assigne des terres aux ressortissants ougandais afin qu'elles soient détenues sous le régime coutumier, le régime de la pleine propriété, le système « Mailo » (équivalent de la propriété libre à perpétuité) et le système d'affermage »[60]. On peut aussi

---

[56] Voir Cour Africaine des Droits de l'Homme et des Peuples, Arrêt du 26 mai 2017, Requête n° 006/2012 Commission Africaine des Droits de l'Homme et des Peuples c. République du Kenya, Recueil de jurisprudence de la Cour africaine, Volume 2 (2017-2018), 2019, disponible en ligne sur : https://www.african-court.org/wpafc/wp-content/uploads/2020/10/Recueil-de-jurisprudence-de-la-Cour-africaine-Volume-2.pdf, consulté le 30 juin 2021.

[57] Voir AMESBURY (A. G.), Rapport d'activité de l'intersession, 67e Session ordinaire de la Commission africaine des droits de l'homme et des peuples, 13 novembre – 3 décembre 2020, p. 6, disponible en ligne sur : https://www.achpr.org/public/Document/file/French/Fr%20Inter-Session%20Report%20WGIP%20Comm%20Amesbury%2067OS.pdf, consulté le 30 juin 2021.

[58] Voir Préambule de la loi n° 96/06 du 18 janvier 1996 portant révision de la Constitution du 02 juin 1972, modifiée et complétée par la loi n° 2008/001 du 14 avril 2008, portant Constitution de la République du Cameroun.

[59] Voir l'article 237 (4) de la Constitution de la République d'Ouganda du 8 octobre 1995.

[60] NAKAYI (R.), « Les lois foncières du passé et d'aujourd'hui et leur impact sur les droits fonciers des peuples autochtones en Ouganda : Le cas des Batwa », in *Les droits fonciers et les peuples des forêts d'Afrique Perspectives historiques, juridiques et anthropologiques*, Janvier 2009, p. 20.

donner le cas de l'Éthiopie où la Constitution prévoit que le droit de propriété sur les terres rurales et urbaines, ainsi que sur toutes les ressources naturelles, est exclusivement dévolue à l'État et aux peuples d'Éthiopie[61]. Ces dispositifs constitutionnels s'inscrivent en droit ligne avec la reconnaissance du droit des peuples sur leurs terres et à disposer librement de leur richesse et de leurs ressources naturelles.

À côté de ces quelques reconnaissances constitutionnelles, il existe au niveau législatif des textes dédiés aux droits à la terre et aux ressources naturelles des peuples autochtones. À titre illustratif, il y a la République du Congo à travers la loi n° 5 - 2011 du 25 février 2011 portant promotion et protection des droits des populations autochtones. Cette loi dispose : « L'État facilite la délimitation de ces terres sur la base de leur droit foncier coutumier, en vue d'en garantir la connaissance. En l'absence de titres fonciers, les populations autochtones conservent leurs droits fonciers coutumiers préexistants. Les droits des populations autochtones sur leurs terres sont imprescriptibles et inaliénables, sauf en cas d'expropriation pour cause d'utilité publique »[62]. Il s'agit d'une disposition qui opère une reconnaissance explicite des droits fonciers des populations autochtones en termes d'accès, d'utilisation et d'exploitation de la terre et des ressources naturelles. La République de Centrafrique peut aussi servir d'illustration à travers sa loi de ratification de la Convention n° 169 de l'OIT sur les peuples indigènes et tribaux[63]. L'intégration de cette convention dans l'ordonnancement juridique centrafricaine emporte la reconnaissance des droits des peuples autochtones sur les terres qu'ils occupent traditionnellement et des droits sur les ressources naturelles dont sont dotées ces terres et qu'ils utilisent et exploitent. La République Démocratique du Congo (RDC) se positionne également sur la ligne des pays dotés d'une législation spécifique aux peuples autochtones. Elle a, dans son circuit législatif, une proposition de loi sur la protection et promotion des droits des peuples autochtones Pygmées[64]. L'entrée en vigueur de cette loi donnera lieu non seulement à une reconnaissance légale de ces peuples, mais aussi à une reconnaissance de leurs droits, notamment à la terre et aux ressources naturelles.

---

[61] Voir articles 40 et 89 de la Constitution du 8 décembre 1994 de la République fédérale démocratique d'Ethiopie.

[62] Voir article 32 de la loi n° 5 - 2011 du 25 février 2011 portant promotion et protection des droits des populations autochtones en République du Congo, JO du 3 mars 2011, p. 315.

[63] Voir loi du 30 août 2010 portant ratification de la Convention n° 169 de l'OIT sur les peuples indigènes et tribaux

[64] La proposition de loi sur la protection et promotion des droits des peuples autochtones Pygmées est adoptée par l'Assemblée nationale le 7 avril 2021 ; elle doit être approuvée par le Sénat, puis promulguée par le Président de la République.

Il faut ajouter à ces différents textes la législation forestière qui reconnaît les droits d'usage forestier des populations autochtones vivant à l'intérieur ou à proximité des forêts. Aux termes des codes forestiers de ces États, les populations autochtones jouissent des droits d'usage forestier résultant des coutumes et traditions locales, notamment le ramassage du bois mort et de la paille ; la récolte de fruits, de plantes alimentaires ou médicinales, de gommes, de résines et de miel ; le parcours du bétail, l'émondage et l'ébranchage des espèces fourragères ; le bois de service destiné à la réparation des habitations, en vue de la satisfaction de leurs besoins domestiques, individuels ou communautaires[65].

Dans les États d'Afrique de l'Ouest, ce sont des législations foncières qui procèdent à la reconnaissance des droits fonciers coutumiers. Ainsi, au Niger, le législateur reconnaît aux communautés locales leurs droits coutumiers sur les ressources naturelles et les terres rurales[66]. Au Mali, l'ordonnance portant code domanial et foncier dispose que « Les droits coutumiers exercés collectivement ou individuellement sur les terres non immatriculées sont confirmés »[67]. Au Bénin, la loi portant régime foncier rural confirme également les droits fonciers coutumiers sur les terres agricoles et les ressources naturelles[68]. Au Sénégal, le législateur, à travers la loi du 17 juin 1964 relative au domaine national[69], a procédé à une reconnaissance des tenures foncières coutumière des communautés locales en maintenant sur les terres cultivées ou exploitées au moment de l'entrée en vigueur de ladite un droit de culture au profit de celui qui les occupe ou qui les exploite personnellement[70].

Ce cadre normatif international, continental et national permet de retenir qu'en Afrique noire, les droits des peuples autochtones sur leurs terres traditionnelles et les ressources naturelles sont dans une large mesure reconnus. Il y a une sorte de mobilisation juridique en faveur de la reconnaissance des droits fonciers des populations autochtones, qui est renforcée par une certaine protection de ces droits.

---

[65] Voir articles 36 à 44 de la loi n° 011/2002 du 29 août 2002 portant code forestier de la République Démocratique du Congo, Numéro Spécial 6 novembre 2002 ; article 59 de la loi n° 33-2020 du 8 juillet 2020 portant code forestier de la République du Congo.

[66] Voir articles 4 à 9 de l'ordonnance n° 93-015 du 2 mars 1993 fixant les principes d'Orientation du Code Rural au Niger.

[67] Voir article43, alinéa 1 de l'Ordonnance n° 00-027/P-RM du 22 mars 2000 portant code domanial et foncier au Mali.

[68] Voir articles 11 et 109 de la loi n° 2007-003 du 16 octobre 2007 portant régime foncier rural en République du Bénin, JO du 1er mars 2008, p. 232 et s.

[69] Voir article 15, alinéa 1 de la loi n° 64-46 du 17 juin 1964 relative au domaine national, JO du 11 juillet 1964, p. 1123.

[70] CHABAS (J.), « Le domaine national au Sénégal : réforme foncière et agraire », *Annales Africaines*, Paris, Pédone, 1965, p. 54-55.

B. Une protection juridique solidifiée des droits d'accès au foncier

Les droits des peuples autochtones à la terre et aux ressources naturelles, au-delà de la simple reconnaissance, font également l'objet d'une protection juridique, considérée comme fondamentale pour la survie des communautés autochtones en Afrique. Ce qui fait que la protection de ces droits préconisée, initialement par les textes **(1)**, revêt désormais une dimension institutionnelle **(2)**.

1. Une protection textuelle initiale

Au titre des textes internationaux, continentaux et nationaux, une protection des droits des peuples autochtones à la terre et aux ressources naturelles est clairement affirmée.

D'une part, cette protection textuelle est déduite de la reconnaissance des droits fonciers des peuples autochtones. Lorsque l'on se réfère au Pacte international relatif et aux droits civils et politiques, ainsi qu'au Pacte international relatif aux droits économiques, sociaux et culturels, on peut constater que la reconnaissance des droits, tels que le droit à l'autodétermination, le droit à un niveau de vie suffisant, le droit à une nourriture suffisante, le droit à un logement suffisant, le droit à la santé, le droit de participer à la vie culturelle[71], emporte également la protection des droits fonciers. Le même constat s'impose également s'agissant de la Charte africaine des droits de l'homme et des peuples qui protège une large part de droits civils et politiques, économiques, sociaux et culturels, individuels et collectifs. C'est sur la base des dispositions affirmant ces droits que le Groupe de travail d'experts de la CADHP sur les populations/communautés autochtones considère que les articles 20, 21, 22 et 24 de la Charte africaine assurent la protection des droits à la terre et aux ressources naturelles de ces peuples[72].

À l'analyse, ces droits civils et politiques, économiques, sociaux et culturels sont intimement liés au respect du droit à la terre et aux ressources naturelles. Dès lors, leur jouissance dépend nécessairement du respect des droits à la terre et aux ressources connexes. Ainsi, par exemple, empêcher l'accès à la terre des populations autochtones, c'est violer leurs droits économiques, sociaux et culturels. Car le respect de ces droits dépend pour les peuples autochtones de leur accès à leurs terres ancestrales. C'est pourquoi le Comité des droits économiques, sociaux et culturels considère que « les États

---

71 Voir les articles 1, 11, 12 et 15 (1) (a) du Pacte international relatif aux droits économiques, sociaux et culturels.

72 Voir Rapport du Groupe de Travail d'experts de la Commission Africaine des Droits de l'Homme et des Peuples sur les populations/communautés autochtones, 2005, pp. 25-26, disponible en ligne sur : http://www.iwgia.org/images/publications/African_Commission_book_French.pdf, consulté le 18 juin 2021.

parties doivent donc prendre des mesures visant à reconnaître et protéger les droits des peuples autochtones de posséder, de mettre en valeur, de contrôler et d'utiliser leurs terres, leurs ressources et leurs territoires communaux et, lorsque ceux-ci ont été habités ou utilisés sans leur consentement libre et informé, prendre des mesures pour que ces terres et ces territoires leur soient rendus »[73]. Dans le même ordre d'idée, la Convention sur la diversité biologique protège les connaissances, innovations et pratiques des communautés autochtones et locales qui incarnent des modes de vie traditionnels qui présentent un intérêt pour la conservation et l'utilisation durable de la biodiversité. Elle exhorte les États à protéger et encourager l'usage coutumier des ressources biologiques conformément aux pratiques culturelles traditionnelles qui sont compatibles avec les impératifs de la conservation ou l'utilisation durable de ces ressources[74]. Au regard de ces exigences, il est possible de retenir que la protection des savoirs traditionnels liés à la conservation et à l'utilisation durable de la biodiversité est intrinsèquement liée à la protection du droit des peuples autochtones et communautés locales à leurs terres coutumières.

Toujours parmi les instruments juridiques où l'on peut tirer une protection des droits fonciers des autochtones découlant de leur reconnaissance, il y a la Déclaration des Nations unies sur les droits des peuples autochtones. Cette dernière, qui reconnait explicitement les droits des peuples autochtones à leurs terres, territoires et ressources, protège également ces droits. Elle exprime en effet la « nécessité urgente de respecter et de promouvoir les droits intrinsèques des peuples autochtones […] en particulier leurs droits à leurs terres, territoires et ressources »[75]. Ainsi, il est retenu que la Déclaration protège le droit des peuples autochtones à leurs terres et ressources, leur droit au consentement libre, préalable et éclairé ainsi que plusieurs autres droits qui touchent à toutes les sphères de leur vie[76]. Dans la même mouvance, la Charte africaine des droits de l'homme et des peuples comportent plusieurs

---

[73] Voir Comité des droits économiques, sociaux et culturels, Observation générale n° 21, Droit de chacun de participer à la vie culturelle (art. 15, par. 1 a), du Pacte international relatif aux droits économiques, sociaux et culturels), Quarante-troisième session, Genève, 2-20 novembre 2009, p. 10, disponible en ligne sur : http://droitsculturels.org, consulté le 6 juillet 2021.

[74] Voir articles 8 (j) et article 10 (c) de la Convention sur la diversité biologique du 5 juin 1992, disponible en ligne sur : https://www.cbd.int/doc/legal/cbd-fr.pdf, consulté le 1er juillet 2021.

[75] Voir Préambule de la Déclaration des Nations unies sur les peuples autochtones, adoptée le 13 septembre 2007, disponible en ligne sur : http://www.un.org, consulté le 5 juillet 2021.

[76] Voir Forest Peoples Programme, *La protection du droit à la terre et ressources naturelles en droit international et régional africain : Trousse d'information à l'intention des ONG de la République Démocratique du Congo*, 2013, p. 13, préc.

dispositions qui protègent les droits des peuples[77] et incidemment les populations autochtones en tant que peuple. Ainsi, cet éventail de droits protégés par la Charte a un impact immédiat et une incidence sur la vie des peuples autochtones.

D'autre part, la protection des droits fonciers des peuples autochtones se fait remarquer en ce qui concerne la sauvegarde de ces droits contre les cessions forcées. Il est établi comme principe général que les peuples autochtones ne doivent pas être déplacés de leurs terres[78]. Ainsi, la Déclaration des Nations unies sur les droits des peuples et la Convention n° 169 de l'OIT exigent le consentement préalable des populations à déplacer[79]. Dans le cas où ce consentement n'est pas requis et que l'État décide de recourir à la cession forcée, les textes l'assujettissent à une cause d'utilité publique. Dans ce cas, pour déplacer les populations autochtones de leurs terres, les pouvoirs publics doivent suivre la procédure de l'expropriation pour cause d'utilité publique si le déplacement est inévitable[80]. Le respect de cette exigence procédurale permet de garantir que la dépossession est justifiée pour une cause d'utilité publique et moyennant une indemnité juste et préalable. Ces exigences sur le déplacement des peuples autochtones sur leurs terres, territoires et ressources permettent de « lutter contre les dépossessions illégales et injustes qui ont lieu depuis longtemps et se poursuivent aujourd'hui »[81].

Il s'agit là d'une manifestation réelle de la protection des droits fonciers dès lors que leurs titulaires n'ont pas de droit de propriété[82]. En réalité,

---

[77] Voir articles 19, 20, 21, 22 et 24 de la Charte africaine des droits de l'homme et des peuples du 27 juin 1981, disponible en ligne sur : http://au.int/fr/treaties/charte-africaine-des-droits-de-lhomme-et-des-peuples, consulté le 26 juin 2021.

[78] Voir Comprendre la convention (n° 169) relative aux peuples indigènes et tribaux, 1989. Manuel à usage des mandants tripartites de l'OIT / Bureau international du Travail, Département des normes internationales du travail – Genève : BIT, 2013, p. 24, disponible en ligne sur : https://www.ilo.org/wcmsp5/groups/public/---ed_norm/---normes/documents/publication/wcms_211976.pdf, consulté le 1er juillet 2021.

[79] Voir article 10 de la Déclaration des Nations unies sur les droits des peuples autochtones ; article 16 de la Convention n° 169 de l'OIT.

[80] Voir article 16- 2. de la Convention n°169 de l'OIT ; articles 38 et 39 de la loi n° 5 - 2011 du 25 février 2011 portant promotion et protection des droits des populations autochtones pour la République du Congo ; article 13 de la loi du 17 juin 1964 relative au domaine national et article 20, alinéa 4 du décret n°64-573 du 30 juillet 1964 fixant les conditions d'application de la loi relative au domaine national pour le Sénégal.

[81] Voir « Le droit à la terre tel que consacré par la Déclaration des Nations unies sur les droits des peuples autochtones : une approche axée sur les droits de l'homme, Étude réalisée par le Mécanisme d'experts sur les droits des peuples autochtones, Conseil des droits de l'homme », Quarante-cinquième session, 14 septembre-2 octobre 2020, p. 2.

[82] Dans la plupart des textes nationaux, il est prévu que les populations autochtones, les communautés locales peuvent transformer leurs droits à la terre et aux ressources

l'expropriation pour cause d'utilité publique est prévue ici pour des personnes qui n'ont pas de titres de propriétaire. Or, l'expropriation pour cause d'utilité publique est une exigence en matière d'atteinte au droit de propriété[83], telle qu'elle résulte de l'article 17 de la Déclaration de 1789. En conséquence, l'assujettissement du déplacement des populations autochtones sur leurs terres à leur consentement préalable ou à une cause d'utilité publique constitue un véritable privilège de protection à leur profit.

La protection ainsi établie des droits fonciers des peuples autochtones revêt de plus en plus une nouvelle dimension dès l'instant que des institutions veillent au respect des textes y afférents.

2. Une protection institutionnelle émergente

Il existe au niveau continental et national africain des instances non-juridictionnelles et juridictionnelles devant lesquelles les populations autochtones peuvent faire valoir les droits fonciers qui leur sont reconnus et protégés par les textes. Quelques rares décisions et d'une importance particulière sont rendues en faveur des communautés autochtones et déclarant la violation par les États des obligations imposées par les textes internationaux ou nationaux en termes de protection des fonciers des autochtones.

Au niveau continental, la Commission Africaine des Droits de l'Homme et des Peuples et la Cour Africaine des Droits de l'Homme et des Peuples s'érigent depuis le début des années 2000 en bouclier contre les dérives autoritaires des États sur les droits des peuples autochtones à leurs terres et ressources naturelles. En effet, la Commission Africaine des Droits de l'Homme et des Peuples a décidé en 2001 que le gouvernement du Nigéria, impliqué dans l'exploration pétrolière sur les terres des Ogoni, avait notamment violé l'article 21 de la Charte africaine qui concerne le droit d'un peuple à la libre disposition des ressources. Pour la Commission, le gouvernement du Nigéria n'avait pas impliqué les Ogoni dans la prise de décision concernant l'exploration pétrolière sur leur territoire[84]. En 2010, la Commission Africaine des Droits de l'Homme et des Peuples a rendu une autre décision en faveur des peuples autochtones Endorois dans l'affaire qui les opposait au gouvernement du Kenya. Après avoir reconnu le droit des

---

naturelles en droit de propriété par l'établissement de titres fonciers. À titre illustratif, on peut se référer à l'article 237 (4) de la constitution de l'Ouganda de 1995.

[83] L'expropriation pour cause d'utilité publique a pour objet matériel la propriété d'un immeuble ou d'un droit réel immobilier.

[84] Voir décision de la Commission africaine des droits de l'homme et des peuples du 27 octobre 2001 sur l'affaire 155/96 : Social and Economic Rights Action Center (SERAC) and Center for Economic and Social Rights (CESR) / Nigeria, disponible en ligne sur :
https://www.achpr.org/public/Document/file/French/achpr30_155_96_fra.pdf, consulté le 30 juin 2021.

Endorois de disposer librement de leur richesse et ressources naturelles, la Commission a considéré que leur expulsion de la région du Lac Bogoria et le refus par l'État de leur octroyer des droits d'accès les a empêchés de contrôler et d'utiliser les ressources naturelles de leur terre traditionnelle. Ce qui constitue pour elle une violation par le gouvernement Kenyan de la Charte Africaine des Droits de l'Homme et des Peuples[85]. Ces décisions, au-delà de la reconnaissance du droit des peuples autochtones à leurs terres ancestrales, constituent une véritable protection des autochtones contre les évictions forcées pour la mise en place de projets de développement.

De façon beaucoup plus récente et sur le plan juridictionnel, la Cour africaine des droits de l'homme et des peuples a rendu le 27 mai 2017 un arrêt phare en termes de protection des droits fonciers des peuples autochtones sur le continent africain. Dans cette décision, la Cour Africaine a décidé que le gouvernement kenyan avait violé les droits des Ogieks à la propriété, à la non-discrimination, à la culture, à la religion, au développement et aux ressources naturelles[86]. Elle établit ainsi sans équivoque que la forêt de Mau est le territoire ancestral des Ogiek et qu'ils ont le droit de l'utiliser et de l'occuper. L'importance de cette décision réside dans le fait qu'elle appelle le gouvernement du Kenya à prendre les mesures adéquates pour restaurer les terres des Ogieks et réparer les violations de leurs droits fonciers.

Au niveau national, les juridictions des États ont rendu quelques décisions qui s'inscrivent dans la protection des droits des peuples autochtones sur leurs terres et ressources naturelles. Deux exemples nous servent de cas illustratifs. En République du Congo, la Cour constitutionnelle a pris une décision majeure concernant la protection des droits fonciers des autochtones contre les cessions forcées. Dans l'affaire *NONGOU Elie Jean Pierre* du 13 septembre 2018, la juridiction constitutionnelle congolaise a décidé que la loi du 13 juin 2018 par laquelle l'État congolais prévoyait la possibilité d'immatriculation d'office des terres coutumières par l'État sans recourir à

---

[85] Voir Décision de la Commission Africaine des Droits de l'Homme et des Peuples du 2 février 2010 sur l'affaire 276/03 : Centre for Minority Rights Development (Kenya) and Minority Rights Group (on behalf of Endorois Welfare Council) / Kenya, disponible en ligne sur :
https://www.achpr.org/public/Document/file/French/achpr46_276_03_fra.pdf, consulté le 30 juin 2021.

[86] Voir Cour Africaine des Droits de l'Homme et des Peuples, Arrêt du 26 mai 2017, Requête N°006/2012 Commission Africaine des Droits de l'Homme et des Peuples c. République du Kenya, Recueil de jurisprudence de la Cour africaine, Volume 2 (2017-2018), 2019, disponible en ligne sur : https://www.african-court.org/wpafc/wp-content/uploads/2020/10/Recueil-de-jurisprudence-de-la-Cour-africaine-Volume-2.pdf, consulté le 30 juin 2021.

l'expropriation a violé la constitution[87]. Cette décision constitue une confirmation du nécessaire recours à l'expropriation pour cause d'utilité publique lorsqu'il s'agit de cession forcée de terres occupées et exploitées par les communautés autochtones. Au Sénégal, la Cour Suprême a pris une décision également importante en termes de protection des droits fonciers des communautés locales, notamment leurs droits à un environnement satisfaisant[88] et à la consultation sur tout projet susceptible d'avoir une incidence sur les terres et ressources naturelles qu'elle possède, occupe ou utilise traditionnellement. C'est le cas dans l'affaire Mame Diarra Diop et autres c/ Commune de Dya du 28 mars 2019. La juridiction suprême du Sénégal a décidé de l'illégalité de la délibération d'affectation de terres en vue de l'implantation d'une usine de sel, qui est une installation classée susceptible de porter atteinte à l'environnement, sans qu'une évaluation environnementale ait été faite avant la décision d'affectation[89]. Il s'agit d'une décision qui confirme l'interdiction d'établir des projets impactant les terres des autochtones sans étude environnementale.

En définitive, les droits des peuples autochtones d'Afrique noire sur leurs terres et ressources naturelles sont de plus en plus renforcés en termes de reconnaissance et de protection, à la fois par un cadre juridique et institutionnel international, continental et national. Mais en dépit de ces progrès, les populations autochtones/communautés locales continuent à souffrir de pratiques discriminatoires de la part des États. Leurs droits fonciers continuent à faire l'objet de marginalisation.

II. Une marginalisation persistante des droits fonciers des autochtones

Les droits à la terre et aux ressources naturelles des peuples autochtones d'Afrique noire sont fortement menacés au regard des politiques contemporaines de développement des États. La mise en œuvre de ces politiques entraîne souvent la perte par les autochtones de leurs droits fonciers coutumiers, qui se voient déposséder voire même expulser de leurs terres, territoires et ressources. Toutes choses qui sont facilitées par le caractère précaire des droits fonciers reconnus aux populations autochtones d'une part **(A)**, mais par

---

[87] Voir Cour Constitutionnelle de la République du Congo, Décision n° 002/DCC/SVA/18 du 13 septembre 2018 sur le recours en inconstitutionnalité de l'article 16 de la loi n° 21-2018 du 13 juin 2018 fixant les règles d'occupation et d'acquisition des terres et terrains, disponible en ligne sur : https://cour-constitutionnelle.cg/decision-annee-2/, consulté le 16 juin 2021.

[88] Voir article 24 de la Charte Africaine des Droits de l'Homme et des Peuples du 27 juin 1981, préc.

[89] Voir Cour Suprême du Sénégal, Arrêt n° 09 du 28 mars 2019, *Mame Diarra Diop et autres c/ Commune de Dya*, *Bulletin des Arrêts de la Cour Suprême*, Numéros 17-18, Chambre Administrative, Année judiciaire 2019, avril 2020, pp. 137-138.

l'irrespect des mesures de sauvegarde, de protection de ces droits, d'autre part **(B)**.

A. Des droits fonciers essentiellement précaires

Les droits reconnus aux peuples autochtones d'Afrique noire sur leurs terres et ressources naturelles ne constituent pas des droits définitifs et inattaquables. Cela traduit la précarisation de leurs droits du moment où ils ne jouissent pas de droit de propriété sur les terres **(1)** et ne sont pas à l'abri d'une immatriculation de ces terres au nom de l'État **(2)**.

1. Des droits fonciers non constitutifs de titres de propriété

Il existe une constante inhérente à l'objet à la fin de l'accès au foncier : c'est parvenir à la propriété foncière. Dans les États d'Afrique noire, « les législations foncières restent […] clairement inscrites dans un legs colonial qui voit dans l'immatriculation et le titre foncier la seule forme de droit de propriété reconnu par l'État »[90]. C'est dire que la propriété foncière est ici matérialisée par l'obtention d'un titre foncier grâce à l'immatriculation. Cet accès à la pleine propriété n'est pas directement reconnu aux peuples autochtones d'Afrique noire. Ces derniers sont beaucoup plus dans une situation de simple détention de la terre à titre précaire ou de la simple possibilité de l'exploiter pour subvenir à leurs besoins vitaux.

En effet, les droits fonciers, collectifs ou individuels, reconnus aux populations autochtones reposent sur l'occupation et l'utilisation traditionnelle[91], au sens de terre sur laquelle un peuple autochtone a vécu au fil du temps et qu'il désire transmettre aux générations futures. Ainsi, « ce sont l'occupation et l'usage traditionnels qui forment la base des droits d'un peuple autochtone sur sa terre, et non la reconnaissance ou l'enregistrement officiel éventuel de la propriété »[92]. Ce qui revient à considérer que la possession, l'occupation et l'exploitation des terres par les autochtones ne reposent pas sur un titre de propriétaire, qui matérialise la propriété foncière individualiste. Dans la majorité des cas, les terres sont détenues en vertu des droits coutumiers et ne sont pas, de ce fait, enregistrées. D'ailleurs, les différents textes reconnaissant les droits fonciers des populations autochtones appellent les États à instaurer des procédures d'identification de leurs terres et de protéger leurs droits par la

---

[90] LAVIGNE DELVILLE (Ph.), « La réforme foncière rurale au Bénin : émergence et mise en question d'une politique instituante dans un pays sous régime d'aide », *Revue française de science politique*, 2010/3 Vol. 60, disponible en ligne sur : https://www.cairn.info/revue-francaise-de-science-politique-2010-3-page-467.htm, p. 467.

[91] Voir article 14 de la Convention n° 169 de l'OIT relative aux peuples indigènes et tribaux.

[92] Voir Comprendre la convention (n° 169) relative aux peuples indigènes et tribaux, 1989. Manuel à usage des mandants tripartites de l'OIT, p. 23, préc.

démarcation et l'attribution de titres[93]. Cette invite laisse apparaitre que les droits fonciers coutumiers ne correspondent pas au droit moderne où la propriété foncière est individuelle et s'acquiert par l'immatriculation. Ainsi, s'ils ne sont pas constatés et octroyés dans les formes du droit moderne, les droits fonciers coutumiers ne peuvent être considérés comme des droits de propriété.

L'opposition entre le régime foncier coutumier et le régime foncier moderne, régime adopté par la plupart des États d'Afrique noire[94], montre que les droits à la terre et aux ressources naturelles reconnus aux peuples autochtones ne valent pas titres de propriété. Leur maintien et leur reconnaissance textuelle ne confèrent pas à ces derniers des droits privatifs sur la terre. Ainsi, « ils n'ont en réalité aucun droit sur la terre, ils n'en ont que l'usage »[95]. Dès lors, il ne serait pas erroné de retenir que l'institution de l'immatriculation comme mode exclusif d'accès à la propriété des terres a fragilisé les droits des peuples autochtones sur les terres qu'ils occupent traditionnellement[96]. Car les droits fonciers coutumiers n'étant pas reconnus en tant que droits de propriété, les peuples autochtones ne disposent pas de titres de propriétaires et sont devenus de simples usagers de leurs terres traditionnelles.

D'ailleurs, les différentes législations reconnaissant les droits fonciers coutumiers, préconisent la possibilité de leur transformation en titres fonciers. C'est le cas au Mali où l'ordonnance domaniale et foncière prévoit que lorsque les droits fonciers coutumiers comportent une mise en valeur régulière, ils peuvent être concédés au profit de tout tiers ou être transformés en droit de propriété au profit de leur titulaire[97]. Il en est ainsi au Cameroun où les terres occupées ou exploitées peuvent être immatriculées et donner lieu à l'établissement d'un titre foncier à la condition que l'occupant ou l'exploitant obtient un constat d'occupation ou d'exploitation délivré par une commission

---

[93] Voir par exemple article 14 de la Convention n° 169 de l'OIT ; article 26- 3 de la Déclaration des Nations Unies sur les droits des peuples autochtones ; article 32 de la loi n° 5 - 2011 du 25 février 2011 portant promotion et protection des droits des populations autochtones en République du Congo.

[94] LE ROY (E.), *La réforme du droit de la terre dans certains pays d'Afrique francophone*, FAO, Rome, 1987, p. 25, disponible en ligne sur : http://www.fao.org/3/ak479f/ak479f.pdf, consulté le 19 juin 2021.

[95] HOUDEINGAR (D.), « L'accès à la terre en Afrique subsaharienne », *L'accès à la terre et ses usages : variations internationales*, juin 2009, Nantes, France, p. 8, disponible en ligne sur : http://hal.archives-ouvertes.fr/hal-00716952, consulté le 18 juin 2021.

[96] BALLA NDEGUE (S. G.), « Dynamiques foncières, ethnocratie et défi de l'intégration ethnoculturelle au Cameroun », *Anthropologie et Sociétés*, 43(1), 2019, p. 216, 211-231. https://doi.org/10.7202/1060877ar, consulté le 18 juin 2021.

[97] Voir article 45 de l'ordonnance n° 00-027/P-RM du 22 mars 2000 portant code domanial et foncier du Mali.

administrative consultative, et les terres vierges et libres de toute occupation doivent être attribuées d'abord sous la forme d'une concession provisoire et sous condition résolutoire de mise en valeur pour pouvoir ensuite être immatriculées[98]. C'est aussi le cas en Ouganda où la loi agraire dispose que toute personne, famille ou communauté détenant sous le régime coutumier d'anciennes terres publiques, peut obtenir un titre de propriété coutumière pour ces terres[99]. C'est le cas enfin au Bénin où le titulaire d'un certificat foncier rural peut procéder à l'immatriculation d'un fonds de terre enregistré au plan foncier rural[100]. Cette éventualité montre à suffisance que les droits des peuples autochtones à la terre et aux ressources naturelles qui y sont directement attachées ne constituent pas des droits de propriété. Ils demeurent de simples droits d'usage tant que la transformation en titres fonciers n'a pas lieu.

Pour l'heure, la plupart des législations foncières ne confèrent aux populations autochtones qu'un droit d'usage et de jouissance des terres occupées[101]. Ce qui met en opposition la situation de l'occupant, de l'utilisateur des terres et le propriétaire investi d'un pouvoir absolu ou même le titulaire d'un droit réel opposable à tous. Les populations autochtones sont dans une situation d'occupants, d'utilisateurs. Ils ont simplement « l'usufruit et sont considérés comme les bénéficiaires plutôt que comme les propriétaires des terres »[102]. Ainsi, ce droit d'usage dont ils disposent sur les terres, est un droit précaire. Ce n'est pas un droit individuel de propriété, exclusif, absolu, perpétuel, négociable et transmissible. En conséquence, les peuples autochtones ont simplement le droit de jouir, à titre collectif et à titre individuel, des terres et ressources naturelles.

Au-delà du fait que les droits fonciers coutumiers reconnus aux populations autochtones ne sont pas assimilables à des droits de propriété, il faut noter que ces droits sont sous la menace perpétuelle d'une immatriculation au nom de l'État.

---

[98] Voir article 13 de l'ordonnance n° 74-1 du 6 juillet 1974, fixant le régime foncier au Cameroun.

[99] Voir article 4 (1) de la Land Act de 1998, modifiée.

[100] Voir article 120 de la loi n° 2007-003 du 16 octobre 2007 portant régime foncier rural en République du Bénin, JO du 1er mars 2008.

[101] Voir par exemple article 43 de l'ordonnance n° 00-027/P-RM du 22 mars 2000 portant code domanial et foncier du Mali ; article 38 de loi n° 63/441 du 09 janvier 1964 relative au domaine national en Centrafrique ; article 15 de la loi du 17 juin 1964 relative au domaine national au Sénégal.

[102] V. *Le droit à la terre tel que consacré par la Déclaration des Nations unies sur les droits des peuples autochtones : une approche axée sur les droits de l'homme, Étude réalisée par le Mécanisme d'experts sur les droits des peuples autochtones*, Conseil des droits de l'homme, Quarante-cinquième session, 14 septembre-2 octobre 2020, p. 4.

2. Des droits fonciers menacés d'immatriculation au nom de l'État

Les droits d'accès à la terre et aux ressources naturelles qui sont reconnus aux peuples autochtones en Afrique noire ne confèrent pas à ces peuples une occupation permanente et définitive. Les terres non immatriculées restent utilisées ou exploitées par les autochtones pour autant que l'État n'en ait pas besoin. Lorsque l'État le désire, il peut les absorber en incorporant les terres concernées dans son patrimoine.

Il faut rappeler que les peuples autochtones ont la possibilité de transformer leur droit d'usage en droit de propriété en procédant à l'immatriculation des terres en leurs noms. Mais, il faut le reconnaître, ces peuples ne sont pas souvent enclins à y procéder en ce sens que « le droit coutumier ignore le droit de propriété en matière d'immeuble »[103]. Les droits fonciers coutumiers renvoient à des droits de tenures collectives, c'est-à-dire des droits appartenant à des individus groupés en collectivité, et non des droits de propriété privée qui mettent en avant l'individu. La propriété privée s'avère ainsi contraire aux habitudes sociales des autochtones. Au-delà de ce fait, il y a également la complexité et l'onérosité de la procédure de l'immatriculation qui dissuadent les autochtones à y recourir. Toutes choses qui font que c'est l'État qui y a principalement recours. Ainsi, les droits fonciers des peuples autochtones sont suspendus à la volonté des pouvoirs publics. Ils seront au fur et à mesure absorbés dans le patrimoine de l'État à chaque fois qu'il apparaîtra nécessaire ou indispensable pour ce dernier de procéder à l'immatriculation. Pour preuve, la législation domaniale et foncière au Mali précise que « l'exercice desdits droits coutumiers est confirmé pour autant que l'État n'ait pas besoin des terres sur lesquelles ils s'exercent »[104]. Cet exemple met ainsi à nu le caractère précaire des droits fonciers coutumiers.

Ce constat permet de considérer que c'est une erreur de « s'enfermer dans la dialectique de la propriété civiliste ou de sa monopolisation exclusive par l'État »[105]. Cela ne favorise que la précarisation des droits des autochtones sur leurs terres. Ainsi, au-delà de leur simple reconnaissance, il serait fondamental de procéder à la sécurisation des droits fonciers coutumiers. Pour ce faire, il serait possible de recourir à des techniques plus appropriées à la situation des autochtones que la procédure de l'immatriculation. Les États du Niger, du Bénin et du Burkina Faso, par exemple, ont ouvert cette perspective. En effet, au Niger, l'ordonnance de 1993 fixant les principes d'Orientation du Code Rural fonde la reconnaissance de la propriété foncière à la fois sur le droit écrit

---

[103] CHABAS (J.), « Le domaine national au Sénégal : réforme foncière et agraire », *Annales Africaines*, Paris, Pédone, 1965, p. 43.

[104] Voir article 127, alinéa 2 de l'ordonnance n° 00-027/P-RM du 22 mars 2000 portant code domanial et foncier du Mali.

[105] LE ROY (E.), *La réforme du droit de la terre dans certains pays d'Afrique francophone*, *op. cit.*, p. 107.

et sur la coutume[106]. Ce qui est remarquable dans cette reconnaissance c'est la portée juridique accordée aux droits fonciers coutumiers. Pour le législateur nigérien, « La propriété coutumière confère à son titulaire la propriété pleine et effective de la terre »[107]. Cette disposition montre ainsi que « la même valeur juridique est accordée aux attestations de détention coutumière et au titre foncier »[108]. Au Bénin, la loi n° 2007-003 portant régime foncier rural a créé le « certificat foncier rural »[109] qui a pour objet d'attester les droits « établis ou acquis selon la coutume ou les normes et pratiques locales »[110]. Cette disposition fait basculer lesdites terres dans les terres privées en créant « une présomption de propriété »[111] dès lors que le certificat de propriété vaut « présomption de droits acquis faisant foi jusqu'à preuve du contraire, établie devant le juge »[112]. Au Burkina Faso, le législateur s'est inscrit dans la même dynamique en instituant la qualité de propriétaire de fait pour les détenteurs des droits fonciers coutumiers, il s'agit donc d'un droit présomptif du droit de propriété. Il prévoit en effet la délivrance à tout possesseur foncier rural, à titre individuel ou collectif, d'une attestation de possession foncière rurale[113]. À l'analyse, ces différentes législations foncières donnent une nouvelle vie aux droits coutumiers de sorte que l'on puisse parler de « propriété foncière coutumière ». Le Niger a fait preuve d'audace, en mettant sur un pied d'égalité la propriété coutumière et la propriété civiliste. Le Bénin et le Burkina Faso ont établi un dualisme de titres fonciers avec d'un côté, des titres de propriété pour les propriétés immatriculées, et d'un autre côté, des certificats fonciers ruraux et des attestations de possession foncière rurale valant présomption de droit de propriété.

Il s'agit là d'alternatives juridiques au titre foncier permettant de sécuriser les droits fonciers coutumiers. Ce sont des titres qui servent de statut juridique

---

106 Voir articles 8, 9 et 10 de l'Ordonnance n° 93-015 du 2 mars 1993 fixant les principes d'Orientation du Code Rural.

107 Voir article 9 in fine de l'Ordonnance n° 93-015 du 2 mars 1993 fixant les principes d'Orientation du Code Rural.

108 AHOLOU (J.), *La réforme du droit foncier rural dans les États membres de l'Union économique et monétaire ouest africaine : tendances et limites. Cas du Bénin, du Burkina-Faso, de la Côte d'Ivoire, du Niger et du Sénégal*, Thèse, Université d'Abomey-Calavi (Bénin), 2018, p. 92.

109 Voir article 120 de la loi n° 2007-003 du 16 octobre 2007 portant régime foncier rural en République du Bénin.

110 *Ibid.*

111 AHOLOU (J.), *La réforme du droit foncier rural dans les États membres de l'Union économique et monétaire ouest africaine : tendances et limites. Cas du Bénin, du Burkina-Faso, de la Côte d'Ivoire, du Niger et du Sénégal*, *op. cit.*, p. 92.

112 Voir article 111 de la loi n° 2007-003 du 16 octobre 2007 portant régime foncier rural en République du Bénin, JO du 1er mars 2008.

113 Voir articles 36 à 44 de la loi n° 034-2009/an du portant régime foncier rural du Burkina Faso.

principal pour les terres détenues par les communautés locales. Les formules ainsi trouvées dans ces États confèrent aux communautés locales ou autochtones la maîtrise effective sur leurs terres.

Au total, en sus de la menace d'immatriculation au nom de l'État des terres occupées et exploitées par les autochtones, ces derniers sont victimes de la part des gouvernements d'un mépris des garanties protectrices qui leur sont reconnues sur leurs droits fonciers.

B. Des droits fonciers constamment méprisés

Dans la majorité des cas les populations autochtones ne sont pas titulaires de titres de propriétaire. Malgré tout, les textes exigent non seulement leur consentement pour tout déplacement sur leurs terres, mais aussi le recours à la procédure très stricte et formaliste de l'expropriation pour cause d'utilité publique pour toute cession forcée de leurs terres. En dépit de ces exigences, « il arrive fréquemment que ces droits ne soient pas respectés – et soient même violés – au niveau national, par les États ou par le secteur privé »[114]. Il en est ainsi dans le cadre de la création de réserves ou parcs nationaux **(1)** et dans le cadre d'acquisition de terres pour des projets d'exploitation minière ou d'hydrocarbures, d'abattages des arbres ou de plantations, et d'agricole **(2)**.

1. Dans le cadre de la création de réserves ou parcs nationaux

Les programmes de promotion du tourisme dans certains États d'Afrique centrale et australe sont à l'origine de pertes par les peuples autochtones de leurs droits à la terre et aux ressources naturelles. Ces droits sont dans la majorité des cas confisqués puisque les exigences préconisées en termes de déplacement des autochtones ou de cession forcée des terres ne sont pas suivies et respectées par les gouvernements. Les exemples des Endorois et des Ogiek précédemment évoqués et qui ont été respectivement portés devant la Commission africaine des droits de l'homme et des peuples et la Cour africaine des droits de l'homme et des peuples en constituent des illustrations parfaites. À côté, il existe d'autres situations qui témoignent du mépris des droits fonciers coutumiers.

Dans le cadre de la création de réserves naturelles et de Parcs nationaux destinés au tourisme, les Batwa en Ouganda ont été expulsés de leur forêt. Ils ont perdu de façon progressive leurs droits fonciers coutumiers avant d'être officiellement expulsés de leur forêt en 1991. Cette expulsion s'est produite en violation flagrante des exigences procédurales prévues par la législation ougandaise. En effet, les dispositions constitutionnelles exigent le respect d'une procédure officielle d'expropriation[115], alors que les dispositions de la Land Acquisition Act de 2000 prévoient « le paiement rapide d'une

---

[114] Groupe de travail international pour les affaires autochtones, IWGIA, 2017b.
[115] Voir article 26 de la constitution ougandaise de 1995.

indemnisation juste et adéquate avant la reprise ou l'acquisition du bien ». Dans les faits, les Batwa n'ont bénéficié d'aucune plateforme pour organiser et présenter leurs objections ; ils ont été expulsés par des organismes publics sans le paiement rapide d'une indemnisation juste et adéquate, en dehors de toute procédure régulière[116]. En conséquence, la perte par les Batwa de leurs terres ancestrales représente une violation de leurs droits fonciers protégés par la constitution et la loi. La même communauté autochtone Batwa a été chassée de la forêt de Kahuzi-Biega en République Démocratique du Congo afin de créer une réserve de gorilles de 6 000 km². Dans le cadre de cette expulsion, les Batwa auraient dû recevoir d'autres terres en guise de compensation, mais rien n'a été fait[117].

Au Cameroun, les droits des Pygmées à la terre et aux ressources naturelles n'ont pas été respectés dans le cadre de la constitution de la Réserve de Dja. Il est en effet établi dans le cadre d'une évaluation du processus effectuée en 1994 que la participation de la communauté locale à la planification et à la prise de décision sur les zones protégées était superficielle[118]. Au Botswana, la majorité de la population autochtone San a été délogée de la Réserve d'animaux sauvages du Kalahari central au cours des 10 dernières années, puisque l'État a cessé de fournir les services essentiels à ceux qui refusent de se déplacer vers deux villages (settlements) établis par l'État en dehors de la Réserve[119]. Au Kenya et en Tanzanie, la création de parcs nationaux a engendré l'aliénation, l'éviction et la restriction l'accès à des communautés locales, notamment les Maasai, aux ressources qui étaient essentielles pour leur survie. D'après le Groupe de travail d'experts de la Commission africaine des droits de l'homme et des peuples, cela « a entraîné l'éviction sans compensation des autochtones Maasai de leurs terres ancestrales, prétendument dans l'intérêt national »[120].

Ces différentes situations révèlent la reprise de terres occupées et exploitées par les communautés locales sans consultation et sans consentement informé et

---

[116] NAKAYI (R.), « Les lois foncières du passé et d'aujourd'hui et leur impact sur les droits fonciers des peuples autochtones en Ouganda : le cas des Batwa », Forest Peoples Programme, deuxième édition, juin 2009, p. 22.

[117] Voir Rapport du Groupe de Travail d'experts de la Commission Africaine des Droits de l'Homme et des Peuples sur les populations/communautés autochtones, 2005, p. 28, disponible en ligne sur :
http://www.iwgia.org/images/publications/African_Commission_book_French.pdf, consulté le 18 juin 2021.

[118] JACKSON (D.), "Indigenous Peoples in Central Africa", A desk review for the International Labour Office, Mars 2001.

[119] Voir Rapport du Groupe de Travail d'experts de la Commission Africaine des Droits de l'Homme et des Peuples sur les populations/communautés autochtones, 2005, p. 29.

[120] *Idem.*, p.30.

éclairé des populations concernées, mais aussi sans le respect de la procédure de l'expropriation pour cause d'utilité publique. Le même mépris est constaté à l'occasion d'acquisition de terres pour des projets de développement.

2. Dans le cadre de la réalisation de projets de développement

À l'occasion de l'exécution de projets de développement, les gouvernements procèdent à des acquisitions de terres à grande échelle, souvent en violation des droits de peuples autochtones à la terre et aux ressources naturelles.

En Afrique centrale par exemple, la mise en place de projets d'exploitation minière ou d'hydrocarbures, d'abattages des arbres ou de plantations, de construction de barrages a souvent occasionné le déplacement de populations autochtones sans qu'elles ne soient consultées ou indemnisées. C'est le cas en République du Congo où des hectares de forêt dans le nord du pays ont été affectés à des sociétés forestières. Cela a entraîné la suppression des droits traditionnels d'occupation et d'usufruit et du système de gestion des ressources des populations locales[121]. C'est le cas aussi au Cameroun où le droit à la terre et à la vie des Pygmées est sérieusement menacé par la construction envisagée de l'oléoduc Tchad-Cameroun. Une enquête menée sur ce projet a révélé qu'au cours de la planification et de la préparation du projet, les consultations avec les collectivités locales, particulièrement les Bagyeli, étaient culturellement inappropriées et inopportunes et qu'elles n'avaient pas été informées des implications du projet sur leur avenir[122]. En Namibie également la volonté du gouvernement post indépendance de reprendre le projet colonial de construction d'un barrage hydroélectrique sur les chutes d'Epupa du fleuve Kunene aurait pour conséquence le déplacement de milliers de Himba. Ces derniers perdraient ainsi l'accès aux pâturages dont ils dépendent actuellement pour leur survie[123].

C'est au regard de ces différents cas que le groupe de travail d'experts de la Commission africaine des droits de l'homme et des peuples a retenu dans son rapport que « de grands projets d'infrastructures et des concessions minières – mis en place au nom du développement économique – ont déplacé et appauvri beaucoup de communautés autochtones. Dans la plupart des cas, les communautés autochtones marginalisées qui sont affectées ne sont ni consultées ni indemnisées »[124].

---

[121] *Ibid.*, p. 32.

[122] Voir Forest Peoples Programme & Bank Information Centre 2000. Rapport d'un atelier sur « les peuples autochtones, les forêts et la Banque mondiale : les politiques et la pratique », Washington D.C., 9-10 mai 2000.

[123] JAMES (S.), *Minorities in Post Independence Namibia*, 2002 MRG, 20.

[124] Voir Rapport du Groupe de Travail d'experts de la Commission Africaine des Droits de l'Homme et des Peuples sur les populations/communautés autochtones, 2005, p. 31.

Les acquisitions de terres à grande échelle pour les besoins de production agricole constituent aussi une situation manifeste de violation des droits fonciers des communautés locales. Derrière l'idée selon laquelle le type d'agriculture des peuples autochtones devait changer parce qu'il est « primitif », « rétrograde », « improductif » et « dégradant » pour l'environnement, les gouvernements les dépossèdent de leurs terres au profit d'investisseurs nationaux ou étrangers. C'est à ce titre que les Batwa du Rwanda, du Burundi et de l'Ouganda ont été chassés de leurs régions forestières ancestrales entraînant la dépossession de presque toutes leurs terres sans aucune visibilité sur ce qui en reste[125]. Il en est de même des droits des pasteurs Barabaig qui ont été sérieusement violés par un grand programme de développement agricole à des fins commerciales mis en œuvre par Canadian National Agriculture and Food Corporation (NAFCO) en Tanzanie[126]. C'est le cas aussi en Éthiopie où les communautés pastorales sont confrontées aux expulsions de leurs terres qui sont octroyées aux agriculteurs commerciaux pour leur développement, ce qui crée des conflits entre les communautés et le gouvernement[127]. À titre illustratif, l'on peut évoquer l'affaire des exploitations agricoles commerciales le long du fleuve Awash qui témoigne de l'éviction systématique des pasteurs de leurs terres. Au Sénégal, les acquisitions de terres à grande échelle, qui ont pris de l'ampleur à partir des années 2000, avec les programmes de la Grande Offensive pour la Nourriture et l'Abondance (GOANA) et le Retour Vers l'Agriculture (REVA), ont entraîné la dépossession des communautés locales de leurs terres traditionnelles. Une étude menée par la CICODEV dans l'ancienne communauté rurale de Diokoul Ndiawrigne dans la région de Louga a montré que « les conseillers ruraux sont accusés par les paysans d'avoir donné des terres sur des bases qui sont en porte-à-faux avec la loi sur la décentralisation régissant la cession de terres »[128]. En substance, il est reproché au Conseil rural d'avoir cédé quelques 3000 ha de terres occupées et exploitées par les communautés locales sans la participation ni le consentement éclairé et informé des agriculteurs.

En définitive, ces différentes situations montrent qu'en Afrique noire les aliénations des terres des communautés autochtones, qui ont commencé au cours de la période coloniale, ont continué après l'indépendance et s'accentuent au fur et à mesure au mépris des droits fonciers coutumiers.

Conclusion

---

[125] *Idem.*, p. 35.

[126] *Ibid.*, pp. 36-37.

[127] *Ibid.*, p. 39.

[128] Voir *Accaparement des terres en Afrique de l'Ouest : exporter ou nourrir les populations. Impact sur les consommateurs ruraux*, Étude réalisée par CICODEV Afrique, décembre 2011, p. 21.

Les droits à la terre et aux ressources naturelles des peuples autochtones ont vécu pendant des générations en Afrique noire. Des avancées majeures sont notées dans la reconnaissance et la protection de ces droits à la fois au niveau interne et au niveau externe des États. Ces derniers devraient s'inscrire davantage dans la recherche de procédures d'identification des terres des peuples autochtones et de protection de leurs droits fonciers. Les politiques de confiscation, de dépossession, d'aliénation ou d'expulsion de ces peuples de leurs terres ancestrales au profit d'industries touristiques, d'agro-alimentaires, minières, d'hydrocarbures ne sont que préjudiciables à ces populations majoritaires du continent. Les États d'Afrique noire doivent prendre conscience que les pays développés et leur industrie agro-alimentaire, pour perpétuer leur suprématie mondiale, cherchent à s'assurer le contrôle des réserves foncières après celui sur la technologie, les semences (brevetage des OGM), les circuits de distribution et les marchés financiers[129]. Le seul facteur de production sur lequel ils n'ont pas un avantage comparatif reste les ressources foncières et l'eau. Contrôlant pendant longtemps cette richesse, l'Afrique devrait mesurer les véritables enjeux et protéger davantage les droits d'accès à la terre et aux ressources naturelles de ses populations autochtones.

---

[129] Voir *Accaparement des terres en Afrique de l'Ouest*, Étude réalisée par CICODEV Afrique, décembre 2011, p. 5, disponible en ligne sur : http://www.hubrural.org, consulté le 5 juillet 2021.

RAPPORT DE SYNTHÈSE

« État de droit et minorités »

Sidy Alpha NDIAYE

Agrégé de Droit public

Université Cheikh Anta Diop de Dakar, Sénégal

1er Vice-président de l'ASDC

Faire la synthèse de propos savants sur un thème qui ne l'est pas moins – « État de droit et minorités en Afrique » – relève d'une gageure. Autant que faire se peut, il est question de s'essayer à une synthèse *acte de volonté* ; tant il est vrai qu'une synthèse *acte de connaissance* devra restituer la grammaire des travaux. Et comme tout *acte de volonté* comporte une part d'arbitraire, ce rapport sera traversé de considérations scientifiques subjectives imprégnées, tout de même, du souci de fidélité axiologique à l'esprit des échanges.

Une précision conceptuelle peut abruptement être faite : la minorité se distingue du peuple autochtone suivant les clarifications apportées par Mamadou DIANGAR. La caractéristique essentielle des peuples autochtones est l'attache ancestrale qu'ils entretiennent avec le territoire ; ce qui n'est pas toujours le cas pour les minorités qui ne s'inscrivent pas nécessairement dans un contexte ou un récit précolonial. Au demeurant, la plupart des peuples autochtones revendiquent une indépendance politique autour d'une affirmation identitaire historique. En Afrique centrale, des États comme la République de Centrafrique, le Congo et le Kenya ont reconnu la notion de peuples autochtones dans leur ordre juridique. Il en est de même en Afrique australe avec l'Ouganda. En Amérique Latine, comme renseigné par Boubacar BA, des exemples épars existent : les mayas de Guatemala, le mouvement Pachakutik en Equateur, la communauté autochtone Yakye au Paraguay, les aborigènes en Argentine, etc.

Lorsqu'on interroge la dogmatique juridique, la qualification *minoritaire* est sujette à l'interprétation et au constructivisme selon des particularismes politiques identifiés dans un espace déterminé. Plus que la complétude d'une définition, la *minorité* fut l'objet d'un essai de catégorisation à l'aune de l'avis consultatif de la Cour permanente de justice internationale du 16 janvier 1930 enrichi, quelques décennies plus tard, par une novation normative portée par l'article 27 du Pacte sur les droits civils et politiques. Toutefois, une *critérisation* supplée la cristallisation normative définitive :

– Le critère de l'infériorité numérique naturellement considéré, par Alioune SALL, comme intrinsèquement quantitatif.

– Le critère de l'appartenance du groupe à une ethnie, une religion ou une culture également qualifié, toujours par Alioune SALL, de quantitatif.

– Le critère de la position non dominante qui justifie la démarche prudentielle proposée par Mor FALL en raison de sa relativité. En effet, l'histoire regorge de minorités dominantes. Cette aporie n'est en rien une vue de l'esprit lorsque l'on se place dans une perspective historique. En Afrique du Sud et au Zimbabwe, la minorité blanche fut dominante ; au Burundi, la minorité des Tutsis ne réfute pas cette qualification, etc.

L'absence de définition unanime de la minorité a, paradoxalement, impulsé une réflexion doctrinale, voire épistémique, sur la question. Demba SY a ainsi proposé une approche substantielle de la minorité par le recours à des critères objectifs et subjectifs. Cette binarité n'est pas sans rappeler la définition même de la nation. Les ruptures épistémologiques soulevées par FITCHE et RENAN peuvent s'appliquer à la problématique minoritaire. Il s'agit de la querelle entre la conception objective allemande et la conception subjective française qui promeut le vivre-ensemble, l'appartenance, la projection commune à un futur imagé, l'introspection dans un passé commun *etc*. Malgré tout, la tentative de définition de Francesco CAPOTORTI, rapporteur spécial de la Sous-commission des Nations unies pour la lutte contre les mesures discriminatoires et la protection des minorités, tel un fil d'Ariane, a été largement évoquée. Elle renvoie, en creux, à la définition qu'en donne Jean SALMON. Il s'agirait d'« un groupe de personnes, en position non dominante, ressortissantes d'un État au sein duquel elles se distinguent de la majorité de la population par des caractéristiques propres, qu'elles entendent préserver, en tant que communauté. Les minorités sont définies plus précisément par rapport à leurs caractéristiques identitaires (nationalité, ethnie, couleur, race, langue, religion, etc.) qui les distinguent de la majorité de la population dans laquelle elles sont englobées ».

En toile de fond des travaux, il fut question de la distinction entre les *minorités ethniques* et les *minorités nationales*. La « minorité nationale » est indistinctement considérée comme une « collectivité existant à l'intérieur des frontières d'un État, mais dont l'ethnie, la langue, les coutumes relèvent d'un autre État, en général voisin ». C'est le cas des Grecs d'Albanie ou même des Suédois de Finlande, etc. La minorité ethnique se définit, elle, comme une « collectivité en forme d'isolat devant défendre une langue parlée nulle part ailleurs, sans statut d'État souverain et ne pouvant s'appuyer sur une nation – mère voisine ». Les Corses, Catalans, Basques… accréditent cette typologie minoritaire. Le droit international, pour sa part, se contente, à défaut d'une définition figée, de considérer que le respect des droits des minorités est reconnu universellement comme un viatique de la paix, de la justice et de la démocratie des États. Cette imprécision, naturellement, précipite une protection ineffective ou inaboutie.

Il est possible de faire le départ, en convoquant l'esprit des contributions, entre le surgissement des « minorités » et l'éclatement de conflits armés internationaux. En effet, le terme de « minorité » apparaît dans les accords internationaux après la Première Guerre mondiale du fait de la remise en cause de l'assise territoriale des États-nations. En effet, plusieurs communautés furent privées d'assise territoriale fixe. Questionnant le spectre de l'État-nation, la considération de la minorité ajourne, comme le suggère Demba SY, toute tentation de plaquer le modèle de l'État-nation en Afrique. La dispersion des nations et des peuples, l'antériorité des communautés sur l'apparition de l'État, la porosité des frontières... disqualifient l'existence du modèle de l'État-nation en Afrique. La déliquescence même du modèle occidental de l'État-nation n'est pas à exclure. La désagrégation de l'entité unique Yougoslave à la fin de la période de la guerre froide, les revendications territoriales récurrentes en Espagne ou en Corse informent sur la négation de l'État-nation. La communication d'Ababacar GUÈYE est d'ailleurs revenue, à cet égard, sur la jurisprudence du Conseil constitutionnel de 1991 à propos de l'indivisibilité du peuple français. Ce principe, il faut le dire, s'applique en Afrique ; la Commission africaine des droits de l'homme et des peuples interdit l'irrédentisme quand bien même la Charte africaine consacre-t-elle des droits différenciés au bénéfice des communautés et des peuples. La fin de non-recevoir opposée au peuple Katangais dans l'ex-Zaïre le démontre. Ainsi, la considération des minorités ne doit aboutir à la promotion de l'autonomie absolue des communautés infranationales. Or, le régionalisme exacerbé, prototype d'une décentralisation paroxystique, contribuerait à la montée de l'infranational et du local. La communication de Frédéric BOUHON, à partir du cas de la Belgique, renseigne sur cette dynamique. Le cas du Soudan, eu égard à la question indépendantiste, s'intègre dans cette logique au même titre que la rébellion Touareg au Niger et au Mali et la problématique du Tigré en Éthiopie sur laquelle Alioune SALL a insisté. L'État, essaimé par les minorités, peut être un État autonomique – Éthiopie.

Dès lors, une question s'impose : les minorités ne portent-elles les germes d'une déstabilisation de l'État lorsque leur existence est niée ou, paradoxalement, leurs droits différenciés garantis ? En droit international public, la notion d'États faillis et d'États incapables peut s'expliquer potentiellement et partiellement par l'exacerbation des minorités qui impactent l'unité et l'indivisibilité de l'État. Pour ne citer que quelques illustrations, la problématique minoritaire au Mali constitue bien une conséquence de la *faillite* de l'État depuis 2011. Les problèmes minoritaires au Kenya ont déclenché la guerre civile après les élections de 2007 au cours desquelles des milliers de personnes furent tuées. Et la rupture de la continuité de l'intégrité territoriale au Soudan exacerbe le fait minoritaire.

D'un point de vue holistique, la question minoritaire n'est pas sans lien avec la réflexion sur l'État de droit. Abdou Aziz Daba KÉBÉ réinterroge les fondations d'État de droit. Dans l'espace africain, suggère-t-il, la réalisation de la constitution sociale de Hauriou est tributaire du degré de prise en considération textuelle et prétorienne des groupes, des ethnies, des peuples et des minorités. Le binôme *État de droit-minorité* suggère un rapport erratique. Les deux catégories se complètent, car, c'est dans le cadre de l'État de droit qu'une minorité se construit et se voit conférer des droits particuliers. La minorité est une condition de l'État de droit et de la démocratie. Cependant, et c'est un paradoxe, elle peut déstructurer et décomposer l'État de droit. Aussi, l'État de droit, articulé autour du principe constitutionnel d'indivisibilité peut rejeter toute velléité minoritaire. Le binôme est annonciateur d'une ambivalence de rapports : tantôt un rapport d'inclusion (I), tantôt un rapport conflictuel (II).

I. Un rapport d'inclusion

L'inclusion – terme emprunté à Boubacar BA et Mamadou Hady DÈME – est sous-tendu par deux piliers : la reconnaissance et la protection des minorités.

A. La reconnaissance

Le continent africain est essaimé par les minorités culturelles si bien que Cyrille MONEMBOU parle « *d'inflation des composantes des minorités* ». De ce fait, un triptyque d'éléments assoie la notion de minorités culturelles :

– Les minorités nationales correspondent à une communauté concentrée sur un territoire. Autonomes, ces minorités n'en sont pas moins incorporées dans un État déterminé.

– Les minorités ethniques renvoient à un groupe constitué par des dynamiques successives d'immigration à rebours des minorités dites nationales. Elles sont intégrées à la structure d'accueil. Mamadou Hady Dème considère, à ce titre, les Baînouk, les Balantes, les Manjaks, les Malinkés, etc. comme des minorités ethniques au Sénégal.

– Les minorités sociales résultent des relations de pouvoir et sont subordonnées à la communauté sociale dominante.

Par ailleurs, le concept de « minorités politiques » a été ébauchée, notamment par Alioune Badara DIOP. Le respect des droits des minorités parlementaires – Arsène-Joël ADELOUI – des droits de l'opposition, de la participation aux élections, de la représentativité dans les espaces de décisions, etc. sont autant de mesure de la consistance de l'État de droit dans les démocraties africaines en cours de consolidation. Enjeu démocratique, la reconnaissance des minorités est ainsi constitutionnalisée en Éthiopie, au Lesotho, à Madagascar, au Malawi, en République démocratique du Congo, en Ouganda, etc. Cyrille MONEMBOU soutint, à cet effet, que cette architecture normative en matière de reconnaissance constitutionnelle des minorités est le prélude à une protection peu ou prou efficace.

B. La protection

La protection des minorités est saisie par une dualité d'approches : une approche par les catégories et une approche par le champ.

1. Les catégories

Diverses catégories ont pu être soulevées :

– D'abord, les personnes handicapées ont pu être, par un raisonnement téléologique, considérées comme une minorité, particulièrement en Afrique où le handicap n'interroge pas seulement des représentations rationnelles. Malgré la ratification de la Convention relative aux droits des personnes handicapées de 2006 qui prévoit des droits-créances pour les personnes handicapées – le droit au travail, à l'emploi (article 27), à la protection sociale (article 28) – et l'adoption de la loi d'orientation de 2010, Ndèye Astou NDIAYE soulève le défaut d'intériorisation de cadre normatif existant de protection par les individus ayants-droits. Cette absence d'appropriation des textes repose essentiellement sur des raisons subjectives, voire métaphysiques. En 2013, un rapport de L'ANSD mit l'accent sur la non-intégration sociale des personnes handicapées due à des superstitions ; près de 70 % d'entre elles ne se marient pas, n'achèvent pas leur scolarité et ne participent pas à la vie politique en ce qu'elles s'auto-excluent de l'espace public.

– Ensuite, les peuples autochtones profitent d'un environnement normatif favorable du fait, en Afrique, de la place du peuple et des communautés infranationales, en contemplation à l'individu, dans l'espace juridique continental formalisé par la Charte africaine des droits de l'homme et des peuples. La reconnaissance régionale des droits différenciés se prolonge en une protection interne. Plusieurs exemples de cette dynamique furent relevés par Mamadou DIANGAR : la loi de 2011 adoptée en République Démocratique du Congo qui garantit des droits fonciers et coutumiers aux peuples autochtones, l'entrée en vigueur de la Convention relative aux peuples indigènes et tribaux de 1989, l'ordonnance de 2000 sur le code domanial et foncier au Mali, l'article 15 de la loi du 17 juin 1964 sur le domaine national au Sénégal…

– Enfin, Cheikh Abdou Wahab NDIAYE questionne la minorité sous l'angle du pouvoir et du capital. La réflexion a l'avantage de conforter une tendance en droit public : celle de l'élargissement des champs à l'instar de l'ordre public qui intègre de nouveaux paradigmes comme la santé publique – l'urgence sanitaire le suggère –, la dignité, l'esthétique et l'économique. Précisément, la communication établit le lien entre l'État de droit et le fonctionnement des sociétés quel que puisse être la nature de celles-ci. En effet, l'État de droit promeut la réalisation de certains équilibres perceptibles dans les formes de sociétés : l'égalité, l'équité, la lutte contre les injustices de toutes sortes…

En fin de compte, les catégories protégées sont donc éclectiques ; à l'instar du champ de protection qui s'avère tout aussi large.

2. Le champ

La communication de Robert Mballa OWONA a porté sur les revendications des minorités au Cameroun. Celles-ci traduisent une demande d'exigibilité des droits proclamés. Par exemple, les *memoranda* adressés par les communautés au Président du Cameroun participent de cette exigence. Au Cameroun, trois organes de réception des revendications – en dehors des organes juridictionnels – cristallisent ces revendications : la Commission des droits de l'homme du Cameroun, la Commission nationale pour le bilinguisme et le Conseil national de la communication qui prohibe tout discours anxiogène.

En somme, le rapport État de droit-minorité interroge une logique d'inclusion : inclusion par la reconnaissance et inclusion par la protection. Cette logique n'abjure toutefois pas le spectre d'une exclusion ou d'un rapport potentiellement conflictuel contenu dans la proclamation de droits différenciés.

II. Un rapport conflictuel

La question minoritaire est intrinsèquement annonciatrice de conflits. Au demeurant, dans bien des États africains, la composition des pouvoirs publics prolonge la composition plurale des sociétés. La sociologie préempte l'éclatement des conflits. Cette prémisse démotique existe en République du Congo et au Burundi. Au Congo, si le Président de la République est du Sud, le Premier ministre nécessairement du Nord. Au Burundi, le Président de la République est assisté par une vice-présidence devant être rattachée à une ethnie différente que la sienne. Le phénomène minoritaire présente ainsi des figures antagoniques. Il concrétise l'État de droit, la démocratie et la société plurale. Paradoxalement, il est également anxiogène. Cette conflictualité est duale : socio-économique et territoriale sans que l'une n'exclut l'autre.

A. La conflictualité socio-économique

Dans le cadre d'une conflictualité sociale, il convient de constater les difficultés liées à la faiblesse de l'accès des populations aux services sociaux de base. Le financement de la protection sociale des minorités et groupes vulnérables est très limité. Abdou Aziz Daba KÉBÉ constate, pour la Santé, que le financement est de l'ordre de 5 /100 tandis que pour la justice il est de 1 /100. Cependant, l'accès à la terre essentialise, dans l'espace négro-africain, la conflictualité sociale. Dans cette optique, Mamadou DIANGAR rappelle que le Mali a adopté une législation domaniale et foncière qui reconnaît les droits coutumiers.

La conflictualité sociale dont il s'agit peut-être réelle ou crainte ; d'où la nécessité d'un constitutionnalisme démotique que Demba SY qualifie de « constitutionnalisme identitaire ». En effet, s'il est un poncif de dire que la diversité ethnique, raciale et religieuse précipite les conflits en Afrique, les panélistes ont tout de même esquissé des solutions pour remédier, ou à tout le moins édulcorer, la conflictualité pouvant naître des prétentions formulées par les groupes minoritaires. Deux solutions, très complémentaires, ont été proposées : l'une par le Pr. Demba SY et l'autre par Abdourahmane THIAM.

La première solution, également soutenue par Henri Martial NTAH, consiste à la création d'un *constitutionnalisme de la diversité* ou d'un *constitutionnalisme identitaire* africain par la reconnaissance du caractère multi-ethnique des nations africaines et de l'exigence d'un équilibre ethnique dans la gouvernance publique. L'idée est de lutter contre la sur-représentativité d'une ethnie, la manipulation des communautés non dominantes et l'exacerbation des sentiments identitaires ou irrédentistes. Participe de cette recherche d'équilibre, selon Ababacar GUÈYE, l'idéal d'une dialectique entre unité nationale et décentralisation. Cette dialectique opère par l'intégration dans le droit positif des États des différences ethniques et religieuses à l'instar des modèles de codification en Éthiopie ou en Mozambique. Néanmoins, la solution visant à normer les différences ne présente pas que des vertus. Elle porte en elle une charge critique par le risque qu'elle fait peser sur l'intégrité nationale, l'indivisibilité de nation et la souveraineté. La menace de la sécession ou de l'autodétermination, consommée au Soudan, s'infère de la reconnaissance normative des minorités qui jouissent de droits atypiques. Formulé autrement, le *constitutionnalisme identitaire* favorise la conciliation de dialectiques. Il serait à la croisée de l'universalisme et du culturalisme ; du modèle *westphalien* de l'État nation à rebours de l'État multinational. Il interpelle tout autant la démocratie consociative comme nouveau paradigme de gouvernance.

La seconde solution à la conflictualité, défendue par Abdourahmane THIAM, est relative à la « *la fabrique du bon gouvernement* ». Cette fabrique renseigne sur un concept qualitatif qui associe droit et équité. Le concept agrège, au surplus, droit et légitimité. L'objectif poursuivi est de prendre en compte la réalité sociologique des États à l'image de la philosophie qui a présidé à la rédaction de la Charte africaine des valeurs et principes de la décentralisation, de la gouvernance locale et du développement local de 2014 rappelée par Cyrille MONEMBOU et Ababacar GUÈYE.

Si le constitutionnalisme démotique est une solution – il peut aussi être un problème lorsqu'il est à l'origine de l'appétence indépendantiste d'une minorité –, l'office du juge constitutionnel n'en reste pas moins fondamental. En effet, il existe des mécanismes constitutionnels d'évitement ou de neutralisation de la crise qui ont été pensés en Afrique. Ces techniques et méthodes d'interprétation – injonction, réserve, proportionnalité, annulation partielle, modulation… – densifient les compétences des juridictions constitutionnelles. Le juge constitutionnel n'est plus un juge exclusivement aiguilleur comme le théorisa FAVOREU. Son contrôle le transforme en juge régulateur. Il se débarrasse de ses atours de juge logicien ou syllogistique pour devenir un juge impliqué dans la normativité sociale. En somme, il ne se revendique plus juge bouche de la loi – MONTESQUIEU – mais s'imagine *juge-créateur* de la norme – TROPER–. En Afrique, le juge constitutionnel est ouvert à l'évolutionnisme, au droit vivant et à la jurisprudence sociologique. Par conséquent, la conflictualité sociale est prise en charge par le juge constitutionnel qui assume des fonctions de régulation du fonctionnement des institutions et de l'activité des pouvoirs publics – articles 99 de la Constitution du Togo et 114 de la Constitution du Bénin –. L'enjeu de pouvoir en filigrane de la question des minorités est porteur de foyers conflictuels qui interpellent les missions du juge constitutionnel.

Dans le cadre de la conflictualité économique, Abdou Aziz Daba KÉBÉ a théorisé les notions de *minorités fiscales* et de *minorités budgétaires*. Dans les deux cas, l'idée de dérogation dans la distribution des ressources publiques est postulée. Dans la minorité fiscale, l'exception est positive tandis que dans la minorité budgétaire, la dérogation est négative en termes de faiblesse de financement des droits sociaux. Au Tchad, une loi de 1999 alloue 5 % des revenus du pétrole du bassin de Doba aux communautés locales. Au Nigéria, le peuple Ogoni fut bénéficiaire de 13 % des ressources du pétrole. En République Démocratique du Congo, par le biais de la loi du 25 février 2011, certaines ressources tirées de l'exploitation des ressources naturelles sont affectées aux minorités et peuples autochtones. Au surplus, il n'est pas rare que les minorités territoriales participent à l'exercice du pouvoir financier. Dans ce cas, la constitution – Belgique, Espagne, Italie, Suisse – confère une autonomie budgétaire et fiscale aux communautés minoritaires afin d'apaiser l'ordre social par ailleurs traversé par les relents d'une conflictualité territoriale.

B. La conflictualité territoriale

Les minorités dites territoriales, même non expressément débattues à l'occasion des échanges, se situent en creux de la problématique de l'intégrité des territoires et des frontières qui fut, elle, un élément nodal du Colloque. Pourtant, le rapport minorités territoriales et droit international public ne se discute pas. Le tropisme international des travaux fut ostentatoire tant il est vrai que c'est ce droit qui règle la question minoritaire à travers l'auto-détermination-indépendance – acceptée – et l'autodétermination sécession – honnie –. Il y a là une source de conflictualité assez importante dans l'espace international : le Cachemire disputé par l'Inde et le Pakistan, le Sri Lanka et l'Inde qui signèrent un accord afin de mettre un terme à la lutte des Tamouls, etc. Dans ce contexte, Mor FALL a rappelé le cas du Liban déchiré par les rivalités entre groupes confessionnels.

Toujours est-il que le droit des peuples a connu des évolutions importantes en droit international en ce sens qu'il ne justifie plus seulement l'exigence de libération d'un État contre une occupation ou une domination étrangère mais traduit, de plus en plus, une contestation des frontières réputées être intangibles en raison de la règle de l'*uti possidetis juris*.

TABLE DES MATIÈRES

Structures éditoriales du groupe L'Harmattan

L'Harmattan Italie
Via degli Artisti, 15
10124 Torino
harmattan.italia@gmail.com

L'Harmattan Hongrie
Kossuth l. u. 14-16.
1053 Budapest
harmattan@harmattan.hu

L'Harmattan Sénégal
10 VDN en face Mermoz
BP 45034 Dakar-Fann
senharmattan@gmail.com

L'Harmattan Cameroun
TSINGA/FECAFOOT
BP 11486 Yaoundé
inkoukam@gmail.com

L'Harmattan Burkina Faso
Achille Somé – tengnule@hotmail.fr

L'Harmattan Guinée
Almamya, rue KA 028 OKB Agency
BP 3470 Conakry
harmattanguinee@yahoo.fr

L'Harmattan RDC
185, avenue Nyangwe
Commune de Lingwala – Kinshasa
matangilamusadila@yahoo.fr

L'Harmattan Congo
67, boulevard Denis-Sassou-N'Guesso
BP 2874 Brazzaville
harmattan.congo@yahoo.fr

L'Harmattan Mali
ACI 2000 - Immeuble Mgr Jean Marie Cisse
Bureau 10
BP 145 Bamako-Mali
mali@harmattan.fr

L'Harmattan Togo
Djidjole – Lomé
Maison Amela
face EPP BATOME
ddamela@aol.com

L'Harmattan Côte d'Ivoire
Résidence Karl – Cité des Arts
Abidjan-Cocody
03 BP 1588 Abidjan
espace_harmattan.ci@hotmail.fr

Nos librairies en France

Librairie internationale
16, rue des Écoles
75005 Paris
librairie.internationale@harmattan.fr
01 40 46 79 11
www.librairieharmattan.com

Librairie des savoirs
21, rue des Écoles
75005 Paris
librairie.sh@harmattan.fr
01 46 34 13 71
www.librairieharmattansh.com

Librairie Le Lucernaire
53, rue Notre-Dame-des-Champs
75006 Paris
librairie@lucernaire.fr
01 42 22 67 13

www.ingramcontent.com/pod-product-compliance
Lightning Source LLC
LaVergne TN
LVHW011133061026
849535LV00003B/469
* 9 7 8 2 1 4 0 2 0 4 6 3 0 *